特别感谢

北京大学刘燕教授
对本书写作和出版的帮助!

网络借贷
定位纠偏及监管模式的重构

刘进一　张翀◎著

THE CORRECTION OF POSITIONING OF
PEER-TO-PEER AND ITS RECONSTRUCTION OF
REGULATION MODE

中国政法大学出版社

2023·北京

声　　明　1. 版权所有，侵权必究。

2. 如有缺页、倒装问题，由出版社负责退换。

图书在版编目（CIP）数据

网络借贷定位纠偏及监管模式的重构/刘进一，张翀著. —北京：中国政法大学出版社，2023.9

ISBN 978-7-5764-1043-3

Ⅰ.①网… Ⅱ.①刘…②张… Ⅲ.①互联网络－应用－借贷－法律－研究－中国②互联网络－借贷－金融监管－研究－中国　Ⅳ.①D923.64②F832.4

中国版本图书馆CIP数据核字(2023)第150525号

书　　名	网络借贷定位纠偏及监管模式的重构 WANGLUO JIEDAI DINGWEI JIUPIAN JI JIANGUAN MOSHI DE CHONGGOU
出 版 者	中国政法大学出版社
地　　址	北京市海淀区西土城路25号
邮　　箱	fadapress@163.com
网　　址	http://www.cuplpress.com（网络实名：中国政法大学出版社）
电　　话	010-58908435(第一编辑部) 58908334(邮购部)
承　　印	固安华明印业有限公司
开　　本	720mm×960mm　1/16
印　　张	18
字　　数	303 千字
版　　次	2023年9月第1版
印　　次	2023年9月第1次印刷
定　　价	86.00元

前 言

我国监管机关规定：经营网络借贷平台的机构（以下简称"网络借贷平台"或"网贷平台"）是依法设立，专门从事网络借贷信息中介业务活动的金融信息中介公司。但是在实践中，我国网络借贷行业衍生出诸多模式，包括信息中介模式、债权转让模式和担保增信模式。网络借贷在我国的发展经历了包容性监管、原则性监管和运动式监管三阶段。在此过程中，市场失灵与监管失灵并存。由于无法控制风险，国家开始大规模清退网贷平台。尽管如此，现状并不等同于结论，即使是教训也有事后总结的价值。

经分析，网贷平台通过社交媒体、大数据和人工智能等技术，能够缓释信息不对称风险，为借款人、出借人和社会带来益处。信贷配给等理论表明，银行作为传统的信用中介无法满足社会多元化的贷款需求，网贷平台作为一类特殊的信用中介在现代金融体系中有其存在的独特价值，对银行信用中介是一种有益的补充。而多边平台经济学表明网贷平台有发展壮大的内在动力，非信息中介的定位所能支撑。实证数据表明，网贷平台承担的职能也并非单纯的信息中介，而是以提供居间服务为基础，部分开展公募基金、投资顾问或信用评级业务的影子银行。尽管我国网贷平台的主体是信用中介，但监管规定却限制平台开展担保增信模式，鼓励和引导平台开展不具有商业可持续性的信息中介模式，上述定位偏差是导致监管失灵的根源。为此，我国应该调整定位，以信用中介为出发点，重构网络借贷监管模式。

或许是基于对网贷平台独特功能的认知，域外主要经济体均未将网贷平台定位为信息中介，相反，它们会将网贷平台以某种方式纳入本国的金融监管体系当中。由于法律传统与金融监管体制不同，作为网贷平台发源地的英国采取了复合中介监管模式，将网贷平台视为类似于信用中介的金融机构。美国与日本则分别采用了传统证券监管模式和创新证券监管模式。这些不同监管模式的共性在于均对网贷平台设置了严格的市场准入、充分的信息披露、必要的出借限制和顺畅的诉讼机制。域外实践也表明，承认网贷平台的信用中介功能并不必然导致金融秩序的失范。只要建立适合本国国情的监管体制、准入和持续性监管指标以及平台退出机制，并注重诉讼问题的研究，就可以以良法善治促进网贷行业的健康发展。

基于上述，首先应优化我国的网贷监管体制。在监管目标方面，鉴于网贷平台具有突出的涉众性和风险性，应将防范系统性风险和保护投资者利益作为核心目标。在监管策略方面，应改备案制为许可制，以约束消费者非理性行为、扭转市场过度竞争态势、减少市场负外部性危害、增强公共物品供给、缓释信息不对称风险。在权力配置方面，在中央层面，应由中国人民银行负责宏观审慎监管，银保监会负责微观审慎监管，[1] 专项整治办公室负责行为监管；在地方层面，各地方的联合工作办公室应在专项整治办公室的领导下，切实保障借款人和投资者的合法权益。

其次，应通过实证研究为网贷平台设定科学的监管指标。通过对6488家平台的实证研究，我们可以为网贷平台设定如下准入指标：对于新设机构，其主要股东应为资信良好的企业，高管具备硕士以上学历，平台拥有不低于5000万元实缴资本并不得关联运作；对于存续机构，除上述要求外，还应当依法合规经营满2年，具备良好信用，拥有一定著作权和商标权。同时，为确保监管效果的持续性，三类持续性监管指标不可或缺：第一类基于显著性变量而设计，包括落实银行存管、禁止期限错配、提倡第三方担保等；第二类基于非显著性变量而设计，包括为综合理财平台预留空间，允许自动投资模式并加重平台责任；第三类基于其他理论而提出，包括坚持和完善信息披露制度以及构建投资者适当性规则。

再次，应设计符合我国国情的网贷退出机制。目前，我国尚无统一的退出规则，各地仓促出台退出指引。以"绿化贷"平台为例，其退出过程反映出平台难以对借款人持续催收、国家对平台客观归罪等现象。基于破产说、综合说和区

---

[1] 尽管根据2023年3月16日《党和国家机构改革方案》，中国银行保险监督管理委员会已经更名为国家金融监督管理总局，但鉴于在网络借贷存续期间均由中国银行业监督管理委员会或中国银行保险监督管理委员会履行监管职责，故本书仍然将该监管机关简称为银监会或银保监会。

分说各自的利弊得失并结合英美实践，我国应为平台构建"生前遗嘱"制度：第一，以不完全契约理论下的法律干预作为指导思想；第二，为平台设定明确的退出指标；第三，以存管银行作为后备服务机构，充分发挥银行的稳健性、协调性、便利性、保密性、专业性和合规性优势；第四，明确平台在退出阶段持续管理合同的资金来源。

最后，应注重网贷诉讼问题的研究。通过对 10 058 份裁判文书的实证分析可以看到，在司法实践中存在如下四个现象：第一，法院受案压力大，回购安排比较常见；第二，网贷并非高利贷，隐蔽利率值得关注；第三，原告胜诉概率高，法官信赖电子证据；第四，"类案不类判"普遍，司法说理有待提高。对于居间费，法院呈现出两种迥异的观点：约六成法官秉持"扣除论"，约四成法官秉持"不扣论"。两种裁判路径看似相互对立，实则存在内在的一致性。从实质正义与金融公平的角度，是否需要在本金中扣除居间费，没有恒定不变的答案，而需依情形而定。监管政策对法官裁判会产生客观影响，确保监管政策的科学性对维护司法公正具有重要意义。

刘进一　张　翀

2023 年 9 月 1 日于北京

目　录

导　论 …………………………………………………………………… 1
　　一、问题的提出 ……………………………………………………… 1
　　二、研究意义 ………………………………………………………… 6
　　三、文献综述 ………………………………………………………… 8
　　四、研究方法与篇章结构 …………………………………………… 15
　　五、难点与创新点 …………………………………………………… 19

第一章　国内网络借贷的发展及挑战 ………………………………… 21
　　一、网络借贷的概念及模式 ………………………………………… 21
　　二、我国网络借贷的发展脉络 ……………………………………… 30
　　三、监管与市场互动的"大雁型" …………………………………… 40
　　四、本章小结 ………………………………………………………… 52

第二章　网络借贷平台定位的理论分析 ……………………………… 53
　　一、网贷平台的价值论 ……………………………………………… 53
　　二、网贷平台的发展论 ……………………………………………… 63
　　三、网贷平台的性质论 ……………………………………………… 72
　　四、本章小结 ………………………………………………………… 84

第三章　域外网络借贷监管制度探究 ………………………………… 85
　　一、英国式的复合中介监管模式 …………………………………… 85
　　二、美国式的传统证券监管模式 …………………………………… 94
　　三、日本式的创新证券监管模式 …………………………………… 105
　　四、比较研究之结论 ………………………………………………… 113
　　五、本章小结 ………………………………………………………… 118

第四章 我国网络借贷监管体制的优化 ·········· 119
  一、监管目标的准确设定 ·········· 119
  二、监管策略的范式转变 ·········· 128
  三、监管权力的重新划分 ·········· 137
  四、本章小结 ·········· 149

第五章 准入及持续性监管指标的构建 ·········· 151
  一、实证研究设计 ·········· 151
  二、统计分析及结果 ·········· 163
  三、准入监管指标的设定 ·········· 174
  四、持续性监管措施的构建 ·········· 177
  五、本章小结 ·········· 199

第六章 市场退出机制的设计 ·········· 201
  一、网贷退出的现状及问题 ·········· 201
  二、退出机制设计的观点之争 ·········· 213
  三、平台退出的域外经验 ·········· 222
  四、完善我国平台退出的制度设计 ·········· 226
  五、本章小结 ·········· 234

第七章 司法实践问题的研究 ·········· 235
  一、研究现状的不足及应对 ·········· 235
  二、调查数据及其分析 ·········· 239
  三、网贷居间费认定的分歧及成因 ·········· 259
  四、本章小结 ·········· 274

后记 ·········· 275

鸣谢 ·········· 282

导　论

一、问题的提出

中小企业是国民经济的重要组成部分，为实体经济的发展作出了巨大贡献。[1] 在我国，民营经济具有"五六七八九"的特征，即贡献了50%以上的税收、60%以上的国内生产总值、70%以上的技术创新成果、80%以上的城镇劳动就业和90%以上的企业数量。[2] 在英国，中小企业数量占私有经济主体的99.9%，创造了私营部门60%的就业岗位。[3] 在美国，小企业主雇用了私营部门一半的劳动力，为国家创造了60%的新增就业岗位。[4] 然而，世界范围内的中小企业普遍面临着融资难、融资慢、融资贵的问题。

企业融资，包括内源性融资和外源性融资：内源性融资主要源于企业的实收股本和留存盈余，外源性融资包括民间借贷、银行贷款、证券发行等多种方式。由于自有资金有限，中小企业不得不借助于外部支持。然而，在传统金融谱系下，中小企业的外源性融资渠道并不顺畅。

在企业设立早期，企业主可以通过亲友获得资金支持，但是，亲友的数量毕竟有限，提供的资金往往杯水车薪。风投基金可以为企业提供发展所需的长期资

---

[1] 参见林毅夫、孙希芳："信息、非正规金融与中小企业融资"，载《经济研究》2005年第7期。

[2] 参见习近平：《在民营企业座谈会上的讲话》，新华网，http://www.xinhuanet.com/politics/leaders/2018-11/01/c_1123649488.htm，2020年3月6日最新访问。

[3] See Lerong Lu, "Promoting SME Finance in the Context of the Fintech Revolution: A Case Study of the UK's Practice and Regulation", *Banking & Finance Law Review*, 2018, pp. 318~319.

[4] See Karen Gordon Mills, Brayden McCarthy, "The State of Small Business Lending: Innovation and Technology and the Implications for Regulation", *Harvard Business School Working Paper* 17-042, 2016, p. 3; Lenore Palladino, "Small Business Fintech Lending: The Need for Comprehensive Regulation", *Fordham Journal of Corporate & Financial Law*, Vol. 24, 2018, p. 78.

金,但其主要寻找可能在近几年挂牌或上市的企业。[1] 就证券发行而言,各板块通常对企业盈利有一定要求且发行程序繁琐,不适合大部分中小企业。[2] 由于小企业信息不透明,银行倾向于向资信良好的大企业提供低息贷款,[3] 出现"信贷配给"现象。[4] 作为供应链金融的融资租赁则与租赁资产相关,不适合无需租赁资产或缺乏适格资产进行售后回租的中小企业,而商业保理又需要企业首先拥有应收账款,服务范围有限。典当需要以资产抵质押为前提,而中小企业恰恰缺乏抵质押物。在各类资管计划中,金融机构出于自身声誉的考虑,主要投资于容易变现的股票或债券,较少配置中小企业贷款等非标类产品。[5] 可见,在传统金融谱系下,中小企业融资存在不少困难。

科技的进步给中小企业融资提供了新的可能。互联网本身是一个 P2P (Peer-to-Peer) 网络,即一种任何一台计算机都可以充当其他计算机的客户端,而无需连接到中央服务器的网络。由于受早期计算机性能、资源等因素的限制,P2P 功能并未充分发挥。[6] 互联网的发展引发了一系列具体的 P2P 活动,第一个被广泛应用的场景是千禧年之际的点对点文件共享。[7] 进入 21 世纪后,大数据革命带来更加强大的计算能力,互联网普及率不断提高,移动互联网技术和社交网络走向繁荣,[8] 这为 P2P 在金融领域的应用创造了条件。P2P 在金融领域

---

[1] 参见彭冰:《投资型众筹的法律逻辑》,北京大学出版社 2017 年版,第 50 页。

[2] 目前,我国正在探索股权众筹、互联网非公开股权融资等新型证券发行方式。股权众筹在《中华人民共和国证券法(修订草案)(三次审议稿)》中提出,但最终未获通过。即使将来通过,从立法到配套措施的出台也需时日。互联网非公开股权融资本质上仍然属于私募发行,资金来源有限,将私募产品通过拆标,变相公募的现象被遏制后,中小企业也难以通过上述方式融得资金。参见郭雳、孙天驰:"互联网平台拆分销售私募债问题探析",载《证券市场导报》2016 年第 5 期。

[3] 有学者近年来对温州市的调查表明,中小企业能够从银行等主流金融机构获得贷款的比例只有 10%左右。参见马光远:《金融抑制是中国发生钱荒的真正根源》,和讯网,http://opinion.hexun.com/2014-10-11/169220548.html,2019 年 5 月 17 日最新访问。

[4] See Stiglitz Joseph E. and Andrew Weiss, "Credit Rationing in Markets with Imperfect Information", *The American Economic Review*, Vol. 71, No. 3, 1981, pp. 393~410;[美] 斯蒂格利茨:《斯蒂格利茨经济学文集第一卷(上册)》,纪沫、陈工文、李飞跃译,中国金融出版社 2007 年版,第 216~240 页。

[5] 有关资管计划的结构、功能与法律性质,参见刘燕:"资管计划的结构、功能与法律性质——以券商系资管计划为样本",载《投资者》2018 年第 3 期。

[6] 参见周文莉、吴晓非:"P2P 技术综述",载《计算机工程与设计》2006 年第 1 期。

[7] 用户可以通过在计算机上安装必要软件,与其他安装类似软件的用户直接连接,以分享照片、音乐、电影和游戏等文件。See Xuemin Shen, Heather Yu, John Buford, Mursalin Akon, *Handbook of Peer-to-Peer Networking*, Springer, 2010, pp. 23~24.

[8] See Ioannis Akkizidis, Manuel Stagars, *Marketplace Lending, Financial Analysis, and the Future of Credit: Integration, Profitability, and Risk Management*, UK: John Wiley & Sons Ltd., 2016, pp. 57~65.

的历史可以追溯至两家网络借贷公司的成立，即2005年英国的Zopa和2006年美国的Prosper，两者都促进了点对点借贷，使出借人与借款人可以绕开银行通过网贷平台直接交易，不但方便了自然人的消费融资需求，也为中小企业的融资打开了一扇亮窗。[1]

新模式迅速移植到日本、德国、丹麦、挪威、瑞典、芬兰、西班牙、波兰、意大利、法国、新西兰、荷兰、澳大利亚、印度尼西亚和印度。[2] 2007年，中国第一家网贷平台"拍拍贷"上线运行。中国的土壤很适合网贷平台发展：一方面，国家垄断的金融体制向国有企业和大型企业倾斜，中小企业存在较大的融资缺口；[3] 另一方面，随着社会经济的发展，民众盈余不断累积，但缺少多元化的投资渠道。网贷平台在链接借贷双方，降低交易成本方面效果显著，深受市场欢迎。2013年11月，《中共中央关于全面深化改革若干重大问题的决定》正式提出"发展普惠金融"。2014年9月，在夏季达沃斯论坛上，时任总理李克强提出"大众创业、万众创新"的口号。在这样的背景下，网贷平台数量在2014年迎来爆发式增长。[4]

对于网络借贷这一新事物，学界给予极大关注。在网贷兴起之初，不少学者将网贷平台定位为信息中介，即仅为借贷双方实现直接借贷提供信息搜集、公布、交互等服务的中介公司，认为"量体裁衣地将网络平台企业的营业范围限定于网络信息技术服务是比较务实的",[5] 并主张通过完善征信体系等措施使P2P

---

[1] Alistair Milne, Paul Parboteeah, "The Business Models and Economics of Peer-to-Peer Lending", *European Credit Research Institute Research Report*, No. 17, 2016, pp. 2~3.

[2] 有关德国的网络借贷监管制度，See Moritz Renner, "Peer-to-Peer Lending in Germany", *Journal of European Consumer and Market Law (EuCML)*, 2016, pp. 1~7. 有关丹麦、挪威、瑞典、芬兰、西班牙、波兰等国的网络借贷发展概况，See Tanja Jorgensen, "Peer-to-Peer Lending - A New Digital Intermediary, New Legal Challenges", *Nordic Journal of Commercial Law*, Vol. 2018, No. 1, 2018, pp. 241~242. 有关意大利网络借贷制度，See Eugenia Macchiavello, "Peer-To-Peer Lending And The 'Democratization' Of Credit Markets: Another Financial Innovation Puzzling Regulators", *Columbia Journal of European Law*, Vol. 21, 2015, p. 572. 有关法国、新西兰、荷兰、澳大利亚、印度尼西亚、印度等国的网络借贷发展概况，See Ding Chen, Anil Savio Kavuri, Alistair Miline, "Growing Pains: The Changing Regulation of Alternative Lending Platforms", https://ssrn.com/abstract=3315738, 2019, pp. 1~44.

[3] 参见彭冰：“非法集资活动规制研究”，载《中国法学》2008年第4期。

[4] See James Guild, "Fintech and the Future of Finance", *Asian Journal of Public Affairs*, 2017, p. 8.

[5] 黎四奇：“我国网络信贷风险规制法律问题研究”，载《法律科学（西北政法大学学报）》2014年第4期。

回归信息中介。[1] 2016年8月，银监会等五部委发布《网络借贷信息中介机构业务活动管理暂行办法》，正式确立网贷平台的信息中介定位，禁止平台开展自融、自担、资金池等违规行为。[2]

然而，信息中介的定位并没有带来良好的监管效果。在一场网贷平台蜂拥而至的"盛宴"之后，问题逐渐显现。越来越多的平台清盘、跑路或失联。截至2019年3月13日，我国共有网贷平台6488家，其中问题平台达5261家，占比81.1%。在问题平台中，逃避型平台有2959家，占比56.2%。简言之，绝大部分平台已经出险，且一旦出险，超过一半的平台会选择跑路。

面对失控的场景，部分学者开始反思网贷平台的定位问题。有的认为：尽管网贷平台都声称为信息中介，但从实际运转来看，绝大多数平台已经触及金融理财服务范畴，可将其定位为从事金融理财服务的准金融机构。[3] 有的主张：应当将网络借贷平台认定为金融机构，这不仅可以实现法律逻辑的自洽，也与行业发展的客观事实相适应。[4] 有的号召：应重返网贷平台定性问题的思考，考虑信用中介的定位。[5] 总之，对于网贷平台究竟应定位为信息中介还是信用中介，学界发生了分歧。

综观市场，随着网贷平台的频频爆雷，各种法律问题呈现在人们面前：

---

[1] 参见雷阳、黄卓："征信体系是P2P回归信息中介的关键"，载《征信》2016年第4期。
[2] 《网络借贷信息中介机构业务活动管理暂行办法》第10条规定："网络借贷信息中介机构不得从事或者接受委托从事下列活动：（一）为自身或变相为自身融资；（二）直接或间接接受、归集出借人的资金；（三）直接或变相向出借人提供担保或者承诺保本保息；（四）自行或委托、授权第三方在互联网、固定电话、移动电话等电子渠道以外的物理场所进行宣传或推介融资项目；（五）发放贷款，但法律法规另有规定的除外；（六）将融资项目的期限进行拆分；（七）自行发售理财等金融产品募集资金，代销银行理财、券商资管、基金、保险或信托产品等金融产品；（八）开展类资产证券化业务或实现以打包资产、证券化资产、信托资产、基金份额等形式的债权转让行为；（九）除法律法规和网络借贷有关监管规定允许外，与其他机构投资、代理销售、经纪等业务进行任何形式的混合、捆绑、代理；（十）虚构、夸大融资项目的真实性、收益前景，隐瞒融资项目的瑕疵及风险，以歧义性语言或其他欺骗性手段等进行虚假片面宣传或促销等，捏造、散布虚假信息或不完整信息损害他人商业信誉，误导出借人或借款人；（十一）向借款用途为投资股票、场外配资、期货合约、结构化产品及其他衍生品等高风险的融资提供信息中介服务；（十二）从事股权众筹等业务；（十三）法律法规、网络借贷有关监管规定禁止的其他活动。"
[3] 参见康玉梅："政府在P2P网络借贷中的角色定位与制度回应"，载《东方法学》2015年第2期。
[4] 参见李有星、侯凌霄、潘政："互联网金融纠纷案件法律适用与司法裁判规则的反思与完善——'互联网金融纠纷案件的法律适用与司法裁判规则'研讨会综述"，载《法律适用》2018年第13期。
[5] 参见姚海放："治标和治本：互联网金融监管法律制度新动向的审思"，载《政治与法律》2018年第12期。

在投资端，很多投资人无法收回本息。由于投资人普遍缺乏风险识别能力和承受能力，在投资款兑付不能后，上访等群体性事件频频发生，例如，2018年8月6日，遭受损失的投资人从全国各地聚集到银保监会、人民银行等国家机关上访，一度造成社会混乱。有的投资人在维权受挫后，采取了更为极端的方式。2018年9月7日，"票票喵"平台投资人王倩在维权上访遇阻后写下遗书，上吊自杀。[1]

在借款端，暴力催收、超利贷、套路贷等现象屡禁不止。2016年3月《新京报》微信公众号发表《"我跳了别给我收尸"，欠"校园贷"60万的大学生之死》一文，介绍了21岁大学生郑某，在欠网贷平台60多万巨款后，从8楼跳下的悲剧。[2] 2016年6月，南方都市报发布《大学生惊现"裸条"借贷：凭裸照贷款不还钱曝照》一文，讲述了违反公序良俗的"裸照"借贷现象。[3]

在平台端，一边是非法集资、跑路失联的频频发生，另一边不乏创业者请求政府善待平台的诉苦之声。2019年7月31日，"轻易贷"董事长李某在写给省委书记的一封信中称：轻易科技有限公司及其母公司成立25年来，始终以服务小微企业为宗旨，累计纳税超15.66亿元。但专项整治以来，长时间、不间断的数百人次到场检查，至今没有任何结论，已导致投资人大量挤兑，公司经营举步维艰。[4] 尽管如此，该公司于2019年12月13日因涉嫌非法吸收公众存款罪被公安机关立案侦查。

在监管端，面对被打开的"潘多拉魔盒"，监管机关从包容性监管、原则性监管，迅速转向运动式监管，轰轰烈烈的专项整治运动于2016年4月在全国范围拉开序幕。然而，令人费解的是，尽管监管强度不断增大，网贷市场的乱象却毫无得到遏制的迹象——市场失灵与监管失灵并存。在经历两年半的监管失灵之后，国家于2019年开始启动大规模的清退运动，湖南、山东、重庆、四川、河

---

[1] 详见蓉蓉法国人：《【风投网】爆雷后的嗜血：P2P难民王倩讨血汗钱被逼自杀》，https://weibo.com/ttarticle/p/show?id=2313501000014285299000793402&comment=1，2019年7月12日最新访问。

[2] 2017年3月15日至3月22日，微信公众号平台上关于"校园贷"的微信文章共有226篇，获得31万余的阅读量，其中，《新京报》微信公众号推送的《我跳了别给我收尸，欠"校园贷"60万的大学生之死》以52546次的阅读量排名第一。详见法治周末：《河南大学生负债60万自杀 校园贷金融生态引发舆论关注》，http://www.qlmoney.com/content/20160406-171944.html，2017年6月30日最新访问。

[3] 参见彭彬、羽勤：《南都调查！"裸条"借贷惊现大学生群体，不还钱被威胁公布裸照》，南方都市报，http://m.mp.oeeee.com/a/BAAFRD0000201606136604.html，2019年9月23日最新访问。

[4] 轻易科技：《给东峰书记的信——并致轻易贷10余万投资人、借款人》，网贷之家官网，https://www.wdzj.com/news/pingtai/4754775.html，2019年8月1日最新访问。

北等省先后宣布取缔辖内全部网贷平台。2021年4月16日，银保监会普惠金融部副主任丁晓芳在银保监会新闻发布会上表示，P2P在营机构目前已实现清零。

尽管如此，现状不等同于结论，即使是教训也有事后总结的必要性。有鉴于此，我们需要在理论上回答如下问题：网贷平台究竟是信息中介，还是信用中介？在我国网络借贷的发展过程中，为什么会出现市场失灵和监管失灵并存的局面？网络借贷到底有没有存在的价值？如果允许其发展，应当采取怎样的监管体制、准入指标、持续性监管指标和退出机制？如何正确认识和解决网络借贷在诉讼程序上出现的问题？总之，只有理性、客观、科学地回答上述问题，我们才能在理论上准确定位网贷平台，采取有效的监管措施，改变出借人痛苦、借款人无望、经营者委屈、监管者迷茫的现状。

二、研究意义

（一）理论价值

1. 揭示网贷平台生存和发展的客观规律

多边平台经济学为我们提供新的视角去认识网贷平台的发展规律，包括阻力歼灭理论、关键规模理论、价格结构理论、最佳边界理论、后者居上理论。过去，我们未充分重视并运用上述理论去认识网贷平台的生存之道，在政策制定上选择了具有弱规模创造力的信息中介模式，导致监管逻辑与平台生存逻辑背离。本书通过引入多边平台经济学，揭示网贷平台生存、发展和消亡的规律，为确立网贷平台从信息中介到信用中介的定位奠定基础。

2. 构建网络借贷的创新型监管模式

互联网金融监管可分为严格禁止模式、运动型治理模式和创新型监管模式。[1] 面对监管失灵的现实，我们需反思过去以事后报备为本质的"备案制"，进行监管创新。基于市场失灵的五种情形，为网络借贷设立行政许可，将有助于约束消费者非理性行为、扭转市场过度竞争态势、减少市场负外部性危害、增强公共物品制度供给、缓释信息不对称风险。本书基于市场失灵理论，较为系统地论述了为网贷新设行政许可的必要性。

3. 为数据驱动型监管理念的落地提供进路

近年来，国内外不少学者提出监管科技、大数据立法、数据驱动型监管等理念，政府也大力倡导科学立法、民主立法、依法立法，以良法促进发展、保障善

---

［1］ 参见彭冰："反思互联网金融监管的三种模式"，载《探索与争鸣》2018年第10期。

治。但是,在法学界,关于如何落实数据驱动型监管的文献却寥寥无几。本书以网贷准入及持续性监管指标的设定为切入点,通过大范围搜集数据,运用均值分析、相关性分析、交互分析、回归分析等多种统计方法,寻找与问题平台和逃避型平台显著相关的变量并得出结论,从而为真正落地数据驱动型监管理念提供方法论进路。

(二)实践价值

1. 改变立法摇摆与执法多变的现状,提高法律的安定性

大力发展互联网金融,让金融成为一池活水,更好地浇灌实体经济之树,曾是我国的基本方针。然而,频频发生的风险事件,促使我国很快转向运动式监管。在运动式监管实践中,备案一再拖延,标准飘忽不定,破坏了法律的可预期性。究其根源,除网贷业务本身具有前沿性以外,立法效力层级不高也是一个重要原因。本书通过对"两个失灵"的分析和域外制度的比较,主张由国务院尽快制定《网络借贷机构监督管理条例》,将大量零散的部门规范性文件上升为行政法规,这将有助于保障立法和执法的可预期性,为创新监管预留空间。

2. 基于实证分析提炼的指标,有助于实现监管目标

由于网贷具有涉众性,一旦平台出险,轻则损害消费者权益,重则引发系统性风险,故预防平台出险,可起到"双峰监管"的效果。本书通过全样本平台数据的实证分析,提炼出与问题平台和逃避型平台显著相关的变量,提出一系列准入及持续性监管指标。鉴于这些指标来源于行业实践和数理分析,它们将有助于预防平台出险,促进防范系统性风险和投资者保护双重目标的实现。

3. 构建适合我国国情的生前遗嘱制度,为平台有序退出保驾护航

网贷平台可谓进退维谷:进,有监管利剑,备案不易且遥遥无期;退,有刑事大棒,稍有不慎即身陷囹圄。"以结果论英雄"的客观归罪现象,让良性退出成为刚性兑付的代名词。本书在分析破产说、综合说、区分说以及英美经验的基础上,以不完全契约理论下的法律干预为指导思想,提出网贷平台的退出标准、后备机构、管理费用等立法建议,有利于构建适合我国国情的生前遗嘱制度,打破"退出即刚兑"的非理性做法。

三、文献综述

(一) 国内研究

国内有关网络借贷的研究始于2009年,十余年来,研究成果丰硕,既有理论争鸣,又有实务探索,几乎涵盖网络借贷的各个方面。结合本书主题,下文主要梳理平台定位、监管体制、监管措施和退出规则四个领域的研究文献。

1. 平台定位

在实然层面,学界普遍意识到网贷平台一般由自己或者通过第三方对出借人的借款本金和利息进行担保,演化为信用中介,[1] 但是在应然层面,网贷平台究竟应定位为信息中介,还是信用中介,学界存在不同观点。在网贷兴起之初,不少学者将P2P定位为信息中介,认为"量体裁衣地将网络平台企业的营业范围限定于网络信息技术服务是比较务实的",[2] 并主张通过完善征信等措施使P2P回归信息中介。[3] 随着业务的发展,部分学者开始反思平台定位问题:康玉梅认为平台应定位为从事金融理财服务的准金融机构;[4] 钟瑞庆认为平台应定位为金融机构;[5] 李有星认为平台应定位为允许提供增信的复合中介;[6] 姚海放认为平台应定位为信用中介。[7]

---

[1] 例如,赖丽华认为:"鉴于目前我国信用体系极不完善,借款人财产和债务不透明,出借人又不与借款人见面这一现实,现行的网络借贷平台一般由自己或者通过第三方机构,对借款本金和利息进行担保。"再如,彭冰指出:"真正从事纯粹信息中介的P2P网贷平台只有极少数几家,多数P2P网贷平台为了扩大业务,都通过自身、关联公司或者第三方提供担保,进行了信用转换,演化为了信用中介。"又如,宋毅和熊静指出:"从当前审理的案件情况来看,网络借贷平台仅作为信息中介机构参与借贷关系形成的较少,更多的情形是网络借贷平台不仅是信息中介,亦是信用中介,即网络借贷平台本身参与交易并分担风险。"参见赖丽华:"P2P网络借贷平台的复合民事法律地位",载《法学论坛》2016年第3期;彭冰:《投资型众筹的法律逻辑》,北京大学出版社2017年版,第278页;宋毅、熊静:"P2P网络借贷纠纷的审理难点与裁判思路",载《人民司法》2019年第1期。

[2] 黎四奇:"我国网络信贷风险规制法律问题研究",载《法律科学(西北政法大学学报)》2014年第4期。

[3] 参见雷阳、黄卓:"征信体系是P2P回归信息中介的关键",载《征信》2016年第4期。

[4] 参见康玉梅:"政府在P2P网络借贷中的角色定位与制度回应",载《东方法学》2015年第2期。

[5] 参见李有星、侯凌霄、潘政:"互联网金融纠纷案件法律适用与司法裁判规则的反思与完善——'互联网金融纠纷案件的法律适用与司法裁判规则'研讨会综述",载《法律适用》2018年第13期。

[6] 参见李有星、侯凌霄、潘政:"互联网金融纠纷案件法律适用与司法裁判规则的反思与完善——'互联网金融纠纷案件的法律适用与司法裁判规则'研讨会综述",载《法律适用》2018年第13期。

[7] 参见姚海放:"治标和治本:互联网金融监管法律制度新动向的审思",载《政治与法律》2018年第12期。

2. 监管体制

监管体制主要涉及监管目标、监管策略、权力配置等框架性、基础性法律问题。

有关监管目标的研究，主要围绕金融安全、金融创新和消费者权益保护三个维度展开：王建文和奚方颖认为应始终把消费者权益保护放于第一位，[1] 邢会强指出追求绝对安全不是一种正确的对待风险的态度，[2] 潘静强调在安全与创新的博弈中要以金融安全为前提。[3]

在监管策略方面，学者大致可分为反对严格准入和支持严格准入两派。反对者认为严格准入不利于市场竞争和金融创新，很难达到理想的监管效果。[4] 与反对者针锋相对，以彭冰为代表的一批研究者认为备案制与网贷的涉众性和金融属性难以匹配，应当对网贷实行审批制，进行创新型监管。[5]

在权力配置方面，岳彩申强调监管职能的优化配置，[6] 靳文辉倡导复合型监管形态，[7] 冯辉主张将监管权更多地分配给地方监管机构和行业自律组织，[8] 刘辉认为单一的或者纯粹的中央或者地方干预均无法胜任互联网金融的立法和治理重任。[9]

---

[1] 参见王建文、奚方颖："我国网络金融监管制度：现存问题、域外经验与完善方案"，载《法学评论》2014年第6期。

[2] 参见邢会强："相对安全理念下规范互联网金融的法律模式与路径"，载《法学》2017年第12期。

[3] 参见潘静："从政府中心规制到社会共治：互联网金融治理的新视野"，载《法律科学（西北政法大学学报）》2018年第1期。

[4] 参见黎四奇："我国网络信贷风险规制法律问题研究"，载《法律科学（西北政法大学学报）》2014年第4期；赵渊、罗培新："论互联网金融监管"，载《法学评论》2014年第6期；杨东："互联网金融治理新思维"，载《中国金融》2016年第23期；许多奇："互联网金融风险的社会特性与监管创新"，载《法学研究》2018年第5期。

[5] 参见伍坚："我国P2P网贷平台监管的制度构建"，载《法学》2015年第4期；康玉梅："政府在P2P网络借贷中的角色定位与制度回应"，载《东方法学》2015年第2期；冯辉："网络借贷平台法律监管研究"，载《中国法学》2017年第6期；姚海放："治标和治本：互联网金融监管法律制度新动向的审思"，载《政治与法律》2018年第12期；彭冰："反思互联网金融监管的三种模式"，载《探索与争鸣》2018年第10期；侯诩敏："网络借贷机构的市场准入制度完善"，浙江大学2019年硕士学位论文。

[6] 参见岳彩申："互联网时代民间融资法律规制的新问题"，载《政法论丛》2014年第3期。

[7] 参见靳文辉："互联网金融监管组织设计的原理及框架"，载《法学》2017年第4期。

[8] 参见冯辉："网络借贷平台的监管权分配与监管规则协同"，载《社会科学》2018年第10期。

[9] 参见刘辉："论互联网金融政府规制的两难困境及其破解进路"，载《法商研究》2018年第5期。

3. 监管措施

在理念上，学者们均意识到需要在金融安全与金融创新等不同价值之间取得平衡，但在诸如股东背景、注册资本、担保措施、信息披露等具体的监管措施方面，分歧较大。

有关股东背景，叶青等学者认为非常重要，[1] 王修华等学者则认为它并不能反映问题平台和正常平台之间的差异。[2] 有关高管资格，争议较小，学界普遍认为其对平台稳健运营具有一定影响。[3] 有关注册资本，李爱军认为可不作特殊要求，[4] 杨东则主张参照英国做法，根据业务规模对其注册资本提出要求。[5] 有关银行存管，大部分学者认为其对于防止平台挪用、自融、庞氏骗局具有重要作用，[6] 姚海放则认为其作用有限。[7] 是否应当允许平台提供担保是热门话题，在研究早期，反对者甚众，认为平台担保容易增大平台倒闭风险，[8] 近年来，黄辉等学者开始反思和支持有限度的平台自担，认为有限度的担保反而

---

[1] 参见叶青、李增泉、徐伟航："P2P 网络借贷平台的风险识别研究"，载《会计研究》2016 年第 6 期；何光辉、杨咸月、蒲嘉杰："中国 P2P 网络借贷平台风险及其决定因素研究"，载《数量经济技术经济研究》2017 年第 11 期；胡婷婷："监管政策对中国 P2P 平台发展影响的实证研究"，电子科技大学 2018 年硕士学位论文。

[2] 参见王修华、孟路、欧阳辉："P2P 网络借贷问题平台特征分析及投资者识别——来自 222 家平台的证据"，载《财贸经济》2016 年第 12 期。

[3] 参见叶青、李增泉、徐伟航："P2P 网络借贷平台的风险识别研究"，载《会计研究》2016 年第 6 期；王修华、孟路、欧阳辉："P2P 网络借贷问题平台特征分析及投资者识别——来自 222 家平台的证据"，载《财贸经济》2016 年第 12 期。

[4] 参见李爱军："民间借贷网络平台的风险防范法律制度研究"，载《中国政法大学学报》2012 年第 5 期。

[5] 参见杨东："互联网金融的法律规制——基于信息工具的视角"，载《中国社会科学》2015 年第 4 期。

[6] 参见冯果、蒋莎莎："论我国 P2P 网络贷款平台的异化及其监管"，载《法商研究》2013 年第 5 期；王建文、奚方颖："我国网络金融监管制度：现存问题、域外经验与完善方案"，载《法学评论》2014 年第 6 期；伍坚："我国 P2P 网贷平台监管的制度构建"，载《法学》2015 年第 4 期；潘静："从政府中心规制到社会共治：互联网金融治理的新视野"，载《法律科学（西北政法大学学报）》2018 年第 1 期。

[7] 参见姚海放："治标和治本：互联网金融监管法律制度新动向的审思"，载《政治与法律》2018 年第 12 期。

[8] 参见冯果、蒋莎莎："论我国 P2P 网络贷款平台的异化及其监管"，载《法商研究》2013 年第 5 期；黎四奇："我国网络信贷风险规制法律问题研究"，载《法律科学（西北政法大学学报）》2014 年第 4 期；赵渊、罗培新："论互联网金融监管"，载《法学评论》2014 年第 6 期；伍坚："我国 P2P 网贷平台监管的制度构建"，载《法学》2015 年第 4 期；杨东："互联网金融的法律规制——基于信息工具的视角"，载《中国社会科学》2015 年第 4 期；潘静："从政府中心规制到社会共治：互联网金融治理的新视野"，载《法律科学（西北政法大学学报）》2018 年第 1 期。

有利于平台稳健运营。[1] 有关行业自律,邓建鹏、黄震等学者认为具有积极意义,支持行政监管与自律监管相结合。[2] 针对平台接受出借人委托进行自动投标的模式,袁远表示支持,[3] 潘静则主张谨慎对待。[4]

4. 退出规则

有关平台退出的制度设计,大致可分为破产说、综合说和区分说三种:破产说主张单一的解决方案,即将破产程序视为平台退出的最佳路径;[5] 综合说略过不同业务模式的探讨,直接主张多措并举,包括建立健全预警机制、完善投资者权益保障的配套机制、引入独立第三方机构等;[6] 区分说则主张根据不同的业务模式,采取不同的退出路径。[7]

(二)国外研究

相比于国内,国外以网络借贷为主题的研究文献较少,主要集中于业务模式、监管体制、监管措施、退出规则、投资行为等领域。结合本书的研究方向,以下梳理监管体制、监管措施和退出规则三方面的文献。

1. 监管体制

各国监管体制各异,美国代表了一种证券监管的路径,但学界有不同看法。

---

[1] 参见宋怡欣、吴弘:"P2P 金融监管模式研究:以利率市场化为视角",载《法律科学(西北政法大学学报)》2016 年第 6 期;冯辉:"网络借贷平台法律监管研究",载《中国法学》2017 年第 6 期;黄辉:"网络借贷平台的风险保障金机制研究",载《清华法学》2018 年第 6 期。

[2] 参见王建文、奚方颖:"我国网络金融监管制度:现存问题、域外经验与完善方案",载《法学评论》2014 年第 6 期;赵渊、罗培新:"论互联网金融监管",载《法学评论》2014 年第 6 期;伍坚:"我国 P2P 网贷平台监管的制度构建",载《法学》2015 年第 4 期;康玉梅:"政府在 P2P 网络借贷中的角色定位与制度回应",载《东方法学》2015 年第 2 期;邓建鹏、黄震:"互联网金融的软法治理:问题和路径",载《金融监管研究》2016 年第 1 期;刘辉:"论互联网金融政府规制的两难困境及其破解进路",载《法商研究》2018 年第 5 期。

[3] 参见袁远:"我国互联网金融理财产品法律监管研究——以 P2P 网贷'自动投标'理财产品为中心",载《东方法学》2018 年第 4 期。

[4] 参见潘静:"从政府中心规制到社会共治:互联网金融治理的新视野",载《法律科学(西北政法大学学报)》2018 年第 1 期。

[5] 参见范志勇、臧俊恒:"不合要求的 P2P 平台如何退出",载《经济参考报》2018 年 4 月 11 日,第 A08 版;卢漫:"现阶段 P2P 良性退出应适用破产程序——理想宝'不理想'退出方案的反思",载《金融法苑》2020 年第 1 期。

[6] 参见白牧蓉、朱一璞:"互联网金融平台退出问题的根源探究与制度路径",载《证券法律评论》2019 年卷;李沛珈、李爱康:"P2P 网贷平台退出机制的国际经验借鉴",载《科学导报》2018 年 12 月 11 日,第 B03 版;李有星、侯凌霄:"论网络借贷机构退出机制的构建——以契约理论为视角",载《社会科学》2019 年第 4 期。

[7] 参见李涛:"如果 P2P 平台破产了",载《互联网金融与法律》2015 年 1 月(总第 11 期)。

针对由美国证券交易委员会（Securities and Exchange Commission，简称"SEC"）主导的监管体制，反对者安德鲁·弗斯坦（Andrew Verstein，2011）认为：SEC 援引 Howey 标准和 Reves 标准认定 P2P 平台出售给出借人的票据属于证券无法成立，美国的 P2P 行业应由新成立的美国消费者金融保护局（Consumer Financial Protection Bureau，简称"CFPB"）制定全新规则进行统一监管。[1] 与安德鲁·弗斯坦（Andrew Verstein）观点相近的还有另外三位学者：杰克·R. 马吉（Jack R. Magee，2011）认为 SEC 对 P2P 行业的监管会给该行业施加过重负担从而阻碍该行业发展；[2] 保罗·斯拉特里（Paul Slattery，2013）认为目前有关 P2P 的监管体制是分割式的，CFPB 可以整合分割式的监管体制；[3] 威廉·S. 沃伦（William S. Warren，2016）认为目前美国监管 P2P 的框架有很多不足之处。[4]

与 Andrew Verstein 观点相反，埃里克·C. 查菲（Eric C. Chaffee）和杰弗里·C. 拉普（Geoffrey C. Rapp，2012）认为目前 P2P 的借款人得到了健全的银行监管规定的保护，出借人得到了健全的联邦和各州证券监管规定的保护，CFPB 虽然在保护借款人方面能够发挥作用，但是在保护出借人方面缺乏经验，由单一的 CFPB 进行监管过于冒进。监管 P2P 的理想措施应是有机的（Organic）和多面向的（Multifaceted）。P2P 借贷不是静止和固定的概念，监管体制也需要因时而变。[5]

与美国类似，澳大利亚、欧盟也面临是否要为 P2P 量身定制监管规定的争论。目前，澳大利亚要求 P2P 必须符合管理投资计划 MIS（Managed Investment Schemes）的要求，但凯文·戴维斯（Kevin Davis）和雅各布·墨菲（Jacob Mur-

---

[1] See Andrew Verstein, "The Misregulation of Person-to-Person Lending", *U. C. Davis. Law. Review.* Vol. 45, 2011, pp. 445~530.

[2] See Jack R. Magee, "Peer-To-Peer Lending in The United States: Surviving After Doddfrank", *North Carolina Banking Institute*, Vol. 15, 2011, pp. 139~174.

[3] See Paul Slattery, "Square Pegs in A Round Hole: Sec Regulation of Online Peer-To-Peer Lending and The CFPB Alternative", *Yale Journal on Regulation*, Vol. 30, 2013, pp. 233~275.

[4] See William S. Warren, "The Frontiers of Peer-To-Peer Lending: Thinking About A New Regulatory Approach", *Duke Law & Technology Review*, No. 1, 2016, pp. 298~316.

[5] See Eric C. Chaffee and Geoffrey C. Rapp, "Regulating Online Peer-to-Peer Lending in the Aftermath of Dodd-Frank: In Search of an Evolving Regulatory Regime for an Evolving Industry", *Washington and Lee Law Review*, Vol. 69, 2012, pp. 485~533.

phy，2016）认为应当转向新的综合监管模式。[1] 在欧盟方面，莱纳·伦茨（Rainer Lenz，2016）认为一个统一的欧盟监管框架会给平台和使用者带来必要的法律信心和业务拓展的确定性。[2] 塔尼娅·乔根森（Tanja Jorgensen，2018）也认为一个包括 P2P 借贷在内的专门的、单一的欧洲众筹监管框架，有利于避免因成员国之间不协调的监管活动所导致的立法分裂。

2. 监管措施

丽莎·T. 亚历山大（Lisa T. Alexander，2013）关注对借款人融资机会的保护，建议 SEC、CFPB 和美国财政部等多个联邦监管机构通力合作，共同实施完善后的社区再投资法案（Community Reinvestment Act）以促进信贷市场的经济公平。[3]

莫莉·科恩（Molly Cohen）和阿伦·桑达拉拉詹（Arun Sundararajan，2015）强调自律监管的作用，指出强有力的执行机制、正当性和独立性的外观、对成员声誉的控制力是自律监管取得成功的关键因素。[4]

尤金妮娅·马基雅维洛（Eugenia Macchiavello，2015）指出由于各国业务模式不同，因此不存在"放之四海而皆准"的监管措施，但各国均面临着如何平衡保护出借人利益、投资自由以及中小企业融资需求的难题。平台应采用标准格式进行信息披露，确保透明度，防止框架和过载效应。[5] 此外，应根据投资人的收入，限制其每笔和每年的投资上限。[6]

乌尔里希·阿茨（Ulrich Atz）和大卫·博拉特（David Bholat，2016）认为英国 P2P 的发展离不开英国政府的支持，支持措施包括：英国商业、创新和技

---

[1] See Kevin Davis, Jacob Murphy, "PEER-TO-PEER LENDING: Structures, Risks and Regulation", *The Finsia Journal of Applied Finance*, 2016, pp. 37~44.

[2] See Rainer Lenz, "Peer-to-Peer Lending: Opportunities and Risks", *Special issue on The Risks and Opportunities of the Sharing Economy*, 2016, pp. 688~700.

[3] See Lisa T. Alexander, "Cyberfinancing for Economic Justice", *William & Mary Business Law Review*, Vol. 4, 2013, pp. 309~383.

[4] See Molly Cohen and Arun Sundararaja, "Self-Regulation and Innovation in The Peer-To-Peer Sharing Economy", *The University of Chicago Law Review Dialogue*, Vol. 82, 2015, pp. 116~133.

[5] 框架效应（framing effect）是指对相同问题的不同描述导致人们不同决策判断的现象。过载效应（over-load effect）是指因信息披露过于冗长和复杂，人们无法识别重要信息，导致无法决策或决策失误的现象。

[6] Eugenia Macchiavello, "Peer-To-Peer Lending and the 'Democratization' Of Credit Markets: Another Financial Innovation Puzzling Regulators", *Columbia Journal of European Law*, Vol. 21, 2015, pp. 521~586.

能部及其全资拥有的英国商业银行在P2P平台上投入近2亿英镑,用于补充快要满标的借款项目的融资缺口;[1] 通过设定最低资本要求、信息披露等规则,让人们相信市场是公平有序的;自2016年4月6日起,投资人对P2P投资利息享受免税待遇。[2]

莫里茨·雷纳（Moritz Renner,2016）指出德国P2P借贷的监管规则非常严格,它倾向于按照与银行传统贷款业务大致相同的方式对待P2P借贷业务。[3]

陈丁（Ding Chen）、阿尼尔·萨维奥·卡武里（Anil Savio Kavuri）和阿利斯泰尔·米尔恩（Alistair Miline,2019）梳理了美国、中国和英国有关P2P的法律和监管制度,并简要介绍了法国、新西兰、荷兰、西班牙、澳大利亚、日本、印度尼西亚、印度等国的监管动态。通过比较各国制度,发现监管者普遍关心保护无经验的个人投资者免受不当销售和平台失败而造成的损害。[4]

3. 退出规则

尤金妮娅·马基雅维洛（Eugenia Macchiavello,2015）指出:为对应平台失败,不应施以固定的审慎要求,而应允许平台从基于规模的最低自有资金要求、私人保险和有保证的备用服务协议中进行选择。[5]

莱纳·伦茨（Rainer Lenz,2016）指出:由于很多平台都尚未盈利,因此破产的可能性是比较高的,但是直到现在,几乎没有国家在本国的监管框架中建立商业持续运营规则。在这一点上,英国是个例外,金融行为监管局要求平台必须制定解决方案,以确保如果平台破产,贷款的清偿能够持续得到管理。[6]

凯文·戴维斯（Kevin Davis）和雅各布·墨菲（Jacob Murphy,2016）对生

---

[1] 英国商业银行是一家政府全资拥有的开发银行,其致力于让金融市场更好地为小企业服务。英国商业银行并非银行机构,不吸收存款或提供银行服务,不受审慎监管局或金融行为监管局授权或监管。参见https://www.british-business-bank.co.uk/, Homepage of British Business Bank, 2020-3-18.

[2] Ulrich Atz, David Bholat, "Peer-to-peer lending and financial innovation in the UK", *Bank of England Working Paper*, No. 598, 2016, pp. 1~26.

[3] See Moritz Renner, "Peer-to-Peer Lending in Germany", *Journal of European Consumer and Market Law (EuCML)*, 2016, pp. 1~7.

[4] Ding Chen, Anil Savio Kavuri, Alistair Miline, "Growing Pains: The Changing Regulation of Alternative Lending Platforms", https://ssrn.com/abstract=3315738, 2019, pp. 1~44.

[5] Eugenia Macchiavello, "Peer-To-Peer Lending and the 'Democratization' Of Credit Markets: Another Financial Innovation Puzzling Regulators", *Columbia Journal of European Law*, Vol. 21, 2015, pp. 521~586.

[6] See Rainer Lenz, "Peer-to-Peer Lending: Opportunities and Risks", *Special Issue on The Risks and Opportunities of the Sharing Economy*, 2016, p. 696.

前遗嘱安排持谨慎态度,认为虽然转移信贷账簿和投资人账户给另一个运营者在监管者和清算人的指引下是可能的,但是这也很可能给投资者带来巨大损失。[1]

四、研究方法与篇章结构

(一) 研究方法

本书主要运用历史研究方法、比较研究方法、实证研究方法和个案研究方法对中心问题进行研究。

1. 历史研究方法

法律是一种源远流长的"民族精神"。[2] 用历史研究方法梳理我国网络借贷监管的开端、发展及演进脉络,可以清晰把握我国从包容性监管,到原则性监管,再到运动式监管的整个过程。同时,按照时间顺序,通过计量每项监管规定的监管强度系数,可以看到网贷监管强度与时间之间的相对关系,得到一条随时间不规则上扬的监管强度曲线。当我们将监管强度曲线与问题平台曲线结合在一起时,可以更加形象地看到市场失灵、监管滞后、监管失效和突击监管等问题。

2. 比较研究方法

比较法是对不同国家或地区的法律制度的比较研究。[3] 本书综合运用宏观比较和微观比较:[4] 在宏观比较方面,通过比较英、美、日三国的立法背景、法律关系和监管制度,总结归纳各国监管的共性与个性、经验和教训,以更好地认识和解决我国网贷监管的现实问题;在微观比较方面,通过比较网贷平台与信息居间人、证券发行人、证券承销商、基金管理人、投资顾问、评级机构及影子银行的联系和区别,得出网贷平台的法律性质为信用中介,为完善我国网贷监管奠定基础。

3. 实证研究方法

实证研究方法,是按照一定程序规范对信息进行经验研究、量化分析的研究

---

〔1〕 See Kevin Davis, Jacob Murphy, "PEER-TO-PEER LENDING: Structures, Risks and Regulation", *The Finsia Journal of Applied Finance*, 2016, p. 40.

〔2〕 参见〔德〕弗里德尼希·卡尔·冯·萨维尼:《论立法与法学的当代使命》,许章润译,中国法制出版社2001年版,第38页。

〔3〕 参见沈宗灵:《比较法研究》,北京大学出版社1998年版,第3页。

〔4〕 参见〔德〕K. 茨威格特、H. 克茨:《比较法总论》,潘汉典等译,法律出版社2003年版,第6~8页。

方法。[1] 至 2020 年我国已有 13 年的网贷发展史和 9 年的监管史,[2] 在某种意义上已完成"监管沙盒"式的探索,[3] 沉淀了网贷平台众多维度的行业数据。为此，本书将通过对数据的收集、清洗、整理和加工，综合运用均值分析、交互分析、相关性分析、回归分析等统计学方法，揭示隐藏在数据背后的现象和规律。

4. 个案研究方法

个案研究法，有助于深刻揭示蕴涵在研究对象中丰富的个体特征和详细的事件发展过程，解释现象发生的原因并逐步归纳出理论命题。[4] 本书选取具有代表性的拍拍贷、宜信、陆金服、Lending Club、Prosper 等平台，通过详细分析它们的业务流程和法律关系，归纳整理网络借贷的不同业务模式。本书亦对网贷平台退出中的典型案例——"绿化贷"案进行剖析，以展示网贷平台的退出困境。笔者同时完成有 32 份个案访谈笔录，受访者包括平台高管、借款人、投资人、银保监会负责人、中国互联网金融协会负责人、大学教授、仲裁员、法官、警察、律师等。丰富的信息来源，为笔者多角度地了解网贷现状创造了条件。

(二) 篇章结构

全书共有七章。

第一章提出问题，通过梳理我国网络借贷的主要业务模式和发展史，展示监管与市场的互动关系，揭示目前存在的市场失灵与监管失灵并存的问题。具体而言，该章第一部分介绍网络借贷的概念，并从交易结构和民商事法律关系视角，介绍市场上广泛存在的三种业务模式：信息中介模式、债权转让模式和担保增信模式，以为后文论述平台发展规律、网贷法律定性、监管失灵原因和监管路径选择奠定基础。该章第二部分，从历史法学视角，回顾了我国网络借贷的发展脉络，包括 2007 年至 2012 年的包容性监管阶段，2013 年至 2015 年的原则性监管阶段和 2016 年至今的运动式监管阶段。该部分通过梳理重大历史事件，尤其是

---

[1] 参见白建军："论法律实证分析"，载《中国法学》2000 年第 4 期。
[2] 从 2007 年我国第一家网贷公司"拍拍贷"成立至 2020 年，我国已有 13 年的发展史；从 2011 年银监会办公厅颁布第一部针对 P2P 的监管规定《中国银监会办公厅关于人人贷有关风险提示的通知》至 2020 年，我国已有 9 年的监管史。
[3] 源自西方的监管沙盒与中国的改革试点制度在运行逻辑和理念上具有一致性。详见黄震、张夏明："监管沙盒的国际探索进展与中国引进优化研究"，载《金融监管研究》2018 年第 4 期。
[4] 参见郑杭生主编：《社会学概论新修》，中国人民大学出版社 2003 年版，第 482~489 页。

系统整理与网贷密切相关的法律法规及司法解释，为该章第三部分计量监管强度提供了事实基础。建立在史料的基础之上，第三部分首先从相关度、严厉度、全面度三个方面评估每项法律法规及司法解释的监管强度分值，进而以月为单位，呈现各时间节点的监管强度累积值，以展现我国网贷监管强度的动态变化过程。同时，将问题平台随时间变化的曲线与监管强度曲线归并到一起，形成一幅"大雁型"图形，从而更加形象地展示我国网贷监管过程中市场失灵和监管失灵并存的现象。如何应对上述挑战，成为后文需要解决的问题。

第二章分析问题，既然问题平台的大量出现以及与之相伴的监管失灵带来了监管困惑和社会混乱，我们应当找到问题产生的根源。鉴于网贷平台是监管所指向的对象，故本章从价值、发展和性质三个维度对网贷平台的相关原理进行剖析，最终揭示我国网贷平台的信用中介属性以及监管失灵的根源。在价值论部分，首先分析网贷平台的内在价值，即可以克服信息不对称的客观功用；然后分析网贷平台的外在价值，即可以为借款人、出借人和社会带来益处，实现帕累托改进的可能。在发展论部分，从多边平台经济学的核心理论出发，揭示网贷平台生存、发展和消亡的客观规律，并对三种业务模式的规模创造力进行比较，指出信息中介模式规模创造力最弱，很难在市场上生存。在性质论部分，通过网贷平台与信息居间人、证券发行人、证券承销商、基金管理人、投资顾问、评级机构及影子银行7类机构的比较，得出网贷平台属于信用中介机构的法律定性，指出网贷平台的定位偏差是导致监管失灵的根源，从而为后文分析如何完善监管制度奠定基础。

第三章从比较法视角，介绍英、美、日三国网络借贷的立法背景、法律关系和监管制度。第一部分介绍英国，指出英国监管的特点在于将网贷平台视为一类特殊的金融服务提供者，承认平台功能的多样性，允许平台提供增信，形成英国式的复合中介监管模式。第二部分介绍美国，指出美国既未制定新的法律，也未对现行法律进行修改，而是通过监管机关对证券概念的解释，将网贷平台置于既有的证券法监管框架内，形成美国式的传统证券监管模式。第三部分介绍日本，指出日本通过修改《金融商品交易法》，完善集合投资计划制度，将网贷平台视为一类特殊的金融商品交易业者，形成日本式的创新证券监管模式。第四部分总结归纳，概括三国在平台定位和监管制度方面的共性：在平台定位方面，三国均未将网贷平台定位为单纯的信息中介，而是定位为证券法下的证券发行人、基金管理人或类似于信用中介的金融机构，这与笔者在第二章提出的我国网贷平台应定位为信用中介的结论形成呼应；在监管制度方面，三国均有严格的市场准入、充分的信息披露、必要的出借限制和顺畅的诉讼机制，以上监管制度的共性分别在第四章、第五章和第六章予以回应，体现了笔者在重构我国监管制度时，对域外经验的尊重、吸收和借鉴。

本书第四章至第六章的目的是解决问题，即针对前两章提出和分析的问题并建立在第三章有关域外对比的基础之上，从监管体制、准入及持续性监管指标、退出机制三个方面，依次论述应该如何完善我国的网络借贷监管制度。之所以首先分析监管体制，是因为监管体制是监管制度发挥功效的重要前提，居于核心地位。为此，第四章从三个方面对监管体制进行优化，分别是监管目标的准确设定，监管策略的范式转变和监管权力的重新划分。在监管目标部分，首先概括我国网贷业务的特点和现状，提出两个核心目标定位，即防范系统性风险和投资者保护；在监管策略的范式转变部分，通过回顾备案制的由来及演变，反思备案制的弊端，提出为网络借贷设立行政许可的五大理由；在监管权力的重新划分部分，主张在中央层面，由中国人民银行进行宏观审慎监管、由银保监会进行微观审慎监管、由专项整治办公室负责行为监管，在地方层面，各地联合工作办公室在专项整治办公室的领导下，保障消费者的合法权益。

第五章直接承接第四章所提出的"改备案为许可"的立法主张。既然要为网络借贷设立新的行政许可，确立哪些准入和持续性监管指标成为需要探讨的问题。该章主要运用实证分析方法探索监管指标的设定。该章第一部分，根据传统金融机构监管指标是否也适合网络借贷的理论争鸣，提出以下三个研究假设，即股东背景较强、高管素质较高或实缴资本较多的网贷平台经营更加稳健。为此，笔者筛选出6488家网贷平台样本数据，并设置2个因变量和47个自变量。该章第二部分针对研究样本先进行单因素的独立样本 T 检验分析，再进行多因素的二元 Logistic 回归分析，进而证成了第一部分所提出的研究假设。该章第三和第四部分，基于实证分析结果，分别提出准入监管指标和持续性监管指标的具体建议。其中，准入监管指标又分为两类：第一类同时适用于新设机构和存续机构，第二类仅适用于存续机构；持续性监管指标的来源包括三个途径：基于显著性变量而设计，基于非显著性变量而设计，以及基于其他相关理论而设计。

第六章的目的是探索建立符合中国国情的平台退出机制。该章的布局遵循从现状、到理论、到借鉴、再到制度的路径：该章第一部分，从现状层面出发，通过对网贷退出规则、政策和类型的梳理，以及对"绿化贷"平台的个案研究，呈现出平台难以良性退出的尴尬境地；第二部分，从理论层面出发，依次概括破产说、综合说和区分说的理论观点，指出破产说的局限性、综合说的不足以及区分说的必要性；第三部分，从借鉴层面出发，分别介绍英国和美国在平台退出领域的监管制度或实践做法；第四部分，从制度层面出发，承接前文的研究成果，提出以不完全契约理论下的法律干预为指导思想，在赋予平台清盘规则制定权的同时，规制退出标准、后备机构和管理费用三大问题。

第七章是全书的引申和延展，旨在研究网络借贷司法程序问题。监管与诉讼具有互动关系：一方面，科学的监管政策促进纠纷的顺利解决；另一方面，良好的诉讼程序彰显监管的目的效果。该章第一部分指出研究现状存在的不足，提出以实证方法研究民事审判状况的路径。第二部分以 10 058 份裁判文书的实证分析为基础，全面展现了网络借贷在案件审理、诉讼参加人、交易概况和裁判结果四个方面的特点，概括普遍现象和规律。第三部分，以居间费认定分歧为切入点，说明不同的裁判路径看似相互对立，实则内在统一，监管政策对法官裁判会产生客观影响，确保监管政策的科学性对维护司法公正具有重要意义。

五、难点与创新点

（一）难点

本研究的一个难点是论证网贷平台存在的必要性。目前，我国监管机关已宣布取缔全部网贷平台，因此，只有在理论上证明网贷平台的价值，本书第四章至第六章有关制度完善的建议才有立论的基础。为此，不但要论证网贷平台具有克服信息不对称的内在价值，还要总结网贷平台对借款人、出借人和社会的外在价值，并回答在银行的风控能力与时俱进的当今，为什么要为面向大众筹集资金的网络借贷留下一席之地。

本研究的另一个难点是在倡导为网络借贷设立新的行政许可之后，如何确定监管指标的问题。学界对于诸如股东背景、注册资本、担保措施、信息披露等具体监管措施均各执一词，分歧较大。如何在众说纷纭的背景下，选定松紧适度的监管指标，实现防范系统性风险和保护投资者权益的双重目标，是本书的难点。

（二）创新点

本书试图在以下三个方面有所突破：

第一，实现从信息中介到信用中介的理论突破。长期以来，学界和监管层均视网贷平台为信息中介，并以此为目标制定监管规定，然而实际效果却不尽如人意。多边平台经济学给我们重新审视网贷平台生存、发展和消亡的规律提供了新的视角。基于上述理论，信息中介模式仅具有弱规模创造力，在市场上很难生存。实证数据亦证明，具有信用转换功能的平台才是市场中的绝对主角，这一现象在监管强势介入之前和之后几乎没有改变。本书结合经济学、法学和实证数据，将网贷平台定性为以提供媒介居间为基础，部分开展公募基金、投资顾问、信用评级业务，但主要为影子银行的信用中介机构。

第二，通过全样本的实证研究，提出网贷平台的准入指标及持续性监管指标，为落地数据驱动型监管理念提供方法论进路。过去的经济学、金融学、管理学对网贷平台监管指标的实证研究存在样本偏少、变量不足、背景缺失和视角有限等问题。本书建立在 6488 家全样本平台数据和 47 个自变量的基础之上，运用 SPSS 软件对问题平台与正常平台，以及问题平台内部的逃避型平台与非逃避型平台进行均值分析和二元 logistic 回归分析，发现针对传统金融机构的股东背景、高管资格和实缴资本也适合网络借贷，并进而提出一系列准入指标和持续性监管指标。鉴于这些指标来源于行业实践和数理分析，因此具有客观性和公允性，有利于实现防范系统性风险和投资者保护的双重目标。

第三，构建具有中国特色的生前遗嘱制度，使相关法律的运行回归理性。过去的理论文献即使支持通过生前遗嘱解决我国网贷平台的退出问题，也往往一带而过，没有深入论述生前遗嘱的具体操作路径。本书在梳理学界观点和英美制度之后，提出以不完全契约理论下的法律干预为指导思想，在赋予平台清盘规则制定权的同时，通过立法，规制退出标准、后备机构、管理费用等重大问题。本书首次阐述了以存管银行作为后备服务机构的六大理由，包括稳健性、协调性、便利性、保密性、专业性和合规性。上述研究有利于构建符合我国国情的生前遗嘱制度，打破"退出即刚兑"的非理性做法。

第一章 国内网络借贷的发展及挑战

本章将分析网络借贷的定义，概括网贷平台在我国运营的主要业务模式及其法律关系，通过梳理我国网络借贷的发展史，展现监管与市场的互动关系，揭示目前存在的市场失灵与监管失灵并存的问题，以为后文的研究奠定基础。

一、网络借贷的概念及模式

（一）概念界定与类别划分

1. 网贷定义

狭义上讲，P2P 网络借贷仅指自然人之间的借贷，但是从更广泛的意义上讲，P2P 网络借贷包括企业与个人之间的借贷。[1] 英国 P2P 融资协会将 P2P 定义为由电子平台推动的，在很大程度上由单个接收方与多个资金提供方之间直接一对一组成的基于债务的融资安排，在该安排中大部分出借人通常为个体消费者，而借款人通常为个体消费者或小企业。[2] 我国亦持广义观点，认为网络借贷系个体和个体之间通过互联网平台实现的直接借贷，所谓个体包含自然人、法人及其他组织。网贷平台是依法设立，专门从事网络借贷信息中介业务活动的金融信息中介公司。

上述定义代表了我国监管机关对网络借贷的理解、认识和定位，属于"书本上"的网络借贷，而非"行动中"的网络借贷。[3] 实然状态的网络借贷远比立法层面的网络借贷更加复杂。因此，要深入理解网络借贷，揭示其本质，需要对

---

［1］ See Tanja Jorgensen, "Peer-to-Peer Lending – A New Digital Intermediary, New Legal Challenges", *Nordic Journal of Commercial Law*, Vol. 2018, No. 1, 2018, p. 234.

［2］ See Lerong Lu, "Promoting SME Finance in the Context of the Fintech Revolution: A Case Study of the UK's Practice and Regulation", *Banking & Finance Law Review*, 2018, p. 324.

［3］ See Roscoe Pound, "Law in Books and Law in Action", *American Law Review*, Vol. 44, No. 1, 1910, pp. 12~36.

网络借贷在实践中的业务模式和法律关系进行梳理。

2. 业务分类

在时间维度上，我国网络借贷的商务安排随着经济社会的发展，尤其是监管环境的变化，而不断演变；在空间维度上，同一时期的不同平台，同一平台的不同产品，其业务模式也不尽相同。

根据是否有担保安排，可以分为无担保安排的信息中介模式和有担保安排的担保增信模式。[1] 根据增信主体的不同，担保增信模式又可细分为内部增信模式和外部增信模式，前者由平台通过风险准备金、签订担保合同等方式为出借人债权提供全部或部分的担保，后者由平台以外的第三方通过签订担保合同、出具担保函、提供保险、承诺回购等方式为出借人债权提供全部或部分的担保。基于此，外部增信模式还可进一步划分为融资性担保公司担保模式、非融资性担保公司担保模式、小额贷款公司担保模式、银行保函模式、保险公司保证保险模式以及关联公司回购模式等。

根据合同的缔约方式，可以分为线上缔约模式和线下缔约模式。线上缔约模式是指出借人、平台、借款人之间的协议全部通过互联网和电子签名方式订立。线下缔约模式是指与网络借贷相关的协议通过纸质形式，采取实际签名、盖章或按手印的方式订立。

根据贷款资金的用途，可以分为经营贷模式、消费贷模式和房产贷模式。在经营贷模式中，出借人为借款人的生产经营提供资金支持；在消费贷模式中，出借人为借款人基于消费、就医、求学、旅游等需求提供资金支持；在房产贷模式中，出借人为借款人购买住房或商品房提供贷款，借款人通常以房产作为抵押。[2]

根据利率的决定方式，可以分为在线拍卖模式和平台设定模式。在线拍卖模式中，借款人表明可接受的最高利率，出借人表明可接受的最低利率，平台进行自动"反向拍卖"，逐步提高利率，直至有足够的出价为止。如果该利率等于或低于借款人愿意支付的最高利率，则以该利率提供资金；如果没有，则借贷失

---

[1] 参见罗明雄、司晓、周世平主编：《互联网金融蓝皮书》，电子工业出版社 2015 年版，第 98 页。

[2] 在欧洲，人们习惯将网络借贷分为三类，包括企业贷（P2P business lending）、消费贷（P2P consumer lending）和房产贷（P2P property lending），See Bryan Zhang, Kim Taylor, "Entrenching Innovation - The 4th UK Alternative Finance Industry Report", *Cambridge Centre for Alternative Finance*, 2017, pp. 42~55; Tanja Jorgensen, "Peer-to-Peer Lending - A New Digital Intermediary, New Legal Challenges", *Nordic Journal of Commercial Law*, Vol. 2018, No. 1, 2018, pp. 233~237.

败。在平台设定模式中，由平台根据借款人的风险设定利率，出借人根据平台设定的利率选择投资项目，如果募集期届满，有足够投资，则借款成功。[1]

根据投资人是否自主选择借款项目，可以分为手动投标模式和自动投标模式。在手动投标模式中，出借人需根据平台展示的信息自行选择借款项目，并亲自订立相关协议。在自动投标模式中，出借人提前与平台签订授权协议，平台有权为出借人自动筛选借款项目，代出借人与借款人签订借款合同进行直接出借，或代出借人与债权转让人签订债权转让合同进行间接出借。

根据确定筹款金额的不同方式，可以分为"全有或全无"（all-or-nothing）模式和"多少均保留"（keep-it-all）模式。在前一种模式中，如果意向出借金额未达到借款人的目标金额，则借款人不会收到任何款项，所有资金将退还给出借人。在后一种模式中，即使意向出借金额未达到借款人的目标金额，也允许借款人保留所有意向出借资金。[2]

根据业务模式是否为监管规定所认可，可以分为合规模式和不合规模式。基于中国目前的监管规定，合规模式包括：信息中介模式、通过适格第三方主体提供增信的担保增信模式。不合规模式包括：进行信用转换、期限错配的债权转让模式；演化为公募基金的资金池模式；为平台自身或关联公司进行融资的自融模式；平台设置虚假借款标，骗取公众资金的集资诈骗模式等。[3]

此外，根据资金存管方式的不同，还可分为第三方支付机构存管模式、银行存管模式和联合存管模式。根据投资人债权可否通过平台转让变现，还可分为可转让模式和不可转让模式。

总之，网贷业务是担保安排、缔约方式、资金用途、利率设定、筛选流程、存管主体、转让安排等不同要素的排列、组合。就中国现实而言，广泛存在的业务模式主要有以下三类，分别是信息中介模式、债权转让模式和担保增信模式，下文详细介绍。

---

[1] See Alistair Milne, Paul Parboteeah, "The Business Models and Economics of Peer-to-Peer Lending", *European Credit Research Institute Research Report*, No. 17, 2016, p. 5. Lerong Lu, "Promoting SME Finance in the Context of the Fintech Revolution: A Case Study of the UK's Practice and Regulation", *Banking & Finance Law Review*, 2018, p. 326. 从行业实践来看，平台设定模式已经逐渐取代在线拍卖模式成为主流，参见王朋月、李钧："美国P2P借贷平台发展历史、现状与展望"，载《金融监管研究》2013年第7期。

[2] See Roberto Bottiglia, Flavio Pichler, *Crowdfunding for SMEs: A European Perspective*, UK: Springer Nature, 2016, p 102.

[3] 参见彭冰：《投资型众筹的法律逻辑》，北京大学出版社2017年版，第279页。

(二) 三种典型业务模式的梳理

1. 信息中介模式

信息中介模式，是指平台仅作为居间人，为借款人与出借人实现直接借贷，提供信息搜集、信息公布、资信评估、信息交互、借贷撮合等服务，借款人与出借人直接缔约，平台或第三方均不为出借人的债权提供担保。

信息中介模式的代表性平台是"拍拍贷",[1] 其基本业务流程如下：借款人向平台申请借款，平台向借款人收集信用信息、财务信息、社交信息等，并对信息进行欺诈检测和分析。对于符合要求的借款人，平台进行评级并将借款项目推送至平台上供出借人选择。出借人注册成为平台用户后，即可在平台看到借款人、借款项目、借款金额、利率等信息。如欲投资，出借人需要先向自己的平台账户充值并在线签署借款协议。若募集期届满，借款人募集到所需要的本金，借款人可以提现，将平台账户资金转入自己的银行账户。若募集期届满时，借款人没有募集到足额资金，则项目流标，出借人可以提现或将平台账户内的资金转投其他项目。还款期限届至时，借款人将应还款项充值至平台账户，平台再根据各出借人的出借比例，自动将款项汇入出借人平台账户。若发生借款人违约，平台将协助出借人向借款人追索。信息中介模式的主要交易结构如下图所示：

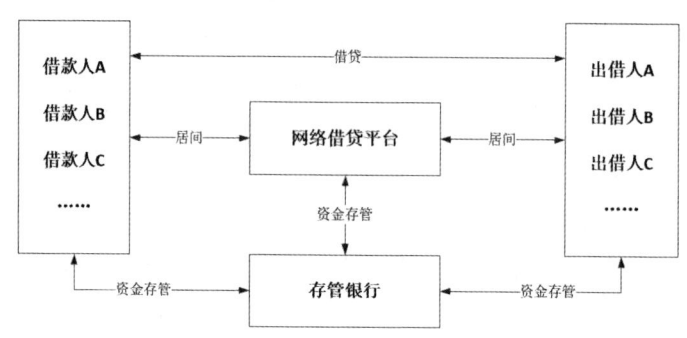

注：↕代表法律关系

图 1.1　信息中介模式交易结构图

---

[1] 有关"拍拍贷"的初始模式，可参见郭勤贵编著：《互联网金融商业模式与架构》，机械工业出版社2014年版，第196~200页。随着时间的推移，"拍拍贷"发生一些变化，业务模式向多元化方向发展，除信息中介业务外，还开设了带有委托投资功能的彩虹计划，开展与融资性担保公司合作的担保增信业务，销售附带回购的"拍融租""拍利得""聚保理"等产品，因此，不能概括地说某个平台一定是哪一种模式。

上述交易结构主要包括如下三类法律关系：

第一，居间法律关系。居间法律关系体现为两种：一为借款人与平台通过签署《信用咨询及管理服务协议》《还款管理服务说明确认书》等文件而形成的居间，借款人有权通过平台发布借款项目，平台有权向借款人收取居间费；二为出借人与平台通过签署《平台服务协议》《风险提示书》等文件而形成的居间，出借人有权通过平台进行资金出借活动，平台应向出借人提供信息并有权向出借人收取居间费。

第二，借贷法律关系。借贷法律关系，系借款人与出借人（有时还包括平台）通过签订《借款协议》而建立的法律关系。双方在协议中约定借款本金、借款利率、还款方式、违约责任、通知与送达、法律适用与管辖等事项。由于网络借贷具有小额分散的特点，借款协议的出借人通常有多个，其主体信息通常以文末表格的形式列明，呈现出一个借款人与多个出借人缔约的特点。

第三，资金存管法律关系。资金存管法律关系，系存管银行、平台与注册用户（出借人或借款人）三方通过签订《资金存管服务协议》而建立的法律关系。基于该协议，注册用户可向平台发出有关账户开立、充值、提现、转账的交易指令，平台应如实向银行发送前述指令，并由银行验证指令后执行；银行应为注册用户分别单独开立并管理账户，但银行不负责审核借款人、借款项目及借贷交易信息的真实性和合法性，亦不对出借人的投资风险承担责任。

总之，信息中介模式是一种有金额拆分，[1]但没有信用错配和期限错配的业务模式。

2. 债权转让模式

债权转让模式，又称为超级放款人模式，是指超级放款人先对借款人放款创设债权，然后将债权拆分转让给多个出借人以获取资金，待投资期限届满后，超级放款人再向各出借人回购债权，给付投资本金和预期收益。债权转让模式的开创者是宜信，其通常包括如下七个步骤：

第一，创设债权。超级放款人（该自然人一般是平台的实际控制人）与借款人签订《借款协议》，将自有资金提供给借款人，从而创设债权。

第二，收取费用。借款人向平台支付服务费，有的通过超级放款人在本金中

---

[1] 金额拆分是指一个借款人的资金由多个出借人提供，或者一个出借人的资金分散出借给多个借款人的现象。

直接扣除服务费代借款人支付给平台,有的通过平台委托支付机构从借款人账户扣划服务费至平台。

第三,拆分转让。超级放款人基于与投资人签订的《个人出借咨询与服务协议》,将其所持有的债权转让给多个投资者,投资人向超级放款人支付债权转让价款,从而实现资金的出借。

第四,还本付息。为便于债权回购,债权转让事宜一般不通知借款人,借款人仍然向超级放款人还本付息(主流方式是按月等额本息,也存在先息后本或者到期一次性还本付息的方式)。

第五,循环出借。超级放款人在收到借款人本息后,可以重复出借,以提高资金利用效率。

第六,回购债权。当与投资人约定的封闭期届满后,超级放款人以约定的金额(包括本金与预期收益)向投资人支付回购价款以回购债权。如果借款人发生《借款协议》项下的违约事项,平台将用预先在服务费中按一定比例提取的风险准备金向投资人支付回购价款,超级放款人同时取得债权。风险准备金的兑付规则由出借人与平台事先通过《个人出借咨询与服务协议》约定,该规则一般包含过期赔付规则、时间次序规则、债权比例偿付规则、有限偿付规则和债权转移规则。[1]

第七,诉讼追偿。超级放款人回购债权后通过诉讼等方式向借款人追偿,通过判决、调解或和解的方式实现债权。

债权转让模式的主要交易结构如下图所示:

---

[1] 参见邓建鹏、黄震:"网贷行业风险备用金的争议及其规范路径",载《金融法苑》2017年第1期。

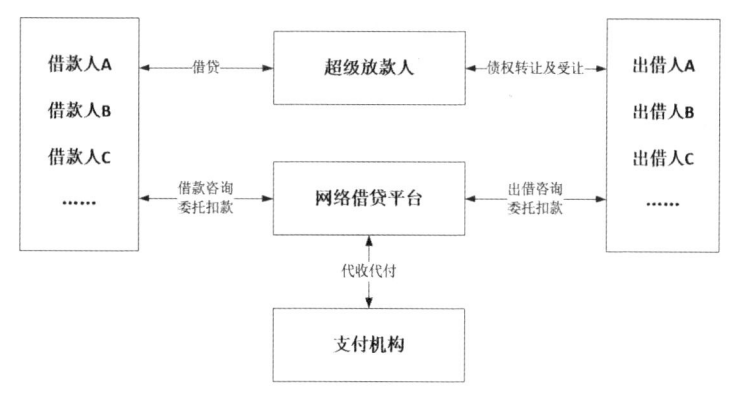

```
借款人A  ──借贷──→  超级放款人  ──债权转让及受让──  出借人A
借款人B                                              出借人B
借款人C                                              出借人C
......            ↓                                  ......
           借款咨询                    出借咨询
           委托扣款   网络借贷平台     委托扣款
                        ↓
                      代收代付
                        ↓
                      支付机构
```

注：↕代表法律关系

图1.2 债权转让模式交易结构图

上述交易结构主要包括如下六类法律关系：

第一，借款咨询法律关系。借款咨询法律关系，系借款人与平台（平台关联公司）之间通过签署《信用咨询及管理服务协议》《还款管理服务说明确认书》等协议而形成的法律关系。基于上述协议，平台为借款人提供信息咨询、资信审核、出借人推荐等服务，借款人应向平台支付服务费。

第二，出借咨询法律关系。出借咨询法律关系，系出借人与平台（平台关联公司）之间通过签订《个人出借咨询与服务协议》《风险提示书》等协议而形成的法律关系。基于上述协议，平台为出借人提供投资管理、借款人推荐等服务，有的平台要求出借人支付一定服务费，有的则免费，以吸引更多出借人投资。在投资期限届满后，平台将安排超级放款人回购出借人债权。合同中明确约定"债权价值与转让对价之间的差额为出借人支付给平台的转让服务费，由债权受让人在债权转让成功时代为支付给平台"。这实际上使平台在居间费之外，还获得了利差收益。

第三，委托扣款法律关系。委托扣款法律关系，系借贷双方与平台通过签订《委托扣款授权书》所建立的法律关系，基于该授权，平台有权委托银行或第三方支付机构从借款人指定的银行账户中扣划居间费至平台账户，或从出借人指定的银行账户中扣划意向出借金额至超级放款人账户以完成投资。

第四，借贷法律关系。借贷法律关系，系借款人与超级放款人通过签订《借款协议》而建立的法律关系。双方在协议中约定借款本金、借款利率、还款方式、违约责任、通知与送达、法律适用与管辖等事项。与信息中介模式下一个借款人与多个出借人签约不同，债权转让模式下的《借款协议》通常是一个借款人对应一个出借人。

第五，债权转让及受让法律关系。债权转让及受让法律关系，系出借人与超级放款人之间通过签订《债权转让及受让协议》建立的法律关系。在该协议中，超级放款人以列表的方式向出借人转让一个或多个债权，列明每个债权项下借款人的姓名、职业、借款用途、债权余额、各债权对应的转让价款等信息，出借人则需向超级放款人支付价款以购买上述债权。当《个人出借咨询与服务协议》约定的投资期限届满时，出借人与超级放款人还会再次签订《债权转让及受让协议》，只不过此时二者角色互换，出借人是债权转让人，超级放款人是债权受让人，超级放款人向出借人给付投资本金和收益。

第六，代收代付法律关系。代收代付法律关系，系平台与第三方支付机构通过签订《代收付业务服务合同》而建立的法律关系。基于该协议，支付机构根据平台发送的指令向平台指定的用户进行收款或付款，并提供资金清算服务；平台则需要向支付机构支付服务费。

基于上述，债权转让模式的最大特点是通过核心出借人的"做市"行为，平台同时具有金额拆分、信用错配和期限错配的功能。

3. 担保增信模式

担保增信模式，是指平台不仅为借款人与出借人实现直接借贷提供信息，而且通过自身或者第三方，为出借人的债权提供担保或采取其他安排以达到增信目的。具体措施包括：平台设置风险准备金、担保公司提供担保、小额贷款公司提供担保、银行出具保函、保险公司提供保证保险、平台关联公司承诺回购等。

担保增信模式的代表是陆金所的"稳盈-安 e"和"慧盈-安 e"产品，前者由担保公司提供担保，后者由保险公司提供保证保险，下文即以上述两款产品为例，说明担保增信模式的流程和交易结构。[1]

首先，借款人向平台申请借款，平台向借款人收集信用信息、财务信息、社交信息等。与此同时，提供第三方增信的担保公司或保险公司也对借款人进行审查，以确定是否为其提供担保或办理保险。如借款人通过审核，借款人需与担保

---

〔1〕 有关陆金所的业务模式，可参见胡世良：《互联网金融模式与创新》，人民邮电出版社 2015 年版，第 183~187 页。

公司签订反担保协议，或与保险公司签订保险合同并将出借人设置为被保险人。平台将借款项目推送至平台上供出借人选择。第三方通过担保函或保单表明愿意为该借款人增信。如募资成功，借款人与出借人之间的借款协议生效。如借款逾期，出借人有权直接要求担保公司承担担保责任或要求保险公司予以赔偿。担保公司或保险公司在承担责任后，有权向借款人追偿。

担保增信模式的主要交易结构如下图所示：

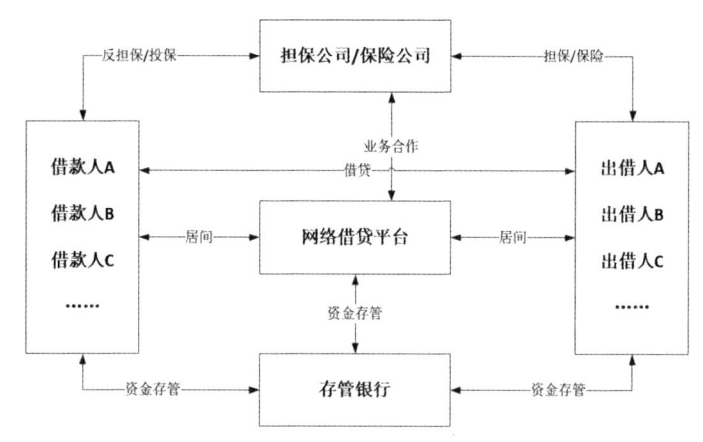

注：↕代表法律关系

图 1.3 担保增信模式交易结构图

上述交易结构主要包括如下六类法律关系：

第一，业务合作法律关系。业务合作法律关系，系平台与担保公司或保险公司之间通过签订《业务合作协议》而建立的法律关系。主要内容包括：担保公司或保险公司向平台推荐借款人，平台经审查后有权决定是否为借款人提供媒介服务。如果平台同意借款人到平台申请借款，担保公司需向出借人提供担保，保险公司则提供保证保险。

第二，反担保或投保法律关系。反担保法律关系，系借款人与担保公司通过签订反担保协议而建立的法律关系，具体形式主要为保证或房产抵押反担保。投保法律关系，是指借款人向保险公司投保，双方签订保证保险协议并将出借人设定为被保险人。

第三，居间法律关系。居间合同法律关系体现为借贷双方与平台之间通过签署《注册服务协议》等文件而形成的法律关系,该法律关系与信息中介模式下的居间法律关系类似。

第四,借贷法律关系。借贷法律关系,系借款人与出借人(有时还包括平台)通过签订《借款协议》而建立的法律关系。与信息中介模式类似,担保增信模式下的借款协议也往往呈现出一个借款人与多个出借人缔约的特点。

第五,担保或保险法律关系。担保法律关系,是担保公司通过与出借人签订担保合同或者向出借人出具担保函,与出借人之间建立的担保法律关系。保险法律关系是保险公司为出借人提供保证保险,作为被保险人,出借人有权在借款人违约时要求保险公司赔偿。

第六,资金存管法律关系。资金存管法律关系,系存管银行、平台与注册用户(出借人或借款人)三方通过签订《资金存管服务协议》而建立的法律关系。该法律关系的权利义务约定与信息中介模式下的存管法律关系类似,兹不赘述。

总之,担保增信模式是一种有金额拆分和信用错配,但没有期限错配的业务模式。

综上所述,尽管监管规定将网贷平台定位为信息中介,但是在实践中,我国衍生出诸多模式,主要为信息中介模式、债权转让模式和担保增信模式。其中,信息中介模式只有金额拆分,而无信用错配和期限错配;债权转让模式三种功能皆有;担保增信模式有金额拆分和信用错配,但没有期限错配。下文将从历史的视角,介绍我国网络借贷的发展脉络。

二、我国网络借贷的发展脉络

网络借贷在我国的发展经历了三个阶段:第一阶段从 2007 年至 2012 年,为包容性监管阶段,市场处于萌芽状态,政府持包容和观望态度;第二阶段从 2013 年至 2015 年,为原则性监管阶段,部分平台虽已出险,但整体风险尚未暴露,政府仍持鼓励和促进态度;第三阶段从 2016 年至今,为运动式监管阶段,表现为违约事件频发,平台大规模倒闭或跑路,投资人上访不断,监管规定密集出台。[1] 下文以"编年体"方式,梳理我国网络借贷发展中的大事件。[2]

---

〔1〕 参见许多奇:"互联网金融风险的社会特性与监管创新",载《法学研究》2018 年第 5 期。

〔2〕 由于作者是当时很多法律法规颁布的亲历者和密切关注者,故作者对于法律法规颁布时间和实施时间的梳理能够真实还原当时的客观情况,这些数据可能与部分法律法规平台记载的信息不一致,在此特别予以说明。

(一) 包容性监管阶段 (2007 年~2012 年)

1. 信息中介模式的开创

2007 年 6 月 17 日，国内首家 P2P 网络借贷平台"拍拍贷"上线，该平台由上海拍拍贷金融信息服务有限公司运营。[1] "拍拍贷"开创了信息中介模式。在"拍拍贷"之后，唐宁通过宜信惠民投资管理（北京）有限公司及其关联公司，逐步摸索出具有中国特色的线下债权转让模式，并在后来演化成我国大部分网贷平台竞相模仿的主流模式。

2. 网贷业务风险提示

2011 年 8 月 23 日，中国银监会发布《中国银监会办公厅关于人人贷有关风险提示的通知》，这是我国第一部针对网络借贷的官方文件，但是该文件的目的是提示大众网络借贷存在影响宏观调控效果、容易演变为非法金融机构等七种风险，重心放在防止民间借贷风险向银行体系蔓延方面，因此，很难视为网络借贷的正式监管文件。2011 年 9 月，中国平安保险（集团）股份有限公司间接控股的上海陆家嘴国际金融资产交易市场股份有限公司在上海注册成立，其运营的陆金所逐步成为集信托、保险、私募基金和网络借贷等产品于一体的综合理财平台。[2]

3. 债权转让模式的争议

2012 年 11 月，央行前副行长、人大财经委副主任吴晓灵在海口举行的中国小额信贷联盟会议上表示：P2P 公司只有撮合出借人和借款人直接签订借款合同，才是依法合规经营，否则，如先与借款人建立借款合同法律关系，再将债权转让给出借人，这样的业务仍然属于非法集资。[3] 该表态实际上否定了以宜信为代表的债权转让模式。

(二) 原则性监管阶段 (2013 年~2015 年)

1. 市场与监管的探索

由于网贷能帮助银行在表外获得资金，满足存量客户的融资需要，银行开始涉足网贷行业。2013 年 4 月，招商银行联合广东网金控股股份有限公司推出专门

---

[1] 参见《关于拍拍贷》，https://www.ppdai.com/help/aboutus，拍拍贷官网，2019 年 9 月 22 日最新访问。

[2] 参见刘进一：《互联网金融：模式与新格局》，法律出版社 2016 年版，第 57 页；万建华：《金融 e 时代：数字化时代的金融变局》，中信出版社 2013 年版，第 218~220 页。

[3] 参见刘进一：《互联网金融：模式与新格局》，法律出版社 2016 年版，第 64 页。

面向中小企业客户的互联网金融服务平台"小企业e家"。招商银行称平台不提供任何显性或隐性的担保，以确保合规。不过这种尝试并未得到监管层的完全认同，2013年底，该项业务被突然叫停，经过3个月的休整，2014年2月，"小企业e家"再度上线。[1] 由于具有银行背景，该平台在当时颇受关注。

虽然正式的监管制度尚未成型，但市场和国家在进行积极探索。2013年8月26日，中国小额信贷联盟在北京正式对外发布《个人对个人（P2P）小额信贷信息咨询服务机构行业自律公约》，以促进P2P行业的阳光化、规范化发展。[2] 2013年11月25日，由银监会牵头的九部委处置非法集资部际联席会议提出：应当在鼓励P2P网络借贷平台创新发展的同时，合理设定业务边界，划出红线，明确平台的中介性质，明确平台本身不得提供担保，不得归集资金搞资金池，不得非法吸收公众存款，更不能实施集资诈骗。[3]

2013年12月10日，《国务院办公厅关于加强影子银行监管有关问题的通知》出台，将不持有金融牌照、完全无监管的新型网络金融公司等信用中介机构视为影子银行，提出"在发挥影子银行积极作用的同时，要将其负面影响和风险降到最低"。

2. 监管主体与原则的明晰

2014年，网贷发展步入快车道。2014年3月5日，李克强总理在政府工作报告中首次提及互联网金融，表示将"促进互联网金融健康发展，完善金融监管协调机制，密切监测跨境资本流动，守住不发生系统性和区域性金融风险的底线。让金融成为一池活水，更好地浇灌小微企业、'三农'等实体经济之树。"[4] 政府的上述表态提振了市场对网络借贷的信心。[5]

与此同时，监管主体与监管原则逐渐明晰。2014年7月，原银监会副主席阎庆民在"2014上海新金融年会暨互联网金融外滩峰会"上表示，银监会目前正

---

[1] 参见刘进一：《互联网金融：模式与新格局》，法律出版社2016年版，第190~191页。

[2] 参见李珮：《P2P行业自律 意义重大》，https://www.wdzj.com/news/guonei/5829.html，网贷之家官网，2019年9月22日最新访问。

[3] 参见刘进一：《互联网金融：模式与新格局》，法律出版社2016年版，第64页；工业和信息化部电信研究院政策与经济研究所、腾讯互联网与社会研究院：《中国互联网法律与政策研究报告（2013）》，电子工业出版社2014年版，第130页。

[4] 李克强：《李克强总理作政府工作报告（文字实录）》，http://www.gov.cn/zhuanti/2014gzbg_yw.htm，中国政府网，2019年9月22日最新访问。

[5] 参见余丰慧：《互联网金融革命：中国金融的颠覆与重建》，中华工商联合出版社2014年版，第28~31页。

在研究关于 P2P 的监管规则。2014 年 9 月 27 日，原银监会创新监管部主任王岩岫在 "2014 中国互联网金融创新与发展论坛"上提出 P2P 监管的十大原则，包括：不建资金池、落实实名制、清晰业务边界、设定行业门槛、资金他人托管、自身不得担保、明确收费机制、充分信息披露、加强行业自律和坚持普惠金融。[1]

3. 促进互联网金融健康发展

2015 年，相关文件陆续出台，不断释放积极信号。东吴证券、长城证券、阳光保险等传统金融机构和绿地集团等产业巨头开始涉足 P2P 行业。[2] 网贷行业的成交量突破一万亿，但年末的"e 租宝"事件为强监管埋下伏笔。

2015 年 7 月 1 日，国务院颁布《国务院关于积极推进"互联网+"行动的指导意见》，提出包括"互联网+普惠金融"在内的十一个"互联网+"。在"互联网+普惠金融"部分，该指导意见提出三点主张：第一，探索推进互联网金融云服务平台建设；第二，鼓励金融机构利用互联网拓宽服务覆盖面；第三，积极拓展互联网金融服务创新的深度和广度。

2015 年 7 月 18 日，中国人民银行、银监会、证监会、保监会等十部委联合发布《关于促进互联网金融健康发展的指导意见》，提出依法监管、适度监管、分类监管、协同监管和创新监管五大原则，明确了监管分工。该指导意见奠定了我国互联网金融的监管框架，并首次提出网贷平台应立足于信息中介的定位。

2015 年 8 月 6 日，最高人民法院发布《最高人民法院关于审理民间借贷案件适用法律若干问题的规定》（现已修改），明确民间借贷利率的"两线三区"规则，[3] 规定作为信息中介的平台不对投资人的损失承担责任。[4] 该司法解释的出台在一定程度上提升了民间借贷案件司法裁判的可预期性。

---

[1] 参见刘进一：《互联网金融：模式与新格局》，法律出版社 2016 年版，第 64 页。

[2] 参见《Annual Report 2015 P2P 网贷行业年度报告》，https://www.p2peye.com/topic-nk2015.html，网贷天眼官网，2019 年 9 月 24 日最新访问。

[3]《最高人民法院关于审理民间借贷案件适用法律若干问题的规定》（2015 年）第 26 条规定："借贷双方约定的利率未超过年利率 24%，出借人请求借款人按照约定的利率支付利息的，人民法院应予支持。借贷双方约定的利率超过年利率 36%，超过部分的利息约定无效。借款人请求出借人返还已支付的超过年利率 36% 部分的利息的，人民法院应予支持。"

[4]《最高人民法院关于审理民间借贷案件适用法律若干问题的规定》（2015 年）第 22 条规定："借贷双方通过网络贷款平台形成借贷关系，网络贷款平台的提供者仅提供媒介服务，当事人请求其承担担保责任的，人民法院不予支持。网络贷款平台的提供者通过网页、广告或者其他媒介明示或者有其他证据证明其为借贷提供担保的，出借人请求网络贷款平台的提供者承担担保责任的，人民法院应予支持。"

2015年12月31日，国务院发布《推进普惠金融发展规划（2016—2020年）》，计划到2020年，建立与全面建成小康社会相适应的普惠金融服务和保障体系。提出要发挥网络借贷平台融资便捷、对象广泛的特点，引导其缓解小微企业、农户和各类低收入人群的融资难问题。

"e租宝"事件是整个网贷行业监管的转折点。严格来说，"e租宝"并非网贷平台，其业务模式表现为融资租赁公司通过"e租宝"平台将其租金债权向投资人进行拆分转让以获得融资，在期限届满后再由平台合作的商业保理公司进行回购。后经证实，该业务系平台自融。2015年12月，警察查封了该公司的经营场所。

(三) 运动式监管阶段（2016年至今）

1. 专项整治的开启

在"e租宝"事件的影响下，专项整治运动拉开帷幕，代表性事件包括："校园贷"的整治、"一个总纲和六个方案"的颁布、网贷监管制度的正式形成。但该年，网贷行业依旧保持较快发展，累计成交额突破2万亿，投资人数同比上涨74.07%。[1]

"校园贷"的整治发端于媒体报道。2016年3月《新京报》微信公众号发表《"我跳了别给我收尸"，欠"校园贷"60万的大学生之死》一文，介绍了21岁大学生郑德幸欠网贷60多万元巨款，最后从8楼跳下的悲剧。[2] 2016年6月，南方都市报发布《大学生惊现"裸条"借贷：凭裸照贷款不还钱曝照》一文，讲述了违反公序良俗的"裸照"借贷现象。[3]

作为回应，2016年9月26日，教育部发布《教育部办公厅关于开展校园网贷风险防范集中专项教育工作的通知》；同日，教育部和银监会发布《关于加强校园不良网络借贷风险防范和教育引导工作的通知》。2016年10月18日，银监

---

[1] 《2016年网贷行业年度报告》，https://www.p2peye.com/topic-nk2016.html，网贷天眼官网，2019年9月24日最新访问。

[2] 2017年3月15日至3月22日，微信公众号平台上关于"校园贷"的微信文章共有226篇，获得31万余的阅读量。其中，《新京报》微信公众号推送的《"我跳了别给我收尸"，欠"校园贷"60万的大学生之死》以52546次的阅读量排名第一。详见法治周末：《河南大学生负债60万自杀 校园贷金融生态引发舆论关注》，http://www.qlmoney.com/content/20160406-171944.html，2017年6月30日最新访问。

[3] 参见彭彬、羽勤：《南都调查｜"裸条"借贷惊现大学生群体，不还钱被威胁公布裸照》，南方都市报，http://m.mp.oeeee.com/a/BAAFRD0000201606136604.html，2019年9月23日最新访问。

会等部委发布《关于进一步加强校园网贷整治工作的通知》，明确提出"四个不得"。[1]

2016年10月13日，"一个总纲和六个方案"颁布，标志互联网金融专项整治运动开启：一个总纲是国务院办公厅发布的《互联网金融风险专项整治工作实施方案》；六个方案分别针对非银行支付机构、P2P网络借贷、股权众筹、互联网保险、互联网资产管理和互联网广告及理财。专项整治计划于2016年7月底前完成摸底排查，2016年11月底前完成清理整顿，并同步完成督查评估，2017年3月底前完成验收和总结。值得注意的是，这些文件实际上在2016年4月就已制定并实施，"先实施、后公布"难免让从业机构措手不及。

2016年8月24日，银监会、工业和信息化部、公安部、国家互联网信息办公室四部委联合发布《网络借贷信息中介机构业务活动管理暂行办法》，提出"行为监管+机构监管"并行的监管思路，强化网贷平台信息中介定位，否定债权转让模式的合规性。从内容看，监管机关试图加强对网贷平台的监管，为之设定了30项义务，包括17项积极义务和13项消极义务。上述规定的出台，标志着我国网络借贷监管制度的正式形成。

此外，2016年10月28日，中国互联网金融协会发布《互联网金融 信息披露 个体网络借贷》（T/NIFA 1—2016），第一次明确网贷平台应当向公众披露的具体信息及其含义。2016年11月28日，银监会、工业和信息化部和工商总局发布《网络借贷信息中介机构备案登记管理指引》，明确备案性质，并分别为新设机构和存续机构设定备案流程。

2. 监管措施的强化

2017年延续了2016年强监管的路径，但市场并没有被遏制的迹象，累计成交额突破6万亿，共6家平台赴美上市。[2] 同时，"趣店"创始人罗某的言论引发大众对现金贷"原罪"的讨论，并促使监管层打击现金贷。

---

[1] 根据《关于进一步加强校园网贷整治工作的通知》第1条，"四个不得"是指除非有监护人做担保并表示同意，不得向未满十八周岁的在校大学生提供网贷服务；不得以歧视性欺骗性语言或其他手段进行虚假欺诈宣传、促销；不得自行或委托、授权第三方在互联网等电子渠道以外的物理场所进行宣传、推介项目或产品；不得通过收取各种名目繁多的手续费等费用变相发放高利贷，或采取非法催收等手段胁迫借款人还款。

[2] 上市企业包括信而富、趣店、和信贷、拍拍贷、融360和乐信。参见《风华十年 砥砺前行 网贷天眼2017互联网金融年报》，网贷天眼官网，https：//www.p2peye.com/topic-nk2017.html，2019年9月24日最新访问。

2017年2月22日，银监会发布《网络借贷资金存管业务指引》，明确仅商业银行是适格的存管主体，即存管银行先为网贷平台开立存管账户，网贷平台再为出借人、借款人及担保人开立二级子账户。由于该规定否定了非金融支付机构的存管资格，导致很多平台不得不更改存管模式，与支付机构解除合作转而与银行合作，或者添加银行作为共同合作方。

2017年6月28日，银监会、教育部和人力资源社会保障部三部委联合发布《关于进一步加强校园贷规范管理工作的通知》，鼓励银行业金融机构在风险可控的前提下，向大学生提供定制化、规范化的金融服务，并禁止网贷平台开展校园贷。

2017年6月30日，互联网金融风险专项整治工作领导小组办公室发布《关于对互联网平台与各类交易场所合作从事违法违规业务开展清理整顿的通知》，警告互联网平台勿再与交易所合作，开展面向不特定对象拆分权益的违规行为，并要求违规平台在2017年7月15日前停止增量并化解存量。

2017年8月24日，银监会发布《网络借贷信息中介机构业务活动信息披露指引》，要求网贷机构秉持真实、准确、完整、及时的原则，通过其官方网站及其他互联网渠道向社会公众公示一系列信息，并明确相关信息的具体含义。自此，网贷平台须每年聘请律所和会计师事务所出具上一年度的合规意见和财务审计报告。

2017年10月18日，中国互联网金融协会发布《互联网金融 信息披露 个体网络借贷》（T/NIFA 1—2017），对2016年公布的信息标准进行更新，细化了网贷平台应当向社会公众公示的基本信息、运营信息、项目信息、重大风险信息、消费者咨询、投诉渠道信息等内容。

2017年12月1日，互联网金融风险专项整治工作领导小组办公室、P2P网络借贷风险专项整治工作领导小组办公室发布《关于规范整顿"现金贷"业务的通知》，对无交易场景依托、无指定用途、无客户群体限定、无抵押的"现金贷"业务进行全面整顿。

2017年12月13日，P2P网络借贷风险专项整治工作领导小组办公室发布《关于做好P2P网络借贷风险专项整治整改验收工作的通知》，要求各地于2018年6月底之前完成全部备案登记工作，并禁止网贷机构设立风险备付金。

2017年12月29日，中国互联网金融协会发布《互联网金融 个体网络借贷借贷合同要素》，要求借贷合同必须具备合同签署方、合同签署日、借款本金、借款利率、起息日、到期日、还款日等 27 项必备要素。

3. 密集监管下的平台爆雷潮

2018 年，网贷市场野蛮扩张后的问题开始显现，成交额开始下降。自 2017 年 12 月至 2018 年 7 月，民间四大高返平台"钱宝网""唐小僧""联璧金融"和"雅堂金融"接连被公安机关立案侦查。2018 年 4 月 9 日，大型平台"善林金融"的法定代表人周伯云向公安机关投案自首。2018 年 7 月，出现平台大规模爆雷事件。[1] 2018 年 8 月 6 日，遭受损失的出借人从全国各地聚集到北京金融街上访维权，一度造成社会混乱。[2] 2018 年 9 月 7 日，"票票喵"平台投资人王倩在维权遭警察驱赶后上吊自杀。[3] 面对频发的风险事件，监管规定密集出台，具体如下：

2018 年 3 月 29 日，中国互联网金融协会制定《互联网金融逾期债务催收自律公约（试行）》，要求从业机构建立健全债务催收内控管理制度，指定一名高级管理人员负责管理债务催收工作，催收人员不得采用恐吓、威胁、辱骂以及违反公序良俗的语言或行为胁迫债务人及相关当事人，亦不得频繁致电骚扰债务人及其他人员。

2018 年 5 月 4 日，银保监会、公安部、市场监督管理总局、人民银行发布《关于规范民间借贷行为 维护经济金融秩序有关事项的通知》，强调出借人的资金必须是其合法收入的自有资金，未经有权机关依法批准，任何单位和个人不得设立从事或者主要从事发放贷款业务的机构或以发放贷款为日常业务活动，并表示要严厉打击非法集资、暴力催收、高利转贷、校园贷、现金贷等违法业务。

针对湛江仲裁委"先予仲裁"的新现象，最高院组织专家论证，并于 2018 年 6 月 5 日发布《最高人民法院关于仲裁机构"先予仲裁"裁决或者调解书立案、执行等法律适用问题的批复》，明确仲裁机构未依照仲裁法规定的程序审理

---

[1] 参见《2018 互联网金融年报 革故鼎新·聚力同行》，https://www.p2peye.com/topic-nk2018.html，网贷天眼官网，2019 年 9 月 24 日最新访问。

[2] 参见多维：《P2P 受害人涌现北京：望政府追回血汗钱（图）》，新闻资讯，http://www.jghr.ca/view.php?p=2067，2018 年 11 月 28 日最新访问。

[3] P2P 票票喵平台受害人王倩于 2018 年 9 月 7 日在浙江金华市浦江县潘宅镇丽水源的神丽峡景区内上吊自杀，网上曝光了其死前的遗书，详见蓉蓉法国人：《【风投网】爆雷后的嗜血：P2P 难民王倩讨血汗钱被逼自杀》，https://weibo.com/ttarticle/p/show?id=2313501000014285299000793402&comment=1，2019 年 7 月 12 日最新访问。

纠纷或者主持调解，径行根据网络借贷合同当事人在纠纷发生前签订的和解或者调解协议作出仲裁裁决、仲裁调解书，属于违反法定程序的行为。

2018年6月13日，中国互联网金融协会发布《互联网金融从业机构营销和宣传活动自律公约》，提出一系列营销和宣传的内容准则和行为规范，包括不得利用备案等事实，不得使用"保本""无风险""保收益"等绝对化用语误导消费者等。

2018年8月1日，最高人民法院颁布《最高人民法院关于依法妥善审理民间借贷案件的通知》，针对通过"虚增债务""伪造证据""恶意制造违约""收取高额费用"等方式非法侵占财物的"套路贷"现象，要求各地法院加大对借贷事实和证据的审查力度，严格区分民间借贷行为与诈骗等犯罪行为，依法严守法定利率红线，建立民间借贷纠纷防范和解决机制。

由于部分借款人趁平台群体性爆雷之机"恶意逃废债"，互联网金融风险专项整治工作领导小组办公室于2018年8月8日发布《关于报送P2P平台借款人逃废债信息的通知》，要求各地根据前期掌握的信息，上报借本次风险事件恶意逃废债的借款人名单，以便后续将上述信息纳入征信系统和"信用中国"数据库。

2018年8月之前，北京、上海、厦门、江西、广东、深圳、合肥、山东、重庆、河北等多地已出台地方性备案规定，但标准不统一。为统一备案标准，督促网贷机构合规经营，P2P网络借贷风险专项整治工作领导小组办公室于2018年8月17日公布《关于开展P2P网络借贷机构合规检查工作的通知》，确定了机构自查、自律检查、行政核查三步走方针，并通过附件《网络借贷信息中介机构合规检查问题清单》提出网贷平台合规经营的108条标准。

中国互联网金融协会于2018年8月21日发布《关于防范虚构借款项目、恶意骗贷等P2P网络借贷风险的通知》，要求网贷机构引导借款人树立诚信理念，在组织对接借款项目时，应要求借款人在借款时签署信用承诺书。

2018年9月29日，中国人民银行、银保监会、证监会发布《互联网金融从业机构反洗钱和反恐怖融资管理办法（试行）》，要求网贷机构等互联网金融从业机构建立健全反洗钱和反恐怖融资内部控制制度，强化反洗钱和反恐怖融资合规管理。

2018年12月21日，国家发展改革委、商务部颁布并实施《市场准入负面清单（2018年版）》，重申了《网络借贷信息中介机构业务活动管理暂行办法》第3条和第10条的要求，再次明确了13项禁令，包括网贷平台不得自融、自担、拆分期限等。

4. 网贷平台的大规模清退

2018年爆发的风险事件促使监管机关加大整顿力度，"清退"成为2019年的主旋律。

2019年1月21日，互联网金融风险专项整治工作领导小组办公室、P2P网络借贷风险专项整治工作领导小组办公室发布《关于做好网贷机构分类处置和风险防范工作的意见》。文件指出，除保留部分严格合规的在营机构外，其余机构能退尽退、应关尽关。值得注意的是，即使对于正常运营机构，也提出了管控存量规模和投资人数的"双降"要求。

2019年3月15日，中央电视台3.15晚会报道了贷款周期7天或14天，含高额砍头息和逾期费用的网络借贷产品侵害借款人合法权益的事件，以及"融360"等平台以借款人购买高价产品作为放贷条件的违规行为，引发社会对"714高炮"的声讨。

清退政策和媒体负面报道使网贷平台的生存环境每况愈下：2019年3月23日，红岭创投宣布清盘；[1] 2019年3月28日，东莞市公安局发布《情况通报》，称团贷网的实际控制人已向东莞警方投案自首；[2] 2019年7月4日，网信集团宣布将良性退出；[3] 2019年7月18日，陆金所宣布为响应监管机关三降要求，[4] 将逐步停止网贷业务进行转型。[5]

2019年8月1日，国务院办公厅发布《国务院办公厅关于促进平台经济规

---

[1] 参见P2P观察网：《突发！红岭创投宣布清盘》，网贷之家官网，https：//www.wdzj.com/hjzs/ptsj/20190324/966239-1.html，2019年9月21日最新访问。

[2] 参见《团贷网被立案 网贷行业再起波澜》，网贷天眼官网，https：//news.p2peye.com/article-538282-1.html，2019年9月21日最新访问。

[3] 参见钱箐旎："P2P网贷行业继续'缩水'"，载《经济日报》2019年8月2日，第11版。

[4] 相对于国家提出的降低存量规模和投资人数的"双降"要求，北京、上海等地提出了"三降"要求，即降低业务规模、出借人人数和借款人人数。参见《公告》，北京市地方金融监督管理局官网，http：//jrj.beijing.gov.cn/tztg/201901/t20190125_727451.html，2020年3月18日最新访问；《上海扎实推进网贷机构合规检查与风险防范相关工作》，上海市互联网金融行业协会官网，http：//www.asifi.org/associationNews/detail/539，2020年3月22日最新访问。

[5] 参见《重磅！陆金所计划退出P2P？最新官方回应来了》，网贷天眼官网，https：//news.p2peye.com/article-547015-1.html，2019年9月21日最新访问。

范健康发展的指导意见》，但特别强调"提供金融信息中介和交易撮合服务，必须依法接受准入管理"。这实际上是将网贷平台与其他提供普通商品和服务的平台区别对待，对前者严格监管，而对后者鼓励促进。

2019年9月2日，互联网金融风险专项整治工作领导小组办公室、P2P网络借贷风险专项整治工作领导小组办公室发布《关于加强P2P网贷领域征信体系建设的通知》，表示支持在营P2P网贷机构接入征信系统，持续开展对已退出经营的P2P网贷机构相关恶意逃废债行为的打击，加大对网贷领域失信人的惩戒力度并加强宣传和舆论引导。

2019年9月25日，P2P网络借贷风险专项整治工作领导小组办公室和中国互联网金融协会联合发布《关于进一步加强网络借贷资金存管工作的通知》，要求未通过测评的银行不得继续开展存管业务，通过测评的银行应向中国互联网金融协会报送网贷资金存管数据。

2019年11月19日，"拍拍贷"宣布正式升级为信也科技集团，其联席CEO章峰表示，未来半年，将有序实现P2P业务清零。[1]

2019年11月28日，互联网金融风险专项整治工作领导小组办公室、P2P网络借贷风险专项整治工作领导小组办公室联合发布《关于网络借贷信息中介机构转型为小额贷款公司试点的指导意见》，引导愿意转型、合规经营且具备相当实力的网贷平台，转型为小额贷款公司。

自2019年10月至2020年8月，湖南、山东、重庆、河南、四川、云南、河北、甘肃、山西、内蒙古、陕西、吉林、黑龙江、江西、安徽、湖北、江苏、宁夏、福建等19个省份先后宣布清退辖内全部网贷机构。

2021年4月16日，银保监会普惠金融部副主任丁晓芳在银保监会新闻发布会上表示，P2P在营机构目前已实现清零，未来一方面要对存量退出机构加强监测，另一方面将防止新出现P2P类似机构。

三、监管与市场互动的"大雁型"

从网络借贷发展的历史不难看出，网络借贷在带来融资便利等益处的同时，也带来了成本和代价，监管机关也一直在试图纠正市场失灵，但效果不甚理想。为了更加清晰地展现监管与市场的互动关系，笔者拟对每一份监管文件进行量化

---

[1] 参见《P2P转型的非典型案例：拍拍贷的进化与新生》，网贷之家官网，https://www.wdzj.com/news/pingtai/5472143.html，2020年3月11日最新访问。

分析，绘制出监管强度曲线，并植入问题平台曲线。由此，我们将看到一幅"大雁型"图形，以及蕴藏在其中的市场失灵和监管失灵现象。

（一）监管强度的计量

为绘制监管强度曲线，需要计量每一份相关规范性文件对网贷行业的影响程度。为此，笔者设置了如下三个变量：相关度、严厉度和全面度。每一个变量均采取5级分类法，从高到低，分别赋予5到1分的分值，具体如下：

1. 相关度

相关度，系指该规定对P2P的针对性程度，针对性越强，分值越高。规范性文件的相关度各不相同，有的直接规制网络借贷，例如《网络借贷信息中介机构业务活动管理暂行办法》《P2P网络借贷风险专项整治工作实施方案》，其相关度最强，赋值为5分。有的司法解释针对民间借贷，因此存在一定的相关度，故赋值为3分，例如《最高人民法院关于审理民间借贷案件适用法律若干问题的规定》《关于规范民间借贷行为维护经济金融秩序有关事项的通知》。有的监管规定针对互联网金融业务，而不仅针对P2P，考虑到互联网金融可能涵盖很多种类，故根据规定所涵盖的范围，酌情赋值2分或1分，例如《互联网金融风险专项整治工作实施方案》因明确针对P2P、股权众筹、互联网保险、互联网支付和互联网资产管理5类业务，故赋值为2分；《关于促进互联网金融健康发展的指导意见》因涵盖所有互联网金融业务，对于P2P而言针对性很小，赋值1分。

2. 严厉度

严厉度，系指该规定对P2P的监管严格程度，如果监管规定中含有能够抑制P2P规模或者直接禁止某类行为的规定，则严厉度强，反之则弱。[1] 比如，《P2P网络借贷风险专项整治工作实施方案》《关于做好P2P网络借贷风险专项整治整改验收工作的通知》《关于开展P2P网络借贷机构合规检查工作的通知》均含有禁止超级放款人、禁止开设门店宣传、禁止刚性兑付、禁止综合经营等规

---

[1] 根据多边平台经济学理论，平台必须吸引足够多的参与者达到关键规模，以便点燃多边平台的发展引擎，如果平台达不到关键规模，将导致参与者不断流失，最终导致平台经营失败。因此，如果监管规定中存在抑制平台规模的规定，例如，禁止超级放款人、禁止开设门店宣传、禁止刚性兑付、禁止综合经营等规定，则严厉度最强。有关平台经济学的论述，参见［美］戴维·S. 埃文斯、理查德·施马兰奇：《连接：多边平台经济学》，张昕、黄勇、张艳华译，中信出版社2018年版，第84页；Jean-Charles Rochet and Jean Tirole, "Two-Sided Markets: A Progress Report", *The RAND Journal of Economics*, Vol. 37, No. 3, pp. 645~667; Jean-Charles Rochet and Jean Tirole, "Platform Competition in Two-Sided Markets", *Journal of the European Economic Association*, Vol. 1, No. 4, pp. 990~1029.

定,因此,严厉度最强,赋值为5分。《关于进一步加强校园贷规范管理工作的通知》《关于对互联网平台与各类交易场所合作从事违法违规业务开展清理整顿的通知》和《关于规范整顿"现金贷"业务的通知》因分别直接禁止了校园贷、P2P销售交易所产品、现金贷业务,故赋值亦为5分。对于备案、存管、信息披露等一般性监管规定,赋值为3分,例如《网络借贷信息中介机构备案登记管理指引》《网络借贷资金存管业务指引》《网络借贷信息中介机构业务活动信息披露指引》。对于以风险提示为主或者仅对缔约等行为进行微调的规定,赋值为2分,例如《中国银监会办公厅关于人人贷有关风险提示的通知》《互联网金融个体网络借贷借贷合同要素》。对于以鼓励促进为基调的规定,则赋值为1分,例如《国务院关于积极推进"互联网+"行动的指导意见》《关于促进互联网金融健康发展的指导意见》。

3. 全面度

全面度,系指规定对P2P群体的覆盖程度,覆盖程度越大,则全面度越高。大部分监管规定对所有P2P群体均适用,例如,《网络借贷信息中介机构业务活动管理暂行办法》《关于促进互联网金融健康发展的指导意见》,前者直接针对P2P,后者囊括全部P2P,因此,均赋值为5分。另有一些监管规定并不适用于P2P全体,比如现金贷、与交易所合作的网贷和校园贷。根据笔者对于行业的观察,由于现金贷可以为网贷机构带来巨大盈利,参与者甚多,故《关于规范整顿"现金贷"业务的通知》对P2P的覆盖程度较大,赋值为4分;相比而言,从事校园贷的P2P占比较小,故有关校园贷的监管规定均赋值为2分;另外,考虑到中国互联网金融协会制定的自律规定仅对会员生效,截至2019年2月仅有145个P2P平台加入协会,相对于上千家的P2P总量,占比很小,故自律规定全部赋值为1分。

4. 监管强度及累积值

根据上述原则,可以确定每一份规范性文件的相关度、严厉度和全面度,将三个维度的系数相乘,即可得到该文件的监管强度系数。我们将文件的监管强度系数依次相加,即可得到各个时期监管强度系数的累积值。下表以文件的实施时间为次序,展示了截至2019年12月28日,我国与网贷相关的37部文件的名称、颁布主体、法规性质、颁布时间、实施时间、相关度、严厉度、全面度、监管强度系数及其累积值。[1] 其中，阴影部分标注出监管强度显著增强的同一月所颁布的文件。需要说明的是，以下部分法律法规的颁布时间较实施时间更晚，这是一种反常现象，作者仅根据实际情况如实记录。

表1.1 各规范性文件的监管强度系数及累积值

序号	文件名称	颁布主体	法规性质	颁布时间	实施时间	相关度	严厉度	全面度	监管强度系数	强度累积值
1	《中国银监会办公厅关于人人贷有关风险提示的通知》	银监会	部门规范性文件	2011/8/23	2011/8/23	5	2	5	50	50
2	《国务院办公厅关于加强影子银行监管有关问题的通知》	国务院办公厅	国务院规范性文件	2013/12/10	2013/12/10	1	3	5	15	65
3	《国务院关于积极推进"互联网+"行动的指导意见》	国务院	国务院规范性文件	2015/7/1	2015/7/1	1	1	5	5	70
4	《关于促进互联网金融健康发展的指导意见》	中国人民银行、银监会等十部委	部门规范性文件	2015/7/18	2015/7/18	1	1	5	5	75
5	《最高人民法院关于审理民间借贷案件适用法律若干问题的规定》	最高人民法院	司法解释	2015/8/6	2015/9/1	3	3	5	45	120

---

[1] 通过打分方式累积测量法律法规对某一事物的影响程度，在经济学领域已有先例。参见沈艺峰、许年行、杨熠："我国中小投资者法律保护历史实践的实证检验"，载《经济研究》2004年第9期。

续表

序号	文件名称	颁布主体	法规性质	颁布时间	实施时间	相关度	严厉度	全面度	监管强度系数	强度累积值
6	《推进普惠金融发展规划（2016—2020年)》	国务院	国务院规范性文件	2015/12/31	2015/12/31	1	1	5	5	125
7	《互联网金融风险专项整治工作实施方案》	国务院办公厅	国务院规范性文件	2016/10/13	2016/4/12	2	4	5	40	165
8	《P2P网络借贷风险专项整治工作实施方案》	银监会、工业和信息化部等十五个部委	部门规范性文件	2016/10/13	2016/4/13	5	5	5	125	290
9	《开展互联网金融广告及以投资理财名义从事金融活动风险专项整治工作实施方案》	工商总局、中央宣传部等十七个部委	部门规范性文件	2016/10/13	2016/4/13	2	4	5	40	330
10	《关于加强校园不良网络借贷风险防范和教育引导工作的通知》	教育部、银监会	部门规范性文件	2016/9/26	2016/4/13	5	3	2	30	360
11	《网络借贷信息中介机构业务活动管理暂行办法》	银监会等五部委	部门规章	2016/8/24	2016/8/17	5	4	5	100	460

续表

序号	文件名称	颁布主体	法规性质	颁布时间	实施时间	相关度	严厉度	全面度	监管强度系数	强度累积值
12	《教育部办公厅关于开展校园网贷风险防范集中专项教育工作的通知》	教育部	部门规范性文件	2016/9/26	2016/9/26	5	2	2	20	480
13	《关于进一步加强校园网贷整治工作的通知》	银监会等六部委	部门规范性文件	2016/10/18	2016/10/18	5	4	2	40	520
14	《互联网金融信息披露个体网络借贷》	中国互联网金融协会	自律规定	2016/10/28	2016/10/28	5	3	1	15	535
15	《网络借贷信息中介机构备案登记管理指引》	银监会、工业和信息化部和工商总局	部门规范性文件	2016/11/28	2016/11/28	5	3	5	75	610
16	《网络借贷资金存管业务指引》	银监会	部门规范性文件	2017/2/22	2017/2/22	5	3	5	75	685
17	《关于进一步加强校园贷规范管理工作的通知》	银监会、教育部、人力资源和社会保障部	部门规范性文件	2017/6/28	2017/5/27	5	5	2	50	735
18	《关于对互联网平台与各类交易场所合作从事违法违规业务开展清理整顿的通知》	互联网金融风险专项整治工作领导小组办公室	部门规范性文件	2017/6/30	2017/6/30	1	5	3	15	750

续表

序号	文件名称	颁布主体	法规性质	颁布时间	实施时间	相关度	严厉度	全面度	监管强度系数	强度累积值
19	《网络借贷信息中介机构业务活动信息披露指引》	银监会	部门规范性文件	2017/8/24	2017/8/24	5	3	5	75	825
20	《互联网金融信息披露 个体网络借贷》（T/NIFA 1—2017）团体标准	中国互联网金融协会	自律规定	2017/10/18	2017/10/18	5	3	1	15	840
21	《关于规范整顿"现金贷"业务的通知》	互联网金融风险专项整治工作领导小组办公室、P2P网络借贷风险专项整治工作领导小组办公室	部门规范性文件	2017/12/1	2017/12/1	5	5	4	100	940
22	《关于做好 P2P 网络借贷风险专项整治整改验收工作的通知》	P2P网络借贷风险专项整治工作领导小组办公室	部门规范性文件	2017/12/13	2017/12/8	5	5	5	125	1065
23	《互联网金融个体网络借贷借贷合同要素》	中国互联网金融协会	自律规定	2017/12/29	2017/12/29	5	2	1	10	1075

续表

序号	文件名称	颁布主体	法规性质	颁布时间	实施时间	相关度	严厉度	全面度	监管强度系数	强度累积值
24	《互联网金融逾期债务催收自律公约(试行)》	中国互联网金融协会	自律规定	2018/3/29	2018/3/29	2	3	1	6	1081
25	《关于规范民间借贷行为 维护经济金融秩序有关事项的通知》	银保监会、公安部、市场监督管理总局、中国人民银行	部门规范性文件	2018/5/4	2018/5/4	3	3	5	45	1126
26	《最高人民法院关于仲裁机构"先予仲裁"裁决或者调解书立案、执行等法律适用问题的批复》	最高人民法院	司法解释	2018/6/5	2018/6/12	2	3	5	30	1156
27	《互联网金融从业机构营销和宣传活动自律公约》	中国互联网金融协会	自律规定	2018/6/13	2018/6/13	2	3	1	6	1162
28	《最高人民法院关于依法妥善审理民间借贷案件的通知》	最高人民法院	司法解释	2018/8/1	2018/8/1	3	4	5	60	1222
29	《关于报送P2P平台借款人逃废债信息的通知》	互联网金融风险专项整治工作领导小组办公室	部门规范性文件	2018/8/8	2018/8/8	5	1	5	25	1247

续表

序号	文件名称	颁布主体	法规性质	颁布时间	实施时间	相关度	严厉度	全面度	监管强度系数	强度累积值
30	《关于开展P2P网络借贷机构合规检查工作的通知》	P2P网络借贷风险专项整治工作领导小组办公室	部门规范性文件	2018/8/17	2018/8/13	5	4	5	100	1347
31	《关于防范虚构借款项目、恶意骗贷等P2P网络借贷风险的通知》	中国互联网金融协会	自律规定	2018/8/21	2018/8/21	5	1	5	25	1372
32	《关于做好网贷机构分类处置和风险防范工作的意见》	互联网金融风险专项整治工作领导小组办公室、P2P网络借贷风险专项整治工作领导小组办公室	部门规范性文件	2019/1/21	2018/12/19	5	5	5	125	1497
33	《互联网金融从业机构反洗钱和反恐怖融资管理办法（试行）》	中国人民银行、银保监会、证监会	部门规范性文件	2018/9/29	2019/1/1	1	2	5	10	1507
34	《国务院办公厅关于促进平台经济规范健康发展的指导意见》	国务院办公厅	国务院规范性文件	2019/8/1	2019/8/1	1	5	5	25	1532

续表

序号	文件名称	颁布主体	法规性质	颁布时间	实施时间	相关度	严厉度	全面度	监管强度系数	强度累积值
35	《关于加强P2P网贷领域征信体系建设的通知》	互联网金融风险专项整治工作领导小组办公室、P2P网络借贷风险专项整治工作领导小组办公室	部门规范性文件	2019/9/2	2019/9/2	5	1	5	25	1557
36	《关于进一步加强网络借贷资金存管工作的通知》	网络借贷风险专项整治工作领导小组办公室、中国互联网金融协会	部门规范性文件	2019/9/25	2019/9/25	5	3	5	75	1632
37	《关于网络借贷信息中介机构转型为小额贷款公司试点的指导意见》	互联网金融风险专项整治工作领导小组办公室、网络借贷风险专项整治工作领导小组办公室	部门规范性文件	2019/11/28	2019/11/28	5	2	5	50	1682

作者坦言，上表具有以下局限：其一，并非将所有与P2P有关的规定纳入分析框架，比如，有关电子签名、个人信息保护、互联网广告等规定。这些规定的相关性极弱，排除在分析框架以外应不会使判断出现较大偏差。其二，并未考

虑各省及地方针对 P2P 的监管规定。地方性规定影响范围较小，且与中央往往保持高度的一致性，故未考虑地方性规定亦不会对判断产生实质影响。其三，对上述相关度、严厉度和全面度的打分，离不开评判者的知识、经验和价值观，具有一定的主观性。对此，笔者已反复考量，使赋值尽量忠实地反映各文件的内容。其四，监管强度系数仅针对立法本身，并未将执法和司法的动态因素考虑进去。由于动态因素的计量缺乏统一标准，故属于一种难以实现的理想状态。

总之，虽然上述分析方法并不完美，但是仍然不失为一种定量分析的路径，在宏观上，可以大致描绘出我国网贷监管的趋势及特点。

（二）"大雁型"与两个失灵

下图的横坐标是时间轴，纵坐标是问题平台数或监管强度系数。图形以第一部法规颁布时间为起点，以月为单位，呈现各时间节点的监管强度累积值，以展现我国网贷监管强度的动态变化过程。同时，将问题平台随时间变化的曲线归并到一起，以反映网贷监管与网贷市场之间的互动关系，如下图所示：

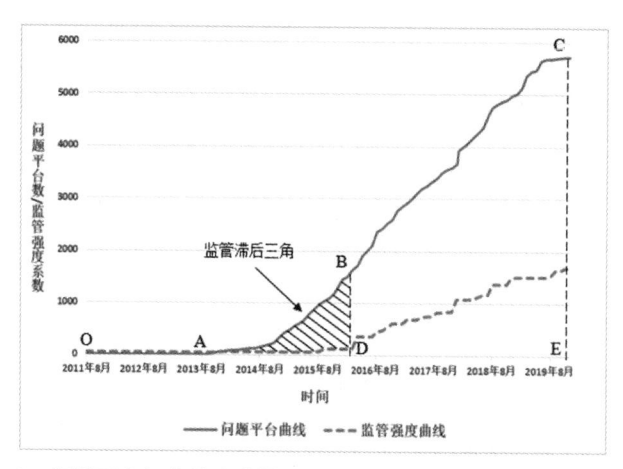

图1.4　问题平台与监管强度关系图（注：截至 2019 年 12 月 28 日）

从上图可见：包容性监管阶段（2012 年以前），问题平台曲线和监管强度曲线几乎位于一个水平线上，体现为问题平台数量增长缓慢和监管趋于柔和；在原则性监管阶段（2013 至 2015 年），问题平台数量开始逐渐增多，并于 2014 年 8 月呈加速增长态势，但此阶段的监管强度曲线几乎维持在原来的水平线上；在运动式监管阶段（2016 年至今），问题平台数量不断增多，监管强度也不断加大。

基于此，整个图形呈"大雁型"，即前端如同大雁的头部和躯干，后端上扬的两条曲线仿佛大雁的翅膀和尾翼。"大雁型"形象地反映出两个失灵，即市场失灵和监管失灵现象。

1. 市场失灵

市场失灵可分为纯粹的市场失灵和伴随着监管规定的市场失灵。纯粹的市场失灵对应上图中的 A 点到 B 点，表现为监管缺位环境下市场无法自行平稳有效运转，导致问题平台不断出现；伴随着监管规定的市场失灵对应上图中的 B 点到 C 点，表现为在强监管背景下市场秩序依然不能恢复，问题平台的增长态势没有得到遏制，在局部时段还呈现出爆发性增长。

2. 监管失灵

监管失灵表现为监管滞后、监管失效和突击监管三个方面：

首先是监管滞后。自 2007 年我国第一家网贷平台"拍拍贷"上线以来，我国长期没有正式的监管规定，网贷行业被称为无准入门槛、无行业标准、无监管机构的"三无行业"。[1] 虽然 2011 年银监会出台风险提示通知，但该文件的目的是为防止网贷风险向银行体系传播，并非正式的监管文件，随后出台的系列规定也比较原则化，由此反映到图形上是 0 点至 D 点之间平缓的监管曲线。然而，市场从 2014 年 8 月开始已经出现市场失灵现象，表现为问题平台的急剧上升，但直至 2016 年 4 月"一个总纲和六个方案"方才出台，监管曲线才开始明显上扬，可见，监管规定滞后于市场风险近 2 年的时间。基于此，由 A、B、D 三点形成的三角阴影区域，可称为"监管滞后三角"，它反映出监管缺位背景下问题平台不断增多的 P2P 乱象雏形。

其次是监管失效。自 2016 年 4 月开始，监管强度明显增强，但问题平台数量依然高涨。通过进一步考察问题平台的增长幅度，可以发现，问题平台曲线的斜率在短期内放缓，但时而增大。通过对比监管实质介入前的 A 点至 B 点之间的问题平台曲线，以及监管实质介入后的 B 点至 C 点之间的问题平台曲线，我们发现两段曲线的斜率没有明显变化，这意味着市场并没有因为监管的介入而变得更好，即随着监管强度的不断增强，问题平台增长的幅度并没有得到抑制。由于每个问题平台的背后都意味着众多出借人利益遭受损害，在问题平台没有得到遏制的情况下，很难说监管规定产生了实效。即使从理解式同情的角度看，市场出

---

[1] 参见彭冰："P2P 网贷监管模式研究"，载《金融法苑》2014 年第 2 期。

清需要一个过程，但从 2016 年 4 月至 2020 年初已经过去 4 年，等待时间似乎过于漫长。

最后是突击监管。在监管强度曲线上，可以看到 4 个突然增高的节点，它们是表 1.1 阴影部分的文件在图形上的反映，分别是 2016 年 4 月专项整治的开始，2017 年 12 月现金贷的整治，2018 年 8 月 108 条合规标准的出台，以及 2018 年 12 月强力清退的开展。除该 4 个节点以外的其他时段，则呈现监管强度缓慢增长的态势。监管强度的周期性增强，带有运动式监管的特点，即来一场运动，休息一阵，再来一场运动，再休息一阵。政策的连贯性、衔接性和稳定性不足。

总之，在我国的网贷发展过程中，市场失灵与监管失灵并存，正如有学者所指出的："一端是政府监管包容和豁免之下，各网贷平台肆无忌惮从事背离普惠金融基本理念的资金炒作行为和推高资本市场泡沫运动；另一端则是政府严格整治之下，全国各地网贷平台频频倒闭和'跑路'事件集中爆发的惨状。"[1]

四、本章小结

本章通过梳理网络借贷的业务模式和历史发展脉络，揭示我国市场失灵和监管失灵并存的局面，以展现网络借贷给我国带来的挑战。

首先，梳理业务模式。尽管我国监管规定将网贷平台定位为信息中介，但是在实践中，衍生出信息中介、债权转让和担保增信等多种模式。其中，信息中介模式只有金额拆分，而无信用错配和期限错配；债权转让模式三种功能皆有；担保增信模式有金额拆分和信用错配，但没有期限错配。

其次，展现历史发展脉络。本章概括了网络借贷发展的三个阶段，即 2007 年至 2012 年的包容性监管阶段，2013 年至 2015 年的原则性监管阶段和 2016 年至今的运动式监管阶段。

最后，分析两个失灵。笔者对每一份监管文件的监管强度系数进行计量，并将监管强度曲线和问题平台曲线放置在一起，得到一幅"大雁型"图形。"大雁型"形象地反映出市场失灵和监管失灵：前者包括纯粹的市场失灵和伴随着监管规定的市场失灵；后者表现为监管滞后、监管失效和突击监管。

---

〔1〕 刘辉："论互联网金融政府规制的两难困境及其破解进路"，载《法商研究》2018 年第 5 期。

第二章 网络借贷平台定位的理论分析

问题平台的大规模出现以及与之相伴的监管失灵，损害了民众的切身利益，带来了监管困惑和社会混乱。自 2019 年开始，国家开始清退网贷平台，试图通过"双降"彻底化解风险。鉴于网贷平台是监管的对象，正确认识网贷平台的定位是确立恰当的监管模式、理性处理网贷风险的基本前提。本章拟从价值、发展和性质三个维度，对网贷平台的相关原理进行探讨，最终揭示我国网贷平台的信用中介属性以及监管失灵的根源。

一、网贷平台的价值论

价值，是人与事物之间的一种需要与满足的特定关系。在定位网贷平台之前先分析其价值，是因为如果网贷平台没有价值或价值具有可替代性，直接将其取缔或通过其他机构替代即可，但如果网贷平台具有独特的价值，我们就需要准确对之定位，以便有效施以监管。鉴于事物的价值可分为内在的客观功用价值和外在的主观评价价值，前者体现为事物自身的功用，后者体现为事物的功用对主体需要的满足，[1] 下文拟从"二元价值论"视角，分析网贷平台是否具有存在的价值。

（一）内在价值：信息不对称之缓释

1. 技术的赋能

在资金融通的过程中，出借人与借款人之间存在信息不对称，包括事前的信

---

[1] 参见张守文：《经济法原理》，北京大学出版社 2013 年版，第 61~64 页。

息不对称（逆向选择）和事后的信息不对称（道德风险）。[1] 由于网络借贷具有参与主体平民化、出借地域分散化、交易额度小额化、交易方式网络化、信息获取间接化、资金用途隐蔽化、借款次数低频化等特点，信息不对称问题显得更加突出。出于对信息不对称的担忧，理性的出借人将整体低估平台上项目的质量而要求更高的投资回报。高质量的借款人因不能获得公正的价格，将不会选择通过网贷获得融资。反过来，平台将走向一个非最优的平衡：只有低质量的项目才会通过网贷平台融资。于是平台将成为一个"柠檬市场"，走向衰落甚至灭亡。[2] 因此，关键的问题是，网贷平台是否拥有筛选借款人，以保证信贷资产质量的能力？[3]

有研究者认为，群体智慧在如下四个条件同时具备时可以克服信息不对称：一则分散化，即公众来源于不同的地区，信息来源多样；二则独立性，即公众独立做出决定，相互之间没有影响；三则分权性，即公众有权决定如何表达自己的意见；四则汇聚性，即通过某种机制将公众意见汇聚起来以得出最终结论。[4] 经分析，网贷平台上的投资人并不具备独立性，理性的羊群效应和非理性的羊群效应同时并存，哪种效应占据主导地位目前尚无定论。[5] 同时，网贷平台也缺乏如同股票价格那样的汇聚机制，借款人到平台融资相当于是债券的一级市场，由于交易金额较小，没有券商或证券分析师有动力帮助市场确定公允价格。因

---

[1] 参见 George A. Akerlof, "The Market for 'Lemons': Quality Uncertainty and the Market Mechanism", *The Quarterly Journal of Economics*, Vol. 84, No. 3, 1970, pp. 488~500；[美] 约瑟夫·E. 斯蒂格利茨、卡尔·E. 沃尔什：《经济学 上册（第三版）》，黄险峰、张帆译，中国人民大学出版社 2005 年版，第 299~317 页；[美] 保罗·萨缪尔森、威廉·诺德豪斯：《经济学（第十七版）》，萧琛主译，人民邮电出版社 2004 年版，第 129 页。

[2] 参见徐骁睿："众筹中的信息不对称问题研究"，载《互联网金融与法律》2014 年第 6 期。

[3] See Roberto Bottiglia, Flavio Pichler, *Crowdfunding for SMEs: A European Perspective*, UK: Springer Nature, 2016, p. 74.

[4] See James Surowiecki, *The Wisdom of Crowd*, Anchor Books in New York, 2005, pp. 3~83.

[5] 认为理性羊群效应胜过非理性羊群效应的观点，See Seth M. Freedman And Ginger Zhe Jin, "Learning by Doing with Asymmetric Information: Evidence from Prosper.Com", *Working Paper* 16855, available at http://www.nber.org/papers/w16855, 2011, p. 27; Juanjuan Zhang and Peng Liu, "Rational Herding in Microloan Markets", *Management Science*, Vol. 58, No. 5, 2012, pp. 892~912；廖理、李梦然、王正位、贺裴菲："观察中学习：P2P 网络投资中信息传递与羊群行为"，载《清华大学学报（哲学社会科学版）》2015 年第 1 期。认为非理性羊群效应胜过理性羊群效应的观点，See Chen Dongyu and Lin Zhangxi, "Rational or Irrational Herding in Online Microloan Markets: Evidence from China", https://ssrn.com/abstract=2425047, 2014, p. 13; Gordon Burtch, *Herding Behavior as A Network Externality*, Thirty Second International Conference on Information Systems, Shanghai, 2011, pp. 1~16.

此，群体智慧在网贷平台上难以发挥作用。

尽管如此，社交媒体、大数据、人工智能等技术的进步为网贷平台克服信息不对称提供了可能：

其一，社交媒体是互联网2.0时代的重要产物，它使人们能够在形成观点或完成作品后，进行发表、分享、评论、投票及提出建议。有研究者通过对Prosper平台研究发现：如果借款项目获得借款人的朋友背书或投资，则这些借款项目更容易获得融资，且违约率更低。[1] 还有研究者通过对Kickstarter平台数据研究发现：如果融资人在Facebook上朋友越多或获得"喜欢"（Likes）的数量越多，则筹款成功率越高。[2] 基于此，有论者认为确保众筹平台具备设计良好的社交媒体功能，将有助于防范欺诈和保护投资人权益。[3]

其二，大数据是以容量大、类型多、存取速度快、应用价值高为主要特征的数据集合。运用电商平台的大数据，阿里小贷的不良率仅0.87%。[4] 依托于蚂蚁金服的"网金社"、依托于京东平台的"易利贷"等网贷平台同样具备电商背景和风控实力。没有电商背景的部分网贷平台通过自主研发也显示出不俗的风控能力："拍拍贷"基于大数据的"魔镜系统"能够对每笔借款的违约概率进行较为准确地预测并基于信用评级进行风险定价；[5] Lending Club内部评级的ROC曲线表明其信用评级的有效性高于FICO；[6] OnDeck通过自建风控系统OnDeck Score，坏账率从2008年的9.0%逐年降低至2015年的0%。[7]

其三，人工智能是建立在大数据基础之上，综合多种学科，研究如何使计算

---

［1］ See Seth Freedman and Ginger Zhe Jin, "Do Social Networks Solve Information Problems for Peer-To-Peer Lending？ Evidence from Prosper. Com", *NET Institute Working Paper*, No. 08-43, 2008, p. 3.

［2］ See Mollick, Ethan, "The Dynamics of Crowdfunding: An Exploratory Study", *Journal of Business Venturing*, Vol. 29, No. 1, 2014, p. 8; Alexey Moisseyev, "Effect of Social Media on Crowdfunding Project Results", *Thesis for M. A.*, University of Nebraska, 2013, p. 30.

［3］ See John S. Wroldsen, "The Crowdfund Act's Strange Bedfellows: Democracy and Start-Up Company Investing", *Kansas Law Review*, Vol. 62, 2013, pp. 374~378.

［4］ 参见雷曜、陈维：《互联网时代：追寻金融的新起点》，机械工业出版社2014版，第70页。

［5］ 刘征驰、雷淳、周莎："长尾需求下P2P网络借贷平台的职责、工具与手段——基于'拍拍贷'的微观借贷证据"，载《软科学》2018年第10期。

［6］ 参见谢平、邹传伟、刘海二：《互联网金融手册》，中国人民大学出版社2014年版，第184页。

［7］ 参见吕君临："网络借贷与商业银行的大数据业务——美国网络借贷公司与商业银行合作案例分析"，载《经济研究参考》2016年第52期。

机具备判断、推理、证明、学习、问题求解等功能的科学。[1] 网贷平台运用人工智能的领域主要包括智能风控和智能投顾两个方面：就前者而言，网贷平台通过机器学习算法，可以在大数据中发现潜在相关性，例如，使用消费者的电子邮件地址、汽车品牌、Facebook 朋友、教育背景、大学专业知识作为相关数据以确定借款人的信誉；[2] 就后者而言，网贷平台通过算法为用户建立投资组合模型，可以为用户提供最优资产配置建议，从而达到"既快又好"的效果。[3]

除实践层面外，理论上也建构了不少有关网络借贷的信用评估模型。比如，刘瑾雯（2016）通过收集国内某平台 122 804 条有效数据，使用随机森林法构建 P2P 网络借贷借款方违约行为预测模型。[4] 唐剑琴（2016）利用 Lending Club 网站上公布的借款人数据，构建 C4.5 决策树信用风险度量模型。[5] 喻光丽（2017）基于"人人贷"平台数据，通过信息增益法进行指标筛选，建立识别借款人信用风险的 Logistic 回归模型。[6] 陈飞（2019）建立基于 XGBoost 算法的网络借贷信用评估模型，进一步提升模型预测的准确性和预测效率。[7]

总之，目前的案例和有关数据表明，技术的进步增强了网贷平台的风险防范能力，为网贷平台克服信息不对称提供了可能。

2. 为什么银行不能取代网贷平台

技术进步在赋能网贷平台的同时，也惠及银行及其他金融机构。因此，需要回应的问题是，在现代科技背景下，银行能否取代网贷平台？

二十世纪末，Stiglitz 和 Weiss 提出"信贷配给"理论。他们认为在信息不对称环境下，银行要识别好的借款人并非易事，需要银行使用大量甄别工具。借款

---

[1] 参见李开复、王咏刚：《人工智能》，文化发展出版社 2017 年版，第 88~95 页；张彬："探讨人工智能在计算机网络技术中的应用"，载《软件》2012 年第 11 期；胡敏中、王满林："人工智能与人的智能"，载《北京师范大学学报（社会科学版）》2019 年第 5 期。

[2] See Matthew A. Bruckner, "Regulating Fintech Lending", *Banking & Financial Services Policy Report*, Vol. 37, No. 6, 2018, pp. 1~2.

[3] 参见房云飞："浅析金融科技对 P2P 网络借贷发展的影响"，载《商业经济》2019 年第 1 期。

[4] 参见刘瑾雯："基于数据挖掘的我国 P2P 网络借贷违约预测模型研究"，大连理工大学 2016 年硕士学位论文。

[5] 参见唐剑琴："基于决策树算法的 P2P 网贷借款人违约风险度量研究"，湖南师范大学 2016 年硕士学位论文。

[6] 参见喻光丽："基于 logistic 回归模型的 P2P 网络借贷平台借款人信用风险评估研究——以人人贷为例"，兰州大学 2017 年硕士学位论文。

[7] 参见陈飞："XGBoost 算法在网络借贷信用风险评估中的应用研究"，上海社会科学院 2019 年硕士学位论文。

人愿意支付的利率扮演了甄别工具的角色：愿意支付更高利率的借款人平均来说有更大的偿债风险，他们之所以愿意支付高利率是因为预期自己偿还贷款的概率很低。因此，随着利率的上升，借款人的平均风险也会上升并可能降低银行的期望收益。当利率增长到某一个临界点时，银行的期望收益会随着利率的上升而下降。对于银行而言，最优利率是 $\hat{r}^*$，如下图所示：

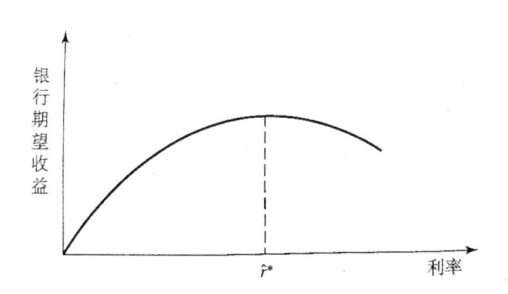

图2.1 满足银行期望收益最大化的利率[1]

由于贷款需求和资金供给都是利率的函数，因此，在 $\hat{r}^*$ 处，对资金的需求会超过供给。传统理论认为，由于存在对贷款的超额需求，那些没有获得贷款的借款人会愿意支付更高的利率，从而抬高市场利率直至供求平衡。但 Stiglitz 和 Weiss 证明，$\hat{r}^*$ 就是均衡利率。因为当利率高于 $\hat{r}^*$ 时，银行期望收益实际上比利率为 $\hat{r}^*$ 时更低，银行没有动机借款给愿意支付更高利率的借款人。由于不存在竞争的力量使得供求相等，信贷配给由此出现。[2] 陈志武、彭凯翔和袁为鹏通过对清初至二十世纪前期借贷数据的实证研究，印证了信贷配给理论，他们发现金融机构为削弱信息不对称，通常不直接对平民放贷，而主要与同业或殷实商户等往来，使得利率分布非常收敛（分布范围窄）。[3] 基于信贷配给理论，中小

---

[1] [美] 斯蒂格利茨：《斯蒂格利茨经济学文集 第一卷（上册）》，纪沫、陈工文、李飞跃译，中国金融出版社2007年版，第218页。

[2] 参见 Stiglitz Joseph E. and Andrew Weiss, "Credit Rationing in Markets with Imperfect Information", *The American Economic Review*, Vol. 71, No. 3, 1981, pp. 393~410；[美] 斯蒂格利茨：《斯蒂格利茨经济学文集 第一卷（上册）》，纪沫、陈工文、李飞跃译，中国金融出版社2007年版，第216~240页。

[3] 参见陈志武、彭凯翔、袁为鹏："清初至二十世纪前期中国利率史初探——基于中国利率史数据库（1660—2000）的考察"，载《清史研究》2016年第4期。

企业等长尾客户因为信息不透明、抗风险能力相对较弱,又缺乏可抵押的资产,[1]即使其愿意支付更高利率,银行也不会为其提供信贷,从而导致中小企业的融资困境。

在金融科技不断发展的今天,银行的风控能力与时俱进,然而小额信贷缺口依然存在。[2]以摩根大通为例,尽管首席执行官不断强调小企业贷款的重要性,但在该银行2017年6880亿美元的贷款总额中,小企业贷款仅占总额的3.2%。[3]相比之下,部分网贷平台却表现出优于银行的风控能力,使其能够弥补小额信贷的缺口。例如,ZestFinance的信贷管理处理效率比传统银行提高了将近90%,其风险控制能力比传统信用评估模型提高了40%。[4]再如,对于花旗银行而言,过高的操作成本和不完善的客户数据导致其在小额信贷板块的缺失,而Lending Club的大数据技术则解决了花旗银行的痛点。[5]

之所以出现上述现象,与银行的市场地位、组织结构和文化氛围相关:

首先,自金融危机以来,银行作为市场的领导者往往专注于利润更高的产品和服务,没有动力去尝试利润低且前景难以预测的新兴市场。[6]短期激励和长期激励的失调以及"边际思维陷阱"使银行只对"持续性创新"感兴趣,而没有动力去进行"颠覆性创新"。[7]相形之下,网贷平台的平民身份使其更能接

---

[1] 参见林毅夫、孙希芳:"信息、非正规金融与中小企业融资",载《经济研究》2005年第7期;Mark Fenwick, Joseph A. McCahery, Erik P. M. Vermeulen, "Fintech and the Financing of Entrepreneurs: From Crowdfunding to Marketplace Lending", *ECGI Working Paper*, 2017, p. 2.

[2] See Lenore Palladino, "Small Business Fintech Lending: The Need for Comprehensive Regulation", *Fordham Journal of Corporate & Financial Law*, Vol. 24, 2018, pp. 79~80.

[3] See Karen G. Mills, *Fintech, Small Business & the American Dream: How Technology Is Transforming Lending and Shaping a New Era of Small Business Opportunity*, Switzerland: Springer Nature Switzerland AG, 2018, p. 72.

[4] 刘新海、丁伟:"大数据征信应用与启示——以美国互联网金融公司ZestFinance为例",载《清华金融评论》2014年第10期。

[5] 参见吕君临:"网络借贷与商业银行的大数据业务——美国网络借贷公司与商业银行合作案例分析",载《经济研究参考》2016年第52期。

[6] 参见余丰慧:《互联网金融革命:中国金融的颠覆与重建》,中华工商联合出版社2014年版,第30页;Charles H. Green, *Bankers's Guide to New Small Business Finance: Venture Deals, Crowdfunding, Private Equity, and Technology*, USA and Canada: John Wiley & Sons Inc, 2014, pp. 19~20.

[7] 持续性创新(sustaining innovation)旨在改善现有产品的性能,而颠覆性创新(disruptive innovation)则为市场带来新的价值主张。See Ioannis Akkizidis, Manuel Stagars, *Marketplace Lending, Financial Analysis, and the Future of Credit: Integration, Profitability, And Risk Management*, UK: John Wiley & Sons Ltd., 2016, pp. 70~81.

受颠覆性创新。银行虽然可以通过并购实现与金融科技公司的融合，但无法从内部建立核心竞争力，由此导致其在前沿科技领域具有很强的依赖性。[1]

其次，银行由于组织的复杂性，对新技术的引入反应迟缓。[2] 根据威廉姆森的科层理论，企业规模越大、科层越多，失控的程度就越大。[3] 银行为避免扭曲和失控，需要明确的规则，在授信环节通常以FICO评分和财务数据为依据。[4] 而网贷平台规模小，失控风险小，有动力在FICO评分的基础上通过互联网挖掘更多数据，在风控能力上更胜一筹。[5]

最后，银行虽然拥有悠久的经营历史和庞大的客户资料，但是受官僚思维影响，缺乏超前意识。[6] 银行不具备社交媒体的功能，而网贷平台本身可能就是社交媒体，具备项目信息描述、组建投资者社群、允许用户评论和交流的三大特征。[7] 虽然我们也看到微众银行、网商银行等新兴互联网银行的出现，但是在整体上，银行往往对创新采取观望态度。过去十年中，与金融服务相关的每一项有意义的创新几乎都发生在传统金融体系之外。[8]

总之，在科技蓬勃发展的今天，网贷平台仍然有其内在价值。银行与网贷平台各有优劣：前者具有获客渠道广、资金成本低等优势；后者具有运营成本低、

---

[1] 有学者研究发现：从改革的路径选择来看，互联网金融的创新步伐要远远快于传统金融。参见生蕾、路子强、路漫天："互联网金融供给侧结构性改革实证分析"，载《征信》2019年第9期。

[2] See Roberto Bottiglia, Flavio Pichler, *Crowdfunding for SMEs: A European Perspective*, UK: Springer Nature, 2016, p. 83.

[3] See Oliver E. Williamson, "Hierarchical Control and Optimum Firm Size", *Journal of Political Economy*, Vol. 75, No. 2, 1967, pp. 123~138.

[4] FICO评分没有考虑消费者的收入或净资产，常常无法反映现实情况。FICO倾向于通过循环信贷而不是定期信贷来评定积极的信贷活动，在短时间内提高FICO分数的一种行之有效的方法就是办一张信用卡，而那显然对于识别风险没有意义。FICO评分虽然有价值，但是被银行过度使用和依赖。See Charles H. Green, *Bankers's Guide to New Small Business Finance: Venture Deals, Crowdfunding, Private Equity, and Technology*, USA and Canada: John Wiley & Sons Inc, 2014, pp. 72~76.

[5] See Dirk A. Zetzsche, Ross p. Buckley, Douglas W. Arner, and Janos N. Barberis, "From Fintech to Techfin: The Regulatory Challenges of Data-Driven Finance", *New York University Journal of Law & Business*, Vol. 14, No. 2, 2018, pp. 416~417.

[6] 参见余丰慧：《互联网金融革命：中国金融的颠覆与重建》，中华工商联合出版社2014年版，第245~246页；王千马：《盘活：中国民间金融百年风云》，现代出版社2015年版，第289页。

[7] Seth Freedman And Ginger Zhe Jin, "Do Social Networks Solve Information Problems for Peer-To-Peer Lending? Evidence from Prosper. Com", *NET Institute Working Paper*, No. 08-43, 2008, pp. 7~8.

[8] See John Waupsh, *Bankruption: How Community Banking Can Survive Fintech*, USA and Canada: John Wiley & Sons Inc, 2016, pp. 190~192.

客户体验好等长处。[1] 为小企业和个人提供信贷的网贷平台与主要为大企业提供授信的银行可以长期共存、相互促进。[2]

(二) 外在价值：帕累托改进的可能

1. 网络借贷的功能分析

根据结构功能主义理论，事物的结构决定了其功能，网络借贷平台通过互联网直接沟通借款人和出借人的技术结构，决定了其对借款人、出借人和整个社会都有帕累托改进的可能：

其一，对借款人而言，网络借贷有利于弥补金融谱系下中小企业的融资缺口。研究表明，在创业企业成长的过程中，在耗尽创业者和亲友资金与企业获得天使投资之间，存在一个巨大的融资缺口。在美国，这个缺口每年在 600 亿美元左右。[3] 如果能弥补这个缺口，则中小企业将减少失败的可能。在银行等传统融资方式不能弥补该缺口的情况下，网络借贷平台可以起到雪中送炭的作用。有论者通过数据研究发现：小微企业是我国 P2P 网络借贷的积极参与者，2013 年前后有将近一半的网络借贷资金流向了中小企业。[4] 网贷平台在借贷金额、融资效率和借贷利息三个方面都便利了中小企业的融资。[5]

其二，对出借人而言，网络借贷使出借人可以获得不同风险收益特征的资产种类，使投资选择更加多样化。以我国为例，随着社会经济的发展，民众的盈余不断累积，但我国长期禁止银行高息揽存，导致银行存款利率偏低，在高通胀面前，存款利率有时呈现负的实际利率倾向。与此同时，我国的金融管制较多，投

---

[1] See Karen Gordon Mills, Brayden McCarthy, "The State of Small Business Lending: Innovation and Technology and the Implications for Regulation", *Harvard Business School Working Paper* 17-042, 2016, pp. 59~73; Karen G. Mills, *Fintech, Small Business & the American Dream: How Technology Is Transforming Lending and Shaping a New Era of Small Business Opportunity*, Switzerland: Springer Nature Switzerland AG, 2018, pp. 93~94.

[2] See Karen Gordon Mills, Brayden McCarthy, "The State of Small Business Lending: Innovation and Technology and the Implications for Regulation", *Harvard Business School Working Paper* 17-042, 2016, p. 49.

[3] See Robert H. Steinhoff, "The Next British Invasion in Securities Crowdfunding: How Issuing Non-Registered Securities Through the Crowd Can Succeed in the United States", *University of Colorado Law Review*, Vol. 86, 2015, pp. 663~724.

[4] 参见李朝晖："我国 P2P 网络借贷与小微企业融资关系的实证研究"，载《现代经济探讨》2015 年第 2 期。

[5] See Zachary Adams Mason, "Online Loans Across State Lines: Protecting Peer-To-Peer Lending Through the Exportation Doctrine", *The Georgetown Law Journal*, Vol. 105, 2016, pp. 227~231.

资渠道有限，民众面临有钱无处投的尴尬境地。[1] 网络借贷的出现给居民提供了一种新的投资选择，使那些追求盈利性、淡化流动性、接受风险性的投资人有机会找到适合于自己的资产配置。[2]

其三，对社会而言，网络借贷可以起到"鲶鱼效应"，促进传统金融服务的转型升级。网络借贷的崛起打破了银行的信息和信贷垄断，[3] 也改变了传统金融业对中高端市场的过度偏好，[4] 可以给后者施加一定的竞争压力，从而倒逼其改革，例如降低贷款利率、拓展网上银行渠道，从而给金融市场带来活力。[5] 国外有学者研究发现网络借贷甚至还有利于平衡地区发展差异，其通过对英国Zopa、Ratesetter 和 Funding Circle 三家平台从 2010 年 10 月到 2013 年 5 月共 1400 万份 P2P 信贷合同的实证研究发现，P2P 使资金从经济相对发达的英国南部流向经济欠发达的北部，从而在一定程度上弥补了因南北发展差异而导致的融资缺口。[6]

制度变迁理论认为："如果预期的净收益超过预期的成本，一项制度安排就会被创新"。[7] 网络借贷是市场主体在一定技术水平约束和相应市场竞争环境下所形成的博弈结果，[8] 它的背后是金融压抑下的必要性需求。[9] 在目前的金融生态下，网络借贷本身具有满足多方需求、实现帕累托改进的潜质。

2. 为什么要以众筹形式提供融资

探究网贷平台是否具有外在价值，我们还需要回应一个问题，即为什么要以

---

[1] 参见郭雳："利率市场化的逻辑、路径和试验区"，载《学术月刊》2014 年第 5 期；陈志武："互联网金融到底有多新"，载《新金融》2014 年第 4 期。

[2] See Alistair Milne, Paul Parboteeah, "The Business Models and Economics of Peer-to-Peer Lending", *European Credit Research Institute Research Report*, No. 17, 2016, pp. 1~31.

[3] 参见赵冉冉："互联网金融监管的'扶助之手'"，载《东方法学》2016 年第 5 期。

[4] 参见许多奇："互联网金融风险的社会特性与监管创新"，载《法学研究》2018 年第 5 期。

[5] See Ulrich Atz, David Bholat, "Peer-to-peer lending and financial innovation in the UK", *Bank of England Working Paper*, No. 598, 2016, pp. 20~22; Rainer Lenz, "Peer-to-Peer Lending: Opportunities and Risks", *Special issue on The Risks and Opportunities of the Sharing Economy*, 2016, p. 688.

[6] See Ulrich Atz, David Bholat, "Peer-to-peer lending and financial innovation in the UK", *Bank of England Working Paper*, No. 598, 2016, pp. 13~15.

[7] [美] L. E. 戴维斯、D. C. 诺斯："制度变迁的理论：概念与原因"，载 [美] R. 科斯、A. 阿尔钦、D. 诺斯等：《财产权利与制度变迁——产权学派与新制度学派译文集》，刘守英等译，上海三联书店、上海人民出版社 1994 年版，第 274 页。

[8] 参见姜旭朝、丁昌锋："民间金融理论与实践"，载《经济学动态》2004 年第 12 期。

[9] 参见陈宇：《风吹江南之互联网金融》，东方出版社 2014 年版，第 126 页。

众筹形式为中小企业提供融资？既然网络借贷容易导致市场失灵和监管失灵，我们是不是可以通过其他方式，比如用"只贷不存"的网络小额贷款公司替代网贷平台，这样一来即使运作失败，也不会给社会带来危害。

诚然，通过互联网向大众筹集资金，应当慎重。各国对于向公众筹集资金都异常谨慎，往往通过制定公司法、证券法等法律法规，施加董监高信义义务，并强制信息披露，以避免出现职务侵占、内幕交易等侵害投资人的行为。网络借贷在交易结构上涉及向大众筹集资金，也面临相似挑战。尽管如此，以下两个方面使我们有理由保留网络借贷的众筹融资结构：

一方面，日新月异的技术使人们克服信息不对称的能力不断增强。通过互联网向大众筹集资金需要以下三个条件：第一，借款人的借款需求为大众所知悉；第二，大众可以方便地发起支付；第三，大众可以有效地识别和评估借款人的信用风险。这分别涉及信息传递成本、资金支付成本和获取信任成本。[1] 互联网的无远弗届使得第一个条件已经实现。网上银行、快捷支付、二维码支付、手机钱包等各类互联网支付的兴起，让第二个条件也已实现。[2] 如上文所述，社交媒体、大数据、人工智能等技术的进步，让第三个条件也能在一定程度上实现。[3] 当前，我国已经将网络借贷严重失信人纳入人民银行信用信息基础数据库和百行征信软件，并支持在营P2P网贷机构接入征信系统。[4] 可以预见，随着技术的进步，人们克服信息不对称的能力将不断增强，众筹的安全度也将不断提高。[5]

另一方面，金融民主化的呼声不断高涨。金融民主化由耶鲁大学罗伯特·J.希勒（Robert J. Shiller）教授最早提出，其本质是通过金融创新及其资源的民主化分配，构建一个公正、平等、适用于所有经济主体的风险管理机制，最终解决

---

[1] 参见彭冰：《投资型众筹的法律逻辑》，北京大学出版社2017年版，第11~12页。

[2] 中国消费者更趋向采用电子化消费。中国有40%的消费者会使用新电子支付方式，新加坡则只有4%；35%的中国消费者会通过金融科技接触保险产品，而东南亚市场则只有1%至2%。可以说，我们在互联网支付方面具有巨大优势。详见沈伟："金融科技的去中心化和中心化的金融监管——金融创新的规制逻辑及分析维度"，载《现代法学》2018年第3期。

[3] 参见彭晓娟："普惠金融视角下互联网金融发展之法律进路"，载《法学论坛》2018年第3期。

[4] 详见2019年9月5日，互联网金融风险专项整治工作领导小组办公室、网络借贷风险专项整治工作领导小组办公室发布的《关于加强P2P网贷领域征信体系建设的通知》。

[5] 大数据技术的不断完善使信任的建立存在可能。参见彭冰："彭冰：信任问题是互联网金融的核心问题"，载《银行家》2015年第8期。

不平等问题。[1] 美国制定《JOBS 法案》的目标之一就是使公司资本的形成更加民主化（democratize the market）。[2] 网络借贷在某种意义上是中产阶级和普通民众尝试进行风险投资的乐土，是金融民主化的先驱。[3] 当然，金融民主化不应走向极端，我们可以借鉴美国有关众筹豁免和英国有关适当性评估的制度，确立网络借贷合格投资人标准，对投资人的投资行为进行限制，控制投资人的风险敞口，在金融民主化与投资者保护之间取得平衡。

综上所述，网贷平台通过社交媒体、大数据、人工智能等技术能够缓释信息不对称风险，具有内在价值；与此同时，网贷平台对借款人、出借人和社会均可能带来益处，实现帕累托改进，具有外在价值，且上述价值不能被银行或小额贷款公司所替代。既然网贷平台具有独特的价值，为准确定位网贷平台，我们应把握网贷平台产生、发展和消亡的客观规律，下文将从经济学视角揭示这一规律。

二、网贷平台的发展论

（一）多边平台经济学的核心理论

在让·夏尔·罗歇（Jean-Charles Rochet）和让·梯若尔（Jean Tirole）双边市场理论及古典经济学理论的基础上，戴维·S. 埃文斯（David S. Evans）和理查德·施马兰奇（Richard Schmalensee）创立了多边平台经济学。所谓的多边平台是指以诱人的条件吸引两类及以上的客户，使他们进行互动，并从客户的互动中赚取收益的平台。[4] 多边平台具有多边需求互补性、价格结构非中性、多边用户异质性和网络外部性四个特点。多项研究表明，网络借贷平台具有上述特

---

[1] 参见费玄淑："互联网金融背景下金融民主化发展研究"，载《哈尔滨学院学报》2019 年第 7 期。

[2] See Andrew A. Schwartz, "Keep It Light, Chairman White: Sec Rulemaking under the Crowdfund Act", *Vanderbilt Law Review En Banc*, Vol. 66, 2013, pp. 44~45.

[3] See James J. Williamson, "The JOBS Act and Middle-Income Investors: Why It Doesn't Go Far Enough", *Yale Law Journal*, Vol. 122, 2013, pp. 2069~2080.

[4] 参见[美] 戴维·S. 埃文斯、理查德·施马兰奇：《连接：多边平台经济学》，张昕、黄勇、张艳华译，中信出版社 2018 年版，第 13 页。

征,[1]且属于多边平台中的交易中介类平台。[2]多边平台经济学主要包含阻力歼灭理论、关键规模理论、价格结构理论、最佳边界理论和后者居上理论,这些理论解释了多边平台生存、发展和消亡的规律,有助于我们理解网络借贷平台的生存逻辑。

1. 阻力歼灭理论

阻力歼灭理论是指多边平台必须通过发现和减少交易成本从而创造价值。平台处理的阻力越重要,减少的阻力越多,对于参与各方的价值越大,平台取得的成功也越大。我们可以在交易成本经济学中找到阻力歼灭理论的雏形。威廉姆森认为交易成本可以分为合同签订前的成本和合同签订后的成本:前者是草拟合同,包括就合同内容进行谈判以及确保合同得以履行所付出的成本;后者包括交易行为偏离合作方向造成双方不适应的成本、为纠正不合作现象而讨价还价的成本、为解决合同纠纷而建立治理结构并保持其运转的成本,以及确保合同中各种承诺得以兑现的成本。[3]一个有价值的多边平台不但有助于减少合同签订前的成本,也能够通过制定规则,减少合同签订后的成本。阻力歼灭理论可以看作是交易成本经济学在多边平台领域的运用,这一理论有助于解释为什么中国不是网络借贷的发源地,但发展速度惊人。截至 2015 年,我国网贷交易额累计达 670 亿美元,为美国的 4 倍、英国的 10 倍,[4]原因在于:一方面,中国传统金融服务和相关物理设施比较落后,这使得资金的搜索成本和交易成本较西方更大;另一方面,中国互联网的渗透度却很高。两方面的结合使网络借贷能够帮助市场克

---

〔1〕 参见江东阳:"P2P 网络借贷平台的双边市场特征研究",载《时代金融》2014 年第 9 期中旬刊;蓝波:"P2P 网络借贷平台的运行机理及其匹配效率的实证研究",东南大学 2016 年硕士学位论文;孙武军、冯雪岩:"P2P 网络借贷平台具有双边市场特征吗?——来自'人人贷'的经验证据",载《北京工商大学学报(社会科学版)》2016 年第 3 期;邱甲贤:"我国网贷平台的双边市场特征",载《系统管理学报》2017 年第 2 期;冯雪岩:"P2P 网络借贷平台双边性检验及其政策启示",南京大学 2018 年硕士学位论文;胡世良:《互联网金融模式与创新》,人民邮电出版社 2015 年版,第 33~35 页。

〔2〕 See David S. Evans and Richard Schmalensee, "Industrial Organization of Markets with Two-Sided Platforms", *Competition Policy International*, Vol. 3, No. 1, 2007, pp. 156~157.

〔3〕 参见[美]奥利弗·E. 威廉姆森:《资本主义经济制度:论企业签约与市场签约》,段毅才、王伟译,商务印书馆 2002 年版,第 33~36 页。

〔4〕 参见黄辉:"网络借贷平台的风险保障金机制研究",载《清华法学》2018 年第 6 期。

服更大的融资阻力,从而造就网贷平台在中国的飞跃。[1]

2. 关键规模理论

关键规模理论是指多边平台必须获得关键规模的参与者,如果平台达不到关键规模,将使参与者不断流失,最终导致平台经营失败。如下图所示:

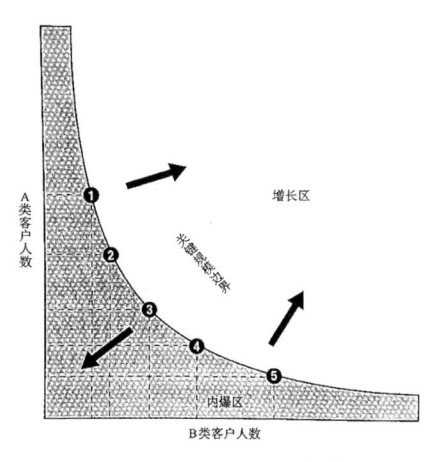

图 2.2 关键规模原理[2]

纵坐标是 A 类客户(如出借人)人数,横坐标是 B 类客户(如借款人)人数,图画上的 1、2、3、4、5 点都位于关键规模边界线上。关键规模边界线的左下方是内爆区,关键规模边界线的右上方是增长区。每个平台都必须尽快达到关键规模,进入增长区,否则,将落入内爆区,陷入死亡螺旋。从上图可以看出,要达到关键规模,平台应努力实现两类客户人数都较多(例如第 2、3、4 点),或者努力使一方客户人数非常多,另一方也不至于太少(例如第 1 点和第 5 点。)可以发现,关键规模边界线与微观经济学中的消费者无差异曲线非常类似,二者

---

[1] See Douglas W. Arner, Janos Barberist, Ross p. Buckley, "The Evolution of Fintech: A New Post-Crisis Paradigm?", *Georgetown Journal of International Law*, Vol. 47, 2016, p. 1303; Karen Gordon Mills, Brayden McCarthy, "The State of Small Business Lending: Innovation and Technology and the Implications for Regulation", *Harvard Business School Working Paper* 17-042, 2016, p. 51.

[2] [美] 戴维·S. 埃文斯、理查德·施马兰奇:《连接:多边平台经济学》,张昕、黄勇、张艳华译,中信出版社 2018 年版,第 84 页。

均强调均衡的重要性。[1] 关键规模理论也适用于网贷平台,正如有学者所言:P2P是一个靠规模取胜的行业,只有领先者才能够以较低的边际成本获得更多的使用者。[2] 如果网贷平台不能在较短时间内吸引足够多的出借人和借款人,平台将终因没有业务收入而走向灭亡。

3. 价格结构理论

价格结构理论是指为促成关键规模,平台通常会采用一个"倾斜性"的价格结构,在该价格结构下,一方会比另一方获得一个更为优惠的价格。如下图所示:

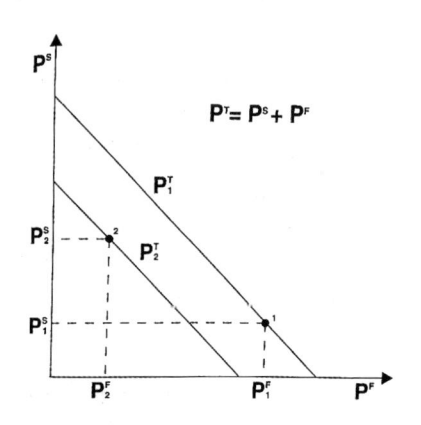

图2.3 多边平台的价格水平与价格结构[3]

横坐标是向F客户收取的费用,纵坐标是向S客户收取的费用,直线上的点表示在收费总额一定的情况下,向F客户与S客户分别收取费用的不同组合方式,也就是说,在收费总额一定的情况下,向一方收取得多,向另一方收取的就少。为了吸引更多客户到平台参与互动,平台有时候会允许某类客户免费参与,甚至给予该类客户补贴。因此,图中直线实际上还可以延长至横坐标以下或纵坐

---

[1] 参见[美]保罗·萨缪尔森、威廉·诺德豪斯:《经济学(第十七版)》,萧琛主译,人民邮电出版社2004年版,第81页。

[2] 参见王朋月、李钧:"美国P2P借贷平台发展历史、现状与展望",载《金融监管研究》2013年第7期。

[3] [美]戴维·S.埃文斯、理查德·施马兰奇:《连接:多边平台经济学》,张昕、黄勇、张艳华译,中信出版社2018年版,第101页。

标左侧。可以看到,价格结构理论图与微观经济学的预算约束线非常类似,二者均说明了在资源稀缺的状态下,人们必须对不同事物进行权衡取舍。[1] 在实践中,不少网贷平台就是通过对借款人收费,对出借人免费甚至补贴的方式,使出借人与借款人数量保持平衡,以达到关键规模。[2]

4. 最佳边界理论

最佳边界理论是指平台必须决定有多少类参与方在平台上互动,以及在什么时候开放平台,让更多的参与方进来。为此,平台必须设定一个合理的边界,以建立一个能够创造价值的生态系统。最佳边界理论在规模经济理论中也能找到雏形。规模经济理论是由 Paul Krugman 与 Helpman Elhanan 合著的《市场结构与对外贸易》一书中提出的学说。在企业生产扩张的开始阶段,厂商由于扩大生产规模而使经济效益得到提高,即规模经济;当生产扩张到一定的规模后,厂商继续扩大生产规模,就会使经济效益下降,即规模不经济。[3] 这与平台必须保持种类适量的参与方类似。在实践中,一些网贷平台将业务拓展到其他互联网金融业务,包括公募基金、私募基金、保险、金交所产品等,其重要目的之一就是扩大投资人的可投资范围,为不同风险和收益偏好的投资人提供一站式服务,同时吸引包括基金公司、保险公司、金融资产交易所在内的更多参与者,使平台扩展到"最佳边界",并成为生机勃勃的生态系统。

5. 后者居上理论

后者居上理论系指多边平台的行业领导者无时无刻不受到后来者的挑战,要想保持竞争优势就必须不断创新,否则将面临被淘汰出局的危险。以下因素决定了在互联网时代,行业巨头更易受到挑战:第一,平台没有投资于物理网络的沉没成本;第二,平台可利用操作系统和互联网进行快速全球分发;第三,因建立在软件基础之上,平台很容易扩展新功能;第四,平台用户存在"多栖性"(multihoming),转换成本低;第五,间接网络效应具有反向作用;第六,平台实际上在为注意力和广告而竞争,所谓的胜利者不过是赢得了免费向消费者提供有

---

[1] 参见[美]保罗·萨缪尔森、威廉·诺德豪斯:《经济学(第十七版)》,萧琛主译,人民邮电出版社 2004 年版,第 82 页。

[2] 参见赵晓男、黄坤、郑春梅:"基于双边市场理论的网络借贷平台定价模式研究",载《商业研究》2015 年第 4 期。

[3] 参见高鸿业主编:《西方经济学(宏观部分)》,中国人民大学出版社 2004 年版,第 174~175 页。

价值服务的机会;第七,在线平台面临经常的破坏性创新。[1] 后者居上理论让多边平台领域内的反垄断问题更加复杂,也部分解释了为什么中国的头部平台总在推陈出新。比如,"拍拍贷"曾于2016年上线了"拍活宝"(没有固定期限,出借资金可以随时退出,申请赎回一日后可取现)、"拍融租"(融资租赁债权拆分)、"聚保理"(保理债权拆分)等产品;宜信旗下的投米网还推出了小赌怡情的"猜宝宝"产品。[2] 后者居上理论解释了头部网贷平台不断创新的动因。

总之,多边平台经济学解释了包括网络借贷在内的、以网络或实体形式存在的多边平台生存、发展和消亡的规律。这些规律可以概括为阻力歼灭理论、关键规模理论、价格结构理论、最佳边界理论和后者居上理论。其中,关键规模理论是核心,直接描述了平台达到临界规模的重要意义,可以说所有理论都围绕"关键规模"而展开:阻力歼灭理论是平台形成规模的前提,价格结构理论、最佳边界理论和后者居上理论则分别从定价、参与者和竞争的角度,分析了平台为促进规模增长可以采取的策略。简言之,尽快做大规模并保持关键规模是网贷平台生存和发展之道。

(二)规模创造力之比较

不同网络借贷模式在促进规模增长方面的能力是不同的,该能力可以称为"规模创造力"。通过比较,我们发现在规模创造力方面,信息中介模式最弱,债权转让模式最强,担保增信模式居中。

1. 弱规模创造力:信息中介模式

信息中介模式的以下特征使其难以扩大规模,在激烈的平台竞争中将处于不利地位:

其一,纯粹居间的法律关系降低了资金的匹配效率。在信息中介模式下,平台仅向借款人和出借人提供媒介服务,而不参与借贷交易。由于借款人往往无法从单一出借人那里获得所需要的全部资金,因此需要吸引多个出借人的注意并说服他们向自己出借。这样一来,借款人和出借人都要受制于募集期的限制:如果在募集期届满后,借款人无法筹集到所需要的资金,则借款失败,出借人资金将

---

[1] 参见[美]戴维·埃文斯:"在线平台的动态竞争",载吴敬琏主编:《比较》(第九十八辑),中信出版社2018年版。

[2] 所谓"猜宝宝"是指让出借人就一些热点问题(比如中网比赛谁是冠军等)进行二选一的选择;选对的,可以获得较高收益;选错的,收益略低。出借人拿完收益后,如果在规定期限内投资次数多且累计投资金额大,还可以根据排名,获得手机等奖品。

返还其存管账户;即使借款最终成功,出借人也往往等待了数日且在此期间不能取得利息。借款人与出借人直接缔约的法律关系,使得借款效率高度依赖于平台上借款人和出借人的数量及其互动。有些平台试图通过自动投标的方式解决该问题,但仅能在一定程度上缓解。纯粹居间的法律关系,决定了此种模式的资金匹配效率不高。

其二,僵化的投资期限难以满足出借人的流动性需要。一般而言,借款人希望较长的借款期以满足充分运用资金的需要,而出借人则基于对风险的厌恶,偏好较短的投资期。在信息中介平台下,由于出借人与借款人直接缔约,这就导致出借人一旦选择出借,就必须接受"持有到期"的流动性风险。有些平台通过创设二级市场,协助出借人在有临时性资金需要时,通过向其他出借人转让债权而变现资产,但并不保证债权转让一定能够成功以及债权转让的时间。因此,投资期限的矛盾无法在信息中介业务模式下得到根本解决。这样的特点也导致平台产品对出借人吸引力不足。

其三,线上运作不利于信任的建立和扩大宣传。信息中介模式的网贷平台除必要的信用信息采集、核实、贷后跟踪、抵质押办理等业务以外,主要业务须通过线上完成。[1] 借款人和出借人均通过互联网注册账户、录入信息、完成身份及资信核验、缔约以及划转资金。这样的模式对不熟悉互联网操作的老年人和普通老百姓没有吸引力。如果不是因为广告宣传、熟人推介等原因,平台产品甚至很难为大众所知悉。因此,信息中介模式线上运作为主的特点不利于平台迅速扩大规模。

其四,"三自原则"降低客户的投资体验。"三自原则"是指"投资自愿、责任自负和风险自担",信息中介模式将其贯彻得最为彻底,即平台仅为出借人和借款人直接缔约提供居间服务,对出借人可能遭受的投资损失一概不担责。在信用环境欠佳、征信制度不完善的情况下,"三自原则"让出借人完全暴露在借款人的信用风险敞口之下。出于对信息不对称风险的担忧,出借人将没有动力在平台上进行投资。已经投资的出借人在遭受损失而得不到补偿的情况下,也可能选择离开平台。出借人和借款人的"多栖性"将加剧平台参与者的流失,导致

---

[1]《网络借贷信息中介机构业务活动管理暂行办法》第16条规定:"网络借贷信息中介机构在互联网、固定电话、移动电话等电子渠道以外的物理场所只能进行信用信息采集、核实、贷后跟踪、抵质押管理等风险管理及网络借贷有关监管规定明确的部分必要经营环节。"

其丧失关键规模，进入死亡螺旋。

总之，信息中介模式所具有的纯粹居间、期限特定、线上运作和"三自原则"的特点，使网贷平台规模创造力弱，商业可持续性差。

2. 强规模创造力：债权转让模式

债权转让模式的以下特征使其能够迅速做大规模，集聚大量的借款人和出借人：

其一，超级放款人的存在提高了资金匹配效率。在债权转让模式下，平台并非是点对点地撮合出借人与借款人，而是由平台的股东或主要负责人作为超级放款人，以自有资金向借款人发放贷款、创设债权，然后再将多个债权打包，在金额和期限上进行拆分，设计成有一定封闭期的理财产品，出售给出借人。通过上述方式，几乎不存在借款人因募集资金不足而流标的风险，对于出借人而言，也可以迅速找到投资标的。由于借款人和出借人都不必受制于募集期的限制，这在平台发展初期，有利于迅速积累人气。超级放款人的存在，极大地提高了出借人与借款人互动成功的概率，有利于帮助平台尽快达到关键规模。

其二，多层次的投资期限为出借人提供了丰富的选择。在债权转让模式下，出借人与平台签订《个人出借咨询与服务协议》，作为投资标的的债权被设计成不同期限和收益的理财产品供出借人选择，投资期限越长、收益越高。例如，某平台的投资产品包括季度盈、双季盈和年年盈：季度盈，封闭期3个月，预期转让对价为投资人初始出借资金金额的102%；双季盈，封闭期6个月，预期转让对价为投资人初始出借资金金额的104.5%；年年盈，封闭期12个月，预期转让对价为投资人初始出借资金金额的111%。在投资期限届满后，平台将安排超级放款人回购出借人债权。上述安排是平台进行期限拆分的结果，从而使出借人的投资期限与借款人的借款期限脱钩。多层次的投资期限为出借人提供了丰富的选择，进而提高了出借人的参与热情。

其三，大量的线下门店有利于产生信任和扩大宣传。从事债权转让模式的网贷平台往往在全国各地设立分公司，开设门店，招募营销人员，向群众发放宣传单，推销平台产品。国内某平台在鼎盛时曾雇佣4万多名员工并开设600多家门店。[1] 门店可以分为两类：一类是资产端门店，其职责是向潜在借款人宣传公司的信贷产品；另一类是资金端门店，其职责是向潜在投资人宣传公司的理财产

---

[1] 基于笔者2020年3月6日对国内某网贷平台法务高管的访谈。

品。通过设立门店，网贷平台可以迅速吸引公众眼球并建立信任。同时，门店方便了借款人和投资人与超级放款人订立纸质协议，这也正契合了普通民众对传统缔约方式的偏好。总之，门店的开设扩展了网贷平台的业务边界，有助于其获得更多的参与者。

其四，风险准备金的设置有利于增强客户粘性。从事债权转让模式的平台天生与各种名目的还款风险准备金相连，该资金由网贷公司从其居间服务费中按照一定的比例提取，在因借款人违约导致出借人损失时，网贷平台将动用还款风险准备金进行赔付。有学者将该规则概括为过期赔付规则、时间次序规则、债权比例偿付规则、有限赔付规则和债权转移规则。[1] 在借款人信用不佳、出借人风险承受能力有限的现实情况下，风险准备金的设置使出借人获得了第二还款来源，有利于吸引更多的投资人到平台投资，增强客户粘性。[2] 在聚集更多出借人的同时，会产生正的间接网络效应，吸引更多的借款人到平台借款，使平台规模迅速扩张。

总之，债权转让模式通过超级放款人、期限拆分、线下门店和风险准备金的设置，可以提高资金匹配效率、丰富投资选择、促进信任、扩大宣传、增强客户粘性，具有很强的规模创造力。

3. 中等规模创造力：担保增信模式

担保增信模式具有部分信息中介模式的特征，也具有部分债权转让模式的特点，这使其规模创造力介于上述两者之间。

在担保增信模式下，没有超级放款人安排，平台促成出借人与借款人直接缔约，这使得出借人与借款人都面临募集失败的风险。担保增信模式也不存在期限错配，出借人的投资期与借款人的借款期一一对应，资产的流动性较差。此外，担保增信模式也以线上运作为主，不利于信任的建立和宣传的扩大。上述特征使担保增信模式与信息中介模式一样，面临难以扩大规模的困境。

尽管如此，担保增信模式与债权转让模式均具有信用转化的功能。在担保增信模式下，平台通过风险准备金、第三方担保或保证保险等方式，为出借人的债权提供第二还款来源，这在一定程度上缓释了借款人的信用风险，对出借人形成

---

[1] 详见邓建鹏、黄震："网贷行业风险备用金的争议及其规范路径"，载《金融法苑》2017年第1期。

[2] 参见郑扬扬："我国P2P平台的角色定位与治理研究"，浙江大学2016年博士学位论文。

一定程度的保护,在信息不对称的环境下,有利于鼓励出借人投资,促进平台规模的增长。有学者研究发现,在2016年9月《网络借贷信息中介机构业务活动管理暂行办法》生效后不久,成交量排名前10位的P2P平台均在网页显著位置标明"本息保障""保本保息"等类似表述。[1] 这也充分说明信用转换在平台规模创造方面具有重要作用。

总之,担保增信模式在促成出借人与借款人直接缔约、不存在期限错配和线上运作方面与信息中介模式类似,但在信用转化方面与债权转让模式别无二致,故其规模创造力介于两者之间。

需要注意的是,平台的规模创造力与平台可能带来的风险外部性是两个不同层面的问题。[2] 虽然债权转让模式具有最强的规模创造力,但是给市场带来的负外部性也是最大的。债权转让模式具有期限转换、信用转换和流动性转换三项功能,这导致平台的资产负债表与银行类似,一边是大量缺乏流动性的资产,另一边则是较短期限的负债。银行之所以可以通过脆弱的资产负债结构开展上述业务,是因为银行受到了一系列严格的准入和持续性监管,并得到了最后贷款人、存款保险等制度的保护。但开展债权转让模式的网贷平台,在实质从事类银行业务的同时,却没有接受上述监管,亦不享有制度保护,故债权转让模式是通过监管套利,在不断扩张规模、赚取收益的同时,让社会承担其可能失败的严重后果,具有巨大的负外部性。

综上所述,从商业运作机理上看,债权转让模式具有快速发展的能力,担保增信模式紧随其后,而信息中介模式则具有天然缺陷,除非平台具有先发优势,已经达到关键规模,或者拥有风控优势,能够基于良好的业绩吸引客户,否则信息中介模式很难生存。与此同时,债权转让模式虽然具有最强的规模创造力,但是脆弱的资产负债结构让其存在轰然倒塌的可能。在揭示网贷平台生存、发展和灭亡规律的基础上,下文将从法学视角,分析网贷平台的法律性质。

三、网贷平台的性质论

准确理解网贷平台的法律性质,是科学监管网贷行业的前提。为此,可将我

---

〔1〕 参见潘静:"从政府中心规制到社会共治:互联网金融治理的新视野",载《法律科学(西北政法大学学报)》2018年第1期。

〔2〕 有关外部性,可参见[美]曼昆:《经济学原理(第三版)》,梁小民译,机械工业出版社2006年版,第171~183页;[美]约瑟夫·E.斯蒂格利茨、卡尔·E.沃尔什:《经济学 上册(第三版)》,黄险峰、张帆译,中国人民大学出版社2005年版,第243~245页。

国网贷平台与相关机构进行对比,以明确其法律性质。

(一) 网贷平台的法律定性

1. 网贷平台与信息居间人

居间业务是指一方为他方报告订立合同的机会或者提供订立合同的媒介服务,他方给付报酬的业务。首先,在内容上,居间体现为居间人为委托人报告订立合同的机会或者提供订立合同的媒介服务,因此可分为报告居间和媒介居间两类。其次,居间合同属于有偿合同、诺成合同和不要式合同。再次,居间合同下,委托人向居间人支付报酬的前提是居间人的活动实现居间目的。最后,居间人具有相应的知识和能力。[1] 结合上述法律特征,我们可以看到,三种模式下的网贷平台都具有媒介居间的功能,即都能向出借人展示借款项目信息,促成借贷双方订立协议。尽管如此,从实际运作来看,居间仅是网贷平台最基本的功能,除居间功能外,其还有资信审查、资信评估、融资咨询、信息披露、资料保管、风险提示、在线争议解决等多种功能,因此,我们不能将网贷平台简单定性为信息居间人。

2. 网贷平台与证券发行人

在美国,SEC 援用 Howey 标准和 Reves 标准认为网贷平台向投资者分销的债权凭证是一种证券,平台是证券发行人,需要向 SEC 进行注册。[2] 国内也有学者主张学习美国,以证券法监管网贷平台。[3] 但是这样的定位,即使在美国,也备受争议,Andrew Verstein 等学者就提出了反对意见。[4]

根据 Howey 标准,如果对共同事业进行金钱投资而利润完全来自于他人的努力,则属于投资合同,具有以下四个特点:第一,资金投资;第二,投资的共同性;第三,目的是获得利润;第四,仅依靠他人的努力。Andrew Verstein 认为:SEC 夸大了第四项条件,虽然平台在投资人投资前进行了筛选,并且在贷后协助

---

[1] 参见王利明、崔建远主编:《合同法》,北京大学出版社 2006 年版,第 341 页。

[2] See Erick Schonfeld, *SEC Outlines Its Reasoning For Shutting Down P2P Lender Prosper*, Techcrunch, http://techcrunch.com/2008/11/26/sec-outlines-its-reasoning-for-shutting-down-p2p-lender-prosper/, 2019-10-29.

[3] 参见邢会强:"相对安全理念下规范互联网金融的法律模式与路径",载《法学》2017 年第 12 期;邢会强:"P2P 网络借贷规制的证券法方案",载《上海大学学报(社会科学版)》2018 年第 3 期;王学忠:"P2P 网络借贷平台监管若干问题的争议与辨析",载《南方金融》2018 年第 10 期。

[4] See Andrew Verstein, "The Misregulation of Person-to-Person Lending", *U. C. Davis. Law. Review.* Vol. 45, 2011, pp. 475~488.

催收，但是，这些仅是辅助性的工作，投资人的利润几乎完全取决于借款人的支付意愿和支付能力，投资人并不依靠平台的持续创业活动来获取利润，故将平台视为证券发行人是不恰当的。

除了 Howey 标准，SEC 还认定投资者获得的凭证满足 Reves 标准的四个条件，但 Andrew Verstein 认为这四个条件都不满足：第一个 Reves 条件考察当事人动机，如果投资人是消费目的而不是投资获利，则不可能是证券；如果融资人是消费目的而不是一般商业用途或金融投资，则也不可能是证券。但是 SEC 却仅考虑了投资人的动机，而对融资人的动机置之不理。Prosper 和 Lending Club 上分别有 25% 和 57% 的借款人去偿还到期债务和信用卡，故很多 P2P 项目都是为借款人提供消费融资，投资者持有的债权凭证应当直接排除在证券范围之外。第二个 Reves 条件考察分销计划，投资品向公众发行并允许二次出售是证券的特征。尽管 P2P 债权凭证最初向公众销售，但如果 P2P 没有二级市场，则 P2P 并不具有证券的流通渠道特征。第三个和第四个 Reves 条件探究投资者是否期望得到证券法的保护，以及是否存在其他监管措施可以降低投资风险使得证券法的适用没有必要。如果 P2P 投资人希望得到证券法保护，他们应该提起大量证券诉讼，然而，在 SEC 颁布命令之前或之后，除一桩针对平台出售未注册证券的诉讼外，没有一例针对 P2P 平台的证券诉讼。P2P 投资者可能希望得到银行监管机构的保护，将自己视作出借人，认为 P2P 借贷的真正风险来自于逾期借款人，并期待保护来自于破产法和民事诉讼，而非证券法。

总之，Andrew Verstein 等学者认为美国用证券法监管网络借贷是错误的，网贷平台不应是证券发行人。中国并未像美国那样，以证券法的逻辑监管网贷平台，平台撮合出借人与借款人直接缔约的法律关系决定了网贷平台并非证券发行人。那么，是否可以参照美国证券法原理和制度，通过扩展证券外延，将我国的借款人视为证券发行人，进而通过证券法予以监管呢？答案也是否定的。

首先，并非所有 P2P 借贷均属于一对多或多对多的法律结构，也存在一个出借人对应一个借款人的情形，故此种情况下并不符合 Howey 标准下投资共同性的要求；其次，有大量 P2P 借款人出于个人消费目的或偿还信用卡目的，故不符合 Reves 标准第一项有关融资人是基于商业用途或金融投资的测试；再次，如果借款人是个人，借款目的又在于消费，则其有权获得消费者保护，其中对于隐私保护的需求将使得强制信息披露无法实现,〔1〕 证券发行的相关成本和义务也是任何一个基于消费的借款人都无力承担的；最后，国内 P2P 产品大多不具有可转让性，截至 2019 年 3 月 13 日，正常平台中仅有 34% 的平台可为投资人提供二级转让市场，而问题平台的比例更低至 11%，这很难满足 Reves 标准第二项有关分销计划的要求。

总之，除非平台开展自融业务，自己作为借款人向出借人融资，在此种情况下，通过扩展证券外延，可以将其纳入证券发行监管,〔2〕 否则，不宜将网络借贷产品视为证券，也不宜将网贷平台或借款人视为证券发行人。

3. 网贷平台与证券承销商

承销是投资银行最本源、最核心的业务，其是指投资银行依照与证券发行人之间的协议，承办证券发行事宜，筹集发行人所需资金的行为。相对于发行人而言，承销商拥有庞大的销售体系，知名的承销商还具有良好的市场信誉和影响力，其对某一证券的推荐对于证券的成功发行具有重要意义。〔3〕 通过承销商，发行人实现了融资目的，投资者也获得了投资机会，同时，投资银行也通过在承销过程中收取佣金和获取利差实现了营业收入。〔4〕 上述特点与网贷平台凭借自身影响力吸引出借人投资，撮合出借人与借款人缔约，并通过撮合业务取得居间费收入具有相似性。

尽管如此，网贷平台与承销商的差别也非常明显：首先，从撮合方式来看，承销的方式有多种，包括代销和包销，包销又可分为全额包销和余额包销，承销商有时可先行买下所有代发证券。而对于网贷而言，平台不向借款人承诺融资一定可以成功，募集期满后资金未募集到最低限额的，则宣告失败。其次，从协助内容来看，承销商的工作更加丰富，承销商除负责销售外，还协助发行人完成改制，制作申请文件，协调律所、会计师事务所等中介机构，进行发行辅导等。而网贷平台在借款端的工作则主要限于资信评估和信息发布。最后，从责任承担来看，承销商仅负有如实披露信息的义务，而不承担投资风险。但我国的网贷平台往往通过自身或第三方为投资人承担隐性或显性的担保责任。综上，虽然网贷平

---

〔1〕 参见彭冰："P2P 网贷与非法集资"，载《金融监管研究》2014 年第 6 期。
〔2〕 参见刘燕："资管新规与《证券法》衔接的几个问题"，载《多层次资本市场研究》2019 年第 1 期。
〔3〕 参见吴志攀、刘燕编著：《金融法》，北京大学出版社 2008 年版，第 280 页。
〔4〕 参见韩复龄：《投资银行业务》，经济科学出版社 2001 年版，第 86 页。

台发挥了类似承销的功能,但基于诸多差异性,并不能将其定性为承销商。

4. 网贷平台与基金管理人

按照不同的标准,可以将基金分为不同的种类。在我国,通常根据募集方式的不同,将基金分为公募基金和私募基金:公募基金又可根据投向分为股票基金、债券基金、货币市场基金、基金中基金、混合基金等;[1] 私募基金又可根据组织形式分为契约型基金、合伙型基金和公司型基金。[2] 在美国,最具影响的是共同基金,其组织形式主要有信托型、公司型、独立账户和有限合伙,其中,最流行的是马萨诸塞商业信托、马里兰公司型和特拉华法定信托。[3] 无论是在国内还是在域外,基金均具有"受人之托、代人理财"的特点,即基金管理人汇集投资者资金进行投资,投资者的回报建立在投资组合的基础之上,并由投资者自担风险。日本和澳大利亚均将网贷视为投资计划的一种,在上述国家,网贷平台更类似于基金管理人。[4] 在我国,也存在部分平台开展公募基金业务的情形,[5] 比如,某平台受出借人委托,建立资金池并投资于该平台实际控制人对外放贷所形成的债权资产。由于从投资者归集资金并投资于非标债权的行为,违反了《证券投资基金法》等法律法规有关基金牌照要求和资金投向要求,故公募基金模式并非我国网贷业务的主流模式。基于此,我们不能将网贷平台笼统视作基金管理人。

---

〔1〕《公开募集证券投资基金运作管理办法》第30条规定:"基金合同和基金招募说明书应当按照下列规定载明基金的类别:(一)百分之八十以上的基金资产投资于股票的,为股票基金;(二)百分之八十以上的基金资产投资于债券的,为债券基金;(三)仅投资于货币市场工具的,为货币市场基金;(四)百分之八十以上的基金资产投资于其他基金份额的,为基金中基金;(五)投资于股票、债券、货币市场工具或其他基金份额,并且股票投资、债券投资、基金投资的比例不符合第(一)项、第(二)项、第(四)项规定的,为混合基金;(六)中国证监会规定的其他基金类别。"

〔2〕《私募投资基金监督管理暂行办法》第20条第1款规定:"募集私募证券基金,应当制定并签订基金合同、公司章程或者合伙协议(以下统称基金合同)。基金合同应当符合《证券投资基金法》第九十三条、第九十四条规定。"

〔3〕 有关共同基金的起源,可参见[美]马修·P. 芬克:《幕内心声:美国共同基金风云》,董华春译,法律出版社2011年版,第6~22页。

〔4〕 澳大利亚是在管理投资计划(MIS, managed investment schemes)的框架下监管P2P经营者。该制度并不是为P2P借贷而设计,但澳大利亚证券投资委员会ASIC认为在没有明显更好的立法选择的情况下,P2P经营者适合这样的监管体制。有关澳大利亚网贷监管制度,See Kevin Davis, Jacob Murphy, "PEER-TO-PEER LENDING: Structures, Risks and Regulation", *The Finsia Journal of Applied Finance*, 2016, p.41.

〔5〕 参见彭冰:《投资型众筹的法律逻辑》,北京大学出版社2017年版,第271页。

5. 网贷平台与投资顾问

投资顾问是指咨询机构接受客户委托，向客户提供相关产品的投资建议服务，包括投资品种选择、投资组合以及理财规划建议等。近年兴起的智能投顾，在本质上也属于投资顾问业务，只不过借助了算法程序和创新技术而已。[1] 投资顾问须承担以信赖责任为基础的高度注意义务，被称为"专家责任"。[2] 为防范利益冲突，很多国家对投资顾问设置了准入门槛和行为规范。[3] 对于网贷业务而言，在业务发展早期，平台主要提供信息展示服务，未代出借人筛选投资项目。2014 年，"招财宝"平台上线预约服务，使投资人可以预先设定好期望的收益率、投资期和产品类型，当出现满足条件的投资产品时，系统即根据用户授权自动下单交易。[4] 这种方式节约了投资人筛选项目的时间并提高了交易效率，被越来越多的网贷平台仿效。当监管机关对期限错配业务作出一定程度的让步之后，[5] 为提高匹配效率，全权代理模式兴起，平台可全权代理投资人选择投资项目、签约并投资，平台俨然成为一个万能的投资顾问。[6] 从统计数据来看，全样本网贷平台中 25.2% 的平台提供了自动投资服务，正常运营的平台中有 39%

---

[1] 有关智能投顾的法律风险及应对，参见郭雳、赵继尧："智能投顾发展的法律挑战及其应对"，载《证券市场导报》2018 年第 6 期。

[2] 参见武长海："论我国互联网金融投资者准入法律制度"，载《政法论丛》2016 年第 4 期。

[3] 比如美国于 1934 年颁布《证券交易法》，要求任何证券经纪商必须注册登记并遵循销售适当性原则。1940 年美国又颁布《投资顾问法》，以规范投资顾问机构为投资公司运作提供投资决策的行为。我国国务院于 1997 年颁布《证券、期货投资咨询管理暂行办法》，要求从事证券、期货投资咨询业务，必须取得证监会的业务许可。我国证监会于 2010 年又发布《证券投资顾问业务暂行规定》，以规范证券公司和证券投资咨询机构的证券投资顾问业务。参见朱侃："论我国互联网平台基金销售创新与监管"，载《金融法苑》2015 年第 2 期；黄辉："资产管理的法理基础与运行模式——美国经验及对中国的启示"，载《环球法律评论》2019 年第 5 期。

[4] 参见王煜珩："'招财宝'商业模式及法律风险研究"，载《互联网金融与法律》2014 年第 9 期。

[5] 根据《网络借贷信息中介机构合规检查问题清单》第 13 条，向出借人提供各类定期产品或者承诺出借资金可以随时提取、包括在合同协议中约定通过债权转让方式到期退出的定期产品属于应当禁止的期限错配行为，但是借款人实际借款期限和出借人出借期限相匹配，或者在产品名称中明示持满一定时间方可转让、同时已充分向出借人提示流动性风险并由出借人事先书面确认的除外。上述但书，被视为监管机关对网贷平台关于期限错配需求的妥协。

[6] 例如，某网贷平台在服务协议中约定："自甲方（指出借人，下同）加入本期嘉盈起，乙方（指平台，下同）即可通过资产家平台系统代甲方进行自动投标（即出借或受让已有借款债权，下同），并通过资产家平台系统以甲方名义自动签署相关借款协议、债权转让协议；甲方对此等自动投标和自动签署相关借款协议、债权转让协议之安排已充分知悉并理解；该等自动签署的借款协议、债权转让协议均视为甲方真实意思的表示，甲方对该等法律文件的效力均予以认可且无任何异议，并无条件接受该等自动签署的借款协议、债权转让协议之约束。"

的平台可提供自动投资服务。基于此，可以认为有小部分网贷平台在性质上属于投资顾问。

6. 网贷平台与评级机构

评级机构是为衡量借款主体或债务融资工具的信用风险，进行信息收集、分析、评估、审核和结果发布等活动的社会中介机构。国外有学者认为，当 P2P 为潜在借款人提供风险评级的时候，P2P 平台的角色类似于评级机构，如果 P2P 的市场机会与金融建议相关，则更多潜在的与投资建议相关的风险将产生。[1] 国内亦有论者认为，很多网贷平台会在项目说明书中标出项目的风险等级，这种评级，即使仅仅是供出借人参考的内部评级，也具有资产评估的金融属性。[2] 应该看到，网贷平台确实具有借款人资信审查与评估的功能，但该功能能否冠以评级的头衔则因平台而异。能够基于内部评级法，对借款人及借款项目的信用风险进行评级的平台较少，多数平台连定性评级都没有做到，而仅停留在笼统向出借人提示"网贷有风险，出借需谨慎"的层面上。此外，网贷平台还具有投资咨询、资料保管、风险提示、在线争议解决等功能，因此，用评级机构定性网贷平台难免以偏概全。

7. 网贷平台与影子银行

何为影子银行，域外与国内的理解不同。根据纽约联邦储备银行 2010 年发布的《影子银行》工作报告，影子银行是从事期限、信用和流动性转换，但未得到中央银行流动性支持与公共信用担保服务的金融中介。[3] 佐尔坦·鲍兹（Zoltan Pozsar）等学者认为，影子银行包括非存款银行和其他金融实体，例如，结构性投资工具（SIVs）、投资银行、对冲基金、货币市场基金和保险公司，它们在美国次贷危机中扮演了关键的角色。[4] 在我国语境下，根据《国务院办公厅关于加强影子银行监管有关问题的通知》，我国影子银行主要包括以下三类：

---

[1] See Kevin Davis, Jacob Murphy, "PEER-TO-PEER LENDING: Structures, Risks and Regulation", *The Finsia Journal of Applied Finance*, 2016, p. 40.

[2] 参见侯讷敏：“网络借贷机构的市场准入制度完善”，浙江大学 2019 年硕士学位论文。

[3] 期限转换，系指用短期资金支持长期融资；信用转换，系指将信用风险较高的资产转化为较为安全的资产；流动性转换，系指用流动性较强的负债支持流动性较弱的资产。参见朱慈蕴：“中国影子银行：兴起、本质、治理与监管创新”，载《清华法学》2017 年第 6 期。

[4] See Zoltan Pozsar, Tobias Adrian, Adam Ashcraft and Halley Boesky, *Shadow Banking*, Federal Reserve Bank of New York Staff Reports No. 458, 2010, pp. 1~74; Zoltan Pozsar, "The Rise and Fall of the Shadow Banking System", *Regional Financial Review*, 2008, pp. 13~25.

一是不持有金融牌照、完全无监管的信用中介机构，包括新型网络金融公司、第三方理财机构等；二是不持有金融牌照、存在监管不足的信用中介机构，包括融资性担保公司、小额贷款公司等；三是机构持有金融牌照，但存在监管不足或规避监管的业务，包括货币市场基金、资产证券化、部分理财业务等。郭雳教授指出，与西方具有脱媒性的影子银行不同，我国影子银行发端于监管规则形成的金融抑制和投融资需求之间的巨大冲突，实践中并不具有脱媒性，而是代替银行成为投资者和融资者之间的信用中介。[1]

在我国，大部分网贷平台均通过自身、关联人或者第三方，为出借人的债权提供担保，或采取债权回购等其他安排以达到显性或隐性的担保效果，具体措施包括：平台设置风险准备金、担保公司提供担保、小额贷款公司提供担保、银行出具保函、保险公司提供保证保险、平台关联公司或核心出借人承诺回购等。从统计数据来看，全部网贷平台中有66.2%的平台提供了担保，而正常运营的平台中高达94.8%的平台为出借人提供了担保。换言之，我国大部分网贷平台均具有信用转换功能，而信用转换功能恰是商业银行的核心功能之一，[2] 故网贷平台在这方面与商业银行类似。此外，有学者还比较了P2P与银团贷款的联系，认为P2P平台作为中间人，具有与牵头行相同的协调功能。在银团贷款中，牵头行往往也是代理行，负责贷后管理和贷款清偿，包括本息催收、分销贷款份额、通知等，而网贷平台也履行了类似职责。[3] 虽然在借款人性质、出借人性质和缔约方式等外部形态上，网络借贷与银团贷款存在诸多差别，但是在协调功能上网贷平台与牵头行类似。鉴于网贷平台具备银行的核心功能——信用转换，还兼具牵头行的协调功能，故可将网贷平台视为一类影子银行。

综上，在法律性质上，我国网贷平台以提供居间服务为基础，但并非证券发行人或证券承销商，小部分平台开展公募基金、投资顾问或信用评级业务，但绝大多数平台属于影子银行。如上文所述，中国的影子银行实际上扮演了信用中介

---

[1] 参见郭雳："中国式影子银行的风险溯源与监管创新"，载《中国法学》2018年第3期。

[2] 信用中介、支付中介和信用创造是商业银行的基本功能。参见吴志攀、刘燕编著：《金融法》，北京大学出版社2008年版，第30页。

[3] See Tanja Jorgensen, "Peer-to-Peer Lending – A New Digital Intermediary, New Legal Challenges", *Nordic Journal of Commercial Law*, Vol. 2018, No. 1, 2018, p. 246.

的角色,故可在宏观上将我国网贷平台定位为信用中介。[1] 在上述定性的基础上,下文将着力分析我国监管失灵的根源。

(二) 监管失灵原因探析

1. 定位偏差:监管失灵的根源

西方学者对监管失灵的原因有充分的探讨,[2] 但就我国网贷监管而言,尚需具体问题具体分析。我国网贷平台的法律性质与其经济规律密切相连:正因为信息中介模式缺乏规模创造力很难生存,市场优胜劣汰的结果使得更多具有信用转换功能的平台存活下来,造就了以信用中介为主体的格局。由此可见,我国以信息中介为目标的网贷监管存在定位偏差,详述如下:

我国监管机关对网络借贷的态度,始于2015年7月《关于促进互联网金融健康发展的指导意见》,该文件将P2P定位为信息中介。2016年8月,作为纲领性文件的《网络借贷信息中介机构业务活动管理暂行办法》,既在标题中突出网贷平台"信息中介"的定位,又在内容上明确否定债权转让模式的合法合规性。此时,关于担保增信模式,监管机关的态度还比较模糊。直至2017年12月,《关于做好P2P网络借贷风险专项整治整改验收工作的通知》方才规定平台提取的风险备付金与信息中介定位不符,平台应不再新增并消化存量,但平台可以引入第三方担保。至此,监管机关对三种模式的态度已然清晰,即鼓励信息中介模式、限制担保增信模式、禁止债权转让模式。有关三种业务模式的功能特点、规模创造力、负外部性和监管态度,如下表所示:

---

[1] 法律语境下的信用中介与商业银行经营学语境下的信用中介略有不同。法律语境下的信用中介强调信用转换功能,即只要具备信用转换功能的主体就是信用中介。而根据商业银行经营学,信用中介是商业银行通过负债业务,把社会上的各种闲散货币资金集中到银行,通过资产业务,把它投向需要资金的各部门,充当资金闲置者和资金短缺者之间的中间人,实现资金的融通。参见彭冰:《投资型众筹的法律逻辑》,北京大学出版社2017年版,第278页;戴国强主编:《商业银行经营学》,高等教育出版社2004年版,第5页。

[2] See Coase Ronald, "The Problem of Social Cost", *Journal of Law and Economics*, 1960, p. 10; George J. Stigler, "The Theory of Economic Regulation", *Bell Journal of Economics and Management*, 1971, pp. 3~17; Simeon Djankov, Edward Glaeser, Rafael La Porta, Florencio Lopez-de-Silanes and Andrei Shleifer, "The New Comparative Economics", *Journal of Comparative Economics*, Vol. 31, 2003, pp. 595, 614~615; Katharina Pistor and Chenggang Xu, "Incomplete Law", *Journal of International Law and Politics*, 2004, pp. 931~1013; Eva Becker, *Knowledge Capture in Financial Regulation: Data-, Information- and Knowledge- Asymmetries in the US Financial Crisis*, Springer VS, 2016, pp. 213~241.

表 2.1 三种业务模式的比较

序号	特点	信息中介	信用中介	
		信息中介模式	担保增信模式	债权转让模式
1	金额拆分	有	有	有
2	信用错配	无	有	有
3	期限错配	无	无	有
4	规模创造力	弱	中	强
5	负外部性	相对小	相对小	大
6	监管态度	鼓励	限制	禁止

通过上表不难看出，监管失灵的根源在于禁止高风险债权转让模式的同时，限制平台开展具有商业可行性的担保增信模式，而鼓励和引导网贷平台去开展不具有商业可持续性的信息中介模式。

实证数据表明，虽然监管极力倡导纯粹信息中介，但信息中介模式仍然不被市场广泛接受。在专项整治开始前（对应图 1.4 中的 O 点至 B 点），共有问题平台 1717 家，其中信息中介占比 63.8%，这说明在监管尚未全面介入之前，信息中介平台在自由竞争中更容易失败。在专项整治开始后（对应图 1.4 中的 B 点至 C 点），共有问题平台 3544 家，其中信息中介占比下降到 29.2%，这说明监管的强势介入对市场产生一定影响，问题平台中具有信用转换功能的平台成为主体。但值得注意的是，无论是监管介入之前还是之后，信息中介模式始终仅占有微小的市场份额：在 2016 年 4 月运动式监管启动以前，正常运营的 1026 家平台中信息中介仅占 3.5%；在运动式监管启动近 3 年后的 2019 年 3 月 13 日，正常运营的 1227 家平台中信息中介也不过 5.2%。以上数据表明，尽管监管机关力挺信息中介模式，但市场并不买单，仍然以信用转换的平台为主体。对于平台而言，生存远比合规重要，当监管逻辑与生存逻辑背离时，监管效果难免大打折扣。

伴随着监管的推进，学界对网贷平台的认识经历了从信息中介到信用中介的转变过程。在网贷兴起之初，不少学者将 P2P 定位为信息中介，认为"量体裁衣地将网络平台企业的营业范围限定于网络信息技术服务是比较务实的",[1] 并主张通过完善征信等措施使 P2P 回归信息中介。[2] 随着业务的发展,部分学者开始反思网贷平台的定位问题。康玉梅认为,尽管网贷平台都声称为信息中介,但从实际运转来看,绝大多数平台已经触及金融理财服务范畴,因而可将其定位为从事金融理财服务的准金融机构。[3] 钟瑞庆认为:"应当将网络借贷平台认定为金融机构,从而站在金融机构的角度为其分配权利、义务,要求其承担责任,这不仅可以实现法律逻辑的自洽,也与行业发展的客观事实相适应"。[4] 李有星指出,将网贷平台定位为信息中介是错误的,应当借鉴英国监管规则,将网贷平台定性为复合中介,允许平台提供增信,这种模式对于投资者保护力度更大,也更加有利于平台的生存发展。姚海放指出,网贷平台上的借款人往往缺乏资产和信用而无法从正规金融渠道获得融资,将平台定性为信息中介,不承担还款义务、不提供担保,坚持小额分散原则而由普通公众进行投资,其风险可想而知,故应重返平台定性问题的思考,考虑信用中介的定位。[5] 由此可见,学界已经意识到平台定位的复杂性,定位不能一厢情愿,而应扎根于现实。

简言之,我国对网贷平台的定位偏差可概括为:以信息中介为出发点构建监管体系去应对以信用中介为主体的市场。从当前我国的信用基础、信息技术和市场环境来看,信息中介并不能适应中国国情。[6] 定位的偏差必然导致规制的失灵。为此,我们应调整平台定位,从信息中介转向信用中介,重构我国网贷监管体系。

2. 分类监管为什么不可行

市场中可能存在少量平台,因为拥有强大的风控能力或先发优势,不愿意做信用中介,而选择做信息中介。为此,有学者主张分类监管。例如,许多奇教授认为对于 P2P,应当让平台自己选择做纯信息平台,还是做存在担保或变相担保

---

[1] 黎四奇:"我国网络信贷风险规制法律问题研究",载《法律科学(西北政法大学学报)》2014年第4期。

[2] 参见雷阳、黄卓:"征信体系是 P2P 回归信息中介的关键",载《征信》2016年第4期。

[3] 参见康玉梅:"政府在 P2P 网络借贷中的角色定位与制度回应",载《东方法学》2015年第2期。

[4] 参见李有星、侯凌霄、潘政:"互联网金融纠纷案件法律适用与司法裁判规则的反思与完善——'互联网金融纠纷案件的法律适用与司法裁判规则'研讨会综述",载《法律适用》2018年第13期。

[5] 姚海放:"治标和治本:互联网金融监管法律制度新动向的审思",载《政治与法律》2018年第12期。

[6] 参见郑扬扬:"我国 P2P 平台的角色定位与治理研究",浙江大学2016年博士学位论文。

的信用中介，并采取不同的监管措施。[1]

笔者认为，分类监管看起来合理，但操作起来比较困难，因为它会导致监管套利。由于监管者与平台之间存在信息不对称，平台动用自有资金对出借人进行刚性兑付，监管机关很难发现。例如，平台可以在借款人逾期后通过第三人账户向借款人的账户充值，用于清偿出借人本息，美其名曰"代为清偿"，而这一行为监管机关很难察觉。首先，存管银行没有动力去深究资金来源，因为出借人得到清偿，对维护存管银行声誉是有利的；其次，出借人关心的是自己能否拿回投资收益，并不关心资金来自何方；再次，借款人也没有动力举报，有人帮他清偿债务，何乐而不为；最后，资金划转具有隐蔽性，外部人也很难知悉来龙去脉。由于被发现的概率很低，平台必然有动力打着信息中介的旗号，实际从事信用中介的业务，导致不公平竞争和监管套利。

另一个阻碍分类监管的原因是信息中介与信用中介的界限开始变得模糊，"点融网""拍拍贷"等平台开展的"风险保障计划"就是例证。在"风险保障计划"下，借款人可以自愿选择向中合中小企业融资担保股份有限公司支付费用，该资金将进入以担保公司名义开立的风险保障金专项账户，当借款人无法还款时，担保公司将以专项账户资金向对应的出借人进行本息赔付，赔付后担保公司再向借款人进行追偿，追偿后的款项在扣除追偿费用后将归入风险保障金专项账户。[2] 表面上看，上述模式似乎是担保公司为出借人提供了第三方担保，属于信用中介。但实际上，担保公司仅是借款人预付保证金的看管人和代为支付人而已，并没有动用自有资金，在这个意义上，信用没有发生转换，网贷平台仍属于信息中介。但是，当专项账户中的资金逐渐累积，其对出借人的吸引力将不断增强，信用转换的功能也客观存在。总之，"风险保障计划"模糊了信息中介和信用中介的界限。如果我们对网贷平台进行分类监管，可以预见市场将出现各种创新，区分和识别的成本也将不断增加。

将网贷平台定位为信用中介并采取严格的监管措施，看似对信息中介平台不公平，实则不然。因为信息中介模式规模创造力弱，商业可持续性差，通过严格监管，禁止债权转让模式的同时，允许平台开展担保增信模式，对平台并没有害

---

[1] 观点来自于许多奇教授在学术会议上的讲话，参见刘进一：《互联网金融：模式与新格局》，法律出版社2016年版，第362页。

[2] 参见张心雨："从点融网谈P2P风险准备金变装秀"，载《金融法苑》2019年第1期。

处，实际上给平台提供了选择信息中介模式或者担保增信模式的空间。同时，严格监管也有利于营造安定的市场氛围，避免因个别平台倒闭所引发的蝴蝶效应。

固然，我们可以在理念上号召平台回归信息中介性质，着力完善大数据风控，依靠人工智能提升审贷效率，但是当金融科技还在实践中摸索前行的时候，当信用评估体系还在不断完善的时候，[1] 当民众普遍缺乏风险识别和防范能力的时候，我们需要在立法上，更加理性地思考网贷平台的定性问题，确立信用中介的定位，摆脱信息中介的迷思。

四、本章小结

鉴于网贷平台是监管的对象，正确认识网贷平台的定位是确立恰当的监管模式、理性处理网贷风险的基本前提。本章从价值、发展和性质三个维度，对网贷平台的相关原理进行探讨，最终揭示我国网贷平台的信用中介属性以及监管失灵的根源。

在价值论部分，通过有关案例和数据证明网贷平台利用社交媒体、大数据、人工智能等技术，能够缓释信息不对称风险，具有内在价值；同时，网贷平台对借款人、出借人和社会均可能带来益处，实现帕累托改进，具有外在价值。相对于银行信贷，网络平台在服务中小企业与个人客户方面有其独到的优势，可以作为银行信贷的有益补充。

在发展论部分，借助于多边平台经济学的分析视角，提出尽快做大规模并保持"关键规模"是网贷平台生存和发展之道。进而通过比较，发现债权转让模式的规模创造力最强，担保增信模式居中，而信息中介模式则最弱，很难在市场上生存。

在性质论部分，通过将网贷平台与其他机构对比，揭示我国网贷平台信用中介的定位，提出我国监管失灵的根源在于定位偏差，即以信息中介为出发点构建监管体系去应对以信用中介为主体的市场。为此，我们应回归平台定性问题，确立信用中介的定位，摆脱信息中介的迷思。

---

[1] 国外有学者指出，因为中国没有发达的信用评估体系，P2P 投资较英美更加具有风险，故很多平台为投资人提供担保，See Alistair Milne, Paul Parboteeah, "The Business Models and Economics of Peer-to-Peer Lending", *European Credit Research Institute Research Report*, No. 17, 2016, p.18.

第三章　域外网络借贷监管制度探究

在对网络借贷采取监管措施的国家中，有三个国家值得我们重视，它们分别是作为网络借贷起源地的英国、金融监管制度最为成熟的美国，以及作为中国近邻的日本。本章将依次介绍英国、美国、日本网络借贷的立法背景、法律关系和监管制度，最后归纳总结上述国家在平台定位和监管制度方面的共性以及对我国的启示。

一、英国式的复合中介监管模式

2005年3月，世界第一家P2P公司Zopa诞生于英国首都伦敦。2008年的金融危机使银行对中小企业贷款更加谨慎，这给Zopa的发展带来转机。Zopa的成功鼓励了另外两家平台RateSetter和Funding Circle于2010年开业。[1] 截至2018年，英国有80个P2P平台，但"三巨头"Zopa、RateSetter和Funding Circle共占据60%的市场份额。[2] 英国监管的特点在于将网贷平台视为一类特殊的金融服务提供者，承认平台功能的多样性，允许平台提供增信，专门为P2P设计了一套监管制度并通过周期性调研不断完善，形成英国式的复合中介监管模式。[3]

（一）立法背景回顾

1. 监管萌芽阶段（2005年~2013年）

自Zopa成立至出台正式监管规定的近十年，是监管萌芽阶段。在该阶段，

---

[1] See Ulrich Atz, David Bholat, "Peer-to-peer lending and financial innovation in the UK", *Bank of England Working Paper*, No. 598, 2016, pp. 6~9.

[2] See Lerong Lu, "Promoting SME Finance in the Context of the Fintech Revolution: A Case Study of the UK's Practice and Regulation", *Banking & Finance Law Review*, 2018, pp. 324~326.

[3] 如英国那样单独为网络借贷立法的国家还有中国、巴西、芬兰、法国、墨西哥、新西兰、西班牙和瑞士等国，See Stijn Claessens, Jon Frost, Grant Turner, Feng Zhu, "Fintech credit markets around the world: size, drivers and policy issues", *BIS Quarterly Review*, 2018, p. 44.

行业协会发挥了重要作用。2011年，Zopa联合Funding Circle和RateSetter共同发起成立自律组织P2P融资协会，核心宗旨有以下三个：其一，寻求确保英国P2P行业能够公平竞争并负责任发展的公共政策、监管规定和财政条件；其二，确保成员拥有出色的商业表现并展现领导能力，以增强人们对P2P行业的信心；其三，提高人们对P2P融资的收益及风险的认识和理解。[1] 该协会于2013年7月发布《P2P金融协会运营原则》，提出会员应遵循十项要求，包括高级管理层、最低运营资本、客户资金分离、信用风险管理、反洗钱、管理规则、信息披露、系统建设、投诉处理和清盘方案。[2] 由于协会规则对其成员具有约束力，而协会成员规模超过英国P2P市场95%的份额，因此协会具有重要影响力。[3]

在该阶段，英国监管体制发生变化。2013年，英国撤销金融服务监管局（Financial Services Authority，以下简称"FSA"），设立独立于英格兰银行的金融行为监管局（Financial Conduct Authority，以下简称"FCA"），负责对金融机构的行为监管和消费者保护，并对审慎监管局（Prudential Regulation Authority，以下简称"PRA"）职责范围之外的其他金融机构进行审慎监管。[4] 2013年英国财政部颁布《2000年金融服务与市场法（受监管活动的修订案）（2013年第2号令）》，将一些过去未受监管的活动纳入监管，其中包括经营与贷款相关的电子系统。[5] 基于此，2013年10月，FCA发布《众筹行业（以及类似活动）监管方法征求意见稿》，表明对众筹平台的监管思路并向社会征求意见。[6]

---

[1] 参见雷曜、陈维：《互联网时代：追寻金融的新起点》，机械工业出版社2014版，第128页；Lerong Lu, "Promoting SME Finance in the Context of the Fintech Revolution: A Case Study of the UK's Practice and Regulation", *Banking & Finance Law Review*, 2018, p. 334; https://www.p2pfa.org.uk/rules/, P2P Finance Association website, 2019-8-19.

[2] 参见黄震等："英美P2P监管体系比较与我国P2P监管思路研究"，载《金融监管研究》2014年第10期；Peer-to-Peer Finance Association Operating Principle（Updated 2nd July 2013），http://www.doc88.com/p-5979751310417.html, 2019-8-19.

[3] 参见黄震等："英美P2P监管体系比较与我国P2P监管思路研究"，载《金融监管研究》2014年第10期。

[4] 参见黄辉："中国金融监管体制改革的逻辑与路径：国际经验与本土选择"，载《法学家》2019年第3期。

[5] See The Financial Services and Markets Act 2000 (Regulated Activities) (Amendment) (No. 2) Order 2013, http://www.legislation.gov.uk/ukdsi/2013/9780111100493, article 36H, 2020-3-21.

[6] See *The FCA's regulatory approach to crowdfunding (and similar activities)*, FCA website, https://www.fca.org.uk/publication/consultation/cp13-13.pdf, 2019-8-25.

2. 监管确立阶段（2014年~2016年）

2014年3月6日，FCA根据社会反馈，发布《关于网络众筹和通过其他方式推介不易变现证券的监管规则》，并于2014年4月1日正式实施。[1] FCA将借贷型众筹（即P2P）和投资型众筹视为需要接受监管的两类众筹。[2] 对于借贷型众筹，提出最低资本、客户资金保管、信息披露与尽职调查等一系列要求。至此，英国正式确立针对P2P的监管制度。

3. 监管完善阶段（2016年之后）

2016年7月，FCA发布《呼吁对FCA众筹规则实施后的审查提供意见》，号召大众对监管新规提出意见，以便FCA进行立法后评估。[3] 2016年12月，FCA发布临时反馈文件，总结了FCA对该行业的一些初步调查结果和担忧，包括向消费者披露相关信息不充分、平台引入投资管理或银行活动进行监管套利等。[4] 2018年7月，FCA发布《借贷型众筹和投资型众筹平台：对我们实施后审查的反馈并提出拟修改的监管框架意见》，计划通过强化风险管理、公司治理、营销约束、清盘方案和信息披露，以缓释P2P行业潜在风险并加强对投资者的保护。[5] 2019年6月4日，FCA正式发布《借贷型众筹和投资型众筹平台：CP18/20的反馈和最终规则》，并于同年12月9日正式实施。[6] 正如FCA所规划的，该规则极大地完善了风险管理、公司治理、营销约束、清盘方案和信息披露五大领域，使立法水平达到一个新的高度。

---

[1] See *The FCA's regulatory approach to crowdfunding over the internet, and the promotion of non-readily realisable securities by other media Feedback to CP13/13 and final rules*, FCA website, https://www.fca.org.uk/publication/policy/ps14-04.pdf, 2019-8-25.

[2] 在FCA的语境下，借贷型众筹与投资型众筹是并列关系，而非包含关系。在借贷型众筹中，投资者通过P2P平台与借款人签订借贷合同；在投资型众筹中，投资者通过平台购买投资品，包括未在交易所上市的股票、债券或集合投资计划份额。See *The FCA's regulatory approach to crowdfunding over the internet, and the promotion of non-readily realisable securities by other media Feedback to CP13/13 and final rules*, FCA website, https://www.fca.org.uk/publication/policy/ps14-04.pdf, p.5, 2020-3-21.

[3] See *Call for input to the post-implementation review of the FCA's crowdfunding rules*, FCA website, https://www.fca.org.uk/publication/call-for-input/call-input-crowdfunding-rules.pdf, 2019-8-25.

[4] See *Interim feedback to the call for input to the post-implementation review of the FCA's crowdfunding rules*, FCA website, https://www.fca.org.uk/publication/feedback/fs16-13.pdf, 2019-8-25.

[5] See *Loan-based ('peer-to-peer') and investment-based crowdfunding platforms: Feedback on our post-implementation review and proposed changes to the regulatory framework*, FCA website, https://www.fca.org.uk/publication/consultation/cp18-20.pdf, 2019-8-25.

[6] See *Loan-based ('peer-to-peer') and investment-based crowdfunding platforms: Feedback to CP18/20 and final rules*, FCA website, https://www.fca.org.uk/publication/policy/ps19-14.pdf, 2019-8-25.

(二) 法律关系梳理

在英国，网贷平台撮合借贷双方直接缔约，同时监管机关对平台设立风险保障金持开放态度。以 Zopa 为例，Zopa 平台上有三种产品，出借人在出借前可以选择有风险保障金覆盖的 Access 或 Classic，以及无风险保障金覆盖的 Plus。Access 和 Classic 产品项下的款项出借给评级为 A*至 C 的借款人，且可以获得安全基金的赔付保障，安全性较高，收益率较低；Plus 产品项下的款项出借给评级为 A*至 E 的借款人（资信整体较低），且不受安全基金的赔付保障，风险高，收益率也高。鉴于 Access 和 Classic 产品满足不同借款人需要，Access 的收益率较 Classic 低，但是其流动性最高。如果出借人申请将贷款余额出售给其他投资人，Zopa 将优先安排 Access 产品转让且不收取任何费用，而对于 Classic 和 Plus 产品，将收取 1%的转让费。为充分分散风险，如果出借人选择 Plus 产品，其出借资金必须达到 1000 英镑，以便 Zopa 将出借资金拆分成至少 100 份出借给不同的借款人以分散风险。[1]

由上可知，英国网贷平台不仅为借贷双方提供信息咨询、合同订立和债权转让服务，有时还扮演了信用中介的角色，具有复合中介的性质。随着业务的发展，P2P 衍生出很多模式，平台复合中介的性质也更加突出。FCA 将市场上的主要模式概括为以下三种：定价模式、渠道模式和全权委托模式。[2]

1. 定价模式

在定价模式（Pricing Model）下，平台负责债权的定价，通过与借款人和投资人分别商定借贷利率和投资收益率，赚取利差，该利差实际上是平台向借款人和出借人收取的费用。在定价模式下，投资人自主选择投资借贷项目，如下图所示：

---

〔1〕 See http：//www.zopa.com/lending, Zopa website, 2017-6-12.

〔2〕 See Loan-based ('peer-to-peer') and investment-based crowdfunding platforms: Feedback on our post-implementation review and proposed changes to the regulatory framework, p.19, FCA website, https：//www.fca.org.uk/publication/consultation/cp18-20.pdf, 2019-8-25.

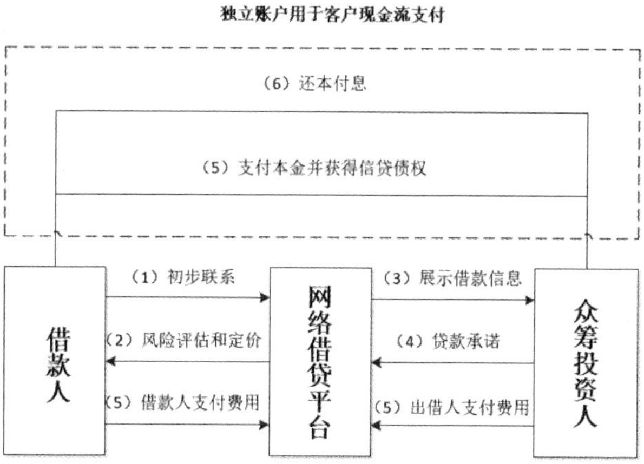

独立账户用于客户现金流支付

图3.1 英国定价模式业务流程[1]

基于上图，主要业务流程包括六个步骤：①作为借款人的个人或企业与平台联系，并指明贷款所需的金额和期限。②平台对潜在的信用风险进行评估，如果信用风险可以接受并符合平台的风险类别，则平台设置与风险相适应的利率。③如果借款人同意平台定价，则平台会在预先设定的期间内（通常为二或四周）向出借人发布要约。消费贷款的申请以匿名方式发布，而商业贷款的申请通常以借款人名义发布。④出借人在募集期内可以向出借人提供所需金额的一部分。要获得对平台的访问权限，出借人须首先与平台签订服务合同，完成尽职调查流程以遵守反洗钱方面的监管规定。出借人的名称不对外公布，仅体现为平台上的用户名。但是，每个用户都可以看到自己的投资金额以及满标所需要的剩余金额。⑤当投资金额与所需资金相符时，项目成立。平台从出借人的银行账户中收取资金，并将资金转移给借款人。作为回报，出借人获得债权。平台向借款人和出借人收取费用，在向借款人支付资金前，平台提前扣收该费用。⑥平台为贷款提供服务，收取和分配本息，直到贷款到期。如果借款人违约，尽管平台本身不对贷款损失承担责任，但平台有义务代表出借人进行催收。有的平台代表出借人以固定价格向收债代理人出售不良贷款，以收回债权的最低金额（例如15%至30%），另一些平台实施贷款违约时的自动诉讼和回收流程，在这种情形下，不

---

[1] See Rainer Lenz, "Peer-to-Peer Lending: Opportunities and Risks", *Special issue on The Risks and Opportunities of the Sharing Economy*, 2016, p.691.

良贷款的回收率更高。[1]

2. 渠道模式

在渠道模式（Conduit Model）下，平台作为信息中介，负责借贷项目和借款人的尽职调查并进行信息发布、投资撮合与后续管理，通过收取服务费而盈利。投资人需自主选择投资借贷项目，并与借款人商议具体的借款条件。一般而言，由借款人设定利率、借款金额、借款期限、还款方式等条件，同意的出借人选择投标，如募集期届满时募集金额达到借款人设定的借款金额，则出借人与借款人签订协议。借款利率、借款金额、借款期限、还款频率等条件还可通过拍卖的方式确定。总之，在渠道模式下，平台不参与债权定价。[2]

3. 全权委托模式

在全权委托模式（Discretionary Model）下，平台作为受托管理人，通过评定等级将借贷项目分类打包，组成固定预期收益率的结构化理财产品，依约定将投资该计划的资金分散投入组合中的借贷项目，并代出借人进行持续管理。其流程大致分为如下四个步骤：首先，平台对申请借款的个人或企业进行尽职调查，以判断是否准许其借款；其次，平台负责债权定价，计算信贷组合的目标收益率；再次，出借人通过平台展示的目标收益率等信息选择借款项目；最后，平台代表出借人分配投资资金以期实现目标收益率。

从业务复杂程度来看，渠道模式简单，定价模式居中，全权委托模式最为复杂。据 FCA 估测，全权委托模式已成为英国 P2P 的主流模式，占平台总数的 60%，占市场份额的 88%，而渠道模式与定价模式分别仅占平台总数的 20% 和 20%，市场份额的 4% 和 8%。[3]

除上述分类外，有人还根据出借人资金支付时间的不同，将英国 P2P 业务分为承诺模式（Pledging Models）和平台账户模式（Platform Account Models）。前者指出借人承诺出借资金时，资金仍保留在出借人账户中，资金的扣划发生在交易实际执行之时；后者指出借人在承诺出借之时，资金即支付给平台，平台持

---

[1] See Rainer Lenz, "Peer-to-Peer Lending: Opportunities and Risks", *Special issue on The Risks and Opportunities of the Sharing Economy*, 2016, pp. 691~692.

[2] See Conduct of Business Sourcebook 18.12.26 R.

[3] See *Loan-based ('peer-to-peer') and investment-based crowdfunding platforms: Feedback on our post-implementation review and proposed changes to the regulatory framework*, p. 71, FCA website, https://www.fca.org.uk/publication/consultation/cp18-20.pdf, 2019-8-25.

有资金直至其将资金出借给借款人。[1]

（三）核心监管制度

1. 资本要求

所有欲在英国开展 P2P 业务的机构均需取得 FCA 的审批，准入的前提之一是平台须满足最低资本要求。平台须在每年的会计参照日，计算最低资本。最低资本要求分为固定最低资本标准与浮动最低资本标准，取二者中的较大值：固定最低资本为 5 万英镑；浮动最低资本以平台当前借贷余额为基础，采用超额累进的方法计算。具体要求如下表所示：

表 3.1 超额累进制最低资本要求

档位	借贷余额 X（单位：英镑）	资本金比例	该档最低资本金数额（单位：英镑）
1	X≤5000 万	0.2%	0.2% * X
2	5000 万<X≤2.5 亿	0.15%	0.15% * X
3	2.5 亿<X≤5 亿	0.1%	0.1% * X
4	X>5 亿	0.05%	0.05% * X

计算资本金的借贷余额是指计算日平台提供给借款人的未偿贷款总额。可计入资本金的项目包括：股本、非股本资本（如个体经营者的资本、合伙中的资本或有限合伙中的资本）、储备项（累积利润、股本溢价等）、中期净利润、重估储备、符合限制条件的次级贷款或债务。计算时必须扣除的项目包括：对自有股份投资、对子公司投资、无形资产、中期净亏损、独资经营或合伙中提款超过利润的部分等。[2]

2. 风险管理

FCA 要求采取定价模式与全权委托模式的平台应至少建立以下风险管理框架：①收集足以完全评估借款人信用风险的信息；②考虑违约概率与违约损失等

---

[1] FCA 认为前者只需要确保客户资金与平台资金隔离，后者则需要具有持有客户资金的许可，See The FCA's regulatory approach to crowdfunding over the internet, and the promotion of non-readily realisable securities by other media Feedback to CP13/13 and final rules, pp. 22~23, FCA website, https://www.fca.org.uk/publication/policy/ps14-04.pdf, 2019-8-25.

[2] 参见张雨露："英国借贷型众筹监管规则综述"，载《互联网金融与法律》2014 年第 5 期。

因素，根据信用风险，对借款人进行系统性和结构化的分类；③公允地对P2P合同进行定价，以合理地反映借款人的风险状况。[1]

对于采取全权委托模式的平台，FCA认为其应采取进一步的风控措施，以使其宣称的回报率在考虑到风险参数的情况下可以被合理地实现。为明确平台应在何时、以何种频率对信贷资产进行评估，FCA规定在以下时间点，平台应评估P2P合同之价值：①合同成立时；②平台认为借款人可能不能履行P2P协议项下义务时；③违约之后；④在合同借款期限届至前，平台协助借款人退出P2P合同时。

3. 公司治理

FCA认为并非所有的P2P平台都足够庞大或复杂而需要独立的风险、合规和内部审计功能，平台只需要具有与其性质、规模和业务复杂性相称的独立合规功能即可，这意味着每个平台都需要考虑它是否符合性质、规模和复杂性阈值。FCA认为全权委托模式的平台可能会达到此阈值，因此，独立的风险、合规和内部审计职能与这些平台相称。

FCA规定总经理、执行董事、合伙人、主席、合规负责人和反洗钱报告负责人应经"高管与认证机制"（Senior Managers and Certification Regime）的认证，以期通过对上述人员之认证，来确保相关人员充分理解其职责并对其行为负责。

4. 营销约束

P2P网贷平台应确保其零售客户（Retail Clients）满足下述三种情形之一：[2] ①经认证或自我证明为"成熟投资人"（Sophisticated Investors），或经认证为"高净值投资人"（High Net Worth Investors）;[3] ②在推介前已确认对于所推介的投资品会从核准人员处获得投资建议或投资管理服务；③经认证为"有节

---

[1] See Loan-based ('peer-to-peer') and investment-based crowdfunding platforms: Feedback to CP18/20 and final rules, p.9, FCA website, https://www.fca.org.uk/publication/policy/ps19-14.pdf, 2019-8-25.

[2] FCA在《商业行为规则》中使用"专业客户"（Professional Clients）与"零售客户"（Retail Clients）对客户类别进行区分。欧盟《金融工具市场指令》（Markets in Financial Instruments Directive, MiFID）将投资者分为专业客户与零售客户，前者是指：（1）拥有丰富投资经验和投资知识，能够自行做出投资者决策，自行评估投资风险的客户。如信贷机构、投资公司、其他获准并受监管的金融机构、保险公司、集合投资计划及其管理公司等；（2）或满足下列任意两项之大型企业：①净资产负债表总额为2000万欧元，②净营业额为4000万欧元，③自有资金200万欧元；（3）抑或是国家和地方政府；（4）又或以投资金融工具为主要活动的其他机构投资人，如专门从事资产证券化或其他融资交易的实体。而除专业客户外者即为零售客户。

[3] 收入为10万英镑以上或有25万英镑或以上之可投资资产。

制的投资人"（Restricted Investor），即一年内不会在 P2P 合同中投资超过其可投资净资产（Investible Assets）10%的投资人。

FCA 认为 10%的投资上限并非武断的数字，而是基于现行监管规定的，在保护客户免受更大损失和允许客户自由选择之间实现平衡的一种手段。当投资者拥有更多经验时（比如在过去两年投资 2 个以上的 P2P 产品），则他们可以归类为成熟投资者，从而消除 10%的投资限额。

5. 信息披露

《借贷型众筹和投资型众筹平台：CP18/20 的反馈和最终规则》扩展了《关于网络众筹和通过其他方式推介不易变现证券的监管规则》有关信息披露的广度和深度。FCA 认为平台应向投资者提供如下最低限度的信息：

第一，平台的作用。投资者必须不仅能够了解投资的性质和所涉及的风险，而且还能够了解平台在服务中所起到的实际作用。第二，清盘的影响。投资者应了解如果平台停止运营，对 P2P 协议和 P2P 组合的持续服务会产生什么影响。第三，产品的信息。平台应向投资者提供有关投资产品的相关信息，提高费用透明度，以帮助潜在投资者比较不同平台。这又包括以下两个方面：一方面，进行持续信息披露，以确保客户在任何时候都可以获知他们所签订的每个 P2P 协议的详细信息；另一方面，当平台设定 P2P 协议价格时，它必须发布结果声明，其中包括：其一，按风险类别划分的所有 P2P 协议的预期和实际违约率；其二，用于确定预期未来违约率的假设摘要；其三，如果平台提供目标收益率，现实的回报情况如何。值得注意的是，FCA 没有为信息披露设置标准格式，其希望确保信息披露与平台的业务模式和产品的特征相适应，进而确保足够的灵活性，以适应该行业的持续发展。

总之，英国将网贷平台视为一类新兴的、应受监管的金融服务提供者，承认平台功能的多样性，允许平台提供增信，专门为其设计了一套监管制度，包括资本要求、风险管理、公司治理、营销约束和信息披露等，形成英国式的复合中介监管模式。

二、美国式的传统证券监管模式

美国在金融危机后对银行体系的强监管促成了 P2P 在美国的兴起。[1] 美国成立最早的网贷平台是 2005 年诞生于加州的 Prosper，目前规模最大的公司是 2007 年成立于旧金山的 Lending Club。除上述两家平台外，还存在一些规模较小的平台，比如以个人消费贷款为重点的 Avant、专注于学生贷款的 SoFi、主要为小企业提供融资的 OnDeck、CAN Capital 和 Kabbage，以及提供短期过桥抵押融资的 Ground Floor 和 Lending Home。[2] 截至 2016 年 9 月，美国 13 家主要网贷平台的贷款总额已达 610 亿美元。有市场监测机构估计，网贷平台的贷款额至 2020 年可能增长至 900 亿到 1220 亿美元。[3] 面对规模不断扩张的网贷业务，美国既未制定新的法律，也未对现行法律进行修改，而是通过监管机关对证券概念的解释，将网贷平台置于既有的证券法监管框架内，形成特色鲜明的美国式传统证券监管模式。

（一）监管历史回顾

美国的监管历史有三个重要事件，分别是 SEC 基于《1933 年证券法》对 P2P 进行监管、美国政府责任办公室出具研究报告以及美国财政部出具白皮书。

1. SEC 基于证券法的监管

在 SEC 监管之前，出借人选择要投资的项目后，首先由 WebBank 向借款人发放贷款，随后 WebBank 将对借款人的债权转让给 P2P 平台，平台再将债权凭证分销给出借人。通过平台撮合，出借人直接持有借款人的债权凭证。但 SEC 认为，P2P 平台向出借人分销的债权构成证券，应根据《1933 年证券法》进行注册并披露信息。[4] 2007 年，Lending Club 主动暂停其业务进行整改，将平台向出借人分销债权改为平台向出借人发行"附条件的收益权凭证"（Borrower

---

[1] See Eric C. Chaffee and Geoffrey C. Rapp, "Regulating Online Peer-to-Peer Lending in the Aftermath of Dodd-Frank: In Search of an Evolving Regulatory Regime for an Evolving Industry", *Washington and Lee Law Review*, Vol. 69, 2012, pp. 501~505.

[2] See Alistair Milne, Paul Parboteeah, "The Business Models and Economics of Peer-to-Peer Lending", *European Credit Research Institute Research Report*, No. 17, 2016, p. 14.

[3] See S&P Global Market Intelligence, *An Introduction to Fintech: Key Sectors and Trends* (October 2016) and FinXtech, *Fintech Intelligence Report: Marketplace Lending*, quoted from United States Government Accountability Office, *Financial Technology: Additional Steps by Regulators Could Better Protect Consumers and Aid Regulatory Oversight*, March 2018, p. 7.

[4] See John L. Douglas, "New Wine into Old Bottles: Fintech Meets the Bank Regulatory World", *North Carolina Banking Institute*, Vol. 20, 2016, p. 38.

Payment Dependent Note），以满足 SEC 的监管要求。

相比之下，Prosper 则未改变原有的业务模式。2008 年，SEC 向 Prosper 发布暂停业务命令。SEC 援用 Howey 标准和 Reves 标准，[1] 认定 Prosper 向投资者分销的债权凭证在本质上属于证券，因此需要遵循证券法的要求进行注册，否则将违反《1933 年证券法》第 5 节第（a）条和第（c）条的规定。[2] SEC 的决定给整个 P2P 行业带来信息披露成本，导致 P2P 平台不得不为过去已经发售的未经注册的证券向出借人承担民事责任。[3] 为了降低平台的注册成本，SEC 认定平台发行的证券属于"415 条规则"下的"持续发行证券"，可以进行储架注册。[4]

2. 美国政府责任办公室的报告

《多德弗兰克法案》的 989F 条例要求美国政府责任办公室 GAO 在联邦监管体制的基础上提交关于 P2P 行业的报告，以确定最优的联邦监管结构。[5] 2011 年 7 月，GAO 发布《美国行业的发展和新监管挑战》。在该报告中，GAO 分析了主要的 P2P 平台是如何运作的；消费者如何使用 P2P 借贷平台；P2P 给消费者带来的益处、风险和忧虑以及当前体制如何监管风险；现行监管体制及其替代性方案的优缺点。

其中最为人关注的内容是 GAO 对是否需要改变现行监管体制的研判，但 GAO 并没有给出明确结论。GAO 指出现行监管体制是多分支联邦监管体系，即通过 SEC 保护出借人，通过金融服务监管部门保护借款人，而替代性方案是将保护出借人和借款人的职责合并在一个联邦监管部门之下，例如 CFPB。统一的

---

[1] 有关 Howey 标准，See Sec v. W. J. Howey. Co., 328 U. S. 293 (1946)；有关 Reves 标准，See Reves V. Ernst & Young, 494 U. S. 56 (1990).

[2] See Eric C. Chaffee and Geoffrey C. Rapp, "Regulating Online Peer-to-Peer Lending in the Aftermath of Dodd-Frank: In Search of an Evolving Regulatory Regime for an Evolving Industry", *Washington and Lee Law Review*, Vol. 69, 2012, p. 517.

[3] See C. Steven Bradford, "Crowdfunding and the Federal Securities Laws", *Columbia Business Law Review*, Vol. 2012, 2012, p. 40.

[4] 储架注册是指符合特定条件的主体，可以为今后两年拟发行的证券，预先向 SEC 办理注册登记，待到时机成熟时再发行证券而不必重新注册登记。有关美国的储架发行制度，See James D. Cox, Robert W. Hillman, and Donald C. Langevoort, *Securities Regulation Cases and Materials*, Seventh Edition, Wolters Kluwer Law & Business in New York, 2013, pp. 189~197；马洪雨、蒋ží跃："美国储架注册发行制度变迁及借鉴"，载《证券市场导报》2012 年第 9 期。

[5] 参见张路：《从金融危机审视华尔街改革与消费者保护法》，法律出版社 2011 年版，第 708~709 页。

监管方式可能有利于平衡对出借人和借款人的保护，能够协调出借人需要借款人的关键信息与借款人对信息隐私性的关注之间的矛盾，但新制度的灵活性、效用和效率仍不确定，而且监管体制的改变也会增加 P2P 公司的运营成本。总之，现行监管体制和替代性方案各有利弊，很难预测什么是最佳的监管架构。[1]

3. 美国财政部的白皮书

为促进 P2P 行业健康发展，美国财政部于 2016 年 5 月 10 日发布《在线市场借贷的机遇与挑战》，分析了美国在线市场借贷的各种模式并提出以下监管建议：①加强对小企业借款人的保护和有效监督；②确保良好的借款人体验和后端运营；③为投资者和借款人提供更加透明的市场；④通过 P2P 与其他机构的合作关系扩大借款人获得信贷的渠道，确保安全和可负担的信贷；⑤运用政府数据，扩大安全和可负担的信贷；⑥通过建立包括财政部、CFPB、FDIC、FRB、FTC、OCC、SBA、SEC 和各州银行监管机构代表在内的常设工作组，促进机构间协调，识别并提升法规意识，支持负责任的创新，检查非传统数据对信用评分模型的影响，通过信贷周期监控风险。[2] 尽管没有法律强制力，但财政部的建议为美国 P2P 市场监管的完善指明了方向，即在现行监管框架下，加强对借款人融资权的保护与监管协作。

(二) 法律关系梳理

美国的网络借贷模式多样，既有平台借贷模式，也有直接借贷模式，同时，平台借贷模式和直接借贷模式还衍生出更加丰富的资产证券化模式。

1. 网络借贷的主流模式

Lending Club 和 Prosper 是美国规模最大的两家平台，二者均采用平台借贷模式，分述如下：

Lending Club 以平台名义在富国银行为投资人开立汇集所有投资人资金的"信托"（In Trust For）账户（ITF 账户），投资人未使用的资金余额将保留在 ITF 账户中，包括投资人承诺购买收益权凭证但尚未结算的资金、尚未提现的资金以及尚未进行投资的资金。Lending Club 的自有资金与 ITF 账户资金严格隔离。ITF

---

[1] See United States Government Accountability Office, *PERSON-TO-PERSON LENDING New Regulatory Challenges Could Emerge as the Industry Grows*, July 2011, pp. 1~78.

[2] See U. S. Department of the Treasury, *Opportunities and Challenges in Online Marketplace Lending*, May 10, 2016, pp. 28~33.

账户不计息,但每个投资者的余额都受到 FDIC 保险的保护,最高可达 25 万美元。[1] 对于审核通过后的借款人需求,平台将相关信息放到网上供出借人浏览和选择,内容包括贷款的总额、期限、利率和客户评级。出借人可以浏览已经审核后的贷款需求清单,选择要出借的对象。出借人也可以使用平台提供的自动投资工具创建投资组合。根据出借人的选择,平台通过其合作的注册在犹他州的 WebBank 向借款人提供贷款资金。银行取得债权后,会将债权无追索权地转让给平台。平台向出借人发行附条件的收益权凭证(Payment-Dependent Notes),出借人向平台购买该凭证并支付价款。借款完成后,借款人每月向平台支付相应的本息,平台在扣除款项的 1% 作为服务费后,将余额支付给出借人。平台有权追索任何已经违约的贷款,有权独立决定是否或者何时将贷款转给第三方机构。[2] Lending Club 的主要业务流程如下图所示:

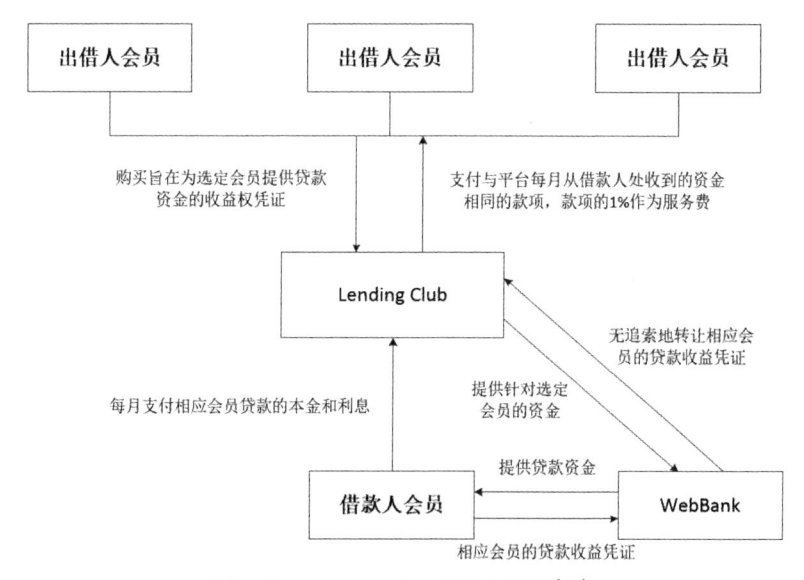

图 3.2 Lending Club 模式流程图[3]

---

[1] See Lending Club Prospectus (August 22, 2014), p. 12.

[2] See United States Government Accountability Office, *PERSON-TO-PERSON LENDING New Regulatory Challenges Could Emerge as the Industry Grows*, July 2011, pp. 12~13.

[3] See Kathryn Judge, "The Future of Direct Finance: The Diverging Paths of Peer-to-Peer Lending and Kickstarter", *Wake Forest Law Review*, Vol. 50, No. 3, 2015, p. 619; Lending Club Prospectus (August 22, 2014), p. 7.

Prosper 的借贷流程与 Lending Club 大致相同，但存在一个显著区别，即平台本身的经营实体 Prosper Marketplace Inc.（以下简称"PMI"）单独设立了一个子公司 Prosper Funding LLC（以下简称"PFL"），母子公司之间签订管理协议，约定 PMI 将平台所有权转移给 PFL，由 PFL 承接银行向借款人发放的贷款债权并向出借人发行证券，但 PMI 继续为 PFL 提供贷款服务并管理平台。[1] PFL 的运营遵循如下原则：其一，最小化其受到破产程序的影响；其二，最小化其与 PMI 经营混为一体的可能性。这样一来，即使 PMI 申请破产，PMI 的债权人也没有权利追讨 PFL 的资产，从而实现破产隔离。Prosper 的主要业务流程如下图所示：

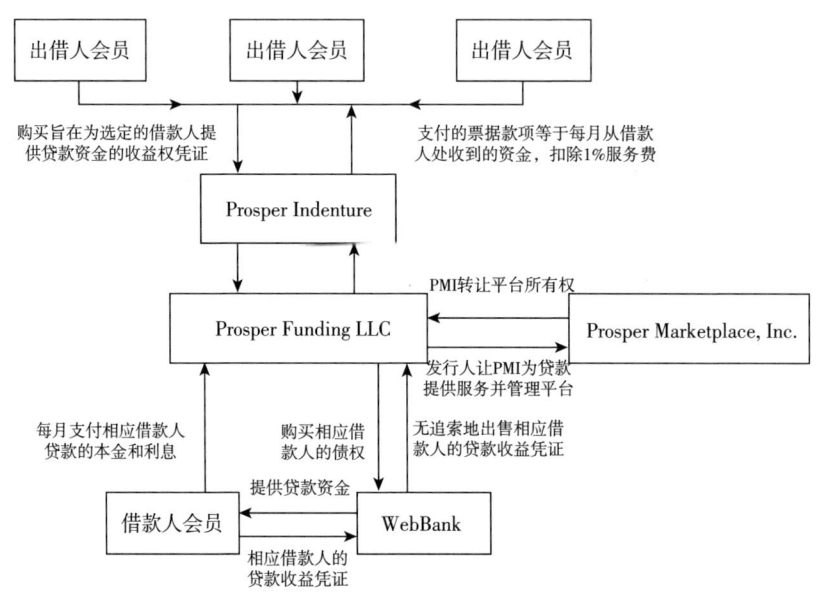

图 3.3 Prosper 模式流程图[2]

可见，美国的网络借贷在借款端和出借端都特色鲜明：借款端有两个核心环节，一个是借款人与银行之间的借款法律关系，另一个是银行与平台之间的债权

---

〔1〕 参见岳苏萌、郭晓娴："美国 P2P 监管法律问题研究"，载《互联网金融与法律》2014 年第 2 期。

〔2〕 美国政府责任办公室："美国 P2P 行业的发展和新监管挑战"，陈敏轩、李钧译，载《金融发展评论》2013 年第 3 期，同时 See Prosper Prospectus（January 2, 2018），p. 14.

转让法律关系；出借端体现为平台与出借人之间的证券发行法律关系。

借款人和平台都没有直接向借款人提供贷款，而是由合作银行先向借款人放贷，银行再将债权转让给平台，这样做的目的是规避各州对信贷业务的要求和对利率上限的管制。[1] 首先，在信贷资质方面，各州要求存在差异，有些州要求出借人从事放贷业务必须取得牌照，而有些州要求出借人从事消费贷款或超过一定金额的贷款必须取得牌照。因此，出借人或平台需要满足各州的要求并随时关注监管环境的变化，但已经注册的银行则无需取得每个州的牌照，即可向借款人提供贷款。此外，美国各州在贷款人最高利率管制方面存在差异，有的有最高借款利率限制，有的则没有最高借款利率限制，且最高利率的高低各异。1978 年，美国最高法院在马奎特国家银行诉首家奥马哈服务公司案中，[2] 确立了"出口原则"（Exportation Doctrine），即全国性银行可以按照该银行所在州的利率标准向其他州的借款人收取利息。1980 年出台的《存款机构放松管制与货币管制法》允许州银行同样适用出口原则。[3] 特拉华州、南卡罗来纳州、犹他州等为吸引银行注册，彻底废除了利率限制。[4] 与注册在没有利率管制的州的银行合作，可以使 P2P 平台在拓展业务方面不必担心各州的利率管制问题。基于此，Lending Club 和 Prosper 皆与注册在犹他州的 WebBank 合作，形成了由银行先向借款人提供贷款，P2P 平台再从银行受让债权的主流模式，该模式也被称为牌照租赁模式（Rent-A-Charter Model）。

2015 年，纽约州第二巡回法院在马德诉米德兰融资企业案中，[5] 指出银行在转让债权后与贷款脱离了经济利益，因此认为作为债权受让人的非银行实体不能适用"出口原则"。这一判例给 P2P 能否再使用牌照租赁模式以规避利率管制带来了一定不确定性。有学者呼吁国会或者 FDIC（Federal Deposit Insurance Corporation）出台规定，明确允许 P2P 平台通过与州立银行合作适用"出口原则"，

---

[1] See Andrew Verstein, "The Misregulation of Person-to-Person Lending", *U. C. Davis. Law. Review.* Vol. 45, 2011, p. 476.

[2] See Marquette National Bank v. First of Omaha Service Corp. 439 U. S. 299 (1978).

[3] See Michael S. Barr, Howell E. Jackson and Margaret E. Tahyar, *Financial Regulation: Law and Policy*, USA Foundation Press, 2016, pp. 122~128.

[4] 参见宁子昂："美国高利贷法的存废之争"，载《中国社会科学报》2018 年 8 月 22 日，第 5 版。

[5] See Madden v. Midland Funding, LLC, 786 F. 3d 246 (2d Cir. 2015).

以减少平台的运营负担。[1] 为弱化判例影响，2016年初，Lending Club 修改了与 WebBank 的协议，推迟对银行支付合作费用，将款项支付与贷款业绩挂钩，以使银行在将贷款出售给平台后仍然与贷款具有经济利益。[2]

在出借端，平台与出借人之间的关系，从过去的债权转让与受让关系，转变为现在的证券发行与持有关系。从前出借人直接享有针对借款人的债权，但现在出借人只能向平台主张权利，出借人与借款人之间不存在直接法律关系。平台并不对借款人承担刚性兑付义务，平台对借款人的义务仅及于其从借款人处收到的款项在扣除约定的服务费之后的余额。

2. 网络借贷的其他模式

除上述作为主流模式的平台模式外，OnDeck 等平台采取直接模式。所谓直接模式并不是指在平台撮合下，出借人与借款人直接建立法律关系，而是指平台向借款人出借并将贷款资产并入自己的资产负债表。由于平台直接对外放贷，平台通常需要根据各州的要求取得相应的信贷牌照。在资金来源端，平台主要从风险投资机构、对冲基金、存款机构和机构投资者处获得股权投资或者信贷额度。如下图所示：

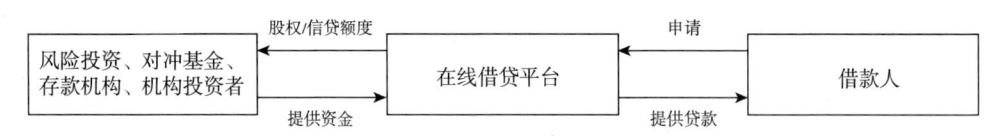

图3.4 直接模式流程图[3]

在直接模式下，平台通常在其资产负债表上持有贷款，但随着行业的发展，平台越来越依赖于资本来源，包括信贷便利、贷款出售和证券化交易。在证券化结构下，平台向借款人发放贷款后，将部分贷款转让给由受托管理人和备用服务机构运营的信托，该信托再向投资人发行票据和权利凭证以募集资金。平台作为

---

[1] See Zachary Adams Mason, "Online Loans Across State Lines: Protecting Peer-To-Peer Lending Through the Exportation Doctrine", *The Georgetown Law Journal*, Vol. 105, 2016, pp. 217~253.

[2] See U.S. Department of the Treasury, *Opportunities and Challenges in Online Marketplace Lending*, May 10, 2016, pp. 15~17.

[3] See United States Government Accountability Office, *PERSON-TO-PERSON LENDING New Regulatory Challenges Could Emerge as the Industry Grows*, July 2011, p. 6.

信托的服务机构继续负责向借款人收款,并将现金流交付信托用于支付投资人本息。如下图所示:

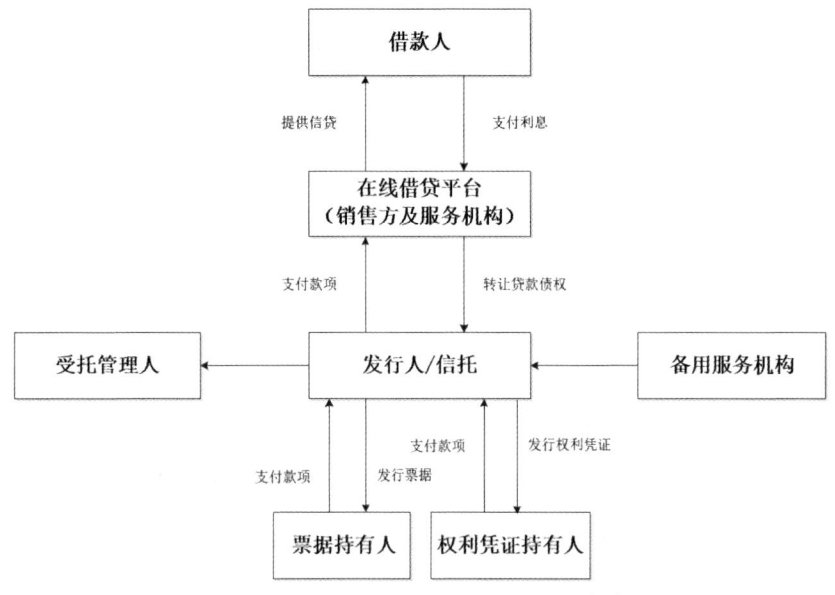

图 3.5 直接模式资产证券化流程图[1]

平台借贷模式也呈现出资产证券化倾向。存款机构在向借款人提供贷款后,将债权出售给平台,平台向证券化中间商出售贷款,证券化中间商再将贷款出售给保管人及备用服务机构运营的信托,该信托再向投资人发行票据和权利凭证以募集资金。平台作为信托的服务机构继续负责向借款人收款,并将现金流交付信托用于支付投资人本息。证券化中间商作为保证人可能与平台一起对信托承担保证或贷款回购责任。如下图所示:

---

[1] See United States Government Accountability Office, *PERSON-TO-PERSON LENDING New Regulatory Challenges Could Emerge as the Industry Grows*, July 2011, p. 7.

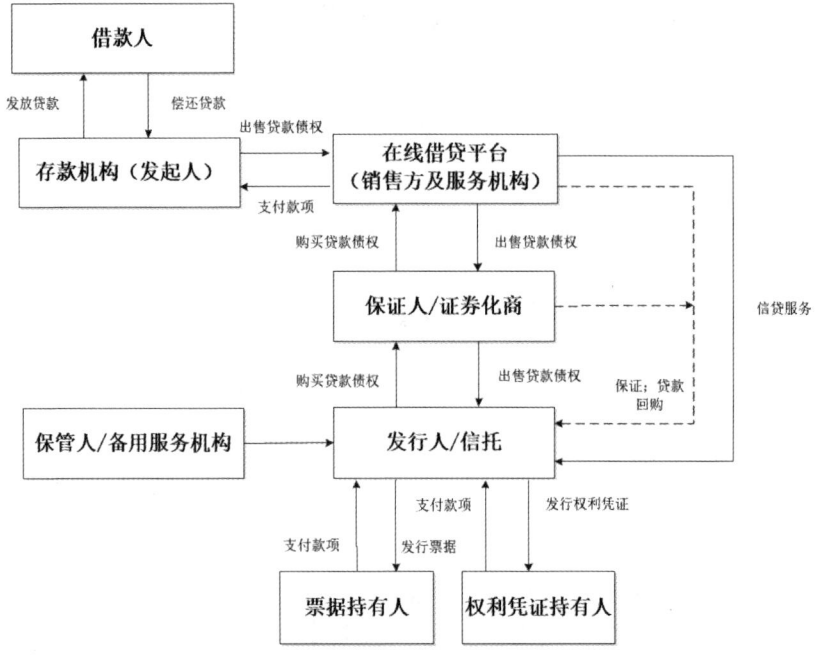

图3.6 平台借贷模式资产证券化流程图[1]

资产证券化的趋势开始于未评级的证券，后来扩展到评级的证券。2014年专注于学生贷款的P2P平台Social Finance完成了由标准普尔评级的两个证券化交易，2015年黑岩公司支持了Prosper平台上由穆迪评级的无担保贷款证券化交易。截至2015年底，证券化总量超过70亿美元。[2]

从上述模式的演变可以看到，"个人对个人（peer-to-peer）"的描述已经名不副实，机构投资者的涌入和资产证券化的兴起，进一步削弱了出借人与借款人之间的关系，这也是美国将P2P市场改称为在线市场借贷（Online Marketplace Lending）的重要原因。[3]

---

[1] See United States Government Accountability Office, *PERSON-TO-PERSON LENDING New Regulatory Challenges Could Emerge as the Industry Grows*, July 2011, p.7.

[2] See Kathryn Judge, "The Future of Direct Finance: The Diverging Paths of Peer-to-Peer Lending and Kickstarter", *Wake Forest Law Review*, Vol.50, No.3, 2015, pp.618~620.

[3] See U.S. Department of the Treasury, *Opportunities and Challenges in Online Marketplace Lending*, May 10, 2016, pp.15~17; Ioannis Akkizidis, Manuel Stagars, *Marketplace Lending, Financial Analysis, and the Future of Credit: Integration, Profitability, and Risk Management*, UK: John Wiley & Sons Ltd., 2016, p.31.

(三) 监管体制的二元结构

1. 出借人与借款人保护的二元结构

P2P 的出借人除面临传统金融机构下的贷款诈骗、身份信息窃取、洗钱等风险外，还可能面对借款人提供的信息不准确、平台评级不准确、无担保、需要依靠平台催收不良债权、贷款期限 3 至 5 年而缺乏流动性、只能在平台内转让债权、平台可能破产、监管环境不确定等风险。[1] 基于风险来源的多样化，SEC 依据《1933 年证券法》和《蓝天法案》，非常注重对出借人利益的保护。美国 P2P 公司的发行说明书从内容的编排和更新形式上来看，充分体现了 SEC 强调信息披露的监管思维，即建立在理性人假设的基础上，让出借人基于充分信息（包括平台经营模式，收费、催收方式，生前遗嘱等）进行投资选择。如果信息披露不实，投资人可以要求平台承担赔偿责任。

CFPB、FTC 和 FDIC 是借款人利益的保护者。三个机构根据《公平信任报告法案》《公平债务催收法》《诚实借贷法》和《平等信贷机会法》，全面保护借款人的隐私权、融资权、公平对待权、人身安全权，三个机构的监管职责和具体措施如下表所示：

表 3.2 CFPB 等监管机关的监管职责及具体措施[2]

监管部门	监管职责	P2P 监管具体措施
消费者金融保护局 CFPB	对提供信用卡、抵押贷款和其他贷款等消费者金融产品及服务的金融机构实施监管，保护金融消费者权益。	①收集整理 P2P 金融消费者投诉的数据库，在借款人的保护中发挥作用；②拥有在已有的消费者金融保护法律下制定 P2P 消费者保护法规的权利；③对与 P2P 相关的消费者投诉案例负有监管责任。

---

[1] See Eric C. Chaffee and Geoffrey C. Rapp, "Regulating Online Peer-to-Peer Lending in the Aftermath of Dodd-Frank: In Search of an Evolving Regulatory Regime for an Evolving Industry", *Washington and Lee Law Review*, Vol. 69, 2012, pp. 506~507.

[2] 参见黄震等："英美 P2P 监管体系比较与我国 P2P 监管思路研究"，载《金融监管研究》2014 年第 10 期。

续表

监管部门	监管职责	P2P监管具体措施
联邦贸易委员会FTC	确保国家市场具有竞争性,且繁荣、高效地发展,不受不合理的约束。	①监督并制止P2P公司一切不公平、欺骗性的行为和做法;②对与P2P相关的消费者投诉案例负有执法责任。
联邦存款保险公司FDIC	为存款提供保险、检查和监督并接管倒闭机构,以维持美国金融体系的稳定性和公众信心。	①对P2P合作银行承保,并对P2P公司流经银行的款项进行检查和监督;②要求P2P合作银行必须遵守金融消费者隐私条例。

2. 联邦和州监管的二元结构

美国的联邦和州共同履行对P2P的监管职责。平台除须在SEC登记并遵守CFPB等机构的监管要求之外,还须在选定州的证券监管部门登记,以取得向该州居民发售收益权凭证的许可。由于P2P收益权凭证不属于可豁免在各州登记的证券,平台必须在每个州逐一登记。

各州对网络借贷的态度不一:有的采取与SEC类似的以信息披露为核心的监管方法;有的除信息披露外,监管者还会判断证券的发行是否公正、公平;有些州(例如加利福尼亚、肯塔基、俄勒冈和得克萨斯州)采取的是以交易特性(Merit-Based)为准的监管方法;有些州单独禁止出借人参与P2P业务;有些州则走得更远,同时禁止借款人和出借人参与P2P业务。[1]

以交易特性为准的州可能会增加一些个人财务相关的标准,如最低收入或财产要求、单个投资者证券投资占资产的比重上限。其中有7个州要求本州居民参与出借须满足投资者适当性标准,但各州的监管者并不检查出借人是否实际满足该标准,平台也不负责实质审查,只有当平台明知或应知出借人的适当性证明是假的,但仍然向其出售收益权凭证,平台才需要承担法律责任。[2]

总之,面对规模不断扩张的网贷业务,美国既未制定新的法律,也未对现行

---

[1] See Eric C. Chaffee and Geoffrey C. Rapp, "Regulating Online Peer-to-Peer Lending in the Aftermath of Dodd-Frank: In Search of an Evolving Regulatory Regime for an Evolving Industry", *Washington and Lee Law Review*, Vol. 69, 2012, pp. 519~523.

[2] 参见美国政府责任办公室:"美国P2P行业的发展和新监管挑战",陈敏轩、李钧译,载《金融发展评论》2013年第3期。

法律进行修改，而是通过监管机关对证券概念的解释，将网贷平台视为证券发行人。尽管在实践中衍生出直接借贷、资产证券化等其他模式，但美国仍然依靠以证券法为主的现行法律予以监管，并形成美国式的传统证券监管模式。

三、日本式的创新证券监管模式

日本网络借贷的发展较为缓慢，截至2015年6月，日本只有9家平台，借贷规模约430亿日元（约合人民币26.8亿元）。[1] 在日本，虽然存在监管机关对网贷平台maneo的行政处罚事件，但是整个市场并未发生系统性风险。[2] 日本既没有像英国那样将平台视为复合中介单独立法，也没有像美国那样直接在原有证券法框架下对平台进行监管，而是通过修改以《证券交易法》为前身的《金融商品交易法》，完善集合投资计划制度，将网贷平台视为一类特殊的金融商品交易业者，从而纳入既有的证券法监管框架，形成日本式的创新证券监管模式。

（一）立法背景及特点

1. 从《证券交易法》到《金融商品交易法》

1948年，日本仿效美国1933年《证券法》，制定了《证券交易法》。随着经济的发展，各种花样翻新的理财产品不断出现并游离于《证券交易法》规定之外，导致投资人的权益得不到有效保护。[3] 2005年，"活力门"事件进一步暴露出日本在金融产品规制和投资者保护方面存在的问题，并促使日本政府痛下决心，贯彻金融改革计划。[4] 2006年7月，日本国会将以前仅针对公开企业的《证券交易法》修改为《金融商品交易法》，使其作为资本市场的基本法。

---

[1] 有关日本的网络借贷发展现状，详见渊田康之：《FinTechの中核を占めるマーケットプレース・レンディング》，载《野村資本市場クォータリー：2015年夏号》，东京：野村資本市場研究所2015年，第43页。

[2] 2018年7月，金融厅下属的关东财务局在检查maneo时发现，由于该平台对借款人管理不严，导致借款人没有进行账户隔离，将借款融得的资金与其自有资金混同。对此，关东财务局对maneo做出行政处罚，要求其重新构建选定、管理借款人的业务运营机制，认真应对投资人的疑虑，采取保护投资人的措施，并于2018年8月13日前将相关措施反馈关东财务局。详见maneoマーケット株式会社に対する行政処分について，関東財務局，http://kantou.mof.go.jp/kinyuu/pagekthp032000761.html，2019年1月12日最新访问。

[3] 有关日本《证券交易法》的修改过程，详见山下友信、神田秀樹：《金融商品取引法概説（第2版）》，大口製本印刷株式会社2017年版，第26~32页。

[4] 2006年1月16日，东京地方检察厅特搜部以活力门公司及其下属子公司涉嫌财务造假，违反《证券交易法》为由，强行搜查了活力门公司总部及其董事长堀江贵文的住所。受到这一消息的震撼，日本股票市场在次日大幅下落。1月23日，堀江贵文被正式逮捕。

为了避免监管漏洞，《金融商品交易法》扩大了有价证券的范围，引入集合投资计划，使有价证券的范围不仅仅局限于股票、债券、权证等传统形式。针对集合投资计划，日本采取形式列举兼实质立法的技术：先进行形式列举，说明集合投资计划是基于民法上的组合契约、商法上的匿名组合契约、投资事业有限责任组合契约、有限责任事业组合契约的权利，以及社团法人的社员权；然后加以实质性说明，指出无论以何种方式进行交易，只要具备金钱出资、出资金钱用于事业、事业收益分配或者事业相关财产分配给出资者3个要件，就被认为是集合投资计划。[1]

2. 从集合投资计划到投资型众筹

虽然在制度上引入了集合投资计划，但日本当时并没有考虑到通过互联网募集有价证券的新模式，即集合投资计划的互联网化问题。随着互联网技术和移动通信技术的发展，在日本国内逐渐出现 READYFOR 等通过互联网募集资金的平台。自 2012 年到 2014 年短短两年内，众筹平台募集金额增长了 10 倍。[2] 现实的强烈需求以及美国《JOBS 法案》的影响，促使日本金融厅于 2014 年 3 月向国会提交了《金融商品交易法》修正案，并于同年 5 月最终修改了《金融商品交易法》，正式确立了包括网络借贷在内的投资型众筹制度，将网贷平台视为向投资人发行不存在实物权利凭证的金融商品交易业者，即"第二种电子募集交易业者"。[3] 为落实修改后的《金融商品交易法》，日本政府于 2015 年 5 月修改了《关于金融商品交易等的内阁府令》，进一步明确对投资型众筹的规制要求，这也意味着日本针对网络借贷的监管更加细化。

3. 日本网络借贷立法的特点

有关网络借贷的立法背景呈现出以下三个特点：

第一，面对网络借贷这一新生事物，采取"旧瓶装新酒"的方式，即并未针对网络借贷制定专门的法律法规，而是通过修改既有的《金融商品交易法》，

---

[1] 参见朱宝玲：《日本金融商品交易法：一部保护投资者和构建公正、透明的投资市场之法律》，法律出版社 2016 年版，第 84 页。

[2] 参见朱宝玲："日本投资型众筹立法简介"，载《法律与新金融》2016 年第 1 期。

[3] 《金融商品交易法》根据有价证券是否存在实物形式，将有价证券分为两类：传统的股票、债券等以权利证书表示的证券被称为第一项有价证券；集合投资计划等不存在实物证书的权利称为第二项有价证券。相对应的，从事第一项有价证券的业者被称为第一种金融商品交易业者；从事第二项有价证券的业者被称为第二种金融商品交易业者。基于此，通过互联网方式，向出借人发行集合投资计划单位的 P2P 公司，被归类为第二种电子募集交易业者。

使其融合互联网因素，将出借人通过网贷平台出借所获得的权利视为一种准有价证券，即集合投资计划份额。

第二，网络借贷所依附的集合投资计划在日本金融统合立法改革的大背景下孕育而生，体现了跨领域、横断化的监管思路。"这种跨领域、横断化改革的意义主要有以下几点：①对于投资者而言，接受经济效果相同的金融服务，就应当在同一法律框架内获得保护和救济；②如果对投资加以综合性的规制，就可激发投资活力，促进资本从储蓄到投资的加速流动。"[1]

第三，采取法律辅之以内阁府令和厅令的方式，立法层级较高。[2] 法律主要体现为《金融商品交易法》和《贷金业法》；内阁府令即《关于金融商品交易等的内阁府令》，其进一步细化了《金融商品交易法》对于网贷平台的监管规定；厅令是金融厅发布的《贷金业综合监管指针》，其"进一步明确了对贷金业实施监管的目的、组织框架、内容、方式、注意事项、机构合作、法令解释以及监管机构联席会议制度等"的规定。[3]

(二) 法律关系梳理

1. 网络借贷的基本流程

在日本，借款人与出借人没有直接缔约，而是由网贷平台以自己的名义对借款人融资。一般来说，该资金是基于投资者根据日本商法确定的匿名组合契约而出资，也就是说，在匿名组合契约之下，网贷平台向投资人发行证券（集合投资计划份额），投资人作为匿名的组合成员对网贷平台出资。日本《贷金业法》规定，金钱的贷款或以该媒介作为职业，必须进行登记。这意味着在日本通过网贷平台，由出借人向借款人直接提供融资存在法律障碍，故出借人须作为投资人向匿名组合出资，由登记的贷款业者，即网贷平台向借款人提供融资。为了避免投资者的出资成为一种贷款业，网贷平台不公开具体的出借人，所调配的资金也融资给不同的借款人。主要法律关系如下图所示：

---

[1] 朱大明、陈宇：《日本金融商品交易法要论》，法律出版社 2017 年版，第 16~17 页。
[2] 日本法律法规的效力级别为：宪法>法律>政令>内阁府令/厅令/省令/外局规则。参见朱宝玲：《日本金融商品交易法：一部保护投资者和构建公正、透明的投资市场之法律》，法律出版社 2016 年版，第 16 页。
[3] 朱军："日本贷金业法制度的变迁与效果分析——兼论其对中国民间借贷发展的借鉴意义"，载《现代日本经济》2014 年第 1 期。

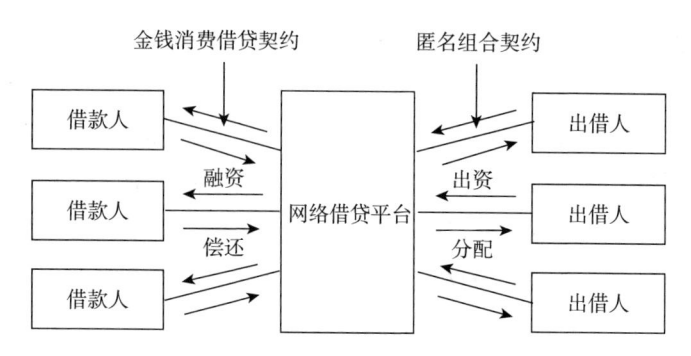

```
        金钱消费借贷契约              匿名组合契约
借款人  ←———————        ———————→  出借人
         融资                 出资
借款人  ←———————  网络借贷平台  ———————→  出借人
         偿还                 分配
借款人  ←———————        ———————→  出借人
```

图 3.7　日本网络借贷的法律关系图[1]

由上图可知，日本网络借贷的基本流程为：①出借人与网贷平台签订合同，建立匿名组合契约，出借人向网贷平台出资。②网贷平台与借款人签订金钱消费借贷契约，将款项出借给借款人。③借款人向网贷平台还本付息。④网贷平台向各出借人支付投资本金及收益。总之在日本法律下，出借人与网贷平台之间是匿名组合契约关系，借款人与网贷平台之间是金钱消费借贷契约关系。

2. 匿名组合契约：出借人与网贷平台

匿名组合契约（又称为隐名合伙合同），发端于 10 世纪的地中海地区，其法定化肇始于德国《商法典》，此后，该制度开始在大陆法系间广泛传播。根据日本《商法典》第 535 条的规定，匿名组合契约，系当事人双方之间约定一方为对方营业出资并分配其营业利益的有效协议。匿名组合契约适合于"拥有资金但碍于社会地位或职业等因素不愿或者不能从事具体营业"与"拥有经营才能和资质但无营业资本"的两类人共同开展某项特定营业。在匿名组合契约制度下，"投资人一方可以不参加具体经营但可以以较为隐蔽的方式享受投资的利益；而作为具体经营者的一方，则可以依据共同投资的营业属于其本人的法律定位，在不受投资人支配的情形下较为自由地利用资金开展合适的事业"。[2]

作为一项古老的制度，匿名组合契约与网络借贷制度的商业模式兼容：①出资方式兼容。日本《商法典》第 535 条规定："隐名合伙合同，是指当事人双方间约定当事人一方为对方营业出资并分配其营业利益的有效协议。"也就是说，

---

[1] 左光敦：《P2Pレンディングの仕組みと法規制：英国のP2Pレンディング規制を中心に》，载《金融研究》2018 年第 1 期。

[2] 刘成杰注译：《日本最新商法典译注》，中国政法大学出版社 2012 年，第 144 页。

隐名合伙人一方出资即可，作为另一方的出名营业人不必出资，这与网络借贷业务中的出借人出资但不经营，网贷平台经营但不出资的特点吻合。②出资标的兼容。日本《商法典》第536条第2款规定："隐名合伙人的出资标的仅限于金钱及其他财产。"这意味着隐名合伙人只能以金钱及其他财产出资，而不得以信用或劳务出资，这与网络借贷资金融通的本质相协调。③分配方式兼容。日本《商法典》第542条规定："匿名组合契约合同终止时，出名营业人必须向隐名合伙人返还其出资额。但出资因损失减少时，仅返还其余额即可。"上述特点与网络借贷投资人责任自负、风险自担的原则一致。[1]

值得注意的是，日本《商法典》第536条第3款和第4款规定："隐名合伙人不能执行出名营业人的业务或者代表出名营业人。隐名合伙人不因出名营业人的行为与第三人产生权利义务关系。"也就是说，在日本的网络借贷中，出借人与借款人没有直接法律关系，网贷平台直接与借款人建立借贷法律关系。在发生借款人违约时，分散的出借人不必相互磋商如何共同对借款人进行追偿，亦不必亲自对借款人采取诉讼措施。网络借贷公司作为单一的债权人，直接对特定借款人采取追偿措施即可。在追偿获得款项后，网贷平台再根据《日本商法典》第542条的规定，将余额返还出借人。

3. 金钱消费借贷契约：网贷平台与借款人

如上所述，出借人不能直接将资金出借给借款人，因为《贷金业法》要求只有经注册的企业或个人才可经营放贷业务，注册的条件包括：具备5000万日元的净资产、拥有固定营业场所、管理者通过贷金业务主任岗位任职资格考试等。是故，日本合法的网贷平台皆为具备经营放贷业务资质的机构。根据《贷金业法》的要求，网贷平台与借款人签订借贷契约前，须向借款人澄清网贷平台的商号、名称及地址，贷款金额，贷款利率，还款方式，还款期和还款次数，违约责任等事项，以避免对借款人产生误导。

基于《贷金业法》和《利息限制法》等法律规定，网贷平台与借款人在借贷契约项下的约定将受到以下限制：①放贷金额的限制。网贷平台在贷款前，须对借款人的财力、信用状况和还款计划等进行调查，确保借款人的贷款余额不超过其年收入的1/3。在一家公司申请贷款50万日元以上或者在多家公司申请总额

---

〔1〕 参见［日］松波仁一郎：《日本商法论》，秦瑞玠、郑钊译，中国政法大学出版社2005年版，第272~275页。

超过100万日元的,借款人须向网贷平台提交还款能力证明。②贷款利率的限制。借贷金额不满10万日元的,利率不得超过20%;借贷金额10万日元以上、不满100万日元的,利率不得超过18%;借贷金额100万日元以上的,利率不得超过15%。计算利率的利息,包括手续费等除本金以外的所有费用。利率超过18%和15%,但低于20%规定的违法者将承担行政责任;超过20%规定的违法者将承担刑事责任。以年利率109.5%的超高利率签订借贷合同的,刑事处罚可达5~10年。③催收方式的限制。禁止在夜间等不适当的时间段实施追讨,禁止干扰正常的工作场所,禁止对债务人和保证人以外的第三者提出赔偿要求等。[1]

上述有关贷款金额、贷款利率和催收方式的限制,不仅适用于网络借贷,也适用于普通民间借贷,系日本治理"消金三恶"(多重借贷、过高利率和暴力追债)的制度回应,体现了对借款人生命健康权与生活安宁权的重视和保护。

(三)主要监管制度

1. 注册要求

在《金融商品交易法》的语境下,网贷平台被定位为发行不存在实物证书权利凭证的金融商品交易业者,即"第二种电子募集交易业者"。[2] 日本要求网贷平台必须将记载有商号、名称、电子募集业务事项及其他内阁府令要求事项的注册申请书提交内阁总理大臣,以取得注册。如果平台未取得注册即从事网络借贷业务或者通过不正当手段取得注册,则处5年以下有期徒刑,并处或者单处500万日元以下罚金。[3]

《金融商品交易法》规定:若注册申请人符合拒绝注册申请的任一情形,或注册申请书、附加文件或电磁记录存在虚假记载或记录,或重要事实的记载或记录有所欠缺,则内阁总理大臣必须拒绝网贷平台的注册申请。拒绝注册申请的情形主要包括:①平台因违法导致之前的注册被取消;②因违反《金融商品交易法》《贷金业法》等规定,而被处以罚金刑,自该刑罚执行终了或不再执行之日起不超过5年;③被认为所从事的事业违反公益;④缺少足够的人力资源以切实

---

〔1〕 参见孙章伟、王聪:"日本'消金三恶'与治理研究",载《现代日本经济》2011年第1期。

〔2〕《金融商品交易法》根据有价证券是否存在实物形式,将有价证券分为两类:传统的股票、债券等以权利证书表示的证券被称为第一项有价证券;集合投资计划等不存在实物证书的权利被称为第二项有价证券。相对应地,从事第一项有价证券的业者被称为第一种金融商品交易业者;从事第二项有价证券的业者被称为第二种金融商品交易业者。基于此,通过互联网方式,向出借人发行集合投资计划的P2P公司,被归类为第二种电子募集交易业者。

〔3〕 参见《金融商品交易法》第197条之2第(十之四)款。

实施金融商品交易；⑤未建立健全必要的体制以切实实施金融商品交易；⑥未达到政令规定的对公益或投资者保护而言必要且适当的资本金或出资总额；⑦在国内没有营业所；⑧未加入协会，且未制定内容与协会章程或其他规则相当的公司内部规则，或未建立健全为了遵守该内部规则的体制。[1]

在资本金要求方面，如果P2P平台满足项目发行总额不足1亿日元，且针对该募集的投资者每人出资50万日元以下的"小额"情形，则平台的注册资本金要求从1000万日元降低到500万日元，另外也无需履行在其营业场所或事务所放置营业标识的义务，但其必须将商号、登记编号、小额电子募集业者的身份等信息公示在网站主页容易被投资者看到的位置。[2]

此外，《金融商品交易法》第63条对于仅以适格机构投资者为对象的网贷平台，[3]还设置了"特例制度"。[4] 网贷平台不必向内阁总理大臣申请注册，而只须预先就商号、资本金总额或出资总额、公司高管的姓名或名称、业务种类等事项向内阁总理大臣申报即可。由此可见，无需注册便能设立仅以适格机构投资者作为投资人的网贷平台，在设立程序上更加便捷。

2. 监管与自律相结合

根据《金融商品交易法》，内阁总理大臣、金融厅长官、证券交易等监管委员会、金融商品交易业协会是监管网络借贷的四大主体：①内阁总理大臣是内阁的首长，《金融商品交易法》多次将各类行政权限的主体规定为内阁总理大臣，以体现对金融商品交易市场行政监管的重视。实际上，除资格许可的赋予和取消以外，内阁总理大臣将权限委托给金融厅长官行使。②金融厅是日本唯一的金融规范监管机构，掌管银行、证券、保险、非银行金融机构及民间借贷领域，其职责是确保日本金融功能稳定，保护储户、保险合同当事人以及有价证券的投资者等的权益。根据《金融商品交易法》，金融厅长官又可以将部分权限委任给证券交易等监督委员会，同时金融厅长官自身的权限不受妨碍。③证券交易等监督委员会是一个合议制组织，经两议院同意后由内阁总理大臣任命的委员长（任期3

---

[1] 上述条件并非全部要件，由此也可看出P2P平台在日本设立的门槛是比较高的，具体要求可参见《金融商品交易法》第29条、第29条之2及第29条之4。

[2] 参见《金融商品交易法》第29条之4之3；樊纪伟："投资型众筹平台监管的日本模式及启示"，载《证券法律评论》2017年卷。

[3] 根据《金融商品交易法第二条有关适格机构投资者的范围和申请程序的内阁府令》，所谓"适格机构投资者"是指投资法人、投资信托、银行、保险等机构。

[4] 参见陈洁："日本《金融商品交易法》中的集合投资计划"，载《法学》2012年第10期。

年）和委员（2名）组成。④除上述行政长官和机构以外，《金融商品交易法》亦授权金融商品交易业协会对从业者进行自律管理，包括制定规则、对违反法令或自律规范的会员进行处罚等。虽然金融商品交易业协会秉持自主加入的原则，但实际上，日本政府往往命令未加入协会的金融商品交易业者制定或修改企业内部规则以确保其管理人员以及员工遵守协会的规则。[1]

由此可见，日本在网络借贷方面体现为政府监管与行业自律相结合。一方面，政府监管具有自上而下授权的特点；另一方面，在政府的推动下，行业自律具有较强的扩张性。[2]

3. 信息披露

如前文所述，《金融商品交易法》的前身是《证券交易法》。作为"蓝天法"的基本原则，信息披露亦成为《金融商品交易法》的立法目标之一。根据《金融商品交易法》第43条之5的规定，网贷平台在通过集合投资计划进行电子资金募集时，必须根据内阁府令的规定，就根据《金融商品交易法》第37条之3第1款规定的应当交付给投资者的书面记载事项中，对投资者判断产生重要影响的而由内阁府令规定的事项，通过使用电子信息处理系统的方法或其他内阁府令规定的利用信息通信技术的方法，将其置于投资者能够阅览的状态。《关于金融商品交易等的内阁府令》第146条之2第1项规定，必要信息的阅览，必须在投资者使用的电子计算机显示画面中能够容易发现的地方，明显且正确地予以披露。

除了对平台自身信息披露的内容和方式进行监管外，日本《金融商品交易法》还要求"融资方在融资后定期向投资者就事业状况进行信息披露，同时要求互联网平台采取必要措施确保投资者获得该信息"。[3]

总之，日本通过修改《金融商品交易法》，使集合投资计划制度融入互联网因素，将网贷平台视为向投资人发行集合投资计划单位的金融商品交易业者，即"第二种电子募集交易业者"，从而将网贷平台纳入既有的证券法监管框架，包括注册要求、自律监管、信息披露等，由此形成日本式的创新证券监管模式。

---

〔1〕 参见朱宝玲：《日本金融商品交易法：一部保护投资者和构建公正、透明的投资市场之法律》，法律出版社2016年版，第14~23页及第239~246页。

〔2〕 参见罗豪才、宋功德：《软法亦法：公共治理呼唤软法之治》，法律出版社2009年版，第202页。

〔3〕 樊纪伟："投资型众筹平台监管的日本模式及启示"，载《证券法律评论》2017年卷。

四、比较研究之结论

通过梳理英美日三国有关网络借贷的立法背景、法律关系和监管制度可知，尽管各国在立法背景、法律关系方面各异其趣，但在平台定位和监管制度方面存在一些共性。这些共性反映了网贷平台和网贷监管的共同规律，值得重视。

（一）平台定位的共性

就英国而言，根据《2000年金融服务与市场法（受监管活动的修订案）（2013年第2号令）》，网络借贷被视为一项新兴的、应受监管的业务。与网络借贷一同被纳入监管的新兴业务还包括信贷经纪，与信息有关的特定活动等五项。[1] 尽管网贷平台在一定程度上也从事信贷经纪和与信息有关的特定活动，但是该法令通过第36A（2）条、第89A（5）条和第89B（3）条，明确将网贷平台排除在上述业务种类之外，这意味着英国监管者不认为网贷平台仅仅是提供信贷经纪或信息的中介机构，而需要予以特别对待。从后续FCA制定的监管规定和Zopa等平台的业务实践可知，英国允许平台提供增信、开展债权定价、接受投资人全权委托等，监管者实际上将平台作为一种独立的、类似于信用中介的金融机构予以监管。

就美国而言，通过Prosper和Lending Club的发行说明书可知，投资人购买的凭证不受平台或任何第三方担保，[2] 基于此，有人认为美国网贷平台属于信息中介。[3] 应当看到，美国网贷有多种模式，网贷平台的性质也应具体问题具体分析：首先，对于Prosper和Lending Club这类平台所采取的平台借贷模式，由于平台直接向投资人发行证券，平台实际上是证券发行人，而不宜视为信息中介，毕竟在证券法语境下，信息中介应为承销商、证券分析师、评估机构、会计师事务所和律师事务所；[4] 其次，对于OnDeck这类平台所采取的直接模式，由

---

[1] 2013年英国财政部颁布《2000年金融服务与市场法（受监管活动的修订案）（2013年第2号令）》，该法令第二部分明确需要受监管的新活动包括如下六类：信贷经纪、经营与贷款有关的电子系统、与债务有关的活动（债务调整、债务咨询、债务催收、债务管理），签订受监管的信贷协议，签订受监管的消费者租赁协议，与信息有关的特定活动（提供信贷信息服务、征信）。See The Financial Services and Markets Act 2000（Regulated Activities）（Amendment）（No.2）Order 2013，http：//www.legislation.gov.uk/ukdsi/2013/9780111100493，PRAT 2，2020-3-21.

[2] See Lending Club Prospectus（August 22, 2014），p. 21；Prosper Prospectus（January 2, 2018），pp. 6 and 16.

[3] 参见张海洋："信息披露监管与P2P借贷运营模式"，载《经济学（季刊）》2017年第1期。

[4] See John Armour, Dan Awrey, Paul Davies, Luca Enriques, Jeffrey N. Gordon, Colin Mayer and Jennifer Payne, *Principles of Financial Regulation*, Oxford University Press, 2016, pp. 123~133.

于平台向借款人出借并将贷款资产并入自己的资产负债表,故平台更类似于基金管理人;最后,在资产证券化模式下,平台的性质则更加复杂,如果平台对信托承担保证或贷款回购责任,则具有信用转换功能,扮演了信用中介的角色。可见,美国并未将平台视为单纯的信息中介,而是将其定位为证券发行人、基金管理人或类似于信用中介的金融机构。

就日本而言,从"出资因损失减少时,仅返还其余额即可"的分配关系来看,网贷平台不对投资人的损失承担责任,但这并不意味着网贷平台被定位为信息中介。日本的网贷平台积极介入到借贷双方的交易之中,与借款人建立金钱消费借贷契约关系,与出借人建立匿名组合契约关系,故网贷平台在性质上更类似于基金管理人,国内也有学者将其称为"基金众筹"或"基金型众筹"。[1] 无论如何,日本并未将网贷平台定位为信息中介,而是定位为一种向投资人发行集合投资计划份额的金融商品交易业者。

总之,英美日三国有关平台定位的共性在于:均未将网贷平台定位为单纯的信息中介,而是定位为证券法下的证券发行人、基金管理人或类似于信用中介的金融机构。换言之,英美日三国都是按照金融机构或者类似方向监管网贷平台。基于此,我国要将网贷平台定位为信息中介就应格外小心。这也在一定程度上印证了本书第二章的判断,即将我国网贷平台定位为信息中介是不妥当的。

(二) 监管制度的共性

英美日三国在监管制度上也存在一些共性,包括严格的市场准入、充分的信息披露、必要的出借限制和顺畅的诉讼机制,分述如下:

1. 严格的市场准入

英美日三国均对网络借贷实行行政许可。英国 FCA 于 2014 年发布《关于网络众筹和通过其他方式推介不易变现证券的监管规则》,明确自 2014 年 4 月 1 日起,新产生的借贷型众筹平台企业或者至 2014 年 3 月 31 日不具有公平交易办公室发出的消费者信用许可证的企业,需要立即申请完全许可。FCA 的准入管理非常严格,截至 2016 年 9 月,只有 12 家公司获得完全授权,还有 86 家公司在等待决定,其中有 39 家公司拥有临时许可。[2] 美国 SEC 将网贷平台向公众出售的

---

[1] 参见樊纪伟:"投资型众筹平台监管的日本模式及启示",载《证券法律评论》2017 年卷;朱宝玲:"日本投资型众筹的立法进展",载《法制与社会》2015 年第 26 期。

[2] See Ding Chen, Anil Savio Kavuri, Alistair Miline, "Growing Pains: The Changing Regulation of Alternative Lending Platforms", https://ssrn.com/abstract=3315738, 2019, p. 24.

收益权凭证视为证券，要求网贷平台必须在 SEC 注册才能对外发售，此外，网贷机构还须在选定的州证券监管部门进行登记，以向该州居民推出和发售收益权凭证。如果网贷平台违反登记要求，将遭受监管处罚甚至承担刑事责任。[1] 日本根据《金融商品交易法》，将网络借贷视为"第二种电子募集交易业者"，要求网络借贷平台必须将记载有商号、名称、电子募集业务事项及其他内阁府令要求事项的注册申请书提交内阁总理大臣，以取得注册，如果平台未取得注册即从事网络借贷业务或者通过不正当手段取得注册，则处 5 年以下有期徒刑，并处或者单处 500 万日元以下罚金。[2]

2. 充分的信息披露

英美日三国均重视信息披露。英国通过修法不断强化信息披露的广度和深度，要求平台至少向投资者提供与平台作用、清盘影响和借贷产品相关的信息。平台应当确保出借人在任何时候都能获知与其借款协议相关的 12 项细节，包括 P2P 协议的价格或者年化利率、未偿本息余额、协议到期日、出借人或借款人应支付的费用、公允的预期回报、协议是否附带资产担保等。[3] 美国更是以信息披露为核心，构建本国的网贷监管体系。SEC 要求网贷平台必须在 SEC 官网向投资人公示发行说明书，详细披露与网贷相关的事项。例如，Prosper 在长达 111 页的发行说明书中详细披露了风险因素、收费标准、收益使用、分配方案、出借人财务适当性要求、平台介绍、收益权凭证概览、联邦所得税、政府监管、高管身份等信息。[4] 日本与美国类似，均以证券法思路监管网络借贷。《金融商品交易法》要求网贷平台在通过集合投资计划进行电子资金募集时向投资人披露必要信息，并在融资后定期向投资者就事业状况进行信息披露。

3. 必要的出借限制

英美日三国均对出借人的投资行为进行不同程度的限制。在英国，平台必须确保零售客户是成熟投资人、经认证的高净值投资人、可从核准人员处获得投资建议的投资人或者有节制的投资人。平台在对客户进行适当性评估时，不能仅用"勾选框"的方法，而应使用多选格式，以考察潜在投资人是否对 P2P 拥有投资

---

[1] See United States Government Accountability Office, "PERSON-TO-PERSON LENDING New Regulatory Challenges Could Emerge as the Industry Grows", July 2011, p. 27.
[2] 参见刘进一："日本网络借贷监管制度及启示"，载《现代日本经济》2019 年第 2 期。
[3] See 18.12.31 R of conduct of business sourcebook.
[4] See Prosper Prospectus (January 2, 2018).

知识和经验。在美国，各州对出借人的限制不尽相同，加利福尼亚、肯塔基、俄勒冈和得克萨斯州等7个州采取以交易特性为准的监管方法，要求出借人满足个人财务相关的标准，如最低收入、财产要求、单个投资者证券投资占资产的比重上限等。总体上，美国以机构投资者为主，以至于P2P借贷逐渐被市场借贷的称谓所取代。[1] 在日本，也能看到国家对小额分散投资的鼓励。如果P2P平台满足项目发行总额不足1亿日元，且针对该募集的投资者每人出资50万日元以下的"小额"情形，则平台的注册资本金要求从1000万日元降低到500万日元，另外也无需履行在其营业场所或事务所放置营业标识的义务。

4. 顺畅的诉讼机制

英美日三国均不存在制度性诉讼障碍。在英国，平台撮合分散的出借人与分散的借款人直接缔约，法律关系呈现复杂的网状，但是该国并不禁止平台回购出借人债权。从Zopa的交易规则可知，当发生借款人违约、破产等情形时，出借人可以选择不可撤回地将其在合同项下的所有权利转让给平台，由平台对借款人采取催收措施，回收款再按照约定偿付出借人或归入安全基金信托。[2] 这样一种债权归一的方式，化解了P2P诉讼困境。在美国，无论是平台借贷模式、直接借贷模式，还是资产证券化模式，直接与借款人发生借贷法律关系的皆是网贷平台，故当借款人逾期时，网贷平台作为唯一债权人，可以方便地向借款人提起诉讼，并在追偿后将余款按照约定的方式分配给投资人。从日本网络借贷的法律关系来看，出借人与网贷平台之间是匿名组合契约关系，网贷平台与借款人之间是金钱消费借贷契约关系，出借人与借款人之间没有直接的法律关系，故当借款人逾期时，网贷平台亦可以方便地向借款人提起诉讼。

总之，英美日三国针对网络借贷均有严格的市场准入、充分的信息披露、必要的出借限制和顺畅的诉讼机制。相形之下，我国在上述方面均有待改进。

首先，在市场准入方面，2019年4月8日，银保监会出台《网络借贷信息中介机构有条件备案试点工作方案（征求意见稿）》，探索建立明确的准入指标，但上述规定尚未生效。2019年8月1日发布的《国务院办公厅关于促进平台经济规范健康发展的指导意见》亦指出网贷平台"必须依法接受准入管理"，

---

[1] See Kevin Davis, Jacob Murphy, "PEER-TO-PEER LENDING: Structures, Risks and Regulation", *The Finsia Journal of Applied Finance*, 2016, p.38.

[2] See http://www.zopa.com/principles, Zopa website, 2017-6-12.

但直至今日，具体、有效的准入指标仍付之阙如。

其次，在信息披露方面，虽然我国有部门规范性文件和行业自律规定，但并未要求平台向投资人披露影响投资人切身利益的平台定价策略和清盘方案，亦未明确平台违规披露的法律后果。2018年7月24日，在中国互联网金融协会的120家网贷平台会员中，有82家平台公布的项目逾期率和金额逾期率均为零，[1]对此，监管机关却未采取任何措施。

再次，在投资者适当性方面，我国仅原则性地要求网贷平台应引导出借人以小额分散的方式参与投资，相关理论研究和制度构建均滞后于行业发展。2016年，当我国城镇居民人均可支配收入仅3万余元时，[2] 40.13%的投资人却持有10万至100万元的网贷产品。[3] 收入与投资金额的错配导致大部分投资人抗风险能力很弱。

最后，在诉讼机制方面，多个出借人与多个借款人相互交织的网状法律关系，让我国审判机关不堪重负。[4] 法官担心网贷平台如果将来涉刑，之前按照民事思维作出的判决会被撤销或改判，从而影响自己的职业晋升之路。为缓解上述矛盾，部分法院通过"土政策"控制网络借贷的受案量。[5] 如何化解P2P诉讼困境，成为我国当前亟待解决的问题。

有鉴于此，我们应在研究域外制度的基础上批判地继承，通过理论文献梳理、实证分析、个案研究等多种方法，探索建立适合我国国情的监管制度，以良法善治促进网贷行业健康发展。以下四章，笔者将对网贷监管体制、准入及持续性监管指标、平台退出机制和网贷诉讼问题依次展开论述。

---

[1] 根据中国互联网金融协会于2017年10月17日发布的《互联网金融 信息披露 个体网络借贷》（T/NIFA 1—2017）第4.3条，项目逾期率，系指截至统计时点，当前所有处于逾期状态的项目数与尚未偿还交易总笔数之比；金额逾期率，系指截至统计时点，逾期金额与待偿金额之比。有关各平台的逾期率，参见全国互联网金融登记披露服务平台，https://dp.nifa.org.cn/，中国互联网金融协会官网，2018年7月24日最新访问。

[2] 参见《2016年国民经济和社会发展统计公报》，http://www.stats.gov.cn/xxgk/sjfb/tjgb2020/201708/t20170811_1768640.html，国家统计局官网，2019年11月21日最新访问。

[3] 参见网贷之家、盈灿咨询：《2016年P2P网贷投资人问卷调查报告》，网贷之家，https://www.wdzj.com/news/yanjiu/54818.html，2019年7月28日最新访问。

[4] 根据笔者对我国10 058份有关网络借贷民事案件裁判文书的实证分析，法院受理的网贷纠纷民事案件在过去7年快速增长，2013年至2018年的年均增长率高达476%。与之相呼应，每个案件的审判人员数从平均3人逐年降低至2.2人。

[5] 根据笔者于2019年6月24日与杭州上城区人民法院法官的访谈笔录，该法院要求平台一个月只能立10个案件。

五、本章小结

本章介绍了英国、美国、日本网络借贷的立法背景、法律关系和监管制度，最后归纳总结上述国家在平台定位和监管制度方面的共性。或许是基于对网贷平台独特功能的认知，域外对于网贷平台均未定位于信息中介，相反，它们均将网贷平台以某种方式纳入本国的金融监管体系当中。由于法律传统与金融监管体制不同，作为网贷平台发源地的英国采取了复合中介监管模式，将网贷平台视为类似于信用中介的金融机构。美国与日本则分别适用传统证券监管模式和创新证券监管模式。这些不同监管模式的共性在于均对网贷平台设置了严格的市场准入、充分的信息披露、必要的出借限制和顺畅的诉讼机制。

域外实践表明，承认网贷平台的信用中介功能并不必然导致金融秩序的失范。只要建立适合本国国情的监管体制、准入和持续性监管指标、平台退出机制，并注重网贷诉讼问题的研究，就可以实现良法善治，促进网贷行业的健康发展。

第四章 我国网络借贷监管体制的优化

当下,有关金融监管体制,尚无统一、明确的定义。总体而言,金融监管体制包括监管目标、监管策略、监管主体及权力配置等框架性、基础性问题。[1] 监管体制是监管制度发挥功效的重要前提,居于核心地位。本章将依次分析我国网络借贷的监管目标、监管策略、监管主体及其权利配置三个问题。

一、监管目标的准确设定

监管目标之所以重要,是因为它确定了监管机关在资源稀缺的世界里如何分配监管资源,界定市场和监管的边界,并提供一个监管机关为其决定和政策负责任的机制。[2] 监管目标也为监管策略、监管权力配置及具体监管措施提供了方向。科学的监管目标应对监管对象具有针对性,且能回应现实需要。基于此,对网络借贷特点和现实情况的考察就显得尤为必要。

(一)网络借贷的特点

1. 涉众性与风险性

与其他金融业务相比,网络借贷具有如下七个特殊性:第一,投资主体平民化,即投资人包括数量众多的自然人,没有能力和经验来正确判断投资风险;第二,出借地域分散化,即出借人的位置分散,跨越省份的现象普遍,出借人面临高昂的信息成本和权利救济成本;第三,交易额度小额化,即借款额度与出借额

---

[1] 国际货币基金组织的研究报告认为金融监管体制的有效性至少取决于以下七个要素:监管部门的目标清晰、监管部门具有独立性和可问责性、监管部门的资源充足、监管部门享有灵活执法权、监管部门能够统筹协调以实现风险的全覆盖、监管具有成本有效性、有效的标准和机构设置。See Richard K Abrams and Michael W. Taylor, "Issues in the Unification of Financial Sector Supervision", *IMF Working Paper*, No. 00/213, 2000, pp. 6~9.

[2] See Richard K Abrams and Michael W. Taylor, "Issues in the Unification of Financial Sector Supervision", *IMF Working Paper*, No. 00/213, 2000, p. 6.

度均较小，尽职调查和后续监督成本相对收益而言较高；第四，交易方式网络化，即项目筛选、合同订立、资金支付等环节均在网上完成，当纠纷发生后，出借人难以举证；第五，信息获取间接化，即投资人往往需要借助于平台才能获取借款人和借款项目的信息，对平台具有高度的依赖性；第六，资金用途隐蔽化，即出借人和平台往往很难监控借款人资金的实际去向，容易催生道德风险和机会主义行为；第七，借款次数低频化，即借款人通过网贷平台借款的频率，相对于消费者通过电子商务平台购买商品的频率低，声誉机制难以发挥作用，欺诈变得更加容易。[1] 上述七个特殊性可以概括为涉众性和风险性两个突出特征。

就涉众性而言，网络借贷与传统的民间借贷不可同日而语。民间借贷是自然人、法人、其他组织之间及其相互之间进行资金融通的行为。作为一种历史悠久、在世界范围内广泛存在的民间金融活动，其受制于地缘和人缘的限制，参与人数较少。从传统民间借贷领域的非法集资案，我们可以一窥传统民间借贷所能波及的最大范围，例如，在韩玉姬集资诈骗案中，集资人数为2.3万余户，金额为3.6亿余元；[2] 在邓斌集资诈骗案中，涉及368个单位和31个自然人，金额为32亿元。[3] 上述两案的被告均被判处死刑，是新中国成立后很有影响的案件，可见，在传统民间借贷中，涉案人数不过数万人。但是，当民间借贷与互联网联姻之后，涉案人数和金额均大幅度提升。例如，在"团贷网"案件中，出借人数达22万人，借贷余额达145亿元；在"e租宝"案件中，投资人数超过115万，吸收资金突破762亿元；截至2018年，我国网络借贷行业的投资人数达2315万人，[4] 累计成交额突破8万亿元。[5] 基于此，我们不难看出，网络借贷波及范围广、参与人数多、汇集金额大，涉众性十分突出。

就风险性而言，网络借贷与商业银行相比有过之而无不及。网贷平台与商业

---

[1] See Ajay Agrawal, Christian Catalini and Avi Goldfarb, "Some Simple Economics of Crowdfunding", *Innovation Policy and the Economy*, Vol. 14, No. 1, 2014, p. 77.

[2] 参见吉林省高级人民法院（1995）吉刑终字第73号刑事判决书和最高人民法院（1997）刑复字第13号刑事裁定书。

[3] 参见王新：《金融刑法导论》，北京大学出版社1998年版，第19页。

[4] 参见网贷天眼：《2018互联网金融年报 革故鼎新·聚力同行》，网贷天眼官网，https://www.p2peye.com/topic-nk2018.html，2019年10月9日最新访问。

[5] 参见网贷之家：《最新 | 2018年中国网络借贷行业年报（完整版）》，网贷之家官网，https://www.wdzj.com/news/yc/3693772.html，2019年10月9日最新访问。

银行都具有金融业者的双面性,既是依法设立的商事主体,又具有明显的公共性。[1] 银行通过吸收活期存款和发放贷款,开展信用转换、期限转换和流动性转换的业务,资产负债率很高,风险很大。[2] 但是,银行同时也受到资本充足率、负债比例、流动资产比例、单一贷款集中度、拨备覆盖率等多种监管指标的约束,同时享有最后贷款人、存款保险等制度的保护。然而,作为信用中介的网贷平台,在开展具有信用转换功能的类银行业务时,并不接受各类监管指标的审慎监管,也不享有最后贷款人、存款保险等待遇,经营风险比银行更大。总体来看,网贷平台不但面临商业银行所面临的借款人信用风险、市场风险、操作风险、法律风险、流动性风险、声誉风险、战略风险等多重风险,还面临较传统银行更大的创新风险、政策不确定风险、市场波动风险、系统安全风险等。上述风险具有隐蔽性、传染性、广泛性和突发性,一旦爆发,将可能对整个市场和投资人造成巨大冲击。

2. 时空二维下的网贷风险

实证数据亦表明我国网络借贷平台发展过快,风险频发,涉众性和风险性突出。

从时间维度看,自我国第一家网贷平台"拍拍贷"于2007年上线以来,网贷平台经历了从极速增长到逐步趋缓的过程。2007年至2015年的年均增长率高达190.8%,而2015年至2018年的年均增长率仅7.9%,2019年后甚至未有新平台上线。与此同时,问题平台占比不断攀升,从2012年的0.48%,升至2015年的26.31%,再到2019年3月13日的81.1%。如下图所示:

---

[1] 参见王保树:"金融法二元规范结构的协调与发展趋势——完善金融法体系的一个视点",载《广东社会科学》2009年第1期。

[2] 参见周仲飞、郑晖:《银行法原理》,中信出版社2004年版,第6~7页。

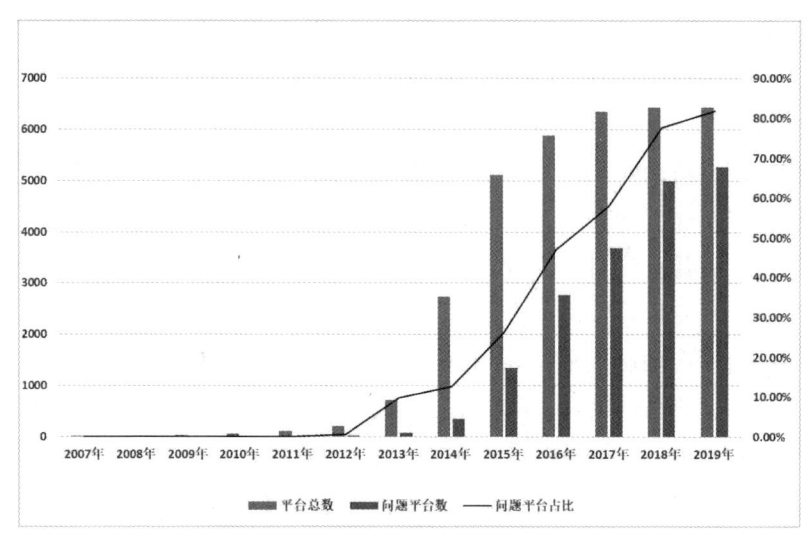

图 4.1 问题平台的时间分布图

从空间维度看，经济发达的"北上广"占据平台总数的前三甲，三省平台数占全国总数的 44.4%，而平台数量最少的西藏自治区仅有两家平台。各省问题平台的占比均较大：山东省最高，达 93.97%；新疆维吾尔自治区最低，亦达到 48.15%。因此问题平台高发是全国各地的普遍情况，如下图所示：

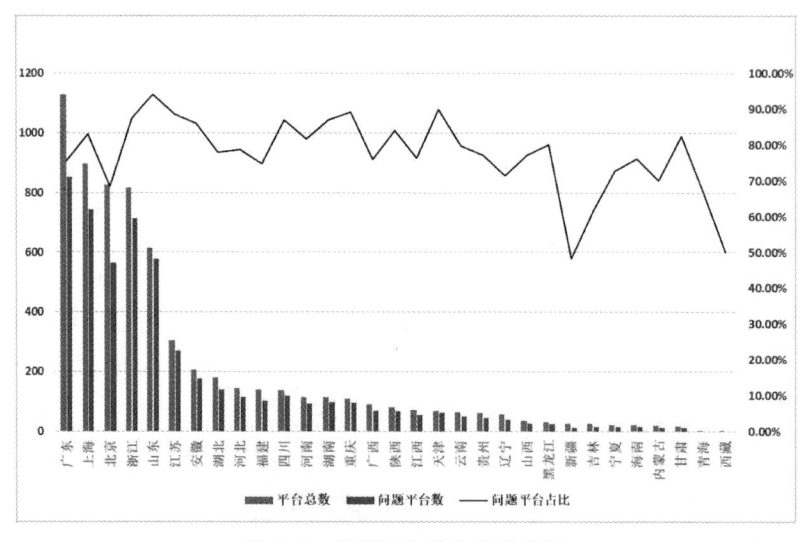

图 4.2 问题平台的空间分布图

总之，截至 2019 年 3 月 13 日，我国共有网贷平台 6488 家，其中问题平台达 5261 家，占比 81.1%。在问题平台中，逃避型平台 2959 家、非逃避型平台 2302 家，逃避型平台占比 56.2%，数千万投资人血本无归。易言之，目前大部分平台已经出险，其中，超过一半的平台失联，严重侵害了广大投资人的利益。

（二）以防范风险与投资者保护为核心

理论上对金融法的监管目标存在广泛的讨论。在国外，迈克尔·W.泰勒（Michael W. Taylor）提出了金融稳定和消费者保护的"双峰监管"理念，约翰·阿莫尔（John Armour）等学者提出了更为广泛的六个监管目标，包括投资者保护、零售金融中的消费者保护、金融稳定、市场效率、促进竞争和防止金融犯罪。[1] 道格拉斯·W.阿纳（Douglas W. Arner）等人针对金融科技的监管，认为应当平衡传统的金融稳定、消费者权益保护以及创新和经济发展三个目标。[2] 在国内，邢会强提出金融安全、金融效率和消费者保护的"三足定理"，[3] 冯果批判地继承了"三足定理"，将其进一步阐释为金融安全、金融效率和金融公平。[4]

从监管规定来看，我国网贷监管确立的目标是："规范网络借贷信息中介机构业务活动，保护出借人、借款人、网络借贷信息中介机构及相关当事人合法权益，促进网络借贷行业健康发展，更好满足中小微企业和个人投融资需求。"[5] 然而，上述目标定位没有抓住主要矛盾和矛盾的主要方面。从我国网络借贷的特点和现实情况来看，金融安全和金融公平堪忧，故监管目标应突出两个方面，即

---

〔1〕 See John Armour, Dan Awrey, Paul Davies, Luca Enriques, Jeffrey N. Gordon, Colin Mayer and Jennifer Payne, *Principles of Financial Regulation*, Oxford University Press, 2016, pp. 61~71.

〔2〕 Douglas W. Arner, Dirk A. Zetzsche, Ross p. Buckley, Janos N. Barberis, "FinTech and RegTech: Enabling Innovation While Preserving Financial Stability", *Georgetown Journal of International Affairs*, Vol. 18, No. 3, 2017, pp. 47~54.

〔3〕 参见邢会强："金融危机治乱循环与金融法的改进路径——金融法中'三足定理'的提出"，载《法学评论》2010 年第 5 期。

〔4〕 参见冯果："金融法的'三足定理'及中国金融法制的变革"，载《法学》2011 年第 9 期。

〔5〕 《网络借贷信息中介机构业务活动管理暂行办法》第 1 条规定："为规范网络借贷信息中介机构业务活动，保护出借人、借款人、网络借贷信息中介机构及相关当事人合法权益，促进网络借贷行业健康发展，更好满足中小微企业和个人投融资需求，根据《关于促进互联网金融健康发展的指导意见》提出的总体要求和监管原则，依据《中华人民共和国民法通则》、《中华人民共和国公司法》、《中华人民共和国合同法》等法律法规，制定本办法。"

防范系统性风险和投资者保护。[1]

1. 防范系统性风险

有关网络借贷是否可能引发系统性风险的问题，学界有不同认识。[2] 这样的差异主要来源于对系统性风险含义的不同理解和对网络借贷未来发展的不同预判。

国际清算银行认为，"系统性风险是指金融体系作为一个整体可能存在的风险及其可能对金融体系本身和实体经济所造成的冲击"。[3] 国际货币基金组织将系统性风险定义为因整体或局部金融系统内某个缺陷所引起、可能对实体经济产生严重负面影响的金融服务中断之风险。[4] 笔者认为，准确理解系统性风险需注意以下三个问题：第一，系统性风险具有全局影响力。该风险源于部分金融行业或金融机构，但最终影响整个金融体系甚至波及实体经济。第二，系统性风险具有严重性。该风险将导致整个金融系统陷入混乱，造成大批企业倒闭和失业。第三，系统性风险并非系统风险。系统风险是证券市场固有的、不能通过分散投资予以消除的风险，该风险只会使投资主体自身面临困境，并不具有系统性风险的传染性。[5]

传统观点认为，系统性风险主要集中于银行、金融市场和支付结算体系。[6] 2008年金融危机后人们意识到跨国银行是系统性风险的"超级传播者"，[7] 包括保险公司在内的任何"大而不能倒"的金融机构都有可能引发系统性风险，

---

[1] 国外部分学者亦认为投资者保护与维护金融稳定是金融科技监管的两个重要目标，See Iris H-Y Chiu, "Fintech and Disruptive Business Models in Financial Products, Intermediation and Markets- Policy Implications for Financial Regulators", *Journal of Technology Law & Policy*, Vol. 21, 2016, pp. 55~112.

[2] 反对者认为快速发展的金融科技已经遏制了P2P行业早期的野蛮生长，由于缺少系统性风险的现实危害，不适宜将金融科技纳入宏观审慎监管框架，参见沈伟："金融科技的去中心化和中心化的金融监管——金融创新的规制逻辑及分析维度"，载《现代法学》2018年第3期。赞成者认为当民间融资通过互联网发展到一定规模时，应当将其纳入防范系统性风险的宏观监管框架，确保金融体系的整体安全，参见岳彩申："互联网时代民间融资法律规制的新问题"，载《政法论丛》2014年第3期。

[3] 赵静等："开放经济体面临的三类系统性风险"，载《公共管理评论》2014年第1期。

[4] See Bank for International Settlements and Financial Stability Board, *Guidance to Assess the Systemic Importance of Financial Institutions, Markets and Instruments: Initial Considerations*, October 2009, p. 2.

[5] 参见胡海峰、代松："后金融危机时代系统性风险及其测度评述"，载《经济学动态》2012年第4期。

[6] See Olivier De Bandt and Philipp Hartmann, "Sysytemic Risk: A Survey", *ECB Working Paper*, No. 35, 2000, p. 5.

[7] See Giovanni Cozzi, Susan Newman, Jan Toporowski, *Finance and Industrial Policy: Beyond Financial Regulation in Europe*, UK: Oxford University Press, 2016, pp. 83~84.

回购市场和货币市场共同基金也可能发生挤兑风险。近年来，影子银行和互联网金融等新兴业态迅猛发展，它们体量庞大且问题频发，也是系统性风险的潜在来源。[1] 因此，我们不能低估规模相对较小但发展迅猛的网络借贷。[2]

以下四个原因决定了网络借贷亦有可能导致系统性风险：第一，基于"平民出身"和信用中介属性，网贷平台比大型金融机构更容易遭受不利的经济冲击，这些冲击有可能蔓延到该行业的其他公司；第二，网贷平台比典型的金融机构更难监控和约束，因为监管机关缺乏有关网络借贷结构和运营的可靠信息，网贷平台也倾向于隐瞒信息或披露虚假信息；第三，网络借贷市场遭遇集体行动问题，尤其是难以在逾期债权追偿方面达成共识，阻碍了市场参与者之间的合作或风险的化解；第四，网贷平台具有天然的规模扩张性，有动力跨界涉足银行理财、证券投资、保险、基金销售等其他领域，从而与其他金融机构建立越来越密切的联系，使风险的传染性不断增强。[3]

在网贷平台频频爆雷的当今，虽然整个金融体系尚未受到严重冲击，实体经济尚未受到明显影响，但是，从发展的角度来看，随着经济周期和金融管制的更迭，网络借贷所固有的涉众性和风险性决定了它具有引发系统性风险的可能。金融安全是金融效率、金融公平等其他所有目标实现的前提和基础，没有安全就谈不上资源的优化配置和公平分配。为此，我们应一改"先创新、再整治"的做法，在金融安全与金融创新的博弈中，以金融安全为前提。[4] 在网络借贷监管中，将防范和化解系统性风险作为首要目标。

2. 投资者保护

我国的金融监管长期重机构而轻个人，忽视了对广大消费者权益的保护，由此也失去了保障金融机构和金融体系安全的社会基础——广大客户的信赖。[5] 布坎南的"公共选择"理论部分解释了这一现象：利益集团规模越小，集体行

---

[1] 参见黄辉："中国金融监管体制改革的逻辑与路径：国际经验与本土选择"，载《法学家》2019年第3期；See Steven L. Schwarcz, "Regulating Shadow Banking", *Review of Banking and Financial Law*, Vol. 31, No. 1, 2012, pp. 627~631.

[2] 参见杨东："监管科技：金融科技的监管挑战与维度建构"，载《中国社会科学》2018年第5期；See William Magnuson, "Regulating Fintech", *Vanderbilt Law Review*, Vol. 71, 2018, pp. 1171~1172.

[3] See Eugenia Macchiavello, "Peer-To-Peer Lending and the 'Democratization' Of Credit Markets: Another Financial Innovation Puzzling Regulators", *Columbia Journal of European Law*, Vol. 21, 2015, p. 542.

[4] 参见潘静："从政府中心规制到社会共治：互联网金融治理的新视野"，载《法律科学（西北政法大学学报）》2018年第1期。

[5] 参见岳彩申："互联网时代民间融资法律规制的新问题"，载《政法论丛》2014年第3期。

动的成本越低,对政府决策的影响力就越大。[1] 结合网贷市场,与数以千万的消费者相比,网贷平台的数量较小,但个体利益很大,故网贷平台更有意愿也更有能力投入资源去影响公共决策,最终在利益集团的政治中胜出。柯提斯·J. 米尔霍普和卡塔琳娜·皮斯托则提出了更加宏大的理论,认为理解世界上不同法律制度之间差异的有益方法是观察它们在"集权——分权"和"协调——保护"这两个维度之间的变化情况,中国的法律偏向集权和协调型,因而更加强调自上而下的协调,并抵制创建和执行个体权利的向心力,由此导致个人权利保护的不足。[2]

值得注意的是,在网络借贷的交易结构中,存在互相依存又彼此冲突的两类金融消费者:一端是作为借款人的消费者,[3] 另一端是作为出借人的消费者。虽然对于金融消费者的内涵和外延在理论上尚存争议,[4] 但是,作为自然人的借款人和出借人均具有消费者的属性,这一点基本可以达成共识。相对于平台而言,他们都是弱者,依法享有保障安全权、知悉真情权、自主选择权、公平交易权、依法求偿权、接受教育权等,但这些合法权益均易受到侵犯。[5] 为此,应注意平衡保护借款人和出借人的利益。相对于借款人,在我国应侧重对投资者利益的保护,理由如下:

其一,制度缺失的不均匀分配导致投资者权益更易遭受损害。总体而言,我国对于借款人和出借人的保护机制都不完善,但相对而言,保护借款人权益的制度先行一步:针对高额借贷成本,最高人民法院通过确立"两线三区",[6] 以

---

[1] 参见 [美] 詹姆斯·M. 布坎南:《自由、市场与国家——80年代的政治经济学》,平新乔、莫扶民译,上海三联书店1989年版,第29~42页及第331~348页;John C. Coffee, Jr. "Political Economy of Dodd-Frank: Why Financial Reform Tends to be Frustrated and Systemic Risk Perpetuated.", *Cornell Law Review*, Vol. 97, No. 5, 2012, pp. 1020~1023.

[2] [美] 柯提斯·J. 米尔霍普、[德] 卡塔琳娜·皮斯托:《法律与资本主义:全球公司危机揭示的法律制度与经济发展的关系》,罗培新译,北京大学出版社2010年版,第225~226页。

[3] See Andrew Verstein, "The Misregulation of Person-to-Person Lending", *U.C. Davis. Law. Review.* Vol. 45, 2011, p. 527.

[4] 参见杨东:"论金融消费者概念界定",载《法学家》2014年第5期。

[5] 有关消费者的权利谱系,参见张守文:《经济法原理》,北京大学出版社2013年版,第455~458页。

[6] 《最高人民法院关于审理民间借贷案件适用法律若干问题的规定》(2015年)第26条规定:"借贷双方约定的利率未超过年利率24%,出借人请求借款人按照约定的利率支付利息的,人民法院应予支持。借贷双方约定的利率超过年利率36%,超过部分的利息约定无效。借款人请求出借人返还已支付的超过年利率36%部分的利息的,人民法院应予支持。"

及后来的一年期贷款市场报价利率的四倍，[1] 在一定程度上遏制了高利贷对借款人的侵害；针对掠夺性放贷，国家已经禁止校园贷并整顿现金贷，要求网贷平台不得为无还款来源或不具备还款能力的借款人提供借贷撮合；针对暴力催收，银监会及中国互联网金融协会多次发文，禁止一切硬暴力和软暴力。然而，我国在投资人权益保护方面则存在诸多漏洞，包括平台审贷性质不明确、信息披露责任不到位、诉讼追偿渠道不顺畅、平台退出机制不可行等。制度供给的不均匀分配导致出借人相对于借款人更易遭受损失，也更需要制度保护。

其二，我国网络借贷的投资者普遍缺乏理性。廖理、李梦然、王正位（2014）指出：歧视可以分为有效统计歧视和非有效统计歧视，我国的P2P网络借贷市场中，不同地域的借款成功率存在显著差异，该差异与其违约率之间并无统计上的关系。这意味着我国P2P信贷市场中的地域歧视是存在的，而且这种歧视是一种非有效的歧视。[2] 孙大同（2016）研究发现：投资者愿意向成功借款次数多和逾期还款次数多的借款人出借资金，实际上逾期还款次数多的借款人违约率更高，这说明投资者的投资能力和风险识别能力较低，仍然依靠"感觉"和经验进行投资。[3]

其三，大部分网络借贷投资者缺乏抗风险能力。理论上，投资者可以通过内部信息、专业知识或财富保护自己，但大部分网络借贷的投资者前述三个条件无一具备。首先，投资者面临信息不对称的困境，容易成为恶意骗贷、庞氏骗局、虚假宣传的牺牲品。其次，大部分投资者缺乏理财专业知识，保护意识淡薄，有的甚至将手机交由网贷门店经理操作，完全忽视缔约和投资风险。最后，与信托、私募基金等资管计划的投资者不同，网贷投资者并没有很多财富来抵挡潜在损失对生活的冲击。根据网贷之家2016年的统计，44.92%的投资人月收入在5000至10 000元，32.83%的投资人月收入在1000至5000元，还有2.39%的投资人月收入不足1000元。58.18%的投资人为工薪阶层，但40.13%的投资人持

---

[1]《最高人民法院关于审理民间借贷案件适用法律若干问题的规定（2020第二次修正）》第25条规定："出借人请求借款人按照合同约定利率支付利息的，人民法院应予支持，但是双方约定的利率超过合同成立时一年期贷款市场报价利率四倍的除外。前款所称'一年期贷款市场报价利率'，是指中国人民银行授权全国银行间同业拆借中心自2019年8月20日起每月发布的一年期贷款市场报价利率。"

[2] 参见廖理、李梦然、王正位："中国互联网金融的地域歧视研究"，载《数量经济技术经济研究》2014年第5期。

[3] 参见孙大同："P2P网贷中借款人特征对违约行为影响的实证研究"，大连理工大学2017年硕士学位论文。

有 P2P 产品的金额却在 10 万至 100 万元之间。[1] 这样的"收入投资比"决定了大部分投资人抗风险能力弱，一旦遭受损失，将对日常生活产生较大影响。

总之，基于网贷平台信用中介的法律性质以及涉众性、风险性的突出特点，并结合已经发生的风险事件，监管目标应确定为防范和化解系统性风险并保护投资者权益。[2]

二、监管策略的范式转变

金融监管策略是实现金融监管目标的工具。约翰·阿莫尔（John Armour）等学者认为，金融监管策略可分为事前策略和事后策略：事前策略在开始投资或开展业务时适用，包括准入监管（如牌照要求、业务限制），行为监管（如营销约束、托管要求、防范利益冲突），信息监管（如投资者教育、公司的各项信息披露），微观审慎监管（如资本充足率、流动资产比例、风险资产约束），公司治理监管（如董事会结构、董事义务、高管薪酬水平）；事后策略仅在发生问题时适用，包括保险（如存款保险、最后贷款人制度）和解决机制（如资产出售、债权自动减计）。[3] 道格拉斯·W. 阿纳（Douglas W. Arner）等人认为：针对金融科技的发展，目前有以下四种监管措施：第一，不做任何改变（Doing Nothing），即根据过去安排继续采取限制或许可措施；第二，灵活及包容（Flexibility and Forbearance），即针对特定领域放松监管措施；第三，严格实验（Restricted Experimentation），例如监管沙盒或试点；第四，创新监管（Regulatory Development），即通过新的监管措施以应对新的活动和参与者。[4] 德克·A. 泽茨彻（Dirk A. Zetzsche）等人也提出了类似的四项措施，分别是不做任何改变、基于一事一议的谨慎许可、结构化实验和创新监管，并主张采取创新监管措施以构建

---

[1] 参见网贷之家、盈灿咨询：《2016 年 P2P 网贷投资人问卷调查报告》，网贷之家，https://www.wdzj.com/news/yanjiu/54818.html，2019 年 7 月 28 日最新访问。

[2] 互联网金融监管应遵循调制适度原则，协调好多种矛盾。参见海天理财编著：《一本书读懂互联网金融》，清华大学出版社 2015 年版，第 386~388 页；张劲松编著：《互联网金融经营管理之道》，机械工业出版社 2014 年版，第 282~284 页；余丰慧：《互联网金融革命：中国金融的颠覆与重建》，中华工商联合出版社 2014 年版，第 183~187 页。

[3] See John Armour, Dan Awrey, Paul Davies, Luca Enriques, Jeffrey N. Gordon, Colin Mayer and Jennifer Payne, *Principles of Financial Regulation*, Oxford University Press, 2016, pp. 72~78.

[4] See Douglas W. Arner, Dirk A. Zetzsche, Ross p. Buckley, Janos N. Barberis, "FinTech and RegTech: Enabling Innovation While Preserving Financial Stability", *Georgetown Journal of International Affairs*, Vol. 18, No. 3, 2017, p. 48.

数字型智能监管（Smart Regulation）。[1]

在网络借贷领域，我国确立了以备案登记为核心，辅之以其他措施的监管策略，具体包括：第一，备案登记，根据网贷平台的注册地，由当地金融监管部门对网贷平台办理备案登记；第二，工商监管，在网贷平台备案登记前，须在营业执照的经营范围中明确网络借贷信息中介的内容；第三，电信监管，网贷平台在备案登记后，按照通信主管部门要求取得增值电信业务经营许可证；第四，银行存管，网贷平台在备案登记后，须与银行签订存管协议对平台自有资金和客户资金进行隔离管理；第五，信息披露，网贷平台及其分支机构须通过官网及其他互联网渠道向社会公众公示基本信息、运营信息、项目信息、重大风险信息、消费者咨询投诉渠道信息等。

实践表明，上述监管策略并不能有效防范风险。由于备案制是我国网贷监管制度的核心，下文将首先分析备案制的由来及其演变，然后分析网贷备案制的弊端，最后回答行政许可更适合我国的缘由。

（一）备案制的由来及演变

1. 备案制发展的三个阶段

国外法学文献中尚未有关于"备案"（Registration 或 Record Keeping）的论述。就国内法而言，最早的备案要求出现在1949年11月颁布的《中华全国总工会关于劳资关系暂行处理办法》第5条有关"各工商企业之管理规则及工作场所之工作规则，由资方拟定经工会同意送请人民政府劳动局备案后，劳方须切实遵行"的规定之中。此后，我国法律法规大量使用"备案"一词。截至2019年10月10日，含有"备案"一词的中央法律法规及司法解释多达44 951篇。[2] 然而，上述法规并非在同一语境下使用备案。

有学者细致梳理了我国备案制演变的历史，将备案制的发展分为以下三个阶段：第一阶段为1948至1980年，主要体现为上级政府对下级政府人事、重大管理行为等进行的备案审查；第二阶段为1981至2002年，政府开始转变职能，一

---

[1] See Dirk A. Zetzsche, Ross P. Buckley, Janos N. Barberis, Douglas W. Arne, "Regulating a Revolution: From Regulatory Sandboxes to Smart Regulation", *Fordham Journal of Corporate & Financial Law*, Vol. 18, 2017, pp. 31~103.

[2] 2019年10月10日，经查询北大法宝，含有"备案"一词的中央法规司法解释共44951篇，包括法律504篇，行政法规1932篇，监察法规1篇，司法解释499篇，部门规章38647篇，军事法规规章104篇，党内法规508篇，团体规定274篇，行业规定2468篇。

方面出现了规范性文件的备案审查，另一方面，公民、法人或其他组织从事特定活动的备案也开始出现并日益增多；第三阶段为2003年至今，国家开始推进精简行政审批，具体表现为在审批改革中取消实为行政许可的备案，改备案为许可（此种情形很少），改许可为备案三种情形。[1]

2. 备案制性质的三种类别

历史上我国的行政备案可分为许可性行政备案、确认性行政备案和监督性行政备案三类：许可性行政备案与行政审批没有实质区别，例如，国家税务总局颁布的《扩大增值税抵扣范围暂行管理办法》（已失效）有关主管税务机关受理备案登记资料后，纳税人方可按照扩大增值税抵扣范围相关政策规定申报纳税的规定。确认性行政备案并不直接为当事人设定权利义务，只是在法律上对该行为予以确认，以保护交易安全，例如，《商标法》第43条有关"许可他人使用其注册商标的，许可人应当将其商标使用许可报商标局备案，由商标局公告。商标使用许可未经备案不得对抗善意第三人"的规定。监督性行政备案是由相对人向主管机关告知相关事由、报送相关材料，以便主管机关留档，为将来采取监管措施、出台政策法规提供信息基础，例如，《广州市城镇职工基本医疗保险试行办法》（已失效）第42条有关"企业及其他经济组织，也可自行建立补充医疗保险制度，企业补充医疗保险办法应当报市人力资源和社会保障部门备案"的规定。[2]

（二）对网络借贷备案制的反思

我国的网络借贷备案制产生于推行简政放权的第三阶段，从其一开始的定位来看，在性质上属于监督性行政备案。之所以确立这样的备案，与对网贷平台信息中介的定位有很大关系。在网贷方兴未艾之时，学界普遍对监管失灵保持警惕，反映到制度层面上，为避免扼杀创新，我国选择了备案制。[3] 然而，近年来有学者开始质疑备案制，[4] 因为这一本来属于事后监督的宽松监管措施，在

---

[1] 参见朱宝丽："行政备案制度的实践偏差及其矫正"，载《山东大学学报（哲学社会科学版）》2018年第5期。

[2] 参见刘云甫、朱最新："行政备案类型化与法治化初探——一种基于实在法视角的探讨"，载《湖北行政学院学报》2010年第2期。

[3] 参见黄震、邓建鹏：《论道互联网金融》，机械工业出版社2014年版，第175~176页。

[4] 参见宋怡欣、吴弘："P2P金融监管模式研究：以利率市场化为视角"，载《法律科学（西北政法大学学报）》2016年第6期；姚海放："治标和治本：互联网金融监管法律制度新动向的审思"，载《政治与法律》2018年第12期。

执行过程中逐渐演变为事实上的行政许可,并产生一系列问题:

1. 以备案之名行许可之实

《网络借贷信息中介机构备案登记管理指引》第 2 条第 2 款规定:"本指引所称备案登记是指地方金融监管部门依申请对管辖内网络借贷信息中介机构的基本信息进行登记、公示并建立相关机构档案的行为。备案登记不构成对机构经营能力、合规程度、资信状况的认可和评价。"可见,设定备案的初衷仅为事后的信息采集和公示。然而,随着网络借贷风险的加剧,监管机关切实感受到备案制无法防范风险,于是备案制逐步演变为事实上的许可制。

2017 年 12 月 13 日,P2P 网络借贷风险专项整治工作领导小组办公室发布《关于做好 P2P 网络借贷风险专项整治整改验收工作的通知》,要求各地整治办对辖内机构进行全覆盖、有重点的实质检查,严防被检查机构"带病"通过验收,对于在规定时间内没有通过整改验收,无法完成备案登记但依然实质从事网贷业务的机构,各省(区、市、计划单列市)应当协调相应职能部门予以处置,包括注销其电信经营许可、封禁网站等。上述措施实际上使备案成为一种事前的监管手段。2018 年 8 月出台的《关于开展 P2P 网络借贷机构合规检查工作的通知》更是将备案的前提条件细化为 108 条合规标准。至此,备案制已经完全演变为行政许可。

以备案之名行许可之实,在积极意义方面,可以看作立法错误或误判在实施阶段的自我修正。[1] 但是,这样的"名实分离"既让平台面临不确定的法制环境,也使监管者自身陷入被动境地。一方面,国家有权机关可依照《行政监察法》等规定对监管者严肃问责;[2] 另一方面,理论上,平台有权对监管者限制其开展业务或责令清盘的行为申请行政复议,乃至提起行政诉讼。监管者可谓"腹背受敌"。

2. 立法摇摆与执法多变并存

"作为激励制度的法律,必须构成一个纳什均衡——也就是说,给定其他人

---

[1] See John C. Coffee, Jr. "Political Economy of Dodd-Frank: Why Financial Reform Tends to be Frustrated and Systemic Risk Perpetuated.", *Cornell Law Review*, Vol. 97, No. 5, 2012, p. 1026.
[2] 《国务院关于严格控制新设行政许可的通知》第 1 条第 1 款第 16 项规定:"国务院部门规章和规范性文件一律不得设定行政许可,不得以备案、登记、年检、监制、认定、认证、审定等形式变相设定行政许可,不得以非行政许可审批为名变相设定行政许可。"

（包括执法者）遵守法律，每个人都有积极性遵守法律。"[1] 政府政策的多变，使得人们难以形成稳定的预期。当人们没有稳定预期的时候，是不可能讲信誉的。[2] 遗憾的是，在备案制的立法和执法方面，朝令夕改的现象颇为严重：

  2016 年 8 月出台的《网络借贷信息中介机构业务活动管理暂行办法》确定网贷平台有 12 个月的过渡期，网贷平台应最迟于 2017 年 8 月完成备案。但 2017 年 12 月颁布的《关于做好 P2P 网络借贷风险专项整治整改验收工作的通知》将备案截止日推迟至 2018 年 6 月。平台普遍预期推迟后的期限就是备案大限，故纷纷努力，期待通过备案以规范发展。但 6 月之后，监管机关仍未对任何一家平台备案。"不真诚"的备案随即引发市场恐慌，出借人纷纷要求提前赎回投资。压力之下，有的平台停止运营，有的平台直接失联，连锁反应导致平台纷纷爆雷，出借人的境况进一步恶化。

  3. 腐败潜滋暗长

  备案制以轰轰烈烈的专项整治为背景，赋予了地方执法者巨大的权力，腐败现象正潜滋暗长。有学者指出："运动治理导致基层官员失控，为私利勒索、开脱责任而滥用权力，不重证据的'严打'，为诬陷、报复、泄私愤等敞开大门。"[3] 后义的实证数据表明，问题平台和正常平台平均受到行政处罚的次数分别为 0.21 次和 0.44 次，逃避型平台和非逃避型平台平均受到行政处罚的次数分别为 0.16 次和 0.26 次。也就是说，表现更好的平台反而比表现不好的平台遭受到更多的行政处罚，且差异在 0.1% 水平下显著性。行政处罚作为"有形之手"，本应惩恶扬善，克服市场失灵，但数据表明行政处罚没有起到积极作用。

  笔者从某网贷高管处了解到如下案例，可以解释上述现象。2018 年，某市 A 区工商行政管理局联合当地公安局，以刑侦手段冻结了某正常运营的网贷公司数个账户。实际控制人通过个人关系解冻了大部分账户，但公安机关坚持冻结存款金额最高的一个账户，该账户内有 2000 余万元。公安机关未解冻的原因是为收取好处费。为此，该平台法务高管先后 5 次去 A 区谈判，通过多轮"讨价还

---

  [1] 张维迎、邓峰："信息、激励与连带责任——对中国古代连坐、保甲制度的法和经济学解释"，载《中国社会科学》2003 年第 3 期。有关纳什均衡的详细内容，参见 [美] 保罗·萨缪尔森、威廉·诺德豪斯：《经济学（第十七版）》，萧琛主译，人民邮电出版社 2004 年版，第 175 页。
  [2] 参见张维迎：《信息、信任与法律》，生活·读书·新知三联书店 2003 年版，第 54~59 页。
  [3] 周雪光：《中国国家治理的制度逻辑：一个组织学研究》，生活·读书·新知三联书店 2017 年版，第 150 页。

价",最终以400万元的行政处罚价格"成交"。为避免处罚决定书在网上公示,当地工商局一直没有正式作出该处罚决定书。上述案例仅是该网贷公司所遭遇的诸多类似案件中的一例。可见,好平台比坏平台遭受更多行政处罚的原因是,好平台比坏平台更有钱,更有"支付能力"。总之,与备案制相伴的执法腐败,让网贷市场环境进一步恶化。

以信息中介定位为出发点而设立的备案制,在我国逐渐演化为事实上的行政许可,并产生立法摇摆与执法多变、地方各自为政、腐败滋生等问题,既不利于防范系统性风险,也不利于保护投资人权益。既然我们以信用中介机构重新定位网贷平台,我们也应当反思备案制的合理性。[1] 下文的分析表明,对于涉众性突出的网络借贷,我们应通过行政许可为其设立准入门槛。

(三)设立行政许可的理由

行政许可是行政机关根据公民、法人或者其他组织的申请,经依法审查,准予其从事特定活动的行为。在许可制下,行政机关依申请逐一决定行政相对人是否具有从事特定业务的资质,作出准予行政许可的决定后,通常颁发行政许可证,故行政许可亦被称为牌照制。

是否设立行政许可,与市场失灵相关。西方经济学认为在下述条件下,市场可以有效配置各种资源:第一,人是理性的经济人;[2] 第二,市场竞争是完全和有序的;第三,不存在外部性;[3] 第四,不存在公共物品;[4] 第五,不存在信息不对称。然而,在现实生活中,有效市场的五个前提均不能满足:第一,人存在即时满足、参考依赖等行为偏见;[5] 第二,市场存在竞争不足(如寡头、垄断)或竞争过度(如不正当竞争);第三,市场存在正的或负的外部性;第

---

[1] 西方亦有研究者认为随着金融科技的发展壮大,继续采取监管包容态度是不现实的,See John L. Douglas, "New Wine into Old Bottles: Fintech Meets the Bank Regulatory World", *North Carolina Banking Institute*, Vol. 20, 2016, p. 65.

[2] 参见高鸿业主编:《西方经济学》(微观部分),中国人民大学出版社2004年版,第17页。

[3] 参见[美]曼昆:《经济学原理(第三版)》,梁小民译,机械工业出版社2006年版,第171~183页;[美]约瑟夫·E. 斯蒂格利茨、卡尔·E. 沃尔什:《经济学 上册(第三版)》,黄险峰、张帆译,中国人民大学出版社2005年版,第243~245页。

[4] 参见[美]曼昆:《经济学原理(第三版)》,梁小民译,机械工业出版社2006年版,第189~198页;[美]约瑟夫·E. 斯蒂格利茨、卡尔·E. 沃尔什:《经济学 上册(第三版)》,黄险峰、张帆译,中国人民大学出版社2005年版,第245~247页。

[5] See John Armour, Dan Awrey, Paul Davies, Luca Enriques, Jeffrey N. Gordon, Colin Mayer and Jennifer Payne, *Principles of Financial Regulation*, Oxford University Press, 2016, pp. 209~212.

四,市场存在非竞争和非排他的公共物品;第五,市场存在不完全信息和非对称信息。[1] 上述五个方面共同导致市场失灵,因此需要政府介入。当然,政府介入的方式有多种,是否采取行政许可,还需要考虑公共安全和公共利益问题。[2] 如果金融交易涉及的人数和地理范围非常有限,那么政府就不应该以行政许可的方式进行监管。但是,如果金融交易的人数达到几百万,甚至数千万,金融交易一旦出现问题,很容易转化为社会问题、政治问题,在中国的语境下,就是"维稳问题"。随着参与交易人数的增加,监管的必要性也随之增大。[3] 换言之,当无序成本大于管制成本时,提高监管强度是更优的选择。[4] 在域外,英美日三国均对网络借贷实行行政许可。在我国,为网络借贷设立行政许可势在必行,具体理由如下:

1. 约束消费者非理性行为

在网贷市场中,借款人和出借人都存在非理性行为,集中体现在借款人可能因急于获得资金而忽视借贷成本,以及出借人无法有效筛选出优质借款人、存在思维定势或过度投资倾向。政府通过行政许可,设定严格的准入门槛,可以遴选出股东背景强、实缴资本多、透明程度高、风控措施全、增信措施优的从业机构。这些机构不但实力很强,也会因为牌照来之不易而更加珍惜声誉,在与借款人和出借人订立和履行合同的过程中也会少一些机会主义,多一些合规考虑,在一定程度上弥补了消费者非理性所导致的弊端。例如,将借款人综合资金成本统

---

[1] 参见 George A. Akerlof, "The Market for 'Lemons': Quality Uncertainty and the Market Mechanism", *The Quarterly Journal of Economics*, Vol. 84, No. 3, 1970, pp. 488~500;[美]约瑟夫·E. 斯蒂格利茨、卡尔·E. 沃尔什:《经济学 上册(第三版)》,黄险峰、张帆译,中国人民大学出版社2005年版,第299~317页;[美]保罗·萨缪尔森、威廉·诺德豪斯:《经济学(第十七版)》,萧琛主译,人民邮电出版社2004年版,第129页。

[2]《中华人民共和国行政许可法》第12条规定:"下列事项可以设定行政许可:(一)直接涉及国家安全、公共安全、经济宏观调控、生态环境保护以及直接关系人身健康、生命财产安全等特定活动,需要按照法定条件予以批准的事项;(二)有限自然资源开发利用、公共资源配置以及直接关系公共利益的特定行业的市场准入等,需要赋予特定权利的事项;(三)提供公众服务并且直接关系公共利益的职业、行业,需要确定具备特殊信誉、特殊条件或者特殊技能等资格、资质的事项;(四)直接关系公共安全、人身健康、生命财产安全的重要设备、设施、产品、物品,需要按照技术标准、技术规范,通过检验、检测、检疫等方式进行审定的事项;(五)企业或者其他组织的设立等,需要确定主体资格的事项;(六)法律、行政法规规定可以设定行政许可的其他事项。"

[3] 参见陈志武:"互联网金融到底有多新",载《新金融》2014年第4期。

[4] See Simeon Djankov, Edward Glaeser, Rafael La Porta, Florencio Lopez-de-Silanes and Andrei Shleifer, "The new comparative economics", *Journal of Comparative Economics*, Vol. 31, 2003, pp. 598~599.

一折算为年化形式,在事前全面、公开披露并提示相关风险;设定借款"冷静期",避免借款人的非理性借贷行为;遵循"了解你的客户"原则,对出借人的投资经验、收入和风险承受能力进行尽职调查,避免出借人超越自身能力承担不适当的风险。

2. 扭转市场过度竞争态势

在主要发达国家,网络借贷平台的数量较少。美国仅有以 Lending club 和 Prosper 为代表的数家平台;截至 2015 年 6 月,日本仅有 9 家平台;截至 2016 年 9 月,英国仅有 12 家获得完全授权的公司和 39 家拥有临时许可的公司。[1] 相比之下,截至 2019 年 3 月 13 日,中国已存在过 6488 家平台,其中正在运营的平台亦有 1227 家,为上述三个国家平台总和的 10 余倍。数量众多的平台之间产生了激烈的竞争,高息、返利、补贴、虚假宣传、诋毁竞争对手等不正当竞争行为屡禁不止。如实施行政许可,则所有欲开展网络借贷业务的机构都必须经监管机关批准,否则将构成非法经营,承担刑事责任,平台野蛮生长、无序竞争的状况将得到遏制。此外,行政许可本身并不意味着阻碍创新或抑制竞争,审批机关可以通过对准入标准的宽严把握和动态调整,在防范风险和促进竞争之间保持动态平衡。[2]

3. 减少市场负外部性危害

对于网络借贷平台而言,外部性包括平台内的交叉网络外部性和平台之间的外部性。[3] 平台内的负交叉网络外部性主要源于部分借款人欺诈或违约,导致出借人不愿加入平台或停止出借,进而使优质借款人也逐渐退出平台,使平台陷入死亡螺旋。平台之间的负外部性体现为声誉溢出效应,因为平台的长期生存能力最终取决于其通过提供长期的声誉激励机制来维护业务的完整性、满足投资人的需要,故个别平台经营失败、跑路或表现欠佳,可能会给其他平台带来风险。对于上述两种负外部性,行政许可能在一定程度上改善,具体包括:一方面,经过严格审批的网贷平台具有更强的风控能力,识别和防范借款人信用风险的能力

---

[1] See Ding Chen, Anil Savio Kavuri, Alistair Miline, "Growing Pains: The Changing Regulation of Alternative Lending Platforms", https://ssrn.com/abstract=3315738, 2019, pp. 22~31.

[2] See John Armour, Dan Awrey, Paul Davies, Luca Enriques, Jeffrey N. Gordon, Colin Mayer and Jennifer Payne, *Principles of Financial Regulation*, Oxford University Press, 2016, pp. 74~75.

[3] 参见[美]戴维·S. 埃文斯、理查德·施马兰奇:《连接:多边平台经济学》,张昕、黄勇、张艳华译,中信出版社 2018 年版,第 157 页。

更强，出借人更不易遭受投资损失，从而弱化负交叉网络外部性的影响；另一方面，经过严格审批的网贷平台合规意识更强，更有能力抵制洗钱、资金池等违法业务的诱惑，从而降低遭受挤兑、流动性枯竭、破产等风险。总之，经过审批的平台具有更强的生存能力，不会轻易发生经营失败，更不易发生逃避责任等情形。[1] 即使个别平台发生风险，国家也可从防范系统性风险的角度，对平台退出予以规制。[2]

4. 增强公共物品制度供给

增强公共物品供给有两个含义：一则增强监管的公共物品供给，二则增强平台的公共物品供给。第一，我们应以公共物品供给的理念重塑网络借贷监管，不能再以监管定市场，而应使监管遵循市场规律，[3] 正所谓，监管"应当内生于市场，吸收、整合行业性规则和平台内规则，并根据行业发展的实际情况以及平台的利益诉求灵活调整"。[4] 是故，为具有涉众性和风险性的网络借贷设定行政许可，有利于保持法律逻辑与商业逻辑的一致性，维护社会公共利益。第二，目前网络借贷市场中存在平台公共物品供给不足的问题，集中体现在对借款人信息的采集不足和对逾期借款人的追偿不足。上述供给不足是因为平台出于自身成本收益的考虑，不愿意承担过多义务，导致出借人利益保护不足的"公地悲剧"和"搭便车"问题。[5] 行政许可制能够通过政府的"有形之手"筛选出能为广大出借人提供更多信用信息并对逾期借款人进行有效追偿的企业，从而倒逼平台为了通过审批，增大公共物品供给，更好地保护投资人权益。

5. 缓释信息不对称风险

法律具有信号功能和信用增强功能，对网络借贷施行行政许可，对于缓解网

---

[1] 西方有学者通过比较法国历史上通过公证员撮合借贷双方的点对点借贷和当代通过互联网撮合借贷双方的网贷平台后认为：网贷平台容易形成垄断并经常受到违法业务的诱惑，同时，网贷平台有动机放宽对借款人资信的审查标准以赚取更多的费用。See Philip T. Hoffman, Gilles Postel-Vinay, and Jean-Laurent Rosenthal, *Dark Matter Credit: The Development of Peer-to-Peer Lending and Banking in France*, USA: Princeton University Press, 2019, pp. 223~225.

[2] See Kevin Davis, Jacob Murphy, "PEER-TO-PEER LENDING: Structures, Risks and Regulation", *The Finsia Journal of Applied Finance*, 2016, p. 39.

[3] 参见冯辉："网络借贷平台法律监管研究"，载《中国法学》2017年第6期。

[4] 冯辉："网络借贷平台的监管权分配与监管规则协同"，载《社会科学》2018年第10期。

[5] 参见[美]曼昆：《经济学原理（第三版）》，梁小民译，机械工业出版社2006年版，第189~198页；[美]约瑟夫·E.斯蒂格利茨、卡尔·E.沃尔什：《经济学 上册（第三版）》，黄险峰、张帆译，中国人民大学出版社2005年版，第245~247页。

贷市场中诸多信息不对称亦有帮助：其一，获得准入的网贷平台在征信信息的获取上具有正当性，能够得到中国人民银行征信中心、百行征信等机构的大力支持，平台将更有能力审查和评估借款人的信用风险，缓释借款人与出借人之间的信息不对称；其二，获得政府认可的网贷平台，实力更强、操作更规范、合规程度更高，准入本身已经向出借人和借款人传递了重要信息，这就节省了广大消费者在市场中挑选平台所花费的时间和精力，同时，平台为了满足持续性监管要求，也会有动力向消费者提供真实、准确、完整、及时的信息，缓释平台与消费者之间的信息不对称；其三，通过审批的平台拥有更加先进的科学技术（社交媒体、大数据、人工智能），更加完善的内控制度（员工手册、印章管理、反欺诈），财务制度（资金存管、流动性管理）和安全管理制度（病毒防范、数据恢复、防火墙管理），从而更有能力应对因信息不对称所引发的风险。

总之，对网络借贷采取行政许可，有助于克服网络借贷的市场失灵，包括约束消费者的非理性行为、扭转市场过度竞争的态势、减少市场负外部性危害、增强公共物品的供给、缓释信息不对称风险，实现防范系统性风险和投资人保护的监管目标。

有学者将中国对互联网金融的监管分为严格禁止模式、运动型治理模式和创新型监管模式，并指出：严格禁止模式迎合了官僚体制趋避风险的偏好，但压抑了金融创新；运动型治理模式虽然看起来既满足了金融创新需要，又通过整治处理了风险，但代价巨大；创新型监管模式最为合适，但没有得到广泛运用，因为监管者被禁止设立新的行政许可束缚了手脚。[1]"由于经济社会的动态性与复杂性，政府与市场的关系是在不断变化的，市场在创新，行政许可制度也必须随着市场的创新发生相应的调整。"[2] 提高网络借贷监管的立法层级，实行牌照制管理，并不是与"简政放权"的改革方向唱反调。对类金融中介机构的网贷平台实行牌照制，有利于克服市场失灵，变"名实分离"为"名副其实"，更好地防范系统性风险和保护投资人权益。

三、监管权力的重新划分

在监管主体及权力配置方面，我国最初构建了以"行为监管"和"机构监

---

[1] 参见彭冰："反思互联网金融监管的三种模式"，载《探索与争鸣》2018年第10期。
[2] 席涛："市场失灵与《行政许可法》——《行政许可法》的法律经济学分析"，载《比较法研究》2014年第3期。

管"为核心的体制,其中,银监会及其派出机构进行"行为监管",即制定统一的规范发展措施和监督管理制度;地方金融监管部门进行"机构监管",即负责本辖区内网贷平台的规范管理。此外,工商总局负责营业执照管理,工业和信息化部负责电信业务管理,公安部负责系统安全管理并打击金融犯罪,国家网信办负责互联网信息管理,中国互联网金融协会负责行业自律监管。[1]

随着网贷风险的爆发,监管权逐渐转移给中央的网贷风险专项整治工作领导小组和各省级人民政府。在中央,领导小组以银监会为组长单位,由工业和信息化部、公安部、国家网信办等十个部委予以协助。[2] 在地方,各省政府负责本地区的具体整治工作,省金融办(局)和银监会省级派出机构共同负责设立网贷风险专项整治联合工作办公室,做好本地的维稳工作。[3]

事实证明,上述权力配置既没有很好地防范系统性风险,也没有较好地保护消费者权益。根据防范系统性风险与投资者保护的核心监管目标和变备案为许可的监管策略,我们应对权力配置体系进行必要的调整。鉴于权力配置既包括中央不同部门之间的横向权力配置,也包括央地之间的纵向权力配置,下文将分别予以论述。

---

[1]《网络借贷信息中介机构业务活动管理暂行办法》第4条规定:"按照《关于促进互联网金融健康发展的指导意见》中'鼓励创新、防范风险、趋利避害、健康发展'的总体要求和'依法监管、适度监管、分类监管、协同监管、创新监管'的监管原则,落实各方管理责任。国务院银行业监督管理机构及其派出机构负责制定网络借贷信息中介机构业务活动监督管理制度,并实施行为监管。各省级人民政府负责本辖区网络借贷信息中介机构的机构监管。工业和信息化部负责对网络借贷信息中介机构业务活动涉及的电信业务进行监管。公安部牵头负责对网络借贷信息中介机构的互联网服务进行安全监管,依法查处违反网络安全监管的违法违规活动,打击网络借贷涉及的金融犯罪及相关犯罪。国家互联网信息办公室负责对金融信息服务、互联网信息内容等业务进行监管。"

[2]《P2P网络借贷风险专项整治工作实施方案》第4条第1项款规定:"加强组织领导。银监会会同中央宣传部、中央维稳办、发展改革委、工业和信息化部、公安部、财政部、住房城乡建设部、人民银行、工商总局、法制办、国家网信办、国家信访局、最高人民法院、最高人民检察院成立网贷风险专项整治工作领导小组,银监会为组长单位,工业和信息化部、公安部、国家网信办、工商总局为副组长单位,其他部门为成员单位,网贷风险专项整治工作小组办公室设在银监会。"

[3]《P2P网络借贷风险专项整治工作实施方案》第4条第3项规定:"各省级人民政府职责。各省级人民政府按照中央监管部门的统一方案和要求,负责本地区具体整治工作。在各省级人民政府统一领导下,设网贷风险专项整治联合工作办公室,由省金融办(局)和银监会省级派出机构共同负责,办公室成员由省级人民政府根据工作需要确定相关部门组成,具体组织实施专项整治工作,并建立风险事件应急制度和处置预案,做好本地区维稳工作,最大限度预防和减少风险事件造成的不良社会影响,维护社会稳定。"

（一）横向权力配置

1. 分业监管下的监管权归属

作为我国互联网金融的主要表现形式，网络借贷平台一直试图与货币市场基金、保险等其他金融业务联姻，形成以陆金服、招财宝、海融易等平台为代表的综合理财平台。故有关横向权力的配置问题离不开对分业监管抑或混业监管的讨论。

分业监管包括机构监管和功能监管两种。机构监管是指根据机构的身份来划定监管职责，功能监管是指以机构的业务功能为标准设置不同的监管部门。功能监管较机构监管更合理的原因在于：第一，金融功能比金融机构更加稳定，功能随时间和国界变动较少；第二，金融机构的形式以功能为指导，也就是说，机构之间的创新和竞争最终将导致金融体系功能绩效的更高效率。[1] 简言之，功能监管是"对事不对人"。美国《1933年银行法》确立了机构监管体制，1999年通过《格莱姆—里奇—布里雷法》引入功能性监管体制，2010年通过《多德弗兰克法》再次改进，设立金融稳定监管委员会以应对金融体系的稳定性问题。

混业监管包括统合监管和双峰监管两种。统合监管将金融业作为一个整体进行监管，以应对不同金融业态相互交叉和渗透的趋势。英国2000年通过《金融服务和市场法》将银行、证券、保险统一起来，建立了一个负责监管所有金融行业的金融服务监管局（FSA），德国、日本、韩国和新加坡等国也采取统合监管体制。与之不同的是，双峰监管（Twin Peaks）提倡设立两个监管机构：一个主要通过审慎监管来保证金融系统在总体上的稳定，另一个负责保证金融机构以公平、透明的方式与其客户进行交易。[2] 实践中双峰监管可分为以澳大利亚为代表的三元结构和以荷兰、英国为代表的二元结构，二者的共性是宏观审慎监管都由中央银行负责，二者的分歧主要在于中央银行是否也应当负责对于个体金融机构的微观审慎监管。[3]

分业监管和混业监管各有利弊，不能一概而论。分业监管有利于通过监管竞

---

[1] 参见[美]兹维·博迪、罗伯特·C.默顿、戴维·L.克利顿：《金融学（第二版）》，曹辉、曹音译，中国人民大学出版社2018年版，第27~37页。

[2] See Michael W Taylor, "The Road from 'Twin Peaks' and the Way Back", *Connecticut Insurance Law Journal*, Vol. 16, Issue 1, 2009, pp. 61~96.

[3] 参见黄辉："中国金融监管体制改革的逻辑与路径：国际经验与本土选择"，载《法学家》2019年第3期。

争、避免监管决策的专断、严厉和僵化,并可以通过设定清晰的监管目标、任务和问责机制,弱化监管竞次的倾向,但如果分业监管不能根据金融功能对金融监管权力进行配置,或者不能对功能边界进行清晰界定并及时更新,则容易导致监管重叠、监管空白和监管套利问题。混业监管虽然有利于对金融行业的一体化管理,消除监管机构之间的"地盘之争",但是监管制衡功效也随之消失,监管将趋于严厉和僵化,而且如果同一监管机构的不同部门之间在监管理念、方法和文化方面没有充分融贯,则监管冲突和协调成本并不会因机构整合而自然减少。[1]

任何变革都有其依赖的特定路径和相关的成本收益,[2] 每一个国家对于权力配置体系的选择,都受制于其在政治、经济、文化、历史、监管资源等方面的条件。仅有国外的成功案例,而缺少对该制度在中国本土适应性的论证,并不足以成为法律移植的理由。[3] 我国目前由证监会和银保监会分业监管的体制虽然不能及时、有效地应对形形色色的互联网金融创新,但也适应了我国金融部门之间差异多于共性、金融监管体制建立时间短、金融监管经验有限的现状。就我国目前而言,可以在分业监管的基础下,充分吸收功能监管的理念,通过加强监管协调,以应对网络借贷所带来的挑战。

在分业监管和功能监管的背景下,相比于证监会,银保监会更适合作为我国P2P的监管机构:其一,我国的网络借贷平台往往自身提供担保,或通过关联公司、核心出借人、第三方提供担保,起到了信用转化的作用,其中,既包括担保增信模式,也包括债权转让模式,它们都是信用中介机构。银保监会长期监管具有信用转换、期限转换和流动性转换功能的银行业金融机构,具有丰富的监管经验。正如彭冰教授所言,由于中国的网络借贷在"某种程度上与影子银行类似,所以把它划归中国银监会监管是很有道理的"。[4] 其二,证券法监管的核心是强制信息披露,[5] 但我国投资人普遍缺乏理性,强制信息披露不足以对投资人起

---

〔1〕 参见廖凡:"竞争、冲突与协调——金融混业监管模式的选择",载《北京大学学报(哲学社会科学版)》2008 年第 3 期。

〔2〕 参见席涛:《美国管制:从命令—控制到成本—收益分析》,中国社会科学出版社 2006 年版,第 31~40 页。

〔3〕 参见姚海放:"论证券概念的扩大及对金融监管的意义",载《政治与法律》2012 年第 8 期。

〔4〕 彭冰:《投资型众筹的法律逻辑》,北京大学出版社 2017 年版,第 305 页。

〔5〕 See Bernard S. Black, "The Legal and Institutional Preconditions for Strong Securities Markets", *UCLA Law Review*, Vol. 48, 2001, pp. 781~855. Zohar Goshen, Gideon Parchom Ovsky, "The Essential Role of Securities Regulation", *Duke Law Journal*, Vol. 55, 2006, pp. 711~782.

到保护作用。[1] 相比而言，银保监会的监管以机构为中心，其采取多种措施确保机构的稳健性，可以达到防范系统性风险和保护投资人权益的双重目标。其三，自2011年银监会发布《中国银监会办公厅关于人人贷有关风险提示的通知》以来，银监会对于网络借贷业务既有长期的理论研讨，也有丰富的监管实践，积累了许多经验和教训。故从历史沿革的角度看，由其继续履行监管职责更加合适。

总之，秉持分业监管与功能监管相结合的理念，我国网络借贷的监管权宜分配给银保监会。

2. 多维监管目标下的权力配置

根据丁伯根法则，经济调控的政策变量可以分解为目标变量和工具变量，只有当工具变量至少与目标变量相等，且每种工具对目标变量的影响不存在多重共线性时，决策者才能通过工具的控制和配合达到理想的目标状态。[2] 因此，权力配置的关键是，合理地将监管目标和工具进行匹配，如果目标之间的协同效应大于冲突效应，则可以将不同目标分配给同一机关；相反，如果目标之间的冲突效应大于协同效应，则应当由不同机关各司其职。

第一，行为监管与审慎监管之间冲突效应明显，二者适宜由不同的监管机关负责。毋庸置疑，行为监管与审慎监管具有协同效应。行为监管注重消费者权益保护，当消费者权益得到充分保护的时候，其自然较少迁怒于平台，从而有利于保障平台的稳健运行；审慎监管，尤其是微观审慎监管，强调平台的稳健运行，当平台稳健运行时，消费者权益通常也能得到保护。但是，应该看到，行为监管与审慎监管追求的理念和工作机制是不一样的，从英国北岩银行的倒闭可以看到，如果由一个机构同时负责行为监管和审慎监管往往顾此失彼。就网络借贷而言，亦应由两个不同机构分别负责。

第二，微观审慎与宏观审慎之间虽然存在密切的联系，但也存在重大的差异，二者适宜由不同机关负责。微观审慎监管注重机构本身的稳健，而宏观审慎监管则注重整个金融体系的稳定。过去往往认为如果每个单一机构稳健，就不存

---

[1] 参见孙大同：“P2P网贷中借款人特征对违约行为影响的实证研究”，大连理工大学2017年硕士学位论文。

[2] 参见[荷] J. 丁伯根：《经济政策：原理与设计》，张幼文译，商务印书馆1988年版，第207~214页。

在系统性风险的问题,但是,金融体系自身的脆弱性决定了"合成谬误"的存在。[1] 宏观审慎监管的眼光不局限于某一金融领域或某一特定时间,而是通过限制不同机构的业务范围、规模等,防止系统性风险在不同市场之间的传播和积聚。故针对网络借贷的微观审慎监管与宏观审慎监管的机关亦应当分离。

第三,在行为监管机关内部,宜通过两个部门分别负责出借人保护和借款人保护。虽然出借人保护和借款人保护均属于消费者权益保护的范畴,但是借款人与出借人的利益存在冲突:出借人希望利率高、期限短、还款迅速,但容易遭受贷款诈骗和违约的侵害;借款人希望利率低、期限长并最好附有还款的宽限期,但常常暴露在高利贷和暴力催收的威胁之下。因此,加强对一方的保护,往往意味着对另一方保护的弱化。鉴于价值目标之间存在冲突,故应进行适当分工,在行为监管机关内部,通过不同部门分别保护出借人和借款人的利益。

基于上述分工原则,我们可以在中央层面构建多维监管目标下的权力配置体系:首先,中国人民银行可以协调包括网贷在内的各类机构之间的关系,进行宏观审慎监管;其次,银保监会可以通过制定网络借贷平台的准入规则、持续性监管规则和退出规则,对网贷平台进行微观审慎监管;最后,我们可以将临时性的协调性机构——网贷风险专项整治工作领导小组办公室,改制成为人、财、物独立运作的常设机构,担负起行为监管的重任,同时在该机构内部分别设立出借人权益保护部门和借款人权益保护部门,以平衡保护出借人和借款人的权益。值得注意的是,不同政策工具与目标之间是相互渗透的:宏观审慎监管不但有利于防范系统性风险,也有利于网贷平台安全;微观审慎直接指向网贷平台安全,但同时也有助于防范系统性风险和保护消费者权益;行为监管在保护消费者权益的同时,也有利于促进网贷平台稳健运行。如下图所示:

---

[1] See Markus Brunnermeier, Andrew Crockett, Charles Goodhart, Avinash D. Persaud, Hyun Shin, *The Fundamental Principles of Financial Regulation*, Geneva Reports on the World Economy 11, 2009, p.15.

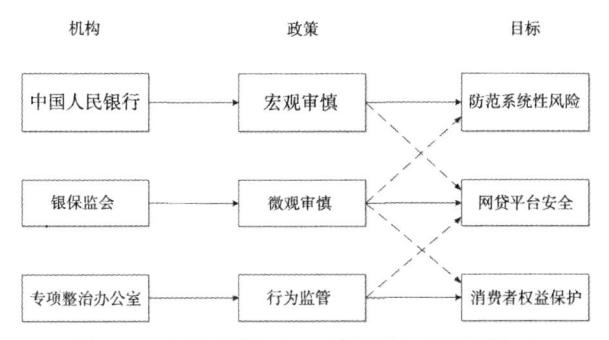

```
机构              政策              目标

中国人民银行  →  宏观审慎    →   防范系统性风险

银保监会      →  微观审慎    →   网贷平台安全

专项整治办公室 → 行为监管    →   消费者权益保护
```

图 4.3　多维监管目标下的网贷权力配置体系

由于银保监会和证监会依然分立,故上述监管体制仍然属于一种融入了功能监管和双峰监管理念的分业监管体制。从发展角度看,将来可以考虑将证监会对基金、券商等机构的微观审慎监管职责与银保监会对银行、信托、保险、网贷等机构的微观审慎监管职责合并,形成一个专门规制系统重要性金融机构和涉众性机构的监管机关;同时,可将银保监会内部的消保局剥离,且与专项整治办公室、证监会其他职能部门进行合并,形成一个专门负责行为监管的消费者权益保护局;此外,将国务院金融稳定发展委员会对于宏观审慎监管的职责与中国人民银行制定货币政策的职责进行整合,形成一个囊括货币政策制定和宏观审慎监管于一体的中央银行,从而构建具有中国特色的"三元结构"下的双峰监管体制。

(二) 纵向权力配置

1. 央地职权划分理论

有关央地职权划分的理论起源于西方对财政联邦主义的探讨。蒂布特(Tiebout)和奥茨(Oates)等被视为第一代财政联邦主义的代表,他们主要从信息和竞争的角度讨论联邦制的优势:从信息的角度看,对于提供地方性的公共物品,地方政府相对于中央政府更有优势;联邦制可以促进地方之间的竞争,迫使地方政府改进公共服务的水平,降低公共产品的生产成本。[1]

以温加斯特(Weingast)和钱颖一等为代表的第二代的财政联邦主义更强调联邦制对市场的关键作用,提出"市场维护型联邦主义"(Market-Preserving

---

[1] See Charles M. Tiebout, "The Pure Theory of Local Expenditure", *Journal of Political Economy*, Vol. 64, 1956, pp. 416~424; Wallace E. Oates, "On the Evolution of Fiscal Federalism: Theory and Institutions", *National Tax Journal*, Vol. 61, No. 2, 2008, pp. 313~334.

Federalism）的概念。该理论认为市场维护型联邦主义会产生积极的经济效果：首先，地区之间的竞争会促使地方政府努力提供良好环境以吸纳生产要素的流入；其次，硬预算约束意味着地方政府有可能破产，这会促使地方政府在财政上谨慎行事；再次，如果某个地方政府对当地的企业采取无效率的限制性措施，只会导致本地企业在市场竞争中失败，这种前景削弱了地方政府实施干预的积极性；最后，联邦制可以提供对中央政府职能的制约，防止政治力量对市场的扭曲。[1]

随着研究的深入，人们发现财政分权并不总是与更好的经济绩效相联系，如果没有建立起与财政分权相适应的地方激励机制和中央干预机制，地方政府就可能缺乏动力去进行公共物品的提供。实证研究表明，在一些国家，财政分权促进了公共物品的提供，而在另外一些国家财政分权则导致了公共物品提供的不足与低效率。[2] 央地分权也有可能导致地方的竞次现象，例如，各地为获取特许税而竞相放松对公司的规制，最终导致恶性竞争，破坏整体的法治环境。[3] 另外，中央与地方的核心利益诉求并不完全一致，中央侧重于风险防范，而地方侧重于经济发展，地方可能选择性地配合执行中央的宏观调控政策。如果央地之间的监管职责边界划分不清，还会导致监管重叠或监管真空现象。[4] 也有学者指出，央地分权导致地方政府间的共谋行为，致使中央对地方监管的失控。[5]

基于上述理论研究，笔者认为合理配置央地权力，应注意以下四项基本原则：

第一，激励相容原则。中央与地方既有共同追求，也有各自侧重的核心利益诉求。中央关注整个国家的发展问题，为了整体利益愿意牺牲局部利益；而地方

---

[1] See Yingyi Qian and Barry R. Weingast, "Federalism as a Commitment to Perserving Market Incentives", *The Journal of Economic Perspectives*, Vol. 11, No. 4, 1997, pp. 83~92; Barry R. Weingast, "Second generation fiscal federalism: The implications of fiscal incentives", *Journal of Urban Economics*, 2009, pp. 279~293.

[2] 参见周中胜："国外财政分权理论研究的进展与启示"，载《国外社会科学》2011年第2期。

[3] See William L. Cary, "Federalism and Corporate Law: Reflection upon Delaware", *The Yale Law Journal*, Vol. 83, No. 4, 1974, pp. 663~705; Jesse H. Choper, John C. Coffee, Jr., Ronald J. Gilson., *Cases and Materials on Corporations*, 8th Ed, New York, 2013, pp. 26~27, 转引自侯讷敏："网络借贷机构的市场准入制度完善"，浙江大学2019年硕士学位论文。

[4] 参见刘新荣、陈波、陶钧："对建立完善地方金融监管工作协调机制的思考"，载《西南金融》2016年第4期。

[5] 参见周雪光："基层政府间的'共谋现象'——一个政府行为的制度逻辑"，载《社会学研究》2008年第6期。

则更注重本地的稳定与发展。[1] 基于此，关乎系统重要性风险的机构和跨区域的涉众性业务，宜由中央直接管理，而关乎地方稳定和发展的业务，宜由地方管理。

第二，比较优势原则。对于地区差异明显的国家，单一的中央或者地方干预，均无法胜任有效治理的重任。中央和地方权限的划分应遵循经济学上的比较优势理论，即让中央和地方各自从事所擅长的，能够以较低成本取得较大收益的工作，并通过彼此"交换"和共享工作成果，以提高国家治理的整体绩效。[2]

第三，权责一致原则。无论是中央还是地方，其所拥有的权力和所承担的责任应当符合比例原则。中央拥有最终的规则制定权，故应负担更重的责任，包括机构的信用减等和个人的资格减免。[3] 与此同时，须建立地方问责机制，包括中央对地方滥用职权、玩忽职守行为在人事和干部任免方面进行干预的纵向问责机制和各级人民代表大会及司法机关对政府进行监督和制约的横向问责机制。[4]

第四，分权法定原则。分权法定原则是经济法调制法定原则在中央与地方分权领域的体现。中央和地方要充分发挥各自的比较优势，实现激励相容和权责一致，避免监管重复和监管真空，离不开立法的顶层设计，通过法律和行政法规明确中央和地方的权力界限，有利于权力配置的常态化和规范化。

2. 完善网络借贷央地分工格局

长期以来，我国网贷监管的央地关系体现为：银监会及其派出机构进行行为监管，地方金融监管部门进行机构监管，省级人民政府有权制定网贷监管细则，[5] 备案工作由省级金融监管部门主导。[6] 基于此，北京、上海、厦门、江西、广东、深圳、合肥、山东、重庆、河北等多地陆续出台了地方性整改验收规

---

[1] 有学者主张从风险传导、业务范围以及公共利益三个角度划分央地金融监管事权，其本质亦体现了激励相容原则，参见陈欣烨："建立责权明确的国家与地方金融监管体系"，载《理论月刊》2017年第3期。
[2] 参见张千帆："中央与地方关系的法治化——以中央与地方的监管分权为考察"，载《求是学刊》2010年第1期。
[3] 参见张守文：《经济法原理》，北京大学出版社2013年版，第216~217页。
[4] 黄兰松："地方政府间竞争与地方立法的关系之理论透析"，载《汉江学术》2017年第4期。
[5] 《网络借贷信息中介机构业务活动管理暂行办法》第45条规定："省级人民政府可以根据本办法制定实施细则，并报国务院银行业监督管理机构备案。"
[6] 《网络借贷信息中介机构备案登记管理指引》第2条第2款规定："本指引所称备案登记是指地方金融监管部门依申请对管辖内网络借贷信息中介机构的基本信息进行登记、公示并建立相关机构档案的行为。备案登记不构成对机构经营能力、合规程度、资信状况的认可和评价。"

定和备案细则，导致各自为政的局面：

在整改验收标准方面，深圳市要求逾期利息、滞纳金、违约金、罚息或者其他费用等不得超过年利率24%，[1]而上海市则要求各类逾期罚息、费用之和不应超过银行信用卡逾期的罚息水平。[2]再如，厦门市规定持有（控制）5%以上股份（表决权）的股东、实际控制人、董事、监事、高级管理人员及其近亲属通过平台融资属于自融；[3]而根据北京市的规定，上述主体只要不是融资后由平台自身使用且进行充分的信息披露，就不构成自融。[4]

在备案要求方面，多地公布了备案登记管理实施细则的征求意见稿，但最后并未生效。最终生效的仅厦门、新疆和大连三地，但在具体备案要求方面也不尽相同。以银行存管为例，厦门市不分新设机构和存续机构，统一要求平台在完成备案后，再与银行签订存管协议。[5]新疆则要求存续机构在备案登记时，即提供银行资金存管合同或框架协议，但未提交不必然导致备案不能的后果。[6]大连市则不然，明确要求存续机构在申请备案登记时，必须提交比新设机构更多的

---

[1]《深圳市网络借贷信息中介机构整改验收指引表》第96条规定："设定高额逾期利息、滞纳金、违约金、罚息或者其他费用等（不得超过年利率24%）。"

[2]《上海市网络借贷信息中介机构合规审核与整改验收工作指引表》第140条规定："平台是否设定高额逾期利息、滞纳金、罚息等（各类逾期罚息、费用之和一般不应超过银行信用卡逾期的罚息水平）。"

[3]《厦门市网络借贷信息中介机构合规审核与整改验收工作指引表》第3条规定："持有（控制）5%以上股份（表决权）的股东、实际控制人、董事、监事、高级管理人员及其近亲属在网贷机构融资。"

[4]《网络借贷信息中介机构事实认定及整改要求》第33条规定："关联方在平台上融资但未予充分信息披露。"

[5]《厦门市网络借贷信息中介机构备案登记管理暂行办法》第16条规定："网贷机构在完成备案登记后，应当与银行业金融机构签订资金存管协议，并将资金存管协议的复印件在该协议签订后5个工作日内反馈市金融办。"

[6]《新疆维吾尔自治区网络借贷信息中介机构备案登记管理实施细则》第14条规定："在本实施细则发布前，已经设立并开展经营的网络借贷信息中介机构，在申请备案登记时，除需要向注册地所在地的地（州、市）金融办提交本指引第八条所列备案登记材料外，还应当提交机构经营总体情况、产品信息以及违法违规整改情况说明等，具体包括但不限于以下材料：（一）银行资金存管合同或框架协议（如有）；（二）待偿余额前三大借款人尽职调查报告（如多次借款，提供最新一期）；（三）最新一期平台待偿余额前十大借款人名单及待偿金额（列表）；（四）出借人和借款人的用户画像；（五）信息安全测评认证机构安全测评报告；（六）人行征信系统信用报告；（七）第三方征信等机构专项评估报告；（八）上年度审计报告和最近一期（三个月内）专项审计报（包括但不限于标的成交量、标的种类、标的成交金额、借款人数量、出借人数量）；（九）按照互联网金融风险专项整治工作要求开展整改的整改报告。"

材料，其中包括资金存管情况证明。[1]

除立法层面各自为政外，还存在执法层面的差异。部分地区网贷平台数量较多，已经发生爆雷事件，当地凭借专项整治的机会严格清理，以防引发区域性风险；而部分地区基于扶持经济的考虑，在整治上留有余地，以吸引更多平台服务于本地实体经济的发展。[2] 各地监管尺度的差异，可能导致平台之间的不公平竞争，也为P2P公司向监管宽松地区转移，进行监管套利提供空间。[3]

随着网贷风险的加剧，中央开始逐渐上收权限，例如，2018年8月17日P2P网络借贷风险专项整治工作领导小组办公室通过《关于开展P2P网络借贷机构合规检查工作的通知》，将整改验收标准统一为108条；2019年4月8日，银保监会出台了《网络借贷信息中介机构有条件备案试点工作方案（征求意见稿）》，探索建立统一的准入指标。在这样的背景下，我们可根据央地权力配置的四项基本原则，进一步完善我国网络借贷的纵向权力配置：

第一，根据激励相容原则，应根据中央和地方的核心利益诉求分配央地职责。鉴于中央更看重全局利益，具有维护全国金融秩序的巨大动力，其工作重心应为系统性风险防范；而地方在本质上更看重本地利益，尤其关心地区维稳问题，故应由其主要负责当地的消费者权益保护，避免群体性事件的发生。专项整治期间设立的中央和地方的专项整治办公室应予以保留，作为中央和地方负责行为监管的常设机构。是故，在中央，应由中国人民银行进行宏观审慎监管，防范系统性风险；由银保监会进行微观审慎监管，确保机构稳健运行；由中央专项整治办公室负责行为监管，统领全国网贷消费者权益保护工作。在地方，各地的联

---

[1] 《大连市网络借贷信息中介机构备案登记管理实施细则》第12条规定："符合上述条件的网贷机构申请备案登记的，除应当提交第七条所述文件资料外，还应当提交如下资料：（一）机构经营总体情况说明，包括但不限于首笔网贷业务时间、产品信息、资金流转图等；（二）违法违规业务整改情况说明；（三）网络借贷资金存管情况证明；（四）业务活动信息披露情况说明；（五）业务数据资料，包括标的种类、标的成交量、标的成交额、借款人数量、出借人数量等；（六）各业务类型合同范本；（七）会计师事务所出具的专项审计报告，内容包括但不限于对网贷机构的业务经营数据、客户资金管理、信息披露、信息科技基础设施安全、经营合规性等重点环节实施审计。专项审计报告以网贷机构提交备案登记申请时间的上一会计年度和最近一期作为报告期；（八）律师事务所出具的法律意见书，对机构经营行为是否符合验收标准、存量不合规业务是否整改完成等逐项发表结论性意见。"

[2] 参见姚海放："治标和治本：互联网金融监管法律制度新动向的审思"，载《政治与法律》2018年第12期。

[3] 参见刘辉："论互联网金融政府规制的两难困境及其破解进路"，载《法商研究》2018年第5期。

合工作办公室在专项整治办公室的领导下,负责当地网贷平台宣传、信息披露、催收等行为的监管,保护广大消费者合法权益;而地方金融监管局将主要监管经营范围限于当地的小额贷款公司、保理公司、融资租赁公司等的准入、退出及持续经营,不再监管具有风险外溢性的网贷平台。

第二,根据比较优势原则,发挥中央与地方各自的能力优势,形成优势互补。中央的优势是拥有更开阔的视野、更强的专业能力和宏观风险把控能力,因此应由银保监会制定网贷平台的准入规则、持续性监管规则、退出规则,确定谁可以做、做什么以及如何做。而地方政府的优势是对当地实际情况的了解和化解当地风险的经验,故应由地方监管机关负责细化持续性监管措施并予以落实。具体而言,网络借贷平台的准入和退出事宜应当由银保监会受理、审查并决定,各地的联合工作办公室有权在不与上位法冲突的前提下,结合本地的实际情况,制定有关网贷平台经营行为的监管细则。

第三,根据权责一致原则,为避免玩忽职守、滥用职权、监管竞次等现象,应明确央行、银保监会、中央及地方专项整治办公室各自应承担的机构责任和领导责任。在中央,应明确中国人民银行、银保监会、专项整治办公室及其主要负责人在国家出现系统性风险或其他重大风险情况下应负担的责任,该责任形态为非经济性责任,包括政治性责任、社会性责任和道义性责任。在地方,应建立目标责任制度,将地方消费者权益保护和防范区域性风险纳入干部综合考核评价的内容,进一步约束地方政府及领导干部,防止金融监管权的滥用。[1] 总之,地方政府要在坚持金融管理主要是中央事权的前提下,按照中央统一规则,强化属地风险处置责任,形成"有风险没有及时发现是失职、发现风险没有及时提示和处置是渎职"的严肃氛围。

第四,根据分权法定原则,应通过法律或行政法规明确央地网络借贷的监管权限。《中华人民共和国立法法》规定,金融领域的基本制度只能制定法律或授权国务院制定行政法规,[2] 然而,有关网贷监管的央地分权主要来源于部门规

---

[1] 参见屈淑娟:"地方政府参与金融监管的制度逻辑及构建路径",载《中国管理科学》2017年第7期。

[2] 《中华人民共和国立法法》第11条规定:"下列事项只能制定法律:……(九)基本经济制度以及财政、海关、金融和外贸的基本制度;……"第12条规定:"本法第十一条规定的事项尚未制定法律的,全国人民代表大会及其常务委员会有权作出决定,授权国务院可以根据实际需要,对其中的部分事项先制定行政法规,但是有关犯罪和刑罚、对公民政治权利的剥夺和限制人身自由的强制措施和处罚、司法制度等事项除外。"

章或部门规范性文件。这些"方案""通知"或"意见"虽然为我国网贷发展提供了指引,体现了"效率",但是这种以政策替代法律的做法不能不引起人们的关注与警惕。如果在金融治理中,法律被语义抽象的政策性文件所取代,那么其结果就是金融法治的变异。[1] 这样的弊端已经在备案制所带来的立法摇摆与执法多变中暴露无遗。由于缺乏顶层设计,北京、河南和江苏等地甚至不敢在"三定方案"中宣称地方金融监管局拥有对网贷平台的监管职权。[2] 臆想通过短平快的运动式治理方式,一劳永逸地解决包括网络借贷在内的互联网金融法治问题,将注定欲速而不达。我们应尽快制定法律或行政法规,明确央地网贷监管的权限划分。

总之,面对频发的风险事件,我们应反思并重构网络借贷的监管体制。当前,比较可行的顶层设计路径是,由国务院依据《行政许可法》的规定,制定《网络借贷机构监督管理条例》,明确网络借贷的核心监管目标是防范系统性风险和保护投资者利益,未经银保监会审批授予牌照的机构和个人均不得开展网络借贷业务,对于已经开展网络借贷业务的机构,应在规定的过渡期内满足准入要求,否则,应停止所有网贷业务。在中央层面,应由中国人民银行进行宏观审慎监管,防范网络借贷引发系统性风险;由银保监会进行微观审慎监管,制定网贷平台准入、持续性监管及退出规则,确保网贷平台稳健运行;由专项整治办公室负责行为监管,统领全国的网贷消费者权益保护事宜。在地方层面,各地的联合工作办公室应在专项整治办公室的领导下,确保网贷平台满足持续性监管要求,切实保障借款人和投资者的合法权益。

四、本章小结

本章从监管目标、监管策略、权力配置三方面来论述如何优化我国网络借贷监管体制。

首先,分析监管目标的准确设定。基于我国网络借贷具有参与主体平民化、出借地域分散化、交易额度小额化、交易方式网络化、信息获取间接化、资金用

---

[1] 参见黎四奇:"中国普惠金融的囚徒困境及法律制度创新的路径解析",载《现代法学》2016年第5期。
[2] 详见《北京市地方金融监督管理局职能配置、内设机构》,http://www.bjbb.gov.cn/tongzhi-onggao/20190411/28451.html,北京机构编制网,2019年10月18日最新访问;《单位概况》,http://jsjrb.jiangsu.gov.cn/col/col79405/index.html,江苏省地方金融监督管理局官网,2019年10月18日最新访问;《河南省地方金融监督管理局职能配置、内设机构和人员编制规定》,https://www.henan.gov.cn/2019/07-01/931725.html,河南省人民政府官网,2019年10月18日最新访问。

途隐蔽化、借款次数低频化的特点，涉众性与风险性十分突出，故在监管目标的设定上，应将防范系统性风险和投资者保护作为核心目标。

其次，探讨监管策略的范式转变。一方面揭示备案制的弊端，包括在执行中逐渐演变为事实上的行政许可，导致立法摇摆、执法多变和部分政府官员的腐败；另一方面论证行政许可的益处，包括约束消费者非理性行为，扭转市场过度竞争态势，减少市场负外部性危害，增强公共物品供给，缓释信息不对称风险。

最后，从横向权力配置和纵向权力配置两个方面讨论如何重新划分监管权。在中央层面，应由中国人民银行进行宏观审慎监管，由银保监会进行微观审慎监管，由专项整治办公室负责行为监管；在地方层面，各地的联合工作办公室应在专项整治办公室的领导下，确保网贷平台满足持续性监管要求，切实保障广大消费者的合法权益。

第五章　准入及持续性监管指标的构建

学界对网贷的认识，经历了从信息中介到信用中介，从鼓励创新到防范风险的过程。[1] 在网贷方兴未艾之时，学界普遍对监管失灵保持警惕，反映到制度层面，为避免扼杀创新，我国选择了备案制。[2] 但事实证明，备案制无法防范系统性风险和保护投资者权益。有鉴于此，我国应从信用中介的定位出发，借鉴域外经验，对网络借贷设定行政许可。下文将通过实证分析方法，以防范系统性风险和投资者保护为目的，提出适合我国国情的网贷平台准入指标及持续性监管指标。

一、实证研究设计

（一）如何设定监管指标？

当前，我国已经开始探索建立明确的监管指标，2019 年 4 月 8 日，银保监会出台了《网络借贷信息中介机构有条件备案试点工作方案（征求意见稿）》，拟对网贷提出注册资本、股东背景、高管资格等方面的要求，但上述规定尚未生效。2019 年 8 月 1 日发布的《国务院办公厅关于促进平台经济规范健康发展的指导意见》指出："设立金融机构、从事金融活动、提供金融信息中介和交易撮合服务，必须依法接受准入管理。"这表明国务院已经意识到网贷平台与其他非金融类平台不同，应依法严格准入。然而，具体、有效的准入指标仍付之阙如。各省对网贷平台开展的大规模清退行动仅是风险防范的权宜之计，从长远来看，要促进网贷行业健康发展，维护稳定的预期，明确的监管指标不可或缺。

---

[1] 参见黎四奇：“我国网络信贷风险规制法律问题研究”，载《法律科学（西北政法大学学报）》2014 年第 4 期；姚海放：“治标和治本：互联网金融监管法律制度新动向的审思”，载《政治与法律》2018 年第 12 期。

[2] 备案制设定的初衷是希望通过宽松的事后报备，避免束缚网贷行业的发展，正如银监会、工业和信息化部、国家工商行政管理总局于 2016 年 10 月 28 日发布并实施的《网络借贷信息中介机构备案登记管理指引》第 2 条第 2 款所言："本指引所称备案登记是指地方金融监管部门依申请对辖内网络借贷信息中介机构的基本信息进行登记、公示并建立相关机构档案的行为。备案登记不构成对机构经营能力、合规程度、资信状况的认可和评价。"

在设定网络借贷监管指标的问题上,学界存有这样一个命题——既然网络借贷应定位为信用中介,那么,针对它的监管要求是否应与针对银行等正规金融机构的监管要求一致?[1] 对此,理论上还没有达成共识:武长海持不确定态度,[2] 冯果、蒋莎莎和沈伟秉持差异性监管原则,[3] 胡光志、周强和冯辉主张借鉴《证券法》《商业银行法》等关于注册资本、股权结构、股东资质等指标适当放宽,[4] 而岳彩申则主张建立一个全新的监管制度。[5]

为网络借贷这样的新生事物设定监管指标充满挑战。正如马克·芬威克（Mark Fenwick）等人所言：面对金融科技的破坏性创新,监管机关往往陷入无所作为,抑或鲁莽行动的两难境地。为防范风险,监管机关容易采取应激性的策略。但过于谨慎,可能导致新技术无法及时、有效地切入市场。为此,立法和监管设计需要变得积极主动、充满活力、反应灵敏。基于此,马克·芬威克（Mark Fenwick）提出数据驱动型监管（Data Driven Regulatory Intervention）的理念,即围绕新技术的各种数据来源,以确定监管什么、何时监管以及在何种程度上监管。[6] 笔者认为,数据驱动型监管在本质上属于围绕数据聚合、大数据处理、建模分析与预测的监管科技（Regtech）。[7] 与数据驱动型监管一脉相承的是实证分析。[8] 建立在大数据和数理分析基础上的实证研究,可以帮助我们准确找到问题平台的特征,借助于这些特征变量,我们可以科学地设定准入指标和持续性监管指标,将可能出险的平台排除在外,并防止已经准入的平台出险。由于网

---

[1] 参见彭岳："互联网金融监管理论争议的方法论考察",载《中外法学》2016 年第 6 期。

[2] 参见武长海："论我国互联网金融投资者准入法律制度",载《政法论丛》2016 年第 4 期。

[3] 参见冯果、蒋莎莎："论我国 P2P 网络贷款平台的异化及其监管",载《法商研究》2013 年第 5 期；沈伟："金融科技的去中心化和中心化的金融监管——金融创新的规制逻辑及分析维度",载《现代法学》2018 年第 3 期。

[4] 参见胡光志、周强："论我国互联网金融创新中的消费者权益保护",载《法学评论》2014 年第 6 期；冯辉："网络借贷平台法律监管研究",载《中国法学》2017 年第 6 期。

[5] 参见岳彩申："互联网时代民间融资法律规制的新问题",载《政法论丛》2014 年第 3 期。

[6] See Mark Fenwick, Wulf A. Kaal and Erik P. M. Vermeulen, "Regulation Tomorrow: What Happens When Technology is Faster Than the Law?", *American University Business Law Review*, Vol. 6, No. 3, 2017, pp. 585~589.

[7] See Douglas W. Arner, Jànos Barberis and Ross p. Buckley, "Fintech and Regtech in a Nutshell, and the Future in a Sandbox", *CFA Institute Research Foundation*, Vol. 3, Issue 4, 2017, p. 3; Karen G. Mills, *Fintech, Small Business & the American Dream: How Technology Is Transforming Lending and Shaping a New Era of Small Business Opportunity*, Switzerland: Springer Nature Switzerland AG, 2018, p. 72; 许多奇："金融科技的'破坏性创新'本质与监管科技新思路",载《东方法学》2018 年第 2 期；杨东："监管科技：金融科技的监管挑战与维度建构",载《中国社会科学》2018 年第 5 期。

[8] 参见左卫民："法学实证研究的价值与未来发展",载《法学研究》2013 年第 6 期。

贷具有涉众性，一旦平台出险，轻则损害投资者权益，重则引发系统性风险，[1]故防止平台出险，可以实现防范系统性风险和投资者保护的双重目标。

在通过实证分析提出监管建议方面，经济学先行一步。李先玲（2015）基于111个问题平台的数据研究发现：平台经营经验、地区竞争程度对问题平台生存时间有显著影响，而注册资本无显著影响。[2] 叶青等（2016）基于690家平台数据发现：利率畸高是识别问题平台的最重要变量，股东实力薄弱、标的类型单一、风控能力欠缺，亦是平台发生问题的前兆。[3] 王修华等（2016）通过对222家平台研究发现：平台背景、注册资本等并不能显著反映正常平台与问题平台的区别，而管理层信息未披露、年化收益率高及无第三方资金存管则是问题平台的显著特征。[4] 何光辉等（2017）针对491家平台进行实证研究发现：股东背景、股东数目、标的利率、业务广度、产品增信、运营年限这六个变量对平台出险存在显著影响。[5]

上述研究颇具启发，但仍存缺陷：其一，样本偏少。普遍为数百个，与六千多家平台的总量相比，代表性欠佳。其二，变量不足。没有涉及实缴资本、失信信息、高管能力等可能对平台运营有重要影响的变量。其三，背景缺失。没有建立在"一个办法、三个指引"的颁布和网贷专项整治的背景之下。[6] 其四，视角有限。未从法政策学角度提出富有广度和深度的监管建议，文章显得头重脚轻。

基于此，笔者拟建立在全样本和多维变量的基础上，运用SPSS软件对问题平台与正常平台，以及问题平台内部的逃避型平台与非逃避型平台进行二元logistic回归分析，[7] 探究差异产生的原因，寻找对于平台稳健运营具有显著影响的因素，

---

[1] See William Magnuson, "Regulating Fintech", *Vanderbilt Law Review*, Vol. 71, 2018, pp. 1171~1172.

[2] 参见李先玲："P2P网络借贷平台倒闭原因的实证分析"，载《金融发展研究》2015年第3期。

[3] 参见叶青、李增泉、徐伟航："P2P网络借贷平台的风险识别研究"，载《会计研究》2016年第6期。

[4] 参见王修华、孟路、欧阳辉："P2P网络借贷问题平台特征分析及投资者识别——来自222家平台的证据"，载《财贸经济》2016年第12期。

[5] 参见何光辉、杨咸月、蒲嘉杰："中国P2P网络借贷平台风险及其决定因素研究"，载《数量经济技术经济研究》2017年第11期。

[6] "一个办法"是指银监会、工业和信息化部、公安部、国家互联网信息办公室于2016年8月24日发布的《网络借贷信息中介机构业务活动管理暂行办法》，"三个指引"是指银监会、工业和信息化部和工商总局于2016年11月28日发布的《网络借贷信息中介机构备案登记管理指引》、银监会于2017年2月22日发布的《网络借贷资金存管业务指引》和银监会于2017年8月24日发布的《网络借贷信息中介机构业务活动信息披露指引》。

[7] 有关Logistic回归分析方法的解释，可参见郭志刚主编：《社会统计分析方法：SPSS软件应用》，中国人民大学出版社2015年版，第164~207页。

立足于法学且兼收并蓄，提出契合我国国情的网贷准入指标和持续性监管指标。

（二）研究假设、样本及变量

1. 研究假设

既然学界对传统金融机构的监管指标是否适用于网络借贷有疑问，那我们首先应确定传统金融机构的监管指标包括哪些，然后再通过实证分析进行检验。为此，笔者梳理了国内有关银行、信托公司、金融资产管理公司、企业集团财务公司、金融租赁公司、汽车金融公司、货币经纪公司、消费金融公司、保险公司、证券公司、基金公司和期货公司等12类金融机构的30部法律法规，如下表所示：

表5.1 传统金融机构的准入指标统计表[1]

类别	准入指标	银行	信托	金融资产管理	企业集团财务	金融租赁	汽车金融	货币经纪	消费金融	保险	证券	基金管理	期货	共性率（%）
股东背景	境内股东背景	√	√	√	√	√	√	√	√	√	√	√	√	100%
	境外股东背景	√	√	×	√	×	√	√	√	√	×	√	×	75%
	股东设立机构数量	×	√	×	√	×	×	×	×	√	√	√	×	41.7%

---

[1] 该表所依据的法律法规及相关文件包括：①商业银行：《中华人民共和国商业银行法》《中国银保监会中资商业银行行政许可事项实施办法》《中国银行业监督管理委员会外资金融机构行政许可事项实施办法》《中华人民共和国外资银行管理条例》《中华人民共和国外资银行管理条例实施细则》《中国银监会外资银行行政许可事项实施办法》；②信托公司：《信托公司管理办法》《中国银保监会信托公司行政许可事项实施办法》；③金融资产管理公司：《金融资产管理公司条例》《中国银保监会非银行金融机构行政许可事项实施办法》；④企业集团财务公司：《企业集团财务公司管理办法》《中国银保监会非银行金融机构行政许可事项实施办法》；⑤金融租赁公司：《金融租赁公司管理办法》《中国银保监会非银行金融机构行政许可事项实施办法》；⑥汽车金融公司：《汽车金融公司管理办法》《中国银保监会非银行金融机构行政许可事项实施办法》；⑦货币经纪公司：《货币经纪公司试点管理办法》《中国银保监会非银行金融机构行政许可事项实施办法》；⑧消费金融公司：《消费金融公司试点管理办法》《中国银保监会非银行金融机构行政许可事项实施办法》；⑨保险公司：《保险公司控股股东管理办法》《中华人民共和国保险法》《中国保监会行政许可事项实施规程》《保险公司股权管理办法》；⑩证券公司：《证券公司监督管理条例》《中华人民共和国证券法》《行政许可事项服务指南》证券公司设立、收购或者撤销分支机构审批》《行政许可事项服务指南》证券公司设立审批》；⑪基金管理公司：《证券投资基金管理公司管理办法》《国务院关于管理公开募集基金的基金管理公司有关问题的批复》《中华人民共和国证券投资基金法》《行政许可事项服务指南》公募基金管理公司设立、公募基金管理人资格审批》；⑫期货公司：《期货交易管理条例》《期货公司监督管理办法》《行政许可事项服务指南》期货公司设立、合并、分立、停业、解散或者破产，变更业务范围、注册资本、5%以上股权的审批》。

续表

类别	准入指标	银行	信托	金融资产管理	企业集团财务	金融租赁	汽车金融	货币经纪	消费金融	保险	证券	基金管理	期货	共性率（％）
人员资格	高管资格	√	√	√	√	√	√	√	√	√	√	√	√	100%
	董事资格	√	√	×	√	√	√	√	√	√	√	√	√	91.7%
	从业人员资格	√	√	×	√	√	√	√	√	×	√	√	√	83.3%
	监事资格	×	×	√	×	×	×	×	×	√	√	√	√	41.7%
资本构成	最低实缴资本	√	√	√	√	√	√	√	√	√	√	√	√	100%
	货币出资比例	×	√	√	√	√	√	√	√	√	√	√	√	91.7%
	发起人出资比例	×	×	×	√	×	√	×	√	×	×	×	×	25%
公司治理	公司章程	√	√	×	√	√	√	√	√	√	√	√	√	91.7%
	内部管理制度	√	√	×	√	√	√	√	√	√	√	√	√	91.7%
	业务设施	√	√	×	√	√	√	√	√	√	√	√	√	91.7%
	经营场所	√	√	×	√	√	√	√	√	√	√	√	√	91.7%
	安全防范措施	√	√	×	√	√	√	√	√	×	√	×	√	66.7%
	信息科技系统	√	√	×	√	√	√	√	√	×	×	×	×	58.3%
	组织机构	√	√	×	×	×	√	×	√	×	√	×	√	41.7%

由上表可知，我国传统金融机构的准入指标在股东背景、人员资格、资本构成、公司治理等方面具有较强的共性，其中，境内股东背景、高管资格和最低实缴资本具有100%的共性率。在域外，股东背景、高管资格等也是针对金融机构的常见监管指标。[1] 基于此，本书提出如下三个假设：假设一，股东背景较强的网贷平台经营更加稳健；假设二，高管素质较高的网贷平台经营更加稳健；假设三，实缴资本较多的网贷平台经营更加稳健。

---

[1] See John Armour, Dan Awrey, Paul Davies, Luca Enriques, Jeffrey N. Gordon, Colin Mayer and Jennifer Payne, *Principles of Financial Regulation*, Oxford University Press, 2016, p.74.

接下来我们以"网贷天眼"等专业网站收集到的平台信息为样本，以"是否属于问题平台"和"是否属于逃避型平台"为因变量，以"是否属于纯粹民营背景"等股东背景变量、"高管是否具有金融从业经验"等高管资格变量、"实缴资本额"等资本构成变量为关键变量，并引入其他控制变量，进行二元 Logistic 回归分析。若回归结果显示股东背景变量对平台是否成为问题平台或逃避型平台有显著影响，则假设一成立；若回归结果显示，高管资格变量对平台是否成为问题平台或逃避型平台有显著影响，则假设二成立；若回归结果显示，资本构成变量对平台是否成为问题平台或逃避型平台有显著影响，则假设三成立。根据上述假设的成立情况，我们可以提炼出针对网贷平台的具体监管指标，使网贷监管有据可循。

2. 样本筛选

本实证研究的初始样本来源于 2019 年 1 月 14 日，"网贷天眼"官网的全部 6602 家平台数据，包括平台名称、运营公司名称、平台运营状态、平台上线日期、平台发生问题日期、股东背景等信息。[1] 为弥补部分缺失数据，扩充变量维度，笔者亦参考"网贷之家""零壹数据"等其他专业信息网站，并检索各平台公司官网，查阅全国企业信用信息公示系统、全国法院失信被执行人名单信息查询系统、中国商标网、国家知识产权局官网等政府网站，同时，借助"启信宝""天眼查"等企业信用信息查询工具。

为确保样本中所有平台的观察期均长于 6 个月，[2] 并与"启信宝"提供的截止于 2019 年 3 月 13 日各平台经营企业的失信记录、行政处罚、异常名录、工商变更等数据在时间上吻合，故笔者将统计基准日设定为 2019 年 3 月 13 日，并将"网贷天眼"的有关数据手动更新至统计基准日。应该看到，国家通过行政手段，实质性大规模清退网贷平台，提出"能退尽退，应关尽关"原则的标志性事件是 2019 年 1 月 21 日颁布的《关于做好网贷机构分类处置和风险防范工作的意见》，因此，以 2019 年 3 月 13 日作为统计基准日，恰好能够大致反映在自

---

〔1〕 样本中并不包括湛江小马网络借贷信息中介服务有限公司等 539 家僵尸类网贷机构。这些机构名称中虽然含有"网络借贷"四个字，但未上线过平台，未实际开展过业务。

〔2〕 英国监管沙盒制度所确定的实验持续期为 3 至 6 个月，笔者以此为参照，为样本设定至少 6 个月的观察期。See Mark Fenwick, Wulf A. Kaal and Erik P. M. Vermeulen, "Regulation Tomorrow: What Happens When Technology is Faster Than the Law?", *American University Business Law Review*, Vol. 6, No. 3, 2017, p. 592.

由市场和非基于大规模清退目的的政府监管环境下整个网贷行业的生态，从而能够客观揭示正常平台和问题平台各自所具有的特质。

经去除重复的70个样本及位于香港的4家平台，[1] 排除互联网支付平台、货币市场基金交易平台、区域股权交易中心等44家非网贷平台，[2] 增加统计遗漏的4家互金协会会员平台，[3] 笔者最终保留6488家平台数据。

3. 变量设置

根据采集到的关于借贷平台的各方面信息，本书整理2个因变量和47个自变量（含16个关键变量和31个控制变量），以供后文分析：

第一，因变量。

(1) "是否属于问题平台"，系指平台是否属于网贷天眼官网公布的9类问题平台之一，即平台失联、跑路平台、提现困难、平台诈骗、警方介入、争议平台、平台清盘、平台展期或暂停运营。如是，则取值为1；如不是，则属正常平台，取值为0。[4]

(2) "是否属于逃避型平台"，系指在平台已经发生问题的前提下，平台是否失联或跑路。若是，则取值为1；若否，则取值为0。将"平台是否属于逃避型平台"作为第二个因变量是为了深入研究影响平台稳健运营的因素。在网贷天眼划分的9类问题平台中，前两类可归纳为逃避型平台，表现为平台实际控制人径直跑路，此种情形对投资人最为不利；后7类可归纳为非逃避型平台，即平台虽因提现困难、暂停运营等原因无法兑付投资人本息，但至少平台没有失联，对投资人的危害性相对较小。将平台是否属于逃避型平台作为第二个因变量是为了构建风险防范的第二条防线，通过找到与问题平台跑路显著相关的变量，我们可以设计监管指标，实现即使平台出险也不容易失联的效果，以尽可能保护投资人利益。

第二，关键变量。关键变量是用于解释因变量的核心自变量，包括股东背景、高管资格和资本构成3类。

---

[1] 位于香港的4家平台分别为帝安投资、黑格尔资本、丰鼎金融和中汇财富。

[2] 例如中国平安保险（集团）股份有限公司运营的互联网支付平台"壹钱包"、北京京东世纪贸易有限公司运营的综合理财平台"京东金融"、深圳市腾讯计算机系统有限公司运营的综合理财平台"理财通"、北京百付宝科技有限公司运营的综合理财平台"百度金融"。

[3] 补充的4家平台分别是利典金融、宜信惠民、捷越联合和智信创富。

[4] 将分类型解释变量转换成若干个取值仅为1或0的变量，这种变量称为虚拟变量或哑变量，参见薛薇编著：《统计分析与SPSS的应用》，中国人民大学出版社2017年版，第252页。

股东背景类变量用于衡量平台股东背景的强弱，包括以下 9 个哑变量，如是，则取值为 1，如否，则取值为 0：

（1）"是否属于纯粹民营背景"，系指平台运营主体、股东或实际控制人是否为民营企业而不含有协会、国资、风投、上市等其他因素。

（2）"是否属于中国互金协会背景"，系指平台运营主体、股东或实际控制人是否为中国互联网金融协会的会员。[1]

（3）"是否属于协会背景"，系指平台运营主体、股东或实际控制人是否为中国互联网金融协会或者其他地方协会的会员。

（4）"是否属于国资背景"，系指平台运营主体、股东或实际控制人是否为国有企业。

（5）"是否属于风投背景"，系指平台运营主体、股东或实际控制人是否有风险投资基金入股或以其他形式进入。

（6）"是否属于上市背景"，系指平台运营主体、股东或实际控制人是否在境内外资本市场上市。

（7）"是否属于自然人独资"，系指平台运营主体是否属于个体工商户、个人独资企业或者自然人一人有限责任公司。

（8）"最大股东是否为自然人"，系指平台运营主体中持股比例最大的股东或控制权人是否为自然人。

高管资格类变量用于衡量平台运营公司的经理、总经理或 CEO 是否具备相关能力，包括以下 4 个哑变量，如是，则取值为 1，如否，则取值为 0：

（1）"高管是否具有金融从业经验"，系指平台高管是否有金融行业的从业经验。[2]

（2）"高管是否具有专科以上学历"，系指平台高管是否为专科、本科、硕

---

[1] 对于是否属于中国互金协会会员，以中国互联网金融协会于 2019 年 2 月 3 日以前披露的 404 家会员名单为准。2019 年 2 月 3 日中国互联网金融协会调整会员名单，删除部分经营不善的平台，并扩充一些平台，平台总数增至 543 家。鉴于样本提取基准日是 2019 年 3 月 13 日，故仍以之前公布的会员名单为准，以判断协会背景对于平台经营的影响。

[2] 本书根据各平台官网及网贷天眼补充的信息判断高管是否具有金融从业经验，如果其履历中含有金融、银行、证券、保险、信托、基金、投资、贷款、融资租赁、典当等字样，则视为高管具有金融从业经验。如果平台官网或网贷天眼展示的主要负责人只有一个，比如法定代表人、董事长或风控总监，为尽可能多地收集对平台有重要影响的负责人信息，亦将该主体的身份视为高管进行统计。通过上述方式，共收集到 2117 家平台的高管履历信息。为避免回归分析时遗漏样本数据，针对其他无法正常打开网站的平台，对其高管的金融从业经验取算术平均值 0.55 分。

士、博士或博士后。[1]

（3）"高管是否具有本科以上学历"，系指平台高管是否为本科、硕士、博士或博士后。

（4）"高管是否具有硕士以上学历"，系指平台高管是否为硕士、博士或博士后。

资本构成类变量用于衡量公司注册资本和实缴资本的充裕度，包括如下 4 个变量：

（1）"注册资本"，系指平台运营公司公示的注册资本额（单位：人民币元）。

（2）"实缴资本"，系指平台运营公司公示的最新年报所显示的实缴资本额（单位：人民币元）。

（3）"注册资本对数值"，系指以 e 为底数的注册资本对数值，即 ln(注册资本)。[2] 之所以对注册资本取自然对数，是为借助自然对数逐渐收敛的特性，探究注册资本对平台稳健经营的影响是否存在边际递减趋势。[3]

（4）"实缴资本对数值"，系指以 e 为底数的实缴资本对数值，即 ln(实缴资本)，其目的是考察实缴资本对平台稳健经营的影响是否存在边际递减趋势。[4]

第三，控制变量。控制变量是辅助关键变量共同解释因变量的自变量，包括公司治理、业务模式、守法合规和知识产权 4 类。

公司治理对公司的运营具有重要影响，[5] 公司治理类变量用于描述公司治理及经营情况，包括如下 9 个变量：

（1）"股东数量"，系指平台运营主体的股东或合伙人个数。

---

[1] 本书先根据各平台官网及网贷天眼补充的信息提炼高管学历分值，规则如下：官网能打开但未披露学历信息的=0，专科=1，本科=2，硕士=3，博士=4，博士后=5。通过上述方式，共收集到 2117 家平台的高管学历信息。针对其他无法正常打开网站的平台，对其高管的学历分值取算术平均值 1.04 分。然后根据每个平台高管的学历分值，判断其是否具有专科、本科或硕士以上学历。

[2] e 是一个无限不循环小数，其值约等于 2.71828。ln (X) 的值从负无穷到正无穷。ln (X) 随 X 增大而增大，但趋势越来越慢。

[3] 经济学者在统计研究中亦使用取自然对数的方法，详见何光辉、杨咸月、蒲嘉杰：《中国 P2P 网络借贷平台风险及其决定因素研究》，载《数量经济技术经济研究》2017 年第 11 期。

[4] 样本中有 2197 家公司的实缴资本为 0，而 ln (0) 为负无穷大，无法进行后期统计。为此，笔者将 0 全部改为 0.01。这样的技术处理既能避免因大量数据缺失而导致无法客观分析实缴资本对平台运营的影响，也不会导致分析结果偏离实际，毕竟在所有样本平均实缴资本为 2643 万元的情况下，实缴 0.01 元与实缴 0 元可以统计上视为无差异。

[5] 参见 [美] 阿道夫·A. 伯利、加德纳·C. 米恩斯：《现代公司与私有财产》，甘华鸣、罗锐韧、蔡如海译，商务印书馆 2005 年版，第 139~292 页。

(2)"董事数量",系指平台运营主体董事的个数。

(3)"监事数量",系指平台运营主体监事的个数。[1]

(4)"股东年平均变更次数",系指平台运营主体股东或合伙人主体身份的变更次数/企业存续天数×365。[2] 其中,企业存续天数按照如下标准计算:如企业仍然存续,则企业存续天数为成立日至统计基准日(2019年3月18日)之间的天数;如果企业已经吊销或注销,则企业存续天数为企业成立日至吊销日或注销日的天数。

(5)"董监高年平均变更次数",系指平台运营主体董事、监事、经理或财务负责人变更次数/企业存续天数×365。[3]

(6)"是否属于关联平台",如果某平台与其他一个或多个平台存在关联关系,则该平台属于关联平台,取值为1,否则,取值为0。[4]

(7)"是否注销",系指平台运营主体是否处于已注销状态。如是,则取值为1;如否,则取值为0。

(8)"分公司数量",系指平台运营主体设立的分公司总数。

(9)"子公司数量",系指平台运营主体控股或参股的子公司总数。

平台在产品利率、投资期、是否担保等方面往往各具特色,这些差异有助于把握平台特征,揭示风险,故设置业务模式类变量用于描述平台在利率、投资期、担保等方面的特征,包括如下8个变量:

---

[1] 对于数据缺失的情形,在法律规定的范围内尽可能补足。例如,宁夏金中信投资有限公司的工商信息仅披露一个执行董事,但根据公司法,有限责任公司应当至少设一名监事,故视为其存在一名监事。对于无法补足的,视为数据缺失。例如,广州房众互联网金融信息服务股份有限公司的工商信息仅显示陈杰峰为董事兼总经理,鉴于根据公司法,股份有限公司应设董事会(5至19人)和监事会(不少于3人),信息的缺失已经导致无法判断董事人数和监事人数,故董事和监事人数均留空。如果平台运营主体系合伙企业、个体工商户、个人独资企业或全民所有制企业,由于这些主体均未建立现代企业制度,故董事和监事数量均为0。此外,对于与法律规定明显矛盾的,视为数据缺失。例如,杭州卡趣电子商务有限公司的工商信息显示有两个执行董事兼总经理,但是根据公司法,一个公司仅能有一个执行董事,故对于该公司,董事和监事数量均视为缺失。

[2] 以下情形视为未变更:①变更前后内容一致的;②股东只是名称变更的;③股东内部之间进行股权转让的;④股东身份未改变,仅是改变出资金额、出资比例、出资方式或出资时间的。以下情形视为仅变更一次:①同一公司同一日发生多次股东变更的;②变更事项实质一致的,比如都是股东A将股权转让给股东B,无论具体如何描述,均视为一次变更。

[3] 如果是同一公司同一日发生多次董监高变更,视为一次。

[4] 由于数据的广度和深度有限,本书所指的关联关系仅包括4类较为明显的情形:①由同一公司运营;②具有同一法定代表人或负责人;③运营公司是母子公司;④运营公司是兄弟公司。该关联关系属于直接、显明的关联关系,不包括多层持股、隐名股东、协议控制等间接、隐蔽的关联关系。

(1)"平均利率",系指平台投资产品预期年化收益率的最低值与最高值的算数平均值,例如,某平台投资产品的预期收益利率为9%至12%,则该平台的平均利率为10.5%。

(2)"最长投资期",系指平台上线的产品中投资期限最长的期间,赋值为1至5分。1代表不足一月,2代表1个月至3个月,3代表4个月至6个月,4代表7个月至12个月,5代表超过12个月。

(3)"是否提供担保",系指平台运营主体是否为出借人的债权提供增信,包括:动用自有资金或风险准备金直接兑付,由融资性担保公司、非融资性担保公司、小额贷款公司或银行提供担保,由保险公司提供保证保险或其他(如关联公司回购)等。如是,则取值为1;如否,则取值为0。

(4)"担保措施中是否含自担",系指平台运营主体为出借人提供的担保措施中是否包括(但不限于)自有资金或风险准备金。如是,则取值为1;如否,则取值为0。

(5)"是否仅采用第三方担保",系指平台运营主体是否仅通过融资性担保公司、非融资性担保公司、小额贷款公司、银行、保险公司等第三方主体为借款人提供增信。如是,则取值为1;如否,则取值为0。

(6)"债权是否可以转让",系指在平台上投资的债权人是否可以将其投资所形成的债权转让给其他投资人。如是,则取值为1;如否,则取值为0。

(7)"是否可以自动投资",系指平台运营主体是否可以根据出借人的概括授权,代出借人选择具体的借款人和投资项目。[1] 如是,则取值为1;如否,则取值为0。

(8)"是否属于综合理财平台",系指平台除经营网贷产品外,是否还展示保险、基金等其他产品。如是,则取值为1;如否,则取值为0。

平台过去的守法合规状况可能与其当前的表现存在联系,故设置守法合规类变量用于衡量平台运营主体履行司法文书及合法合规经营的程度,包括如下11个变量:[2]

(1)"是否银行存管",系指平台运营主体是否已经与银行签订存管协议,

---

[1] 有关可以自动投资的平台名单,笔者合并了网贷天眼和网贷之家的数据。
[2] 守法合规类的前6个变量主要由"启信宝"提供,由于包含历史数据,故该数据可能大于或等于政府官网公布的数据,例如,通过"全国法院失信被执行人名单信息公布与查询系统"查询,金蚨恒丰(北京)投资管理有限公司有48次失信记录,而"启信宝"记录为53次,我们以"启信宝"数据为准。

建立银行存管。如是，则取值为1；如否，则取值为0。

（2）"失信被执行人次数"，系指平台运营主体因拒不履行生效法律文书而被法院列为失信被执行人的次数。

（3）"行政处罚次数"，系指平台运营主体被市场监管机关处罚的总次数。

（4）"未披露年报次数"，系指平台运营主体因未按时披露年度报告被工商行政管理部门列入异常经营名录的次数。

（5）"未按时披露特定事项次数"，系指平台运营主体因未在受到行政处罚、股权变更等法定事项发生后20个工作日内公示相关信息，而被工商行政管理部门列入异常经营名录的次数。

（6）"弄虚作假次数"，系指平台运营主体因隐瞒真实情况、弄虚作假被工商行政管理部门列入异常经营名录的次数。

（7）"通过经营场所无法联系次数"，系指平台运营主体因通过登记的住所或者经营场所无法联系被工商行政管理部门列入异常经营名录的次数。[1]

（8）"是否变异为违法网站"，系指平台官网是否演变为赌博网站、黄色网站、假冒政府或学校等违法网站。如是，则取值为1；如否，则取值为0。

（9）"是否办理ICP备案"，系指平台运营公司是否就非经营性互联网信息服务向信息产业主管部门申请办理备案手续。如是，则取值为1；如否，则取值为0。

（10）"是否取得ICP经营许可证"，系指平台运营主体是否就经营性信息服务向信息产业主管部门取得互联网信息服务增值电信业务经营许可证。如是，则取值为1；如否，则取值为0。

（11）"经营范围中是否含有网络借贷"，系指平台运营公司营业执照显示的经营范围中是否包含"网络借贷"。如是，则取值为1；如否，则取值为0。

能够运用社交媒体、大数据、人工智能等技术克服信息不对称是网贷平台安身立命之本，由于科技创新能力在一定程度上反映了网贷平台的风险防范能力和市场竞争力，故设置知识产权类变量用于衡量平台运营主体知识产权的占有量，包括3个变量：

（1）"著作权数量"，系指平台运营主体所取得的作品和计算机软件著作权总数量。

---

[1] 守法合规类第4至7项变量分别对应企业被列入异常经营名录的4种情形，依据是《企业经营异常名录管理暂行办法》第4条和《企业信息公示暂行条例》第8条和第10条。

(2)"商标权数量",系指平台运营主体所取得的注册商标总数量。

(3)"专利权数量",系指平台运营主体所取得的发明、实用新型和外观设计总数量。

二、统计分析及结果

（一）独立样本 T 检验及比较

1. 自变量的均值及其显著性

通过独立样本 T 检验,可发现问题平台与正常平台之间以及逃避型平台与非逃避型平台之间在诸多方面的显著差异,下表显示了 4 类平台在 47 个自变量项下的平均值及其显著性:

表5.2　4类平台47个变量的平均值对比表

类别	自变量	问题平台	正常平台	逃避型平台	非逃避型平台
股东背景类	是否属于纯粹民营背景	0.94***	0.75***	0.98***	0.89***
	是否属于中国互金协会背景	0.01***	0.09***	0.00***	0.02***
	是否属于协会背景	0.01***	0.12***	0.00***	0.03***
	是否属于国资背景	0.02***	0.07***	0.01***	0.04***
	是否属于风投背景	0.02***	0.10***	0.00***	0.05***
	是否属于上市背景	0.01***	0.05***	0.00***	0.02***
	是否属于自然人独资	0.23***	0.05***	0.25***	0.20***
	最大股东是否为自然人	0.76***	0.49***	0.83***	0.68***
高管资格类	高管是否具有金融从业经验	0.53***	0.62***	0.54	0.53
	高管是否具有专科以上学历	0.88***	0.51***	0.95***	0.79***
	高管是否具有本科以上学历	0.06***	0.43***	0.02***	0.11***
	高管是否具有硕士以上学历	0.03***	0.22***	0.01***	0.05***

续表

类别	自变量	问题平台	正常平台	逃避型平台	非逃避型平台
资本构成类	注册资本（元）	53590835.88***	79304658.31***	47921843.02**	60850731.88**
	实缴资本（元）	21368603.72***	40433558.09***	15393858.59***	28801943.42***
	注册资本对数值	17.06***	17.51***	16.94***	17.21***
	实缴资本对数值	6.97***	12.52***	5.42***	8.89***
公司治理类	股东数量	2.20***	3.15***	2.08**	2.36**
	董事数量	1.23***	1.83***	1.16***	1.33***
	监事数量	1.06***	1.19***	1.04***	1.08***
	股东年平均变更次数	0.25***	0.43***	0.20***	0.31***
	董监高年平均变更次数	0.18***	0.35***	0.15***	0.22***
	是否属于关联平台	0.09	0.10	0.07***	0.11***
	是否注销	0.06***	0.01***	0.09***	0.03***
	分公司数量	1.01	3.18	0.39**	1.81**
	子公司数量	0.54***	1.09***	0.48*	0.62*
业务模式类	平均利率（%）	12.47***	10.60***	13.03***	11.93***
	最长投资期	3.07***	3.80***	2.97***	3.18***
	是否提供担保	0.60***	0.95***	0.55***	0.65***
	担保措施中是否含自担	0.31	0.31	0.30	0.32
	是否仅采用第三方担保	0.29***	0.63***	0.25***	0.33***
	债权是否可以转让	0.11***	0.34***	0.08***	0.14***
	是否可以自动投资	0.22***	0.39***	0.19***	0.26***
	是否属于综合理财平台	0.01***	0.03***	0.00	0.01

续表

类别	自变量	问题平台	正常平台	逃避型平台	非逃避型平台
守法合规类	是否银行存管	0.07***	0.64***	0.01***	0.14***
	失信被执行人次数	0.35***	0.04***	0.29*	0.43*
	行政处罚次数	0.21***	0.44***	0.16***	0.26***
	未披露年报次数	0.89***	0.08***	0.91	0.86
	未按时披露特定事项次数	0.01	0.00	0.01	0.01
	弄虚作假次数	0.01***	0.03***	0.01	0.01
	通过经营场所无法联系次数	0.48***	0.22***	0.47	0.50
	是否变异为违法网站	0.23***	0.01***	0.28***	0.17***
	是否办理ICP备案	0.70***	0.99***	0.64***	0.76***
	是否取得ICP经营许可证	0.05***	0.27***	0.01***	0.10***
	经营范围中是否含有网络借贷	0.01***	0.07***	0.01**	0.02**
知识产权类	著作权数量	0.62***	2.41***	0.24***	1.10***
	商标权数量	3.59***	19.58***	2.05***	5.57***
	专利权数量	0.03*	0.12*	0.02	0.05

注：***、**和*分别表示在0.1%、1%和5%水平下显著。

2. 均值的比较分析

第一，问题平台与正常平台相比：在股东背景方面，纯粹民营背景、自然人独资或最大股东是自然人的平台更可能是问题平台，而具有协会、国资、风投或上市背景的平台更可能是正常平台。在高管资格方面，问题平台有金融从业经验的高管比例为53%，而正常平台为62%；问题平台拥有本科和硕士以上学历的高管占比仅6%和3%，而正常平台高达43%和22%。在资本构成方面，问题平台的平均注册资本和实缴资本分别为 5359.08 万元和 2136.86 万元，而正常平台的两项资本更多，分别为 7930.47 万元和 4043.36 万元。在公司治理方面，正常平台拥有较多的股东、董事、监事和子公司，股东和董监高的变更更加频繁，公司注销的情形更少。在业务模式方面，正常平台的利率更低，投资期更长，更倾向于采取担保措施，更多地允许投资人将债权转让给其他投资人，更多地接受投资人委托平台自动投资，更多地提供 P2P 以外的保险、基金等产品。在守法合规方面，正常平台更多地建立银行存管、进行 ICP 备案、取得 ICP 经营许可证，拥有更少的失信记录，极少异化为违法网站。在知识产权方面，正常平台拥有更多的著作权、商标权和专利权。

第二，逃避型平台与非逃避型平台比较来看，二者在股东背景、高管学历、资本构成等各方面与问题平台和正常平台之间的对比情况如出一辙。但呈现出以下三个特点：其一，逃避型平台有 54% 的高管具有金融从业经验，比非逃避型平台反而高出 1 个百分点，但是，在统计上二者的区别不具有显著性，因此并不能概括地说逃避型平台拥有更多具备金融从业经验的高管。其二，非逃避型平台与逃避型平台相比，更可能与其他平台之间具有关联关系且拥有更多的分公司，上述两点在正常平台与问题平台的对比上并不具有显著性，这可能是因为更多的关联公司及分公司会增加平台跑路的成本，但并不能促进平台稳健运营。其三，逃避型平台与非逃避型平台在是否被列为异常经营名录的四个事项上（未披露年报次数、未按时披露特定事项次数、弄虚作假次数和通过经营场所无法联系次数）均不具有显著性，这可能是因为逃避型平台与非逃避型平台都已经是问题平台，因而在异常经营方面具有共性。

在上述变量中，"行政处罚次数"的变量颇值关注。统计数据表明，问题平台和正常平台平均受到行政处罚的次数分别为 0.21 和 0.44，逃避型平台和非逃避型平台平均受到行政处罚的次数分别为 0.16 和 0.26。也就是说，表现更好的平台反而比表现不好的平台遭受更多的行政处罚，且差异具有高度的显著性。这是不是因为表现更好的平台因存续时间更长，才导致更多处罚呢？为此，笔者将"行政处罚次数"除以企业存续天数再乘以 365，转化为"行政处罚年平均次数"后再比较，结果仍然如此且具有显著性。行政处罚作为"有形之手"，本应惩恶扬善，克服市场失灵，但数据表明行政处罚似乎没有起到正向作用。有学者认为政府管得越多，腐败越容易发生。[1] 好平台比坏平台遭受更多行政处罚或许是因为经济实力更强的平台更容易成为政府寻租的对象。

(二) 二元 Logistic 回归分析

1. 问题平台与正常平台

独立样本 T 检验仅是单变量的比较，无法说明在多变量相互影响的情况下，哪些变量对识别问题平台与正常平台具有显著性以及它们各自的重要程度。为此，我们以"是否属于问题平台"为因变量，纳入上述 47 个自变量，以 Logistic 回归分析为方法进行检验。最终有 4316 个样本进入回归分析，占平台全样本的66.5%，结果如下表所示：

表 5.3 是否属于问题平台的 Logistic 回归分析结果

序号	变量	显著性	发生比	偏回归系数	标准化回归系数
1	失信被执行人次数	0.000	1.658	0.506	0.952
2	是否办理 ICP 备案	0.000	0.159	−1.841	−0.793
3	未披露年报次数	0.000	1.957	0.672	0.748
4	是否银行存管	0.000	0.165	−1.801	−0.685
5	平均利率（%）	0.000	1.182	0.167	0.608
6	是否变异为违法网站	0.000	4.654	1.538	0.602
7	是否注销	0.000	5.597	1.722	0.387
8	通过经营场所无法联系次数	0.000	1.588	0.462	0.272
9	是否属于纯粹民营背景	0.000	0.468	−0.760	−0.223
10	商标权数量	0.000	0.995	−0.005	−0.215
11	高管是否具有硕士以上学历	0.000	0.424	−0.859	−0.213
12	是否属于自然人独资	0.006	1.570	0.451	0.179
13	最长投资期	0.002	0.879	−0.129	−0.151
14	注册资本对数值	0.009	1.122	0.115	0.141

---

[1] 参见张维迎：《信息、信任与法律》，生活·读书·新知三联书店 2003 年版，第 18~19 页。

续表

序号	变量	显著性	发生比	偏回归系数	标准化回归系数
15	是否仅采用第三方担保	0.005	0.774	-0.256	-0.123
16	经营范围中是否含有网络借贷	0.000	0.452	-0.795	-0.116
17	董监高年平均变更次数	0.009	0.705	-0.350	-0.108
18	实缴资本对数值	0.041	0.990	-0.010	-0.103
19	是否属于中国互金协会背景	0.009	0.510	-0.673	-0.102
20	债权是否可以转让	0.014	0.778	-0.251	-0.090
21	是否属于关联平台	0.042	1.362	0.309	0.088
22	常数	0.521	1.829	0.604	2.700

注：Hosmer 与 Lemeshow 测试显著性为 0.328；Cox & Snell R 平方为 0.348，Nagelkerke R 平方为 0.503。[1]

表 5.3 显示了 Logistic 回归模型中各自变量的显著性、发生比、偏回归系数和标准化回归系数，[2] 笔者从以下四个维度对上表进行解析：

首先，从待检验事项上看，经过显著性筛选，三个关键变量均有相关变量进入回归模型，分别是作为股东背景的是否属于纯粹民营背景、是否属于自然人独资，作为高管资格的是否具有硕士以上学历，作为资本构成的注册资本对数值和实缴资本对数值。需要说明的是，是否具有本科以上学历与是否具有硕士以上学历的相关系数为 0.681，具有多重共线性，故选择有利于模型拟合度的是否具有

---

[1] Hosmer 和 Lemeshow 检验结果可用以说明回归方程的有效性，评估方程的拟合优度，当 P 值大于 0.05 时，说明模型拟合较好，反之则较差。Cox & Snell R 平方和 Nagelkerke R 平方是"伪确定系数"，取值为 0 到 1，越接近于 1，标志模型的拟合程度越好，本研究得出的 R 平方值在同类研究中已经达到较高水平。有关 logistic 模型效度和信度的评价，可参见郭志刚主编：《社会统计分析方法 SPSS 软件应用》，中国人民大学出版社 2016 年版，第 177~185 页。

[2] 显著性用于说明自变量对因变量是否有显著影响，如果显著性小于 0.05，说明自变量对因变量有显著影响，反之则无。发生比，又称为相对风险（relative risk），它是事件发生的概率与不发生的概率之比，即 p/(1-p)，它可用说明自变量每上升一个单位，因变量发生与不发生的概率之比将原来的多少倍，发生比大于 1 时，自变量会提升因变量出现的概率；当发生比小于 1 时，会降低因变量出现的概率。偏回归系数用于说明自变量对因变量的作用方向，当偏回归系数大于 0 时，自变量会提升因变量出现的概率；当偏回归系数小于 0 时，自变量会降低因变量出现的概率。标准化回归系数用于说明各自变量的作用大小，其绝对值越高则该自变量的作用越大。

硕士以上学历进入回归模型。[1] 经检验，注册资本和实缴资本本身的数额并不具有显著性，但是二者的对数值均具有显著性，由此可见，二者对平台是否成为问题平台的影响具有边际递减趋势，即随着数量的提升，对平台的影响越来越弱。

其次，从数量上看，在进入回归的 21 个变量中，股东背景类 3 个，高管资格类 1 个，资本构成类 2 个，公司治理类 3 个，业务模式类 4 个，守法合规类 7 个，知识产权类 1 个。有 33.3% 的变量属于守法合规类变量，在数量上占据绝对优势。

再次，从作用程度来看，标准化回归系数的大小代表了同时考虑到其他自变量存在的情况下，各自变量对因变量作用的大小。[2] 由上表可知，21 个变量对因变量的影响逐渐减小。位于第一梯队的是：失信被执行人次数、是否办理 ICP 备案、未披露年报次数、是否银行存管、平均利率、是否变异为违法网站、是否注销，它们的影响力最大。位于第二梯队的是：通过经营场所无法联系次数、是否属于纯粹民营背景、商标权数量、高管是否具有硕士以上学历，它们的影响力一般。位于第三梯队的是：是否属于自然人独资、最长投资期、注册资本对数值、是否仅采用第三方担保、经营范围中是否含有网络借贷、董监高年平均变更次数、实缴资本对数值、是否属于中国互金协会背景、债权是否可以转让、是否属于关联平台，它们的影响力较小。在第一梯队的 7 个变量中，有 5 个都属于守法合规类变量，可见，是否守法合规与平台是否成为问题平台具有强相关性。

最后，从作用方向来看，失信被执行人次数、未披露年报次数、平均利率、是否变异为违法网站、是否注销、通过经营场所无法联系次数、是否属于自然人独资、注册资本对数值、是否属于关联平台 9 个变量的偏回归系数为正、发生比大于 1，这些变量会增加成为问题平台的机会；而是否办理 ICP 备案、是否银行存管、是否属于纯粹民营背景、商标权数量、高管是否具有硕士以上学历、最长投

---

[1] 一般认为相关系数超过 0.5 至 0.7 这个阈值时，就存在多重共线性问题，See Carsten F. Dormann, Jane Elith, Sven Bacher, Carsten Buchmann, Gudrun Carl, Gabriel Carré, Jaime R. García Marquéz, Bernd Gruber, Bruno Lafourcade, Pedro J. Leitão, Tamara Münkemüller, Colin McClean, Patrick E. Osborne, Björn Reineking, Boris Schröder, Andrew K. Skidmore, Damaris Zurell and Sven Lautenbach, "Collinearity: A Review of Methods to Deal with it and A Simulation Study Evaluating Their Performance", *Ecography* 36, 2013, p 32.

[2] 为确保统计过程规范，在计算标准化回归系数时，笔者将因变量和自变量均标准化后直接进行回归。参见文姬：“醉酒型危险驾驶罪量刑影响因素实证研究”，载《法学研究》2016 年第 1 期。

资期、是否仅采用第三方担保、经营范围中是否含有网络借贷、董监高年平均变更次数、实缴资本对数值、是否属于中国互金协会背景、债权是否可以转让 12 个变量的偏回归系数为负、发生比小于 1，这些变量会减少成为问题平台的机会。

表 5.4 是否属于问题平台的 Logistic 回归模型的预测正确率

	预测为正常平台	预测为问题平台	正确率
正常平台	739	451	62.1%
问题平台	281	2845	91.0%
整体百分比			83.0%

表 5.4 显示的是 Logistic 回归模型的预测正确率。由该表可知，前述由失信被执行人次数、是否银行存管等平台特征变量建立的回归模型对样本中正常平台的 1190 个样本，正确识别了 739 个，错误识别了 451 个，预测正确率为 62.1%；对问题平台的 3126 个样本，正确识别了 2845 个，错误识别了 281 个，预测正确率为 91.0%；总正确率为 83.0%，属于较好水平。由于预测正确率较高，模型拟合较好，我们可根据平台特征的偏回归系数建立是否属于问题平台的预测模型如下：

$P = 1/(1+e^{-\alpha})$

在上述公式中，P 代表是否为问题平台的概率；e 是自然常数，约等于 2.71828；$\alpha = 0.506 X_1 - 1.841 X_2 + 0.672 X_3 - 1.801 X_4 + 0.167 X_5 + 1.538 X_6 + 1.722 X_7 + 0.462 X_8 - 0.760 X_9 - 0.005 X_{10} - 0.859 X_{11} + 0.451 X_{12} - 0.129 X_{13} + 0.115 X_{14} - 0.256 X_{15} - 0.795 X_{16} - 0.350 X_{17} - 0.010 X_{18} - 0.673 X_{19} - 0.251 X_{20} + 0.309 X_{21} + 0.604$，而 X_1 至 X_{21} 分别代表失信被执行人次数、是否办理 ICP 备案、未披露年报次数、是否银行存管、平均利率（%）、是否变异为违法网站、是否注销、通过经营场所无法联系次数、是否属于纯粹民营背景、商标权数量、高管是否具有硕士以上学历、是否属于自然人独资、最长投资期、注册资本对数值、是否仅采用第三方担保、经营范围中是否含有网络借贷、董监高年平均变更次数、实缴资本对数值、是否属于中国互金协会背景、债权是否可以转让、是否属于关联平台等 21 个自变量。在对某一平台是否会成为问题平台进行预测时，可将平台的特征变量代入上述方程计算，所得结果越接近 1，成为问题平台的概率就越高；越接近 0，保持正常平台的概率就越高。

2. 逃避型平台与非逃避型平台

为进一步探究影响平台稳健经营的因素，在问题平台内部，以"是否属于逃避型平台"为因变量，纳入上述47个自变量，以Logistic回归分析为方法进行检验。最终有4337个样本进入回归分析，占问题平台全样本的82.4%，结果如下表所示：

表5.5 是否属于逃避型平台的Logistic回归分析结果

序号	变量	显著性	发生比	偏回归系数	标准化回归系数
1	是否银行存管	0.000	0.212	−1.550	−0.589
2	是否取得ICP经营许可证	0.000	0.298	−1.209	−0.347
3	是否属于上市背景	0.037	0.207	−1.576	−0.212
4	是否办理ICP备案	0.000	0.625	−0.469	−0.202
5	是否注销	0.000	2.318	−0.841	0.189
6	著作权数量	0.022	0.960	−0.041	−0.178
7	实缴资本对数值	0.000	0.984	−0.016	−0.167
8	是否属于纯粹民营背景	0.003	1.758	0.564	0.165
9	高管是否具有硕士以上学历	0.011	0.551	−0.596	−0.148
10	最大股东是否为自然人	0.000	1.380	0.322	0.146
11	是否变异为违法网站	0.000	1.431	0.358	0.140
12	董监高年平均变更次数	0.000	0.651	−0.429	−0.133
13	注册资本对数值	0.004	0.921	−0.083	−0.101
14	是否提供担保	0.038	1.222	0.201	0.095
15	常数	0.014	3.843	1.346	−0.153

注：Hosmer与Lemeshow测试显著性为0.316；Cox & Snell R平方为0.152，Nagelkerke R平方为0.204。[1]

---

[1] Hosmer和Lemeshow检验的P=0.316，大于0.05；Cox & Snell R平方和Nagelkerke R平方分别为0.152和0.204。以上数据表明，模型的整体拟合程度较好。

表 5.5 显示了 Logistic 回归模型中各自变量的显著性、发生比、偏回归系数和标准化回归系数，笔者从以下四个维度对上表进行解析：

第一，从待检验事项上看，经过显著性筛选，三个关键变量均有相关变量进入回归模型，分别是作为股东背景的是否属于上市背景、是否属于纯粹民营背景、最大股东是否为自然人，作为高管资格的是否具有硕士以上学历，作为资本构成的注册资本对数值和实缴资本对数值。上述情形与是否属于问题平台的检验十分类似，只不过将股东背景类变量中的是否属于自然人独资，更换为是否属于上市背景和最大股东是否为自然人。

第二，从数量上看，在纳入回归的 14 个变量中，股东背景类 3 个，高管资格类 1 个，资本构成类 2 个，公司治理类 1 个，业务模式类 1 个，守法合规类 4 个，知识产权类 1 个。可见，守法合规类变量同样在数量上最多。

第三，从作用程度来看，14 个变量对因变量的影响逐渐减小，大致可以分为两个梯队。位于第一梯队的是：是否银行存管和是否取得 ICP 经营许可证，二者的标准化回归系数远高于其他，可见二者对平台是否成为逃避型平台具有巨大影响力。从是否属于上市背景开始，到最后一个变量是否提供担保，标准化回归系数的递减趋势平缓且差异不大，故可归为第二梯队，它们的影响力相对较小。是否银行存管和是否取得 ICP 经营许可证均属守法合规类变量，可见，是否守法合规与平台是否成为逃避型平台也具有强相关性。

第四，从作用方向来看，是否注销、是否属于纯粹民营背景、最大股东是否为自然人、是否变异为违法网站、是否提供担保 5 个变量的偏回归系数为正、发生比大于 1，这些变量会增加成为逃避型平台的机会；而是否银行存管、是否取得 ICP 经营许可证、是否属于上市背景、是否办理 ICP 备案、著作权数量、实缴资本对数值、高管是否具有硕士以上学历、董监高年平均变更次数、注册资本对数值 9 个变量的偏回归系数为负、发生比小于 1，这些变量会减少成为逃避型平台的机会。

表 5.6 是否属于逃避型平台的 Logistic 回归模型的预测正确率

	预测为非逃避型平台	预测为逃避型平台	正确率
非逃避型平台	811	1130	41.8%
逃避型平台	305	2091	87.3%
整体百分比			66.9%

表 5.6 显示的是 Logistic 回归模型的预测正确率。由该表可知,前述由是否银行存管、是否取得 ICP 经营许可证等平台特征变量建立的回归模型对样本中非逃避型平台的 1941 个样本,正确识别了 811 个,错误识别了 1130 个,预测正确率为 41.8%;对逃避型平台的 2396 个样本,正确识别了 2091 个,错误识别了 305 个,预测正确率为 87.3%。虽然前一个正确率只有 41.8%,但总正确率为 66.9%,且由于预测逃避型平台的正确率较高,从谨慎的角度出发,更有利于揭示风险,故上述回归模型在总体上仍然可以接受。我们可根据平台特征的偏回归系数建立是否属于逃避型平台的预测模型如下:

$$P = 1/(1+e^{-\beta})$$

在上述公式中,P 代表是否为逃避型平台的概率;e 是自然常数,约等于 2.71828;$\beta = -1.550 X_1 - 1.209 X_2 - 1.576 X_3 - 0.469 X_4 + 0.841 X_5 - 0.041 X_6 - 0.016 X_7 + 0.564 X_8 - 0.596 X_9 + 0.322 X_{10} + 0.358 X_{11} - 0.429 X_{12} - 0.083 X_{13} + 0.201 X_{14} + 1.346$,而 X_1 至 X_{14} 分别代表是否银行存管、是否取得 ICP 经营许可证、是否属于上市背景、是否办理 ICP 备案、是否注销、著作权数量、实缴资本对数值、是否属于纯粹民营背景、高管是否具有硕士以上学历、最大股东是否为自然人、是否变异为违法网站、董监高年平均变更次数、注册资本对数值、是否提供担保等 14 个自变量。在对某一问题平台是否会成为逃避型平台进行预测时,可将平台的特征变量代入上述方程计算,所得结果越接近 1,成为逃避型平台的概率就越高;越接近 0,成为非逃避型平台的概率就越高。

通过前后两次回归,我们发现有 10 个变量同时对是否属于问题平台和是否属于逃避型平台有显著影响,包括 1 个股东背景类变量(是否属于纯粹民营背景),1 个高管资格类变量(高管是否具有硕士以上学历),2 个资本构成类变量(注册资本对数值、实缴资本对数值),2 个公司治理类变量(是否注销、董监高年平均变更次数),4 个守法合规类变量(失信被执行人次数、是否办理 ICP 备案、是否银行存管、是否变异为违法网站)。

值得注意的是,是否属于纯粹民营背景,在前后两次回归中的作用方向是相反的,即具有纯粹民营背景的企业更可能是正常平台,但一旦成为问题平台,具有纯粹民营背景的企业更容易跑路。前一表现与我们在独立样本 T 检验时看到的结果也相反——独立样本 T 检验表明具有纯粹民营背景的企业,有 94% 是问题平台;而不具有民营背景的企业,只有 75% 是问题平台。上述现象产生的原因可能是，独立样本T检验是单变量分析工具，当通过多元回归纳入其他变量之后，民营企业因为管理灵活、决策高效等特点反而更有利于平台稳健运营。[1] 当然，无论是独立样本T检验，还是多元回归分析均表明，民营企业更容易在发生问题后跑路。因此，我们对民营企业应当辩证看待：既不能一味排斥，也不能不加限制。

作用方向相反的变量还有注册资本对数值，即具有较高注册资本对数值的平台更可能是问题平台，而一旦成为问题平台，具有较高注册资本对数值的平台却不容易跑路。前一表现也与独立样本T检验结果相反。上述原因除了独立样本T检验属于单变量分析，结论未必准确之外，还可能与我国注册资本改革相关。改革之后，企业的注册资本金和认缴时间没有法定要求，导致部分投机者为彰显公司实力，故意设定高额的注册资本和漫长的认缴期，从而导致注册资本与公司实力发生偏离。[2] 相形之下，实缴资本对数值在前后两次回归中，均表现出越高越有利于平台稳健运营的特征。相对于注册资本，用实缴资本衡量网贷平台的持续经营能力更为适宜。

至此，文首提出的三个假设均得到验证，即具有较强股东背景、较高高管素质和较多实缴资本的网贷平台经营更加稳健，来自于传统金融机构的三大监管指标同样也适合于网络借贷。同时，我们也应该看到，上述三类监管指标的影响力一般，均未列入第一梯队，且上述变量发挥作用的方式不一定是直接的，比如，实缴资本以对数化的方式体现其影响力。

三、准入监管指标的设定

基于在回归分析中呈现出显著性的变量，我们可以为网络借贷设定准入指标。鉴于已有大量平台开展网贷业务，故应区分新设机构和存续机构。以下第一类指标同时适用于新设机构和存续机构，第二类指标仅适用于存续机构：

---

[1] 在本书中，有两个变量（是否属于纯粹民营背景、注册资本对数值）在前后两次回归中的作用方向相反，有两个变量（是否属于关联平台、担保措施中是否含自担）在是否属于问题平台的独立样本T检验中不具有显著性，但在多因素回归分析中却呈现出显著性。上述现象都可以用统计学上的 Simpson 悖论予以解释。详见耿直："因果推断与 Simpson 悖论"，载《统计与信息论坛》2000年第3期。

[2] 有关我国公司法资本制度改革以及由此所产生的问题，详见刘燕："公司法资本制度改革的逻辑与路径——基于商业实践视角的观察"，载《法学研究》2014年第5期。

(一) 同时适用于新设机构和存续机构的准入指标

1. 控股股东或实际控制人为资信良好的企业

表 5.3 显示如果自然人是企业唯一股东，则网贷平台更可能出险；表 5.5 显示如果自然人是企业最大股东，则网贷平台更可能跑路。原因也许是基于人性固有的弱点，如果单一自然人在公司中的影响过大，容易导致经营随意任性、缺乏科学性。为此，应禁止自然人成为网贷机构的控股股东或实际控制人，鼓励上市公司或其他具备良好资信的企业入主网贷机构。

此外，我们不应该歧视民营企业。如上所述，在前后两次回归中，是否属于纯粹民营背景具有"两面性"，同时，具有国资、风投或上市背景的平台也没有表现出明显的优势。基于此，我们应当为实力雄厚、资信良好的民营企业预留空间，同时结合下文提出的其他监管指标对民营企业形成有效约束。

2. 高管具备硕士以上学历

基于均值的比较可知，问题平台拥有专科以上学历的高管远远超过正常平台，但拥有本科和硕士以上学历的高管却远远少于正常平台。由于拟合度和多重共线性的原因，高管是否具有硕士以上学历的变量比高管是否具有本科以上学历的变量更适合进入回归模型。[1] 表 5.3 和表 5.5 分别显示：如果网贷机构的高管具备硕士学历，则问题平台的发生比降低为原来的 0.424 倍，逃避型平台的发生比降低为原来的 0.551 倍。基于此，应确保高级管理人员具备硕士以上学历。银保监会于 2019 年 4 月 8 日出台的《网络借贷信息中介机构有条件备案试点工作方案（征求意见稿）》中有关平台高管需要具备大专以上（含大专）学历的要求显然过低。

3. 拥有不低于 5000 万元的实缴资本

过去有关问题平台的实证研究均集中在注册资本，尚未考虑实缴资本对平台的影响。[2] 根据表 5.3 和表 5.5，实缴资本对平台稳健运营具有一定影响，但是影响的效果呈边际递减趋势。鉴于正常平台的平均实缴资本为 4043 万元，可以考虑设置 5000 万元的最低实缴资本额，且实缴资本应为货币资金，以保障平台拥有必要的资金实力。由此反观《网络借贷信息中介机构有条件备案试点工作方

---

[1] "高管是否具有硕士以上学历"与"高管是否具有本科以上学历"两个变量的双变量相关系数为 0.681，故存在多重共线性问题。

[2] 参见彭劲志、罗荷花、赵昊："P2P 网络借贷平台违约行为影响因素的实证研究——以湖南省为例"，载《西南金融》2016 年第 7 期。

案（征求意见稿）》有关"单一省级区域经营机构实缴注册资本不少于人民币5000万元，全国经营机构实缴注册资本不少于人民币5亿元"的要求，姑且不论人为分割网贷经营地域的做法是否科学，5亿元实缴资本的要求明显过高。

4. 禁止关联平台进入网贷市场

在6459个能够明确查到经营主体的平台中，有580个平台与其他一个或多个平台之间存在关联关系，也就是说，约9%的平台属于有关联背景的平台。在网贷兴起之初，基于对未来不确定性的担忧，很多公司采取"两条腿走路"的策略，故出现不少关联平台。从统计数据来看，关联平台之间普遍具有"同向现象"，即77.1%的关联平台要么同为正常平台，要么同为问题平台。虽然关联平台在独立样本T检验中不具有显著性，但在表5.3的回归中，表现出更易发生问题的倾向，[1]故应禁止关联平台进入网贷市场。基于此，《网络借贷信息中介机构有条件备案试点工作方案（征求意见稿）》有关"股权关系复杂且不透明、关联交易频繁且异常、已直接或通过关联方间接控制一家网贷机构的法人机构不得作为网贷机构股东或实际控制人"的要求是正确的。

（二）仅适用于存续机构的准入指标

1. 持续经营满2年，守法合规经营并具备良好信用

两次回归表明守法合规类变量是识别平台是否出险及是否逃避责任的最重要因素。鉴于正常平台运营主体的平均存续天数为741天，[2]可以要求存续机构在申请准入时已持续运营2年以上。这里有以下两个考虑：第一，"路遥知马力"，达到2年平均生存期的机构已经证明其具有较强的运营能力。第二，2年期的设置为判断平台是否守法合规经营提供了明确的考察期。存续机构须在2年以上的存续期内，未被列入失信被执行人名单，未因未披露年报、通过经营场所无法联系等原因被列入异常经营名录，同时，已依照信息产业主管部门的要求办理网站ICP备案。

2. 拥有一定数量的著作权和商标权

正常平台平均拥有2.41件著作权和19.58件商标权，而问题平台平均仅拥

---

〔1〕 上述现象亦可用Simpson悖论予以解释。参见耿直："因果推断与Simpson悖论"，载《统计与信息论坛》2000年第3期。

〔2〕 正常平台运营主体的平均存续天数=正常平台运营主体的存续天数/正常平台运营主体的数量。其中，运营主体存续天数按照如下标准计算：如主体仍然存续，则主体存续天数为成立日至统计基准日之间的天数；如果主体已经吊销或注销，则主体存续天数为成立日至吊销日或注销日的天数。

有 0.62 件著作权和 3.59 件商标权，上述差异均在 0.1% 水平下显著。表 5.3 显示：拥有更多商标权将增大平台正常运营的机会，这可能是因为正常平台更加注重声誉，希望通过商标区别于与他人的商品和服务。表 5.5 显示：拥有更多著作权将提高问题平台不逃避的可能性，这可能是因为"有恒产者有恒心"，跑路意味着抛弃计算机软件、图形设计等著作权，会给已经拥有较多著作权的平台带来更大损失，这就类似于拥有更多关联公司、子公司和分公司的平台更不容易逃避一样。此外，拥有更多知识产权本身也代表平台具有较强的科技创新能力，正如本书第二章所述，网贷平台能够利用现代科技克服信息不对称是其安身立命的基石。因此，可将存续机构拥有不少于 3 件著作权和不少于 19 件商标权，作为平台准入的辅助性参考标准。在审查时，应关注上述知识产权是否已由平台实际使用，以避免平台为取得牌照而临时申请或对外购买。

四、持续性监管措施的构建

除设定准入指标以外，还应为已经准入的机构设定持续性监管措施。这些监管措施有如下两个来源：第一，基于回归分析中具有显著性的变量而设计。这些变量与平台是否出险或跑路具有正向或负向的相关性，故可以通过防范或促进相关变量的发生，以到达抑制平台出险或跑路的效果。第二，基于回归分析中部分不具有显著性的变量而设计。正因为这些变量与平台是否出险或跑路不具有统计学上的联系，故有助于我们重新认识这些变量的作用，以及审视现行监管规定的适当性。

（一）基于显著性变量而设计的监管措施

1. 落实银行存管等要求

有学者认为银行存管是保障出借人和借款人资金安全，防止平台自融、资金池、庞氏骗局、卷钱跑路的重要措施。[1] 与银行存管相比，第三方支付公司的监管力度较弱，其无权冻结账户资金，无法控制资金被挪用的风险。[2] 但是，也有学者认为资金存管在保护投资者利益全局中的作用是相对有限的。[3] 本书

---

[1] 参见冯果、蒋莎莎："论我国 P2P 网络贷款平台的异化及其监管"，载《法商研究》2013 年第 5 期；潘静："从政府中心规制到社会共治：互联网金融治理的新视野"，载《法律科学（西北政法大学学报）》2018 年第 1 期。

[2] 参见王建文、奚方颖："我国网络金融监管制度：现存问题、域外经验与完善方案"，载《法学评论》2014 年第 6 期。

[3] 参见姚海放："治标和治本：互联网金融监管法律制度新动向的审思"，载《政治与法律》2018 年第 12 期。

发现，在识别是否为问题平台方面，银行存管具有第四重要的地位；而在识别平台跑路方面，银行存管则具有第一重要的地位。因此，应要求所有获准开展网贷业务的机构与银行签订存管协议，上线银行存管系统。可见《网络借贷信息中介机构业务活动管理暂行办法》和《网络借贷资金存管业务指引》有关银行存管的要求是十分必要的。此外，回归显示，经营范围中是否含有网络借贷以及是否取得ICP经营许可证，对平台稳健运营也具有影响，因此，对于已建立银行存管的企业，工商行政管理部门应在其营业执照中添加"网络借贷信息中介"的经营范围，信息产业主管部门应依法颁发ICP经营许可证，助其名正言顺地开展网贷业务。

2. 限制平台展示给出借人的预期收益率

有学者认为平台设定较高利率可能与骗取投资人资金相关，同时高利率可能成为滋生高利贷的温床，故主张对利率进行监控。[1] 表5.3显示，正常平台展示给出借人的预期收益率平均值为10.6%，而问题平台的平均值为12.47%，可以看出确实利率越高，平台越容易出险。但利率是一个随资金供求关系等因素变化的经济变量，监管规定不宜直接设定利率上限。鉴于投资人的收益应全部来自于借款人偿还的利息，即使平台不从中收取居间费，也不应设定高于借款利率的预期收益率，否则平台涉嫌补贴。目前，有关平台宣传的监管主要从禁止虚假广告的角度展开，尚未在预期收益率的数量上进行规制，故应填补制度漏洞，要求网贷平台向出借人展示的网贷产品的年化预期收益率不得超过借款人依据借款合同应支付的年化借款利率。

3. 加强对违法网站的查处力度

是否变异为违法网站在表5.3和表5.5中均具有显著性。笔者发现，当网贷平台转变为问题平台之后，有1218家网站异化为违法网站（占问题平台总数的23.15%），包括1073家博彩网站（占比88.1%），96家博彩和黄色兼有的网站（占比7.88%），33家黄色网站（占比2.71%），12家假冒政府或学校网站（占比0.99%）以及4家非法理财网站（占比0.33%）。笔者将上述现象称为"P2P坟墓陷阱"，以比喻这些网站如同网贷坟墓上的陷阱，在网贷死去之后继续祸害投资人。平台异化的原因可能是平台经营者不负责任地将域名出售给不法分子以

---

[1] 参见冯果、蒋莎莎："论我国P2P网络贷款平台的异化及其监管"，载《法商研究》2013年第5期。

赚取高额费用，也可能是平台经营者在经营失败后故意投身于博彩行业。由于这些网站曾经是网贷平台官网，拥有大量受众，在转变为博彩网站之后，蒙受损失的投资人可能在侥幸心理的驱使下参与赌博，陷入更深的财务困境，与此同时，民间闲散资金也可能加速流向六合彩等非法领域。《互联网域名管理办法》虽然要求域名注册服务机构和域名注册管理机构在发现违法网站后立即采取消除、停止解析等处置措施，并向有关部门报告，但并未强调二者的持续监督义务，为此，应明确域名注册服务机构对其代理注册域名的复检周期、措施及责任，加强中国互联网络信息中心对所有域名的定期复检工作，并引入"吹哨人制度"以解决信息不对称所导致的监管难题。

4. 禁止期限错配与允许债权转让相结合

由表5.3可知，投资期对平台运营有一定影响，最长投资期越短，越不利于平台稳健运营。网贷产品与货币市场基金等具有较高流动性的产品不同，如果最长投资期过短，说明平台本身可能存在期限错配。《网络借贷信息中介机构有条件备案试点工作方案（征求意见稿）》要求"网贷机构不得通过债权转让模式拆分债权、进行期限错配"的要求是正确的，但是该文件同时要求"同一网贷平台出借人之间债权转让次数不得超过3次（自债权成立起算）"则值得商榷。表5.3表明，允许出借人的债权向他人转让将降低问题平台的发生概率。在美国，Prosper即通过引入二级市场，允许出借人出售贷款，通过资金的流动融化信贷市场的坚冰。[1] 在欧洲，网贷平台二级市场上的资产交易也较过去更加频繁。[2] 因此，在禁止期限错配，防范资金池风险的同时，应允许平台为出借人进行债权转让提供条件，以满足出借人因入学、就医、买房等特殊原因而产生的流动性需求，至于债权转让的次数，则不必进行限制。

5. 提倡第三方担保，探索新型风险准备金制度

回归表明，如果仅由第三方对出借人债权提供担保，将有利于平台稳健运营，但如果将平台风险准备金也纳入到担保中使其作为一个整体变量，则在平台发生问题后，采取担保措施的平台更容易跑路。为什么如此？原因可能是平台自担，使平台直接面对众多出借人的追索；而第三方担保既能保障出借人利益，又

---

[1] 参见李爱军："民间借贷网络平台的风险防范法律制度研究"，载《中国政法大学学报》2012年第5期。

[2] See Roberto Bottiglia, Flavio Pichler, *Crowdfunding for SMEs: A European Perspective*, UK: Springer Nature, 2016, pp. 107~108.

缓冲了平台的压力。一方面，第三方可以仅要求借款人提供反担保或支付担保费用，而不增加平台的负担；另一方面，即使由平台向第三方提供反担保，其反担保不一定是全额的，且平台面对的债权人是单一的、专业的机构。基于此，在制度设计上应提倡第三方担保。

2019年4月8日出台的《网络借贷信息中介机构有条件备案试点工作方案（征求意见稿）》拟让平台根据借款项目金额的一定比例计提出借人风险补偿金，在借款人出现信用风险不能按约定偿付出借人资金时，以出借人风险补偿金弥补出借人本金损失，这似乎要回到过去已经否定的风险准备金时代。[1] 风险准备金在本质上属于平台有限度的自担，在学界争议较大：有人持反对态度，认为自担最终可能导致网贷平台因无力还款而倒闭；[2] 有人持支持态度，认为平台自担具有不可替代的优势，但应对其财务资质、股东资质、股权结构等作出类型化的准入限制，并加强担保余额总量限制；[3] 也有人先支持、后反对，例如，有学者认为风险准备金制度使网站在发生坏账时也要承担全部或部分损失，这种权利与义务相一致的制度设计有利于网站在选择借款人时有动力更好地控制风险，[4] 但也承认风险准备金会导致平台面临流动性风险。[5]

本书研究发现，虽然担保措施中是否含自担的变量在独立样本T检验时并不显著，且因其与是否仅采用第三方担保的变量具有多重共线性，而未被纳入回归分析，但是，在是否属于问题平台的回归分析中，如果将二者进行替换，担保措

---

[1] 风险准备金安排被过去的监管规定所否定，具体为：2017年12月13日，P2P网贷风险专项整治工作领导小组办公室颁布的《关于做好P2P网络借贷风险专项整治整改验收工作的通知》规定："目前市场上部分机构出于解决信用风险的考虑，提取了部分风险备付金，这一经营模式与网贷机构的信息中介定位不符。应当禁止辖内机构继续提取、新增风险备付金，对于已经提取的风险备付金，应当逐步消化，压缩风险备付金规模。同时严格禁止网贷机构以风险备付金进行宣传。"2018年8月13日，互联网金融风险专项整治工作领导小组办公室颁布的《关于开展P2P网络借贷机构合规检查的通知》将"变相承诺保本保息，包括在官网、APP等对外宣传及相关合同协议中明确表示设立风险准备金、备付金、客户质保款等各类客户风险保障机制"作为一类"直接或变相向出借人提供担保或承诺保本报息"违规行为予以禁止。有关风险准备金的特点，参见邓建鹏、黄震："网贷行业风险备用金的争议及其规范路径"，载《金融法苑》2017年第1期。

[2] 参见伍坚："我国P2P网贷平台监管的制度构建"，载《法学》2015年第4期。

[3] 参见冯辉："网络借贷平台法律监管研究"，载《中国法学》2017年第6期；黄辉："网络借贷平台的风险保障金机制研究"，载《清华法学》2018年第6期。

[4] 参见李爱军："民间借贷网络平台的风险防范法律制度研究"，载《中国政法大学学报》2012年第5期。

[5] 参见李爱军："互联网金融的法治路径"，载《法学杂志》2016年第2期。

施中是否含自担的变量亦表现出显著性，且不影响整体模型的拟合度。该变量的P值为0.034，发生比为1.217，这意味着如果平台在担保措施中包含风险准备金，则平台出险的概率与平台不出险的概率之比将提升为原来的1.217倍。也就是说，风险准备金安排并不利于平台稳健运行。

当然，过去的风险准备金与拟建构的风险准备金制度存在差异。根据统计，担保措施中含自担的2000家平台里只有341家建立了银行存管，由于当时没有相关规定，341家上线银行存管的平台普遍未将风险准备金汇入存管银行，导致资金的计提和进出很不透明，这与现在所要求的逐笔计提、专户管理的风险准备金有所差异。另外，从商业逻辑角度看，网贷是典型的双边市场，这使得平台对自担具有天然的依赖性。[1] 正如有学者所指出的：风险准备金确实蕴藏各类风险，但同时也需要承认和重视其促进资本形成的制度价值，英国经验表明，风险准备金并非洪水猛兽，只要监管得当，风险准备金实际上并不会影响投资者的保护力度；且有利于行业发展。[2] 基于此，可考虑让平台设置有限计提、有限清偿、信息透明、风险提示、税前扣除的新型风险准备金制度：

其一，有限计提。网贷平台应从每笔居间费收入中，按照一定比例计提出借人风险补偿金。出借人风险补偿金用于在借款人出现信用风险等情形下，弥补出借人的本金损失。

其二，有限清偿。在借款人出现信用风险不能按约定偿付出借人资金的，应当先以出借人风险补偿金弥补出借人本金损失，不足以弥补全部出借人损失的，按出借人本金比例清偿。未获清偿的损失，由出借人向借款人或担保人（如有）另行主张或采取其他催收措施。网贷机构有权在出借人风险补偿金的使用额度内，以债权人身份向借款人进行追偿。

其三，信息透明。出借人风险补偿金应当按每笔居间费收入逐笔计提，计提

---

[1] 有关双边市场理论，参见［美］戴维·S.埃文斯、理查德·施马兰奇：《连接：多边平台经济学》，张昕、黄勇、张艳华译，中信出版社2018年版，第84页；Jean-Charles Rochet and Jean Tirole, "Two-Sided Markets: A Progress Report", *The RAND Journal of Economics*, Vol. 37, No. 3 (Autumn, 2006), pp. 645~667；Jean-Charles Rochet and Jean Tirole, "Platform Competition in Two-Sided Markets", *Journal of the European Economic Association*, Vol. 1, No. 4 (Jun., 2003), pp. 990~1029. 有关P2P网络借贷亦具有双边市场的论述，参见孙武军、冯雪岩："P2P网络借贷平台具有双边市场特征吗？——来自'人人贷'的经验证据"，载《北京工商大学学报（社会科学版）》2016年第3期；蓝波："P2P网络借贷平台的运行机理及其匹配效率的实证研究"，东南大学2016年硕士学位论文。

[2] 参见黄辉："网络借贷平台的风险保障金机制研究"，载《清华法学》2018年第6期。

金额应当于存管银行设立专门账户，进行专户管理，并实时向出借人公布账户资金余额。

其四，风险提示。网贷平台应同时通过官网和合同，以显著字体提醒投资人：网贷投资不是银行存款，投资人不能享受存款保险保障，风险准备金的安排不能保证投资人不会因投资而遭受损失。

其五，税前扣除。国务院财政、税务主管部门应出台配套规定，明确网贷平台为补偿出借人损失而计提或支出的风险准备金，可以在网贷平台计算应纳税所得额时予以扣除。[1]

6. 规制股东及董监高的变更

股东的年平均变更次数与董监高的年平均变更次数高度相关，这可能是因为新股东一般都需要选任新的代理人以维护其权利。表5.3和表5.5显示，董监高的年平均变更次数越多，越有利于平台正常经营，即使已经成为问题平台，其逃避责任的可能性也越小。这可能是因为好平台对外部投资人有吸引力，所以导致更多的股东变更，从而引发董监高变更；也可能是因为网贷行业存在职业经理人市场，如果经理人表现不佳，股东可以随时更换；此外，董事多元化带来的积极效应也可能是原因之一。[2] 因此，应允许网贷机构进行股东及董监高变更，但应当对新股东及董监高进行必要的审查。结合上文分析，如新股东是控股股东，应确保其为资信良好的企业；对于新上任的高管，则应要求其具备硕士以上学历。

---

[1] 《中华人民共和国企业所得税法》第10条规定："在计算应纳税所得额时，下列支出不得扣除：（一）向投资者支付的股息、红利等权益性投资收益款项；（二）企业所得税税款；（三）税收滞纳金；（四）罚金、罚款和被没收财物的损失；（五）本法第九条规定以外的捐赠支出；（六）赞助支出；（七）未经核定的准备金支出；（八）与取得收入无关的其他支出。"《中华人民共和国企业所得税法实施条例》第55条规定："企业所得税法第十条第（七）项所称未经核定的准备金支出，是指不符合国务院财政、税务主管部门规定的各项资产减值准备、风险准备等准备金支出。"因此，如果没有国务院财政、税务主管部门的明确规定，网贷平台计提和支出的风险准备金将作为未经核定的准备金支出，不能像银行资产减值准备或一般准备那样享受税前扣除的待遇，这将导致税法适用上的不公平，也将不适当地加重平台的经营成本。上述问题，在过去网贷平台的经营实践中已经凸显，导致网贷平台与税务机关各执一词，难以协调，故应明确风险准备金的税法地位。

[2] 有学者研究发现董事多元化有利于提高公司质量、减少企业财务欺诈的可能性，参见王分棉、于振、周煊："女性董事的职能及影响：文献述评与研究展望"，载《北京工商大学学报（社会科学版）》2017年第6期；David A. Carter, Betty J. Simkins, and W. Gary Simpson, "Corporate Governance, Board Diversity, and Firm Performance", *The Financial Review*, Vol. 38, 2003, pp. 33~53.

7. 发挥行业协会的自律功能

学界普遍认为作为民间软法的自律规定富有实效。行业自律是对政府监管的积极补充，最大特征是"嵌入式"，对消除市场主体的内心抵触具有天然优势。我国应借鉴英国 P2P"行业自律+政府监管"的模式，积极发挥 P2P 网络借贷行业协会的自律作用。[1] 经实证检验，如果平台具有中国互联网金融协会的背景，问题平台的发生比下降为原来的 0.51 倍。因平台是否属于中国互金协会背景的变量与平台是否属于协会背景的变量具有多重共线性，故后者未被纳入回归分析。如果将前者替换为后者，后者在回归中亦具有显著性，问题平台的发生比下降为原来的 0.63 倍。由此看来，无论是中国互金协会，还是地方互金协会或网贷协会均有助于提高平台的稳健性，应鼓励更多平台加入行业协会，充分发挥行业自律的功效。

（二）基于非显著性变量而设计的监管措施

1. 为综合理财平台预留发展空间

"互联网综合理财平台是在互联网金融蓬勃发展的背景下兴起的一种新型业务模式，其充分利用大数据、社交网络等互联网技术，提供智能化、社交化、便捷性、综合性金融产品和服务"。[2] 但是，在网络借贷领域，《网络借贷信息中介机构业务活动管理暂行办法》第 10 条第 1 款第 7 项禁止网贷平台自行发售理财等金融产品募集资金，代销银行理财、券商资管、基金、保险或信托产品等金融产品。《关于开展 P2P 网络借贷机构合规检查工作的通知》进一步明确"未经许可发行销售各类资产管理产品，未经许可为其他机构的金融产品开放链接端口、进行广告宣传"属于违规行为。

研究发现，全样本中有 40 家网贷平台以流量跳转或官网展示的方式，使平

---

[1] 参见罗豪才、宋功德："认真对待软法——公域软法的一般理论及其中国实践"，载《中国法学》2006 年第 2 期；姚文平：《互联网金融》，中信出版社 2014 年版，第 293 页；王建文、奚方颖："我国网络金融监管制度：现存问题、域外经验与完善方案"，载《法学评论》2014 年第 6 期；胡世良：《互联网金融模式与创新》，人民邮电出版社 2015 年版，第 288~289 页；康玉梅："政府在 P2P 网络借贷中的角色定位与制度回应"，载《东方法学》2015 年第 2 期；邓建鹏、黄震："互联网金融的软法治理：问题和路径"，载《金融监管研究》2016 年第 1 期；王怀勇、钟颖："论互联网金融的软法之治"，载《现代法学》2017 年第 6 期；刘辉："论互联网金融政府规制的两难困境及其破解进路"，载《法商研究》2018 年第 5 期；Matthias Lehmann, "Global Rules for a Global Market Place? –The Regulation and Supervision of FinTech Providers", *EBI Working Paper*, No. 45, 2019, p. 11.

[2] 袁康、张彬："互联网综合理财平台的业务模式与监管路径"，载《证券市场导报》2016 年第 4 期。

台产品实际上扩展至保险、基金等其他金融产品,如表5.7所示:[1]

表5.7 综合理财平台一览表

序号	企业名称	平台名称	平台状况	综合经营情况
1	九一金融信息服务（北京）有限公司	91金融超市	正常平台	P2P、资管、众筹
2	北京畅聚网络科技有限公司	返利投	正常平台	P2P、银行理财、基金、黄金、海外投资、众筹、保险
3	北京东方联合投资管理有限公司	网信普惠	正常平台	P2P、定向委托投资、保险、股权、公募基金、众筹
4	北京凤凰理理它信息技术有限公司	凤凰金融	正常平台	P2P、基金、海外投资、保险
5	北京联储在线金融信息服务有限公司	千壹	问题平台	P2P、金融资产交易所收益权项目、公募基金
6	北京你财富投资管理有限公司	你财富	正常平台	P2P、货币市场基金、基金
7	北京首创金融资产交易信息服务股份有限公司	首E家	正常平台	P2P、私募基金
8	北京投融有道科技有限公司	金融湾	正常平台	P2P、设备租赁
9	北京微聚投资管理有限公司	傻瓜理财网	正常平台	P2P、股票收益类投资理财计划
10	北京信达天下科技有限公司	沃百富	正常平台	P2P、货币市场基金、保险
11	甘肃公航旅金融服务有限公司	陇e贷	正常平台	P2P、担保、小贷、资管、典当、融资租赁

---

[1] 需要说明的是,有关综合理财平台的统计时间从2017年11月起至统计基准日止,当前有些平台已经不再综合运营,比如招财宝、海融易,但基于其曾经开展过综合理财业务,亦将其纳入综合理财平台予以统计。

续表

序号	企业名称	平台名称	平台状况	综合经营情况
12	杭州铜板街互联网金融信息服务有限公司	铜板街	正常平台	P2P、定向委托投资、公募基金、保险
13	杭州网易增盈科技有限公司	网易理财	问题平台	P2P、基金、保险
14	杭州卓达实业有限公司	贷未来	正常平台	P2P、私募基金、期货资管
15	红岭创投电子商务股份有限公司	红岭创投	正常平台	P2P、融资租赁、股权、保险、典当、资管
16	湖北恒信融创投资管理有限公司	好借贷	问题平台	P2P、银行贷款、购物分期、理财、保险、基金
17	华惠金服信息科技（北京）有限公司	碧有信	正常平台	P2P、保险
18	吉林北方国际金融资产交易市场股份有限公司	合众国金	正常平台	P2P、保险
19	聚宝互联科技（北京）股份有限公司	聚宝普惠	问题平台	P2P、定向委托投资、公募基金、保险、私募基金
20	昆明策康互联网金融服务有限公司	海康金服	正常平台	P2P、股权、证券投资
21	宁波首信网络科技有限公司	首信创投	正常平台	P2P、车辆出售
22	青岛海融易网络科技有限公司	海融易	正常平台	P2P、货币市场基金
23	山东红牛金融服务有限公司	齐鑫金融	正常平台	P2P、股权、证券投资理财
24	上海恭明金融信息服务有限公司	公明贷	问题平台	P2P、众筹
25	上海海银会金融信息服务有限公司	海银会	问题平台	P2P、公募基金
26	上海陆金所互联网金融信息服务有限公司	陆金服	正常平台	P2P、基金、私募资管、保险

续表

序号	企业名称	平台名称	平台状况	综合经营情况
27	上海意隆财富投资管理有限公司	意隆财富	问题平台	P2P、私募股权投资、私募契约型基金
28	上海引旅金融信息服务有限公司	同程金服	正常平台	P2P、保险、旅游
29	上海招财宝金融信息服务有限公司	招财宝	正常平台	P2P、保险、黄金、货币市场基金
30	上海尊车金融信息服务有限公司	吉乐车	正常平台	P2P、售后回租
31	深圳前海航空航运交易中心有限公司	前海航交所	问题平台	P2P、其他活期产品
32	深圳市百酷科技有限公司	财理你	正常平台	P2P、投资基金（货币、债券、股票、另类）
33	深圳市贷帮金融信息服务有限公司	贷帮	正常平台	P2P、众筹
34	天津国美互联网资产交易中心有限公司	美易理财	正常平台	P2P、基金、保险、黄金
35	无锡开鑫网络借贷信息中介有限公司	开鑫贷	正常平台	P2P、金融资产交易中心
36	盈利宝（北京）网络科技有限公司	金融界盈利宝	正常平台	P2P、基金、基金组合
37	中鑫友利互联网金融服务（深圳）有限公司	中鑫金服	正常平台	P2P、非融资性担保、政企服务、共享车位
38	卓尔金服信息科技（武汉）有限公司	卓金服	正常平台	P2P、供应链金融、融资租赁、保理、担保、资管
39	资邦（上海）网络科技有限公司	摇旺理财	问题平台	P2P、基金
40	资邦元达（上海）互联网金融信息服务有限公司	唐小僧	问题平台	P2P、定向委托投资

截至统计基准日，在上述综合理财平台中，问题平台占比仅25%。在前文的

两次回归分析中,是否属于综合理财平台对于识别问题平台与逃避型平台亦不具有显著性。从成本收益的角度看,网贷平台"通过混合型的经营,其综合成本可以被降低到单一产品的成本线以下"。[1] 是故,只要确保网贷平台没有直接代理销售金融产品、夸大收益或虚假宣传,我们大可不必禁止网贷平台仅以流量跳转或官网展示的方式开展综合理财业务,为有利于提供一站式服务的综合理财平台预留发展空间。

2. 允许自动投资并加重平台责任

所谓"自动投资",是指平台根据出借人的概括授权,代出借人选择具体的借款人和借款项目。对于投资期间收回的利息,有的出借人也事先概括地委托平台进行复投。是否应当允许自动投资,在制度层面有摇摆的迹象。2016年实施的《网络借贷信息中介机构业务活动管理暂行办法》第25条规定:"未经出借人授权,网络借贷信息中介机构不得以任何形式代出借人行使决策。"这实际上为网贷平台开展自动投资业务提供了空间。但2019年出台的《网络借贷信息中介机构有条件备案试点工作方案(征求意见稿)》要求网贷平台不得开展自动投标及其他委托投标业务。上述问题在理论层面亦有争议。支持者认为"如果要通过手动投标寻找标的,对于出借人来说是'大海捞针',自动投标理财产品运用互联网技术解决了这一难题,体现了便捷、简单、高效的互联网特点。自动投标理财产品,虽然没有详细披露有关借款人信息(事实上也不可能披露),在出借人授权的情况下对债权在出借人之间进行转让、错配期限,但是互联网金融消费者会在理财产品说明中明确有关投资方向,选择投资策略,并知晓有关投资类型,出借人完全能够预判风险,加之一系列监管措施,投资者风险仍然可控。"[2] 反对者则认为在自动撮合借贷模式下,"出借人不能选择借款标,出借人无法监控借款流向和使用情况,这可能激发平台自融、建立资金池、借款错配、放贷于关联企业等方面的动机。同时,出借人不具有筛选借款标的机会则不能发挥其'用脚投票'和市场约束的功能。此外,出借人丧失选择借款标的权利,自然会认为平台替其选择的借款人违约,损失与平台脱不了关系"。[3]

---

[1] 曾威:"互联网金融竞争监管制度的构建",载《法商研究》2016年第2期。
[2] 袁远:"我国互联网金融理财产品法律监管研究——以P2P网贷'自动投标'理财产品为中心",载《东方法学》,2018年第4期。
[3] 潘静:"从政府中心规制到社会共治:互联网金融治理的新视野",载《法律科学(西北政法大学学报)》2018年第1期。

从本书掌握的数据来看，首先，正常平台中有39%的平台可以自动投资，问题平台中仅有22%的平台可以自动投资，非逃避型平台中有26%的平台可以自动投资，而逃避型平台中仅有16%的平台可以自动投资，上述差异均在0.1%水平下显著。也就是说，好平台比坏平台更多地采取自动投资。其次，是否可以自动投资，对于区分问题平台和逃避型平台均不具有显著性。基于目前没有证据证明自动投资是否会让平台变得更好，抑或更糟，我们可以考虑保留该项制度。

但在实践中，自动投资业务确实容易导致平台侵害出借人利益的事件发生。例如，某平台基于投资人的概括授权，在借款项目不足的情况下，将已经逾期的借款债权匹配给投资人，导致该投资人在投资封闭期届满后，无法收回本金和利息。该投资人将平台起诉至法院后，平台即以信息中介、不提供担保、已进行风险提示为由进行抗辩，导致法院难以作出判决。应该看到，网贷平台有动机隐瞒借款项目的真实情况以促成交易进而获取居间费，"互联网金融平台的商业模式不可避免地存在一定的利益冲突，极易诱使网络平台人为操纵金融产品的推介结果"。[1]基于此，我们应当对自动投资业务进行必要的规制：第一，自动投资必须基于出借人自愿授权，且出借人有随时解除的权利。第二，应要求平台进行事前和事中的信息披露，让出借人知悉借款人和借款项目的基本情况以及在借款期内发生的变化。2017年实施的《网络借贷信息中介机构业务活动信息披露指引》第9条已经做出相关规定，但实践中没有落实到位。[2]为此，应加重中介机构的责任，构建举证责任倒置制度，明确"出借人因投资发生损失，请求网络借贷平台承担赔偿责任，网络借贷平台不能证明其已按监管规定或合同约定履行信息

---

[1] 武长海："论我国互联网金融投资者准入法律制度"，载《政法论丛》2016年第4期。
[2] 《网络借贷信息中介机构业务活动信息披露指引》第9条规定："网络借贷信息中介机构应当及时向出借人披露如下信息：（一）借款人基本信息，应当包含借款人主体性质（自然人、法人或其他组织）、借款人所属行业、借款人收入及负债情况、截至借款前6个月内借款人征信报告中的逾期情况、借款人在其他网络借贷平台借款情况；（二）项目基本信息，应当包含项目名称和简介、借款金额、借款期限、借款用途、还款方式、年化利率、起息日、还款来源、还款保障措施；（三）项目风险评估及可能产生的风险结果；（四）已撮合未到期项目有关信息，应当包含借款资金运用情况、借款人经营状况及财务状况、借款人还款能力变化情况、借款人逾期情况、借款人涉诉情况、借款人受行政处罚情况等可能影响借款人还款的重大信息。本条款（一）、（二）、（三）项内容，网络借贷信息中介机构应当于出借人确认向借款人出借资金前向出借人披露。本条款（四）项内容，若借款期限不超过六个月，网络借贷信息中介机构应当按月（每月前5个工作日内）向出借人披露；若借款期限超过六个月，网络借贷信息中介机构应当按季度（每季度前5个工作日内）向出借人披露。若发生足以导致借款人不能按约定期限足额还款的情形时，网络借贷信息中介机构应当及时向出借人披露。出借人应当对借款人信息予以保密，不得非法收集、使用、加工、传输借款人个人信息，不得非法买卖、提供或者公开借款人个人信息。"

披露义务的，人民法院应支持出借人的诉讼请求"。[1]

(三) 其他必要措施

基于数据来源的局限性，笔者无法在回归分析中纳入与平台稳健性相关的所有变量，但是，这并不妨碍我们从更广泛的视角思考持续性监管问题。笔者认为，信息披露制度与投资者适当性规则对于平台稳健运营亦具有重要意义，分述如下：

1. 坚持并完善信息披露制度

正如路易斯·D. 布兰代斯的名言："阳光是最好的消毒剂，灯光是最有效的警察",[2] 主流观点认为，为克服信息不对称所引发的逆向选择和道德风险问题，必须进行强制信息披露，并确保信息的质量。[3] 证券监管即是专为促进和保护信息交易者的工作而设计的。[4] 但亦有学者指出，理性消费者模型不能反映消费者决策和行为的真实情况，信息披露的作用是有限的，将信息披露与消费者自负其责联系在一起需格外谨慎。[5] 还有的学者更加极端，认为人性是回避做出决策的，人的认知能力有限，信息存在堆积与过载问题，信息披露成本巨大，信息简化也并非易事，强制信息披露是失败的，其并不能有效保护消费者。[6]

信息披露问题折射到网贷平台的监管，也是仁者见仁、智者见智。大部分学者认为信息披露不可或缺。国外有学者研究发现，信息披露有助于降低借款利

---

[1] 让信息中介勤勉尽责的办法之一就是加重其责任，当今美国和欧盟都意识到应当增加信用评估机构所面临的诉讼风险，并已采取实质性措施：多德弗兰克法批准 1934 年证券交易法关于民事救济的规定不仅适用于注册会计师和分析师，也适用于信用评估机构；欧盟也引入了统一的民事责任体制，参见 John Armour, Dan Awrey, Paul Davies, Luca Enriques, Jeffrey N. Gordon, Colin Mayer and Jennifer Payne, *Principles of Financial Regulation*, Oxford University Press, 2016, pp. 139~140.

[2] [美] 路易斯·D. 布兰代斯：《别人的钱：投资银行家的贪婪真相》，胡凌斌译，法律出版社 2009 年版，第 53 页。

[3] See Bernard S. Black, "The Legal and Institutional Preconditions for Strong Securities Markets", *UCLA Law Review*, Vol. 48, 2001, pp. 781~855.

[4] See Zohar Goshen, Gideon Parchom Ovsky, "The Essential Role of Securities Regulation", *Duke Law Journal*, Vol. 55, 2006, pp. 711~782.

[5] See Joanna Gray, Jenny Hamilton, *Implementing Financial Regulation: Theory and Practice*, England: John Wiley & Sons Ltd., 2006, p. 212.

[6] 参见 [美] 欧姆瑞·本·沙哈尔、卡尔·E. 施奈德：《过犹不及：强制披露的失败》，陈晓芳译，法律出版社 2015 年版，第 3~201 页；邢会强："金融法上信息披露制度的缺陷及其改革——行为经济学视角的反思"，载《证券市场导报》2018 年第 3 期。

率，提高借贷成功的可能性。[1] 国内有学者认为，信息披露虽然会增大网贷平台的运营成本，但在保护投资者利益、防范金融风险方面意义重大。[2] 对于互联网金融企业而言，定期的信息披露制度有助于社会监督，防范道德风险。[3] 为此，应要求平台为借贷双方提供透明的信息，规定相应法律责任，[4] 并建立信息披露激励制度，将信息披露程度纳入平台信用评级和加入行业协会的考核标准，作为国家提供优惠扶持政策的重要依据。[5]

也有少数学者对信息披露持怀疑态度，认为网络借贷的信息披露制度是南辕北辙，出借人最关心的是借款人的偿债能力，要求网贷机构披露备案信息、组织信息、审核信息等，并不能解决资金安全问题。[6] 此外，信息披露的实施难度较大，严格遵循的平台将在平台竞争中处于劣势，有借款需求的人会流向要求更宽松的平台，导致"向下沉沦"的趋势。[7]

为探究信息披露对平台稳健经营是否存在相关性，笔者对全部6488家网贷平台的信息披露状况进行了实证分析。笔者于2019年3月期间，通过逐个打开平台官网的方式，查看各平台是否根据银监会发布的《网络借贷信息中介机构业务活动信息披露指引》第7条、第8条、第10条、第11条的有关要求，披露信息事项。[8] 为使研究具有可操作性，笔者仅统计信息披露的全面性，而不涉及信息的真实性、准确性和及时性，具体涵盖的信息披露事项如下表所示：

---

[1] Jeremy Michels 使用2007年2月至2008年10月期间 Prosper 的随机抽样数据，通过实证分析得出结论：每个额外的信息披露将降低借款利率1.27个百分点，同时提高借贷成功的可能8个百分点。参见 Jeremy Michels, "Do Unverifiable Disclosures Matter? Evidence from Peer-to-Peer Lending", *The Accounting Review*, Vol 87, No. 4, 2012, pp. 1385~1413。

[2] 参见伍坚："我国P2P网贷平台监管的制度构建"，载《法学》2015年第4期；李耀东、李钧：《互联网金融：框架与实践》，电子工业出版社2014年版，第453页。

[3] 参见王怀勇、钟颖："论互联网金融的软法之治"，载《现代法学》2017年第6期。

[4] 参见岳彩申："互联网时代民间融资法律规制的新问题"，载《政法论丛》2014年第3期。

[5] 参见张世君、王成璋："我国P2P借贷中信息不对称现象的形成及克服——以P2P平台的法律规制为视角"，载《金融法苑》2018年第A1期。

[6] 参见姚海放："治标和治本：互联网金融监管法律制度新动向的审思"，载《政治与法律》2018年第12期。

[7] 参见赵渊、罗培新："论互联网金融监管"，载《法学评论》2014年第6期。

[8]《网络借贷信息中介机构业务活动信息披露指引》第9条要求平台及时向出借人披露借款人的基本信息、项目基本信息、项目风险评估及可能产生的风险结果和已撮合未到期项目有关信息。上述信息往往需要研究者向平台提供个人信息，注册成为出借会员后才能看到，而不能通过浏览平台官方网站直接获取。基于调研时间约束和个人信息保密的考虑，笔者未收集平台披露的上述信息。

表 5.8 平台信息披露统计表

序号	信息披露内容	对应法条
1	平台的备案登记信息	第 7 条第 1 款
2	电信业务经营许可信息	
3	资金存管信息	
4	网站备案图标及编号	
5	风险管理信息	
6	工商信息	第 7 条第 2 款
7	股东信息	
8	组织架构及从业人员概况	
9	分支机构工商信息	
10	官方网站、官方手机应用及其他官方互联网渠道信息	
11	上一年度的财务审计报告	第 7 条第 3 款
12	经营合规重点环节的审计结果	
13	上一年度的合规性审查报告	
14	自网络借贷信息中介机构成立以来的累计借贷金额及笔数	第 8 条
15	借贷余额及笔数	
16	累计出借人数量、累计借款人数量	
17	当期出借人数量、当期借款人数量	
18	前十大借款人待还金额占比、最大单一借款人待还金额占比	
19	关联关系借款余额及笔数	
20	逾期金额及笔数、逾期率	
21	逾期 90 天（不含）以上金额及笔数	
22	累计代偿金额及笔数	
23	收费标准	
24	包括公司减资、合并、分立等在内的重大事项	第 10 条
25	咨询、投诉、举报联系电话、电子邮箱、通讯地址	第 11 条

对于上表的每一项，笔者仅作是否披露的判断：如披露，则获得 1 分；如没有披露，则不得分。因此，平台信息披露的最高分为 25 分，最低分为 0 分。经

逐一检索官网，在6488家平台中，能够打开其官网的平台共3462家，除去异化为赌博、黄色、域名出售等其他网站的平台1751家，能够正常打开的平台余1711家。对于该1711家平台，笔者进行独立样本T检验和相关性分析。

在1711家平台中，有正常平台1119家，问题平台592家。正常平台的平均分达19.53分，而问题平台的平均分仅11.48分，二者在0.1%水平下显著。在592家问题平台中，有529家非逃避型平台和63家逃避型平台。非逃避型平台的平均分为12.04分，而逃避型平台的平均分仅为6.76分，二者亦在0.1%水平下显著，如下图所示：

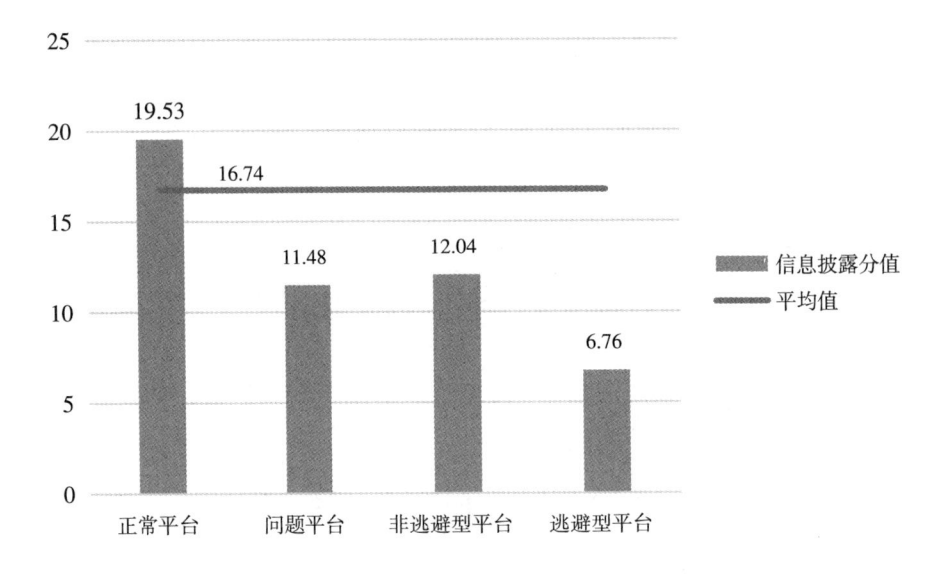

图5.1 信息披露分值对照图

经双变量相关性检验，是否属于问题平台与信息披露分值的Pearson相关系数为-0.467，是否属于逃避型平台与信息披露分值的Pearson相关系数为-0.211，上述数值均在0.1%水平下显著。这意味着平台的信息披露全面度与问题平台存在较强的负相关性，与逃避型平台也存在一定程度的负相关性。为什么会这样呢？

笔者认为，主观自信与客观约束是两个重要原因。一是，有强大实力并愿意合规经营的平台对自身各项条件有信心，故愿意披露工商信息、股东信息、组织架构及从业人员概况等，信息披露正是展示公司实力并获取客户信任的机会。相反,实力较弱或怀有不法目的平台,更希望隐藏自身信息,不被公众所知悉,从而到达混淆视听或逃避责任的目的。二是,更多的信息披露会对平台行为形成更多约束,从而激励平台在合规的前提下更好地发展。例如,律师事务所出具的合规性审查报告和会计师事务所出具的财务审计报告会对平台形成压力,鞭策平台提高合规性并创造更好的业绩。再如,收费标准的披露,倒逼平台健全收费体系,遏制违规收费;投诉、举报联系电话的披露,有利于平台发现员工和内部人员的不当行为并及时纠正。[1] 基于此,我们应坚持并完善平台的信息披露制度。

目前,我国的网贷信息披露制度看起来面面俱到,但实际上存在漏洞,笔者建议在如下三方面进行完善:

第一,要求平台披露定价策略。在担保增信模式下,平台不仅提供撮合服务,还对借款人和借款项目进行评级,以供投资人选择。此外,为提升客户体验,越来越多的平台开始为投资人提供自动投资服务,此类平台在正常运营的平台中就占有39%。平台如何对借款人进行评级,如何确定债权价格,将影响投资人的切身利益。在实践中,部分平台利用投资人概括授权,为投资人匹配逾期债权,并击鼓传花似地延续上述操作,导致风险积聚,部分原因是因为监管规定没有要求平台向出借人公布其定价策略,为平台掩盖资产真实状况提供了条件。相比之下,英国则要求负责债权定价的平台建立风险管理措施,公允地对P2P合同进行定价,并告知潜在投资者确定预期未来违约率的假设摘要。为帮助投资者更好地克服信息不对称,我国应要求平台建立评估借款人及借款项目预期违约率和目标回报率之标准,并将上述标准向出借人进行公示。

第二,要求平台公布清盘方案。根据辩证唯物主义,任何事物都有产生、发展和消亡的过程,相比于传统金融机构,网贷平台更有可能因为内外事件的冲击而导致经营失败。目前的监管规定并没有要求平台提前将清盘方案告知投资人,很多平台在发生危机后才仓促出台清盘方案,相关方案可操作性低,也难以得到投资人认可,由此引发群体事件。清盘方案的核心是确保在平台停止运营的情况下,经平台撮合而成的P2P协议能够继续得到管理和执行。英国FCA要求平台在为投资者开展相关业务前,必须提前将清盘方案告知出借人,制作并随时更新P2P解决方案手册,以说明公司如何继续管理和实施其所撮合的P2P协议。美国

---

[1] 有其他研究者发现:提高信息披露程度能加速投资者的投资决策,使平台更具吸引力。参见闫钰炜:"网络借贷组织中投资者信任与行为决策的计算研究",华中科技大学2018年博士学位论文。

Lending Club 和 Prosper 平台亦在公示的发行说明书中向出借人披露清盘方案并提示风险。为使投资人在预知风险的情况下进行投资，缓解平台后期经营压力，达到未雨绸缪之功效，我国亦应要求平台提前制定并公布清盘方案。

第三，明确平台应承担的法律责任并加强执法。没有法律责任的法律，如同没有牙齿的老虎，必然不会产生强制性和威慑力。[1] 我国虽然建立了信息披露制度，但没有针对性的责任体系。《网络借贷信息中介机构业务活动信息披露指引》仅准用《网络借贷信息中介机构业务活动管理暂行办法》和《网络借贷信息中介机构备案登记管理指引》的规定处理违规披露的平台，[2] 但前者主要是申诫和不超过3万元的罚款，[3] 后者则完全没有责任性规定，这导致平台在信息披露方面肆无忌惮。2018年7月24日，中国互联网金融协会的120家网贷平台会员中，竟有82家平台公布的项目逾期率和金额逾期率均为零。[4] 也就是说，超过三分之二的网贷平台自称其撮合的借款合同没有一例违约。戏剧性的是，这其中不乏已经被公安机关立案的"爱钱帮""永利宝""金银猫""中融民信"和"十六铺金融"。为使信息披露真正起到"蓝天法"的作用，我国应在法律法规中规定平台虚假陈述所应承担的法律责任，并加强执法，包括在民事方面，根据过错程度，赔偿出借人的投资损失；在行政方面，根据情节轻重，受到

---

[1] 法律责任和法律执行对实现信息披露的目标至关重要。消费者虽然不一定能理解信息披露的内容，但监管者可以根据失实的披露内容对平台进行处罚，为消费者向平台主张民事赔偿创造条件，这也是支持强制信息披露的重要论据之一。See John Armour, Dan Awrey, Paul Davies, Luca Enriques, Jeffrey N. Gordon, Colin Mayer and Jennifer Payne, *Principles of Financial Regulation*, Oxford University Press, 2016, pp. 160~180.

[2] 《网络借贷信息中介机构业务活动信息披露指引》第25条规定："已开展网络借贷信息中介业务的机构，在开展业务过程中存在不符合本指引要求情形的，应在本指引公布后进行整改，整改期自本指引公布之日起不超过6个月。逾期未整改的，按照《网络借贷信息中介机构业务活动管理暂行办法》及《网络借贷信息中介机构备案登记管理指引》的有关规定执行。"

[3] 《网络借贷信息中介机构业务活动管理暂行办法》第40条第1款规定："网络借贷信息中介机构违反法律法规和网络借贷有关监管规定，有关法律法规有处罚规定的，依照其规定给予处罚；有关法律法规未作处罚规定的，工商登记注册地地方金融监管部门可以采取监管谈话、出具警示函、责令改正、通报批评、将其违法违规和不履行公开承诺等情况记入诚信档案并公布等监管措施，以及给予警告、人民币3万元以下罚款和依法可以采取的其他处罚措施；构成犯罪的，依法追究刑事责任。"

[4] 根据中国互联网金融协会于2017年10月17日发布的《互联网金融 信息披露 个体网络借贷》（T/NIFA 1—2017）第4.3条，项目逾期率，系指截至统计时点，当前所有处于逾期状态的项目数与尚未偿还交易总笔数之比；金额逾期率，系指截至统计时点，逾期金额与待偿金额之比。有关各平台的逾期率，参见全国互联网金融登记披露服务平台，https://www.nifa.org.cn/index.html，中国互联网金融协会官网，2018年7月24日最新访问。

申诫罚、财产罚和能力罚，主要负责人受到人身罚；在刑事方面，对于严重损害投资人利益或者有其他严重情节的，依照违规披露、不披露重要信息罪定罪处罚。

2. 构建投资者适当性规则

学界普遍认为有建立投资者适当性制度的必要性，例如，袁远主张："在互联网金融平台上借贷双方均应当是互联网金融消费者，且应当规定出借、借款上限，而不应当如《网络借贷信息中介机构业务活动管理暂行办法》中的规定，只对借款人借款金额作上限规定。"[1] 伍坚认为："P2P 网贷有着相当的潜在风险，如果投资者将大部分财产投入进去，很可能遭受毁灭性损失，可以考虑将投资者的投资上限设定为其净资产的一定比例。"[2] 不容否认，网贷频频引发的群体性事件，在很大程度上是基于我国投资者适当性规则的缺失。

投资者适当性的出发点是探究投资人凭借什么保护自己。理论上，有三类人能够在对外投资中保护自己：其一，享有信息优势，比如投资人与借款人是亲友；其二，具有专业技术，比如投资人拥有丰富的投资经验；其三，拥有足够财富，比如投资人拥有稳定的家庭收入。在实践中，由于前两者不易衡量，各国在立法上广泛采用第三项标准，即财富标准。[3] 尽管如此，财富标准为什么可以保护投资人，在理论上却缺乏解释。笔者借鉴经济学有关边际效用递减理论，建立如下幸福感曲线模型，以说明财富标准之所以可以保护投资人，并不在于财富本身，而在于财富与损失金额之间的相对关系：

---

[1] 袁远："我国互联网金融理财产品法律监管研究——以 P2P 网贷'自动投标'理财产品为中心"，载《东方法学》2018 年第 4 期。

[2] 伍坚："我国 P2P 网贷平台监管的制度构建"，载《法学》2015 年第 4 期。

[3] 参见彭冰："非法集资行为的界定——评最高人民法院关于非法集资的司法解释"，载《法学家》2011 年第 6 期。

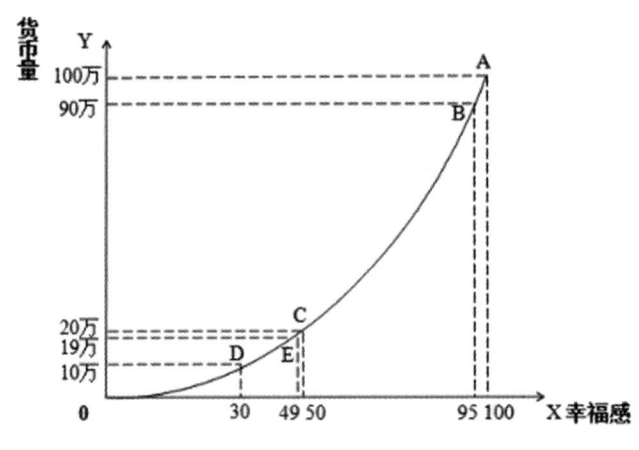

图 5.2　幸福感曲线模型

首先说明，上图中的数字仅为方便说明而设定，笔者所要强调的是如下趋势，即尽管人们在货币量增长的情况下，幸福感增长的敏感度有所不同，但是在总体上呈现出一个共同的规律，即随着货币量的增多，幸福感增长得越来越缓慢。易言之，幸福感（横坐标）与货币量（纵坐标）之间的关系体现为一条向内弯曲的曲线。尽管对于"喜财"的人，这条曲线更加平直；对于"重义"的人，这条曲线更加弯曲，但无论如何，幸福感与货币量的关系不是一条45度角的直线，而是一条向内弯曲的曲线。这是因为从长期来看，货币与其他商品一样，存在边际效用递减的趋势。

基于此，我们可以得出以下两个结论：第一，对于投资人而言，相同金额的损失对于幸福感的影响并非等量减少，而是加速减少。如上图所示，同样亏损10万元，当投资人拥有100万元初始净资产时，幸福感仅从100降低到95，仅降低5%；当投资人仅有20万元初始净资产时，幸福感却从50降低到30，陡然下降40%。可见，同样的损失对富人和穷人的影响是截然不同的。第二，保护投资人的不是财富本身，而是控制损失与财富的比例关系。如上图所示，虽然投资人仅拥有20万元初始净资产，但如果其仅投资1万元，即使全部亏损，对投资人幸福感的影响也是微乎其微的；而即使投资人拥有100万元初始净资产，当其投资90万元并全部亏损时，其幸福感将从100陡降到30，而如果其全部投资并最终亏损，则幸福感将跌至0。可见，保护投资人的关键并非财富多寡，而是将投资金额（可能的损失）控制在财富（初始净资产）的合理比例上，对于穷人而言,该比例应维持在低位。[1]

根据"网贷之家"2016 年的统计,58.18%的投资人为工薪阶层,但 40.13%的投资人持有 P2P 产品的金额却在 10 万至 100 万元。[2] 收入与投资的错配决定了大部分投资人的抗风险能力弱,一旦投资遭受损失,将对其日常生活产生较大影响,这也就不难解释为什么在平台爆雷之后,紧接着的是持续上访等群体性事件。既然基于金融民主化等原因要保留网络借贷这种向大众筹集资金的业务模式,在制度上就应当跟进构建投资者适当性规则,在促进融资便利与投资者保护之间求得平衡。笔者认为,在构建投资者适当性规则时,应注意如下两个原则:

第一,比例设定原则。有学者主张运用云计算和大数据技术等互联网金融科技对 P2P 投资者的投资额度、投资偏好、投资经验以及投资风险进行评估和分析,以确保合格投资者标准的合理性和科学性。[3] 我们虽然难以按照上述要求为每一个投资人量身定制准入标准,但是至少可以通过设定投资金额占净资产或年收入的比例上限,锁定每一个投资人的风险敞口。例如,英国要求网贷平台应确保其零售客户满足下述三种情形之一:①经认证或自我证明为"成熟投资人"或经认证为"高净值投资人";②在推介前已确认对于所推介的投资品会从核准人员处获得投资建议或投资管理服务;③经认证为有节制的投资人,即一年内不会在 P2P 合同中投资超过其可投资净资产 10%的投资人。当投资者拥有更多经验时(比如在过去 2 年投资 2 个以上的 P2P 产品),则他们可以归类为成熟投资

---

[1] 在有的监管规定中,虽然没有明示投资金额与财富的比例关系,但是,该比例关系仍然暗含其中。因为一般而言,能够进行大额投资的投资人,其留下的资产已足以保证日常生活。例如《中国人民银行、中国银行保险监督管理委员会、中国证券监督管理委员会、国家外汇管理局关于规范金融机构资产管理业务的指导意见》第 5 条规定:"资产管理产品的投资者分为不特定社会公众和合格投资者两大类。合格投资者是指具备相应风险识别能力和风险承担能力,投资于单只资产管理产品不低于一定金额且符合下列条件的自然人和法人或者其他组织。(一)具有 2 年以上投资经历,且满足以下条件之一:家庭金融净资产不低于 300 万元,家庭金融资产不低于 500 万元,或者近 3 年本人年均收入不低于 40 万元。(二)最近 1 年末净资产不低于 1000 万元的法人单位。(三)金融管理部门视为合格投资者的其他情形。合格投资者投资于单只固定收益类产品的金额不低于 30 万元,投资于单只混合类产品的金额不低于 40 万元,投资于单只权益类产品、单只商品及金融衍生品类产品的金额不低于 100 万元。投资者不得使用贷款、发行债券等筹集的非自有资金投资资产管理产品。"

[2] 参见网贷之家、盈灿咨询:《2016 年 P2P 网贷投资人问卷调查报告》,网贷之家,https://www.wdzj.com/news/yanjiu/54818.html,2019 年 7 月 28 日最新访问。

[3] 参见刘辉:"论互联网金融政府规制的两难困境及其破解进路",载《法商研究》2018 年第 5 期。

者，从而消除10%的投资限额。这相当于是综合运用了专业技术标准和财富标准，并且对于普通投资人，强调了10%的投资上限比例。我国在构建合格投资人标准的征求意见稿中忽略了比例问题，认为自然人投资金额在5万元以下的，可不必审查个人或家庭的资产或收入状况。[1] 但是根据幸福感曲线模型，如果投资人的收入或净资产很低，5万元的投资亏损也可能摧毁一个家庭。对于经济并不宽裕的投资人，幸福感随投资损失加速递减的趋势尤其值得引起重视。故在设计投资者适当性制度时，应限制投资金额占净资产或年收入的比例。结合域外经验，笔者认为将该比例控制在10%比较合适。[2]

第二，动态调整原则。社会经济在不断发展变化，投资上限也应该尊重经济发展规律，适时调整。美国《JOBS法案》有关众筹豁免标准的设定即体现了动态调整原则。2012年4月5日，《JOBS法案》第3编修订了《证券法》第4（6）条，创造出股权众筹豁免，豁免的条件包括融资端限额和投资端限额：在融资端，在交易发生日之前的12个月以内，发行人通过各种方式的筹资额累计不超过100万美元。在投资端，如果个人投资者的年收入或其净资产少于10万美元，则限额为2000美元或者年收入或净资产5%中孰高者；如果其年收入或其净资产中某项达到或超过10万美元的，则限额为该年收入或净资产的10%，但最多不超过10万美元。[3] 5年后的2017年4月5日，SEC宣布为适应通货膨胀，将提高公司的众筹额度上限和投资者的投资额度上限，更改前后的标准如下表所示：

---

〔1〕《网络借贷信息中介机构有条件备案试点工作方案（征求意见稿）》第2条第10款规定："加强网贷机构投资者保护。自本通知印发之日起，网贷机构应当以明确方式对出借人进行投资者风险教育，并设定自然人出借人限额。自然人出借人在同一网贷机构的出借余额不得超过人民币20万元，在不同网贷机构合计出借余额不得超过人民币50万元。自然人出借人在同一平台或不同平台累计出借总余额超过人民币5万元的，网贷机构应当要求提供个人或家庭金融资产总计在其认购时超过人民币50万元，或最近三年内每年收入超过人民币20万元，或者夫妻双方合计收入在最近三年内每年收入超过人民币30万元的相关证明。"

〔2〕 参见黄震、邓建鹏：《论道互联网金融》，机械工业出版社2014年版，第46~47页。

〔3〕 See Jumpstart Our Business Startups Act 第302条；郭雳："创寻制度'乔布斯'（JOBS）红利——美国证券监管再平衡探析"，载《证券市场导报》2012年第5期；William Michael Cunningham, *The JOBS Act: Crowdfunding Guide to Small Businesses and Startups*, Second Edition, Maryland, USA: Apress, 2016, pp. 114~116.

表 5.9　投融资限额调整前后对照表

众筹管理规则	原始金额	通货膨胀调整金额
发行人在众筹监管下 12 个月内可卖出的最高总金额	100 万美元	107 万美元
根据投资者年收入或净值确定的最低投资限额	10 万美元	10.7 万美元
在年收入或净值低于 10.7 万美元的情况下，允许出售给投资者的最低证券金额	2000 美元	2200 美元
投资者在众筹监管下 12 个月内可买入的最高总金额	10 万美元	10.7 万美元

上述调整并非监管机关的偶然决定，而是建立在《JOBS 法案》第 101 条增加的《证券法》第 2（a）（19）条和《证券交易法》第 3（a）（80）条的基础之上。根据以上条款，SEC 每隔五年都会通过年收入指数来判断通货膨胀情况，并考虑是否对众筹豁免的投融资限额进行调整。[1] 在我国，《民事诉讼法》中的小额诉讼程序已开启法动态调整数据的先河。[2] 为使投资者适当性制度与经济发展相适应，我国可借鉴美国《JOBS 法案》的做法，对投资上限进行周期性通货膨胀评估并适时进行调整。

五、本章小结

本章以实证分析方法探索如何科学设定监管指标，以实现防范系统性风险和投资者保护的核心目标。

建立在 6488 家平台数据和 47 个自变量的基础上，运用 SPSS 软件，笔者分别对问题平台与正常平台，逃避型平台与非逃避型平台进行回归分析发现：最大股东是否为自然人、高管是否具有硕士以上学历、实缴资本对数值等变量与问题平台和逃避型平台显著相关，由此，本章提出的研究假设得到验证。基于上述实证研究的发现，本章提出如下准入指标和持续性监管指标。

在准入指标方面，对于新设机构，应确保控股股东或实际控制人为资信良好的企业，高管具备硕士以上学历，拥有不低于 5000 万元的实缴资本，禁止关联

---

[1] See SEC Adopts JOBS Act Amendments to Help Entrepreneurs and Investors, SEC website, https://www.sec.gov/news/press-release/2017-78, 2019-12-29.
[2] 《中华人民共和国民事诉讼法》第 165 条第 1 款规定："基层人民法院和它派出的法庭审理事实清楚、权利义务关系明确、争议不大的简单金钱给付民事案件，标的额为各省、自治区、直辖市上年度就业人员年平均工资百分之五十以下的，适用小额诉讼的程序审理，实行一审终审。"

平台进入网贷市场。对于存续机构，除上述要求外，还应当要求其持续经营满 2 年，依法合规经营，具备良好信用，并拥有一定数量的著作权和商标权。

持续性监管指标可分成三大类。第一类基于显著性变量而设计，包括：落实银行存管；限制平台展示给出借人的预期收益率上限；加强违法网站查处；禁止期限错配，但允许投资人转让债权；提倡第三方担保；规制股东及董监高变更；发挥行业协会自律功能。第二类基于非显著性变量而设计，包括：为综合理财平台预留空间；允许自动投资模式并加重平台责任。第三类基于其他理论而提出，包括：坚持和完善信息披露制度；构建投资者适当性规则。

第六章 市场退出机制的设计

对于网络借贷，我们不仅应考虑准入规则和持续性监管规则，还应当为其设计退出规则，以让法律制度涵盖网贷平台的整个生命周期。鉴于网贷平台信用中介的属性，退出规则的设计应"量体裁衣"，以贯彻防范系统性风险和投资者保护的核心目标。在本章，笔者拟介绍我国网络借贷市场退出的现状及由此反映出的问题，通过梳理学界的不同学说，分析各自利弊，再结合英美经验，形成以"生前遗嘱"为核心的基本思路，进而构建符合我国国情的网贷平台退出制度。

一、网贷退出的现状及问题

市场退出制度是指已经进入市场的主体及业务，依照法定的条件和程序离开市场的制度。[1] 就网络借贷而言，市场退出是指基于定位转变、竞争失败、违法违规等原因，网贷机构自主决定或被有权机关强制责令终止网贷业务，致使主体资格丧失或业务转型的行为。目前，我国有关网络借贷市场退出的制度是在平台发生大规模风险的情况下仓促搭建而成的，亟待完善。下文将首先介绍我国网贷市场退出的规则、清退政策的现状以及退出的种类，并通过"绿化贷"平台的个案研究，揭示我国平台普遍遭遇的退出困境。

（一）网贷平台的退出现状

1. 网贷退出规则

对于市场主体的退出，《公司法》第 10 章规定了公司的解散和清算。《破产法》则以法律的形式规定了破产清算程序。然而，上述规定主要针对传统工商业企业，并不能完全适用于具有风险性、涉众性特征的网络借贷业务。为此，《网络借贷信息中介机构业务活动管理暂行办法》第 24 条进行了回应，否定了网贷

---

[1] 参见杨紫烜主编：《经济法》，北京大学出版社 2014 年版，第 127~133 页。

机构"一破了之"的做法,将妥善处理已经撮合的借贷业务作为平台退出的前提。[1] 但是,上述条款仍然过于框架化,没有清晰指出网贷平台退出的路线图。

面对频频发生的风险事件,多个省市于2017年和2018年间,加紧出台网络借贷信息中介机构业务退出指引、规程、意见或通知。厦门市由网络借贷风险专项整治工作领导小组办公室颁布,济南、深圳、广州、北京、浙江、安徽、上海、大连、广东、江西等省市则由当地互联网金融协会发布。各地规定大体上类似,主要围绕退出原则、参与主体和退出程序展开。在所有规定中,《深圳市网络借贷信息中介机构良性退出指引》最为详尽,其规定的一般程序包括如下十个步骤:

第一,启动报备。决定退出的网贷机构应向区金融工作部门报备股东(大)会决议、退出承诺书、网贷机构基本情况、存量业务清单、出借人及借款人清单、资产负债表和财产清单等材料,并原则上于报备当日停止发布新标。

第二,成立清退组。清退组是良性退出过程的日常执行机构,负责网贷机构退出期间的日常管理。网贷机构应在报备后5个工作日内成立清退组,清退组由至少3名网贷机构代表和至少2名律所和会计师事务所代表组成,组长由网贷机构的实际控制人或主要高管担任。清退组的任何决议须经全体清退组成员二分之一以上(含)成员同意,并将结果进行公示。

第三,公告退出决议。清退组应当自成立之日起10日内向全体出借人通知网贷机构良性退出的决议,并于退出通知公告当日关闭平台出借人开户、充值、投标等功能,仅保留登录、查询、还款及提现等功能持续运行。

第四,出借人申报债权。自网贷机构公告退出之日起30日内,出借人应向清退组申报债权。清退组应对申报债权明细进行登记造册,与网贷机构数据库逐一审查比对确认无误后编制债权明细表。

第五,成立出借人大会。出借人大会由全体出借人组成,是代表全体出借人

---

[1] 《网络借贷信息中介机构业务活动管理暂行办法》第24条规定:"网络借贷信息中介机构暂停、终止业务时应当至少提前10个工作日通过官方网站等有效渠道向出借人与借款人公告,并通过移动电话、固定电话等渠道通知出借人与借款人。网络借贷信息中介机构业务暂停或者终止,不影响已经签订的借贷合同当事人有关权利义务。网络借贷信息中介机构因解散或宣告破产而终止的,应当在解散或破产前,妥善处理已撮合存续的借贷业务,清算事宜按照有关法律法规的规定办理。网络借贷信息中介机构清算时,出借人与借款人的资金分别属于出借人与借款人,不属于网络借贷信息中介机构的财产,不列入清算财产。"

利益的最高决策机构,其通过网络投票表决方式行使决策权。重大事项表决规则由网贷机构视情况制定,经投票表决后实施。首次表决规则为"三分之二+双过半原则",即参与表决的出借人代表的未偿还本金总额不得低于网贷机构未偿还本金余额的三分之二,且表决事项必须由出席会议的有表决权出借人超过(不含)二分之一通过,且其所代表的债权额占表决时网贷机构未偿还本金余额超过(不含)二分之一方能通过。

第六,成立出借人监督委员会。监委会是代表出借人大会监督清退过程的常设机构,监委会委员由3名出借人代表组成,由出借人大会从出借人志愿者中选举产生。清退组将志愿者名单按照待收本金余额降序排列后按人数平均分为3组,然后从3组中各随机抽取6名即为候选人。出借人大会选举的前3名出借人即为监委会委员,后续依次皆为候补委员。

第七,清产核资。清退组应对资产摸清底数,编制清单,并由参与清退组的专业机构出具清产核资或专项审计报告。清退组在成立后20日内完成清产核资工作。

第八,制定退出方案。清退组在成立后25日内牵头制定出良性退出方案。良性退出方案应遵循先本金后收益原则,即对于所有存在待收余额的出借人,应当优先兑付未偿还本金,在所有出借人的本金偿还后,才进行收益兑付。退出方案在提交出借人大会投票表决前,应事先充分征求广大出借人、监委会、股东和区金融工作部门的意见,在广泛征集各方意见的基础上优化方案。优化后的方案向区金融工作部门报备后方可提交出借人大会进行表决。表决通过后的良性退出方案,网贷机构应严格执行。如需变更,需在修改意见前5个工作日向区金融工作部门报告,并履行公示告知、征求意见和再次表决等程序。

第九,资产清收。清退组向已到期借款人催收,包括短信、电话提醒、律师函、上门沟通协商、提起诉讼、资产保全以及仲裁、法院调解等。清退组经合法合规程序决议及授权,以网贷机构名义代表出借人和网贷机构依法处置相关资产,负责资产的变现。

第十,终结退出程序。当所有回收资金已清偿完毕,或经清退组及监委会确认所有网贷业务确无可回收资金时,网贷机构应及时向全体出借人公告并向区金融工作部门报告,自公告之日起30日内无出借人提出异议或异议不成立的,退出程序终结。

2. 网贷清退政策

在退出规则仓促搭建之后，大规模的清退运动随即展开。2019年1月21日，互联网金融风险专项整治工作领导小组办公室、P2P网络借贷风险专项整治工作领导小组办公室发布《关于做好网贷机构分类处置和风险防范工作的意见》，确定除保留部分严格合规的在营机构外，其余机构能退尽退、应关尽关。随后，各省市掀起清退网贷平台的高潮。

深圳市互联网金融风险专项整治工作领导小组办公室于2019年5月6日和7月12日，先后两次发布自愿退出且声明业务已结清的网贷机构名单，共涉及111家平台。云南省地方金融监督管理局于2019年4月12日、5月13日、6月14日、7月22日和8月29日，先后5次公布退出机构名单，共涉及73家平台。湖南、山东、重庆、四川、河北等地则直接宣布取缔辖内的全部网贷平台：

2019年10月16日，湖南省地方金融监督管理局发出《公告》，称："2016年以来，我省P2P网贷行业一直在进行专项整治，至今未有一家平台完全合规通过验收。我省其他开展P2P业务的机构及外省在湘从事P2P业务的分支机构均未纳入行政核查，对其开展的P2P业务一并予以取缔。"[1]

2019年10月18日，山东省地方金融监督管理局发布《网络借贷行业风险提示函》，称："当前，P2P网贷行业正在进行风险专项整治，至今未有一家平台完全合规通过验收。未来我们将对全省范围内未通过验收的P2P网贷业务全部予以取缔。"[2]

2019年11月8日，重庆市地方金融监督管理局发布《公告》，称："截至目前，我市没有一家机构完全合规并通过验收，所有P2P网贷业务也未经过金融监管部门审批或备案。现根据工作安排，将我市29家已报告结清P2P网贷业务、拟主动退出的机构（名单见附件）进行公示，公示期为十五日，拟退出机构在正常公示结束后，根据退出承诺办理注销登记或进行名称、经营范围变更，退出P2P网贷行业。同时，对我市其他机构开展的P2P网贷业务一并予以取缔，任何

---

[1]《公告》，http://dfjrjgj.hunan.gov.cn/xxgk_71626/tzgg/gggs/201910/t20191016_10485618.html，湖南省地方金融监督管理局官网，2019年11月4日最新访问。

[2]《网络借贷行业风险提示函》，http://dfjrjgj.shandong.gov.cn/articles/ch05613/201910/301c55c3-2e94-4a5e-a497-bda1b5df8dfe.shtml，山东省地方金融监督管理局官网，2019年11月4日最新访问。

机构未经许可不得开展 P2P 网贷业务。"[1]

2019 年 12 月 4 日，四川省地方金融监督管理局发布《网络借贷行业风险提示》，指出："经省网贷应对领导小组相关成员单位会商会审，目前没有一家机构业务完全合规。按照整治要求，即日起，对我省业务不合规网贷机构及省外未经许可的网贷机构在川开展的 P2P 网贷业务，全部依法依规予以取缔。"[2]

3. 退出的类型化分析

基于退出规则和清退现状，在理论上可以对平台退出的情形进行分类：

根据平台的主观态度，可以分为自愿退出和强制退出。自愿退出，是指企业基于经营现状、自身定位和发展规划，主动选择终止网贷业务的退出方式。强制退出，是指企业因违法违规或发生重大风险，被有权机关责令停业或予以取缔，被迫终止网贷业务的退出方式。[3]

根据平台的行为表现，可以分为逃避型退出和非逃避型退出。逃避型退出，是指平台的主要负责人跑路或失联，置应尽的催收债权、资金划转、信息披露等义务于不顾，导致平台瘫痪的退出方式。非逃避型退出，是指平台在退出事由发生后公布并执行清盘方案，通过债权催收、资产变卖等多种方式清理存量债权债务的退出方式。

根据平台的主体状况，可以分为存续型退出和消灭型退出。存续型退出，是指平台通过转型从事其他行业，或者将网贷业务交由其他主体经营，保留自身法律人格的退出方式。消灭型退出，是指平台以终止主体资格的方式退出网贷业务，又可分为清算和破产两类：清算是网贷机构的资产在尚可清偿其全部债务的

---

[1] 《公告》，http：//jrjgj. cq. gov. cn/zwxx_208/gsgg/201912/t20191223_2622837. html，重庆市地方金融监督管理局官网，2019 年 11 月 9 日最新访问。

[2] 《网络借贷行业风险提示》，http：//dfjrjgj. sc. gov. cn/scdfjrjgj/tzgg/2019/12/4/bcba9e79218543309b07eb3d8b24c373. shtml，四川省地方金融监管管理局官网，2019 年 12 月 18 日最新访问。

[3] 自愿退出和强制退出并非泾渭分明，部分平台因本身经营存在违法情形，在公布清盘方案后不久即被公安机关立案，由自愿退出转化为强制退出。例如，"金银猫"于 2018 年 7 月 18 日公布《良性清盘延期兑付公告》，在投金额小于 1 万元的用户，分两个月结清所有资金，在投金额大于 1 万元的用户，分 24 个月兑付本金及收益，但同日实际控制人郑某却向公安机关自首，警方立案。再如，"京圆柚"理财于 2018 年 8 月 18 日在官网发布《关于京圆柚理财清盘良性退出的告知》，称将成立清盘工作小组，采取多种手段合法催收款项，同时股东承诺名下的矿业利润也将用于垫付偿还款项，但 2018 年 9 月 28 日，该平台被公安机关立案侦查。参见雨涵：《金银猫清盘变非吸 法人自首警方立案》，https：//news. p2peye. com/article-518775-1. html，网贷天眼官网，2019 年 11 月 6 日最新访问；《【事件档案】京圆柚理财 2018-08-20 浙江杭州警方介入》，https：//www. p2peye. com/thread-2125985-1-1. html，网贷天眼官网，2019 年 11 月 8 日最新访问。

情况下，根据《公司法》消灭主体身份的退出方式；破产是网贷机构不能清偿到期债务，并且资产不足以清偿全部债务或者明显缺乏清偿能力时，根据《破产法》消灭主体身份的退出方式。

根据平台的兑付结果，可以分为全额兑付型退出和部分兑付型退出。全额兑付型退出，是指平台全部清偿出借人本金和预期利息之后，终止网贷业务的退出方式。部分兑付型退出，是指平台并非全部清偿出借人本金和预期利息，而是通过与出借人达成协议，清偿部分本金和/或收益，终止网贷业务的退出方式。

根据平台的社会影响，可以分为良性退出和恶性退出。良性退出，是指平台在没有造成严重社会影响的情况下，终止网贷业务的退出方式。恶性退出，是指平台在造成大量投资人利益受损，甚至引发严重群体性事件等社会影响的情况下，终止网贷业务的退出方式。一般而言，良性退出建立在相关规范指引或机制安排下，退出程序完整有序，且对投资者权益保障进行了考量和设计，而恶性退出则缺乏相关规范的引导。[1]

（二）从"绿化贷"案看网贷退出之困境

个案研究法作为典型的定性研究方法，有助于深刻揭示蕴涵在研究对象中丰富的个体特征和详细的事件发展过程，解释现象发生的原因，逐步归纳出理论命题。[2] 之所以选择"绿化贷"作为个案研究的对象，是基于以下两点考虑：第一，"绿化贷"在官网上保留了从其上线到清盘的所有486个公告，[3] 深圳市公安局福田分局亦持续发布《关于"绿化贷"平台案件的情况通报》，[4] 为我们了解平台退出的来龙去脉提供了详实的史料；第二，"绿化贷"的退出过程融合了清盘方案的制定和反复更新、出借人代表大会及监委会成立、债务催收、刑事立案等多种元素，为我们全面了解平台退出困境，思考现行制度的利弊得失，提供了多元的视角。

---

[1] 参见白牧蓉、朱一璞："互联网金融平台退出问题的根源探究与制度路径"，载《证券法律评论》2019年卷。

[2] 参见郑杭生主编：《社会学概论新修》，中国人民大学出版社2003年版，第482~489页。

[3] 486个公告中含329个事务类公告、105个还款类公告和52个推销类公告，详见《公告中心》，http://content.lvhuadai.com/article_ggzx_wzgg.html?page=1，绿化贷官网，2019年11月12日最新访问。

[4] 深圳市公安局福田分局通过其微信公众号"福田警察"，先后于2018年11月9日、2019年1月19日、2019年3月9日、2019年4月21日、2019年7月27日、2019年8月18日和2019年9月28日七次发布《关于"绿化贷"平台案件的情况通报》。

1. "绿化贷"退出始末

"绿化贷"系深圳前海惠德金融信息服务有限公司运营的网贷平台,自2015年4月28日上线运营,注册资本5000万,公司法定代表人是拥有法学硕士学位并曾在深圳市公安局工作的陈某。公司拥有国资背景,持股51%的控股股东是通辽市国有资产监督管理局的全资控股子公司——内蒙古霍林河煤业集团有限责任公司,另外两名自然人股东陈某(法定代表人)和史某分别持股30%和19%。该公司采用担保增信模式,撮合借款人与出借人直接缔约的同时,由通辽市鑫瑞融资担保有限责任公司对投资人的债权提供担保。2016年6月6日,平台在平安银行开立风险保证金账户,用于平台在借款项目出现逾期且担保机构在7个工作日内不能及时履行本息担保的责任时,先行垫付投资人损失。至2016年9月22日,平台风险保证金增至1000万元,但由于深圳监管部门的要求,平台在一年后取消了风险保证金。平台在合规方面做出很多努力:2017年4月12日,取得由中华人民共和国公安部监制、深圳市公安局颁发的第3级《信息系统安全等级保护备案证明》;2017年7月12日,正式加入深圳市互联网金融协会;2017年12月1日,将汇付天下第三方托管系统正式切换至上海银行存管系统;2018年3月31日,正式上线法大大电子签名系统。

2018年8月13日,平台突然发布《关于绿化贷平台情况说明》,称由于经济形势不好,借款人还款能力和意愿下降,平台合作的担保机构已无力垫付。平台将以客户利益为重,无条件拿出可变现资产并积极筹集资金对客户进行先行代偿,个人股东将承担不可撤销的无限连带担保责任。从此,"绿化贷"走上了退出之路,笔者将其过程概括为如下三个重大事件:

(1)清盘公告、五次说明及平等兑付。2018年8月24日,平台发布《绿化贷良性清盘退出公告》,提出还款计划(见表6.1)。还款于每月最后1个工作日完成,首期还款月是2018年9月。出借人需于2018年8月31日前通过PC端或移动端完成"确权"操作,未按期完成操作的出借人将无法按期获得还款。[1]

---

[1] 在"绿化贷"选择退出的2018年8月,《深圳市网络借贷信息中介机构良性退出指引》尚未颁布。当时生效的《深圳市网络借贷信息中介机构业务退出指引》并未规定平台制定的清盘方案必须经全体出借人同意。故"绿化贷"平台单方制定了清盘方案并让投资人进行确权。

表 6.1　50000 元以下待收本金投资人的还款方案

待收本金	还款期数	每期还款比例
0<x≤5000	3 期	33.3%
5000<x≤10000	12 期	8.3%
10000<x≤50000	24 期	4.16%

表 6.2　超过 50000 元待收本金投资人的还款方案

还款阶段	还款期数	每期还款比例
第一阶段	1-12 期	2%
第二阶段	13-18 期	2.5%
第三阶段	18-24 期	3%
第四阶段	25-30 期	3.5%
第五阶段	31-36 期	3.66%

2018 年 8 月 24 日、8 月 30 日、9 月 10 日、9 月 29 日和 2019 年 1 月 14 日，平台五次发布退出方案的补充说明，主要明确所谓"确权"是指出借人同意如下内容：第一，出借人同意由内蒙古蒙通园林绿化工程股份有限公司代原借款人偿还本人在"绿化贷"平台的出借款项，最低还款比例暂按《绿化贷良性清盘退出公告》执行。第二，授权平台代本人向借款人和担保方追讨欠款。第三，授权平台将追回的本人欠款进行统一集中，并按清盘方案约定面向所有出借人按比例统一还款。第四，利息计算方式由原借款合同约定的标准变更为：2019 年 8 月 13 日及以前部分按年化 2.75% 计算；2019 年 8 月 14 日至 2020 年 8 月 13 日期间，按年化 4.125% 计算；2020 年 8 月 14 日及以后部分，按年化 5.5% 计算等。

2019 年 6 月 17 日，平台发布《关于绿化贷平等兑付的公告》，称："经过与监管部门协调沟通，在充分考虑出借人意愿的情况下，平台决定自第八期还款开始，无论出借人已同意代偿、已同意还款，还是未同意还款，只要在规定时间内完善正确的银行卡信息，都将被纳入兑付名单，平等兑付。"

（2）催收困境、财政吃紧及延期兑付。自平台发布清盘方案之后，前六期的资金基本按时兑付。从资金组成情况来看，资金来源于三个途径：第一，针对借款人的催收回笼资金854万元；第二，平台股东自筹资金3000万元；第三，代偿担保机构内蒙古蒙通园林绿化工程有限公司对通辽市政府的市政工程回收款4448万元。

对此，平台主要负责人陈某在2019年9月13日《致绿化贷平台全体出借人的一封信》中称："催收难问题不是个别现象，是全国所有退出的平台都面临的困境。整体经济形势下行，现金流普遍吃紧，很多借款人丧失还款能力，也有借款人违背诚信故意不还款，与P2P有关的民事诉讼法院基本不予受理，暴力催收极有可能被认定为黑恶犯罪，合法催收手段极其有限，催收成果杯水车薪。因此前期8000多万人民币的还款主要来自股东变卖资产及跟亲朋好友借款，还有代偿公司蒙通集团的市政项目财政拨款。"

但是，由于政府财政紧张，作为主要资金来源的通辽市政府财政拨款迟迟不能支付给代偿担保机构，导致平台在兑付前六期款项之后，直到2019年9月27日才兑付完第七期款项，比原定方案晚了近6个月。

（3）刑事立案、取保候审及一审宣判。平台主要负责人及第二大股东陈某虽想尽办法兑付投资人损失，甚至为节约成本而三度搬迁公司地址，但随着兑付延期的持续，其最终难逃被公安机关立案、取保候审、刑事拘留、逮捕，被检察机关审查和被审判机关定罪的宿命。

2018年11月9日，深圳市公安局福田分局发布《关于"绿化贷"平台案件的情况通报》，称深圳市公安局福田分局于2018年9月11日对"绿化贷"平台涉嫌非法吸收公众存款立案侦查。2019年8月18日，深圳市公安局福田分局发布《关于"绿化贷"平台案件的情况通报》，称警方于2019年8月8日对平台股东陈某和史某依法办理取保候审强制措施。警方于2019年8月初派员前往内蒙古通辽市开展追赃挽损工作，"绿化贷"平台表示全力协调借款企业尽快还款。这似乎是要给予陈某和史某"戴罪立功"的机会，但好景不长，2019年9月28日，深圳市公安局福田分局发布《关于"绿化贷"平台案件的情况通报》，称警方已于2019年9月26日对陈某依法执行刑事拘留。2020年7月22日，深圳市公安局福田分局发布《关于"绿化贷"平台的案情通报》，称警方已于2020年7月17日对陈某、史某、程某三人批准逮捕，现已查明，"绿化贷"平台累计向18 198个投资人非法募集20.95亿元人民币。

2020年12月21日，深圳市福田区人民检察院对外披露，犯罪嫌疑人史某、陈某、程某等 8 人涉嫌非法吸收公众存款罪一案，于近日由深圳市公安局福田分局移送该院审查起诉。2022 年 6 月 10 日，深圳市福田区人民法院发布（2021）粤 0304 刑初 508 号非法吸收公众存款案公告，对"绿化贷"平台 7 名被告作出一审判决，其中，第一被告史某被判有期徒刑 5 年，并处罚金 20 万元，第二被告陈某被判有期徒刑 3 年 8 个月，并处罚金 10 万元。[1]

2. 由案例引发的思考

（1）平台退出的"大锅饭"倾向。从网络借贷的法律关系来看，出借人与借款人之间存在直接的借贷法律关系，上述法律关系不会因平台退出而受到影响。但是，在"绿化贷"退出过程中，平台却于 2018 年 8 月 24 日发布《绿化贷良性退出方案补充说明》，明确投资人"确权"的内容包括授权平台将追回的本人欠款进行统一集中，并按清盘方案约定面向所有出借人按比例统一还款。笔者将上述安排称为"大锅饭"模式。所谓"大锅饭"模式，系指平台将所有借款人的还款资金作为一个池子，根据平台确定的清盘方案对现金流进行重新分割，并按照一定的先后顺序，将资金兑付给不同的出借人。"大锅饭"模式意味着出借人对原借款合同项下权利的处分，应经出借人同意才能对其生效。在"绿化贷"一案中，有 692 人未同意平台提出的清盘方案。对于该 692 人，平台本应区别对待，将与他们缔约的借款人偿还的本息全额给付他们，但是，平台一开始对这 692 人置若罔闻，没有向其支付一分钱。在监管机关的要求下，平台又于 2019 年 6 月 17 日发布《关于绿化贷平等兑付的公告》，决定自第八期还款开始，无论出借人之前如何表态，只要在规定时间内完善正确的银行卡信息，都将其纳入兑付名单，平等兑付。这相当于是强迫未"确权"的投资人接受"大锅饭"模式。

"大锅饭"模式有其深刻的社会根源：从清盘平台的角度来看，平台希望减轻来自于广大投资人的压力，故希望将有限的回款资金用在刀刃上，先将众多小

---

[1] 详见《（2021）粤 0304 刑初 508 号史某玉等人非法吸收公众存款案判决公告》，深圳市福田区人民法院官网，https://www.ftcourt.gov.cn/lawcenter/affichedetail.aspx?cls=1&id=440，2023 年 5 月 30 日最新访问。值得说明的是，2021 年 3 月 1 日，全国人大常委会发布的《中华人民共和国刑法修正案（十一）》开始实施，非法吸收公众存款罪的最高刑期由 10 年提升为 10 年以上有期徒刑。2022 年 3 月 1 日实施的《最高人民法院关于审理非法集资刑事案件具体应用法律若干问题的解释》第 5 条第 1 款明确规定具有以下三种情形之一的，将视为"数额特别巨大或者有其他特别严重情节"，可判处 10 年以上有期徒刑：第一，非法吸收或者变相吸收公众存款数额在 5000 万元以上的；第二，非法吸收或者变相吸收公众存款对象 5000 人以上的；第三，非法吸收或者变相吸收公众存款，给存款人造成直接经济损失数额在 2500 万元以上的。因此，若是适用新法，"绿化贷"平台的史某和陈某恐怕将面临 10 年以上的刑期。

额出借人兑付完毕,再逐步兑付少数大额出借人,而"大锅饭"模式正好能够满足平台上述需要。从监管机关的角度来看,"大锅饭"模式有助于安抚尚未获得资金的投资人,减轻维稳压力。此外,中国历来有"不患寡而患不均"的儒家思想,"大锅饭"模式也契合了中国的传统文化。然而,看似平滑风险与收益的"大锅饭",却与网络借贷原本的法律关系相悖,且不必然增进所有投资人的效用。如果没有遵循商谈机制,"大锅饭"模式势必违反民法的私权处分原则,导致秩序的混乱。

(2)平台退出的持续催收问题。平台退出不意味着其撮合的出借人与借款人之间借贷合同的终止,对存量借款合同项下逾期债权的持续催收,是平台退出不可回避的问题。"绿化贷"在清盘伊始即在公告中称:"由于'绿化贷'撮合的借款企业和个人数量众多、分布较广,对于已经逾期的借款标的,出借人自行维权周期和成本过高,因此,平台指定有偿还能力的机构原价受让所有出借人的有效债权,并进行偿还。"虽然平台后来通过引入担保机构兑付投资人债权,并没有采取回购债权的方式,但根据《民法典》,担保公司在代偿后将取得法定代位权,有权直接向借款人起诉。因此,平台实际上走的还是债权归一的路径。实践表明,债权归一是化解 P2P 诉讼困境的可行之法。

然而,如果债权归一的安排没有提前与出借人约定,则往往引发争议,不仅"绿化贷"遇到此类问题,"麦子金服"等其他平台亦是如此。[1] 原因在于:处于退出阶段的平台,自身的现金流有限,为尽快结清存量债权,平台通常采取分期给付转让价款或打折回购投资人债权的方式。由于降低了债权价值或延长了回款时间,债权回购的清盘方式注定只能得到部分投资人认可,而无法被所有投资人接受。事后的债权归一安排,需要平台与每个投资人逐一商谈,不但成本巨大,而且总会留下部分未能缔约的投资人,而该部分投资人最有可能成为社会的不稳定因素。如何做到既有利于平台持续催收存量债权,又能够为所有投资人接受,是平台退出亟待解决的问题。

---

[1] 有关麦子金服的退出方案及引起的争议,参见禾禾:《麦子金服公布本金保障方案投票方案 成上海首家承诺出借人全额本金回款平台》,http://www.chinatimes.net.cn/article/91123.html,华夏时报网,2019 年 11 月 6 日最新访问;《泣血控诉!麦子金服无良平台逼死出借人!》,https://bbs.wdzj.com/thread-1273271-1-1.html,网贷之家官网,2019 年 11 月 6 日最新访问。

(3) 平台退出的客观归罪现象[1]。从权利义务的设定上看，网贷平台及其股东都没有义务为投资人的损失承担责任，但"绿化贷"平台却在清盘伊始即将责任全部揽在自己身上，后来还引入内蒙古蒙通园林绿化工程股份有限公司作为担保人。当然，如果平台存在自融等违法违规行为，上述做法可以理解为股东为减轻刑责的"将功补过"之举。但根据深圳市公安局福田分局于2018年11月9日发布的《关于"绿化贷"平台案件的情况通报》，警方在派员出差到通辽市调查平台资金去向和到当地政府核实相关项目后，确定平台资金到达小微企业，且小微企业真实存在。以上事实表明，"绿化贷"平台不存在欺诈投资人的行为，平台清盘更可能是因借款人大规模违约所致。既然如此，根据主客观一致的原则，平台及其主要负责人不应被苛以刑事责任。

然而，中国的现实是，平台一旦不能刚性兑付，即使业务合法合规，平台及实际控制人也可能被处以刑事责任。2016年，有学者在研究14份关于P2P网贷平台犯罪的裁判文书后指出："涉P2P网络借贷案件的入罪多以吸收资金的数额或造成的经济损失为标准，较少考虑行为人的主观故意和企业吸收资金的用途等其他情节，存在客观归责之嫌"。[2] 2019年，有学者对我国涉及1381个犯罪嫌疑人的619个非法吸收公众存款罪和集资诈骗罪的P2P判决文书进行实证研究后发现：犯罪嫌疑人被法院判决的刑期长短与平台给投资人造成的经济损失显著相关，而与集资金额、融资利率等没有相关性，甚至与主观认罪态度也不总是相关。[3] 但是，根据《刑法》规定和最高院的司法解释，经济损失、集资金额、主观态度都是定罪量刑的参考因素。由此表明，在司法实践中，法院更看重投资人的未偿损失，而不在乎P2P集资金额的大小，甚至不完全关心主观认罪态度。

应当看到，这种"以结果论英雄"的做法有着深刻的社会根源。在过去较长时间，我国并未对网贷进行监管，在大众创业、万众创新、简政放权的大潮中，网贷平台野蛮生长、泥沙俱下。不可否认，政府在监管方面负有一定的责

---

〔1〕 客观归罪是指把客观上发生的实际危害作为犯罪的基本要件，认为只要有危害行为或者发生了危害结果，就应当追究行为人的刑事责任，至于行为人对其所实施的行为及其造成的结果在主观上是否有认识，则在所不问，参见赵秉志、吴振兴主编：《刑法学通论》，高等教育出版社1993年版，第43页。

〔2〕 李永升、胡冬阳："P2P网络借贷的刑法规制问题研究——以去了近三年的裁判文书为研究样本"，载《政治与法律》2016年第5期。

〔3〕 See Michelle Miao, "Authoritarian Trade-off: Regulating P2P Platforms through the Criminal Process", *Working Paper*, 2019, pp. 1~24.

任。与此同时，由于没有投资者适当性规则，网贷投资人通常是普通民众，风险识别和承受能力很弱，一旦平台出险，其生活将随之陷入困境。在这样的背景下，刑事惩罚在客观上起到了弥补监管过失、安抚投资人的维稳功能。当然，客观归罪毕竟不是现代法治所欲追求的目标，如何让刑罚的适用回归理性，是完善网贷监管无法回避的问题。

二、退出机制设计的观点之争

(一) 学界的三种学说

面对网贷平台的退出困境，学界展开了相关研究。研究由浅入深、由点及面，从在论文中附带分析，[1] 到以专题文章深入研究，再到以学位论文形式全面论述。[2] 学界的基本观点大致可分为以下三类：

1. 破产说

此类观点主张单一的解决方案，即将破产程序视为平台退出的最佳路径。范志勇和臧俊恒认为破产程序对 P2P 退出有诸多益处：对于债权人而言，如果维持平台"濒死"状态，只会造成企业财产的进一步减少，最终"无产可破"，因此破产程序可以及时止损；对于平台投资人而言，如果法定的破产程序缺位，企业的债权人会不断向企业股东追讨债务，极大影响其生活和事业发展；从可操作性角度看，即使是最为困难的 P2P 平台往往也享有大量的对外债权，足以保障管理人费用的支付，且在破产程序中由承担管理人职责的律师追索对外债权，可以得到受理破产案件的法院的大力支持，并可以行使《企业破产法》所赋予的特殊权利，比在破产程序之外追索更有效果。[3] 卢漫认为，P2P 公司与公众债权人通过自由谈判制订的退出方案并无法定的约束力和对抗性，无法阻止个别债权人的单独起诉求偿，这使得退出方案实际上难以实现。其实合理利用法律已有的破产程序，即可实现在法院主持下的 P2P 公司良性退出。[4]

---

[1] 例如胡光志、周强："论我国互联网金融创新中的消费者权益保护"，载《法学评论》2014 年第 6 期；杨东："P2P 网络借贷平台的异化及其规制"，载《社会科学（西北政法大学学报）》2015 年第 8 期；宋怡欣、吴弘："P2P 金融监管模式研究：以利率市场化为视角"，载《法律科学》2016 年第 6 期。

[2] 例如熊浩："我国 P2P 网络借贷平台退出机制的法律研究"，云南财经大学 2016 年硕士学位论文；朱贝贝："P2P 网络借贷平台退出法律问题研究"，北方工业大学 2017 年硕士学位论文。

[3] 参见范志勇、臧俊恒："不合要求的 P2P 平台如何退出"，载《经济参考报》2018 年 4 月 11 日，第 A08 版。

[4] 参见卢漫："现阶段 P2P 良性退出应适用破产程序——理想宝'不理想'退出方案的反思"，载《金融法苑》2020 年第 1 期。

2. 综合说

此观点略过对不同业务模式的探讨,直接主张多措并举,包括建立健全预警机制、完善投资者权益保障的配套机制、引入独立第三方机构介入退出过程等。在一揽子措施中,有的学者支持"生前遗嘱",有的学者则反对"生前遗嘱"。目前,支持派占大多数,如白牧蓉和朱一璞,其建议将平台视为对投资人负有信义义务的受信人,主张参照英美国家的"生前遗嘱"制度,事先制定退出计划,对平台出现的可能对客户造成影响的问题进行提前告知。[1] 再如,李沛珈和李爱康建议学习域外经验,要求P2P平台事前明确退出规划,完善退出程序,并充分运用信托、资产管理公司等第三方机构处理存续信贷业务,实现平稳退出。[2] 反对派以李有星和侯凌霄为代表,其认为网贷机构与出借人难以在事前就退出方案达成一致,原因在于:从商业实践的角度看,提前就退出问题与客户商讨,可能传递出平台运营不稳健的信号,打击出借人信心;退出的原因不可预测,使得网贷机构与出借人难以在事前制定完满的退出方案;网贷机构的退出过程具有不确定性,退出方案难以一蹴而就。[3]

值得注意的是,在综合说中,李有星和侯凌霄特别强调出借人委员会在平台退出中的重要作用,认为平台有序退出的关键在于弥补平台与出借人之间的不完全契约,应以出借人委员会为切入点构建出借人的协作机制:其一,由全体出借人投票决定是否设立出借人委员会;其二,明确出借人委员会成员选任的标准与程序;其三,确定出借人委员会的职权范围。[4]

3. 区分说

此类观点主张根据不同的业务模式采取不同的退出规则。李涛最早以专题文章形式对退出问题进行研究,其主张对信息中介模式、担保增信模式、债权转让模式和自融模式区别对待:对于信息中介模式,应确立"生前遗嘱",管理好未到期债务,同时妥善处理客户个人信息;对于担保增信模式,重点是通知担保机

---

[1] 参见白牧蓉、朱一璞:"互联网金融平台退出问题的根源探究与制度路径",载《证券法律评论》2019年卷。

[2] 参见李沛珈、李爱康:"P2P网贷平台退出机制的国际经验借鉴",载《科学导报》2018年12月11日,第B03版。

[3] 参见李有星、侯凌霄:"论网络借贷机构退出机制的构建——以契约理论为视角",载《社会科学》2019年第4期。

[4] 参见李有星、侯凌霄:"论网络借贷机构退出机制的构建——以契约理论为视角",载《社会科学》2019年第4期。

构，在担保机构破产的情况下，平台应代分散的投资人申报债权；对于债权转让和自融模式，应按照涉案资产处置、集资款清退和非法集资参与者损失处理的机制办理。[1]

(二) 针对三种学说的评析

1. 破产说的局限性

破产，是指当债务人不能清偿到期债务，并且资产不足以清偿全部债务或者明显缺乏清偿能力时，由债权人或债务人向法院提出申请，法院依照法定程序使债务人公平有序地清偿对外债务的一种法律制度。由于投资人针对平台所享有的债权和平台自身的资产有限，破产程序并不能保护投资人的利益，具体理由如下：

第一，债权局限性。所谓债权局限性，是指投资人对平台所享有的债权价值有限，由此导致投资人并不能从平台那里取得多少资金。投资人与平台之间的权利义务关系主要体现在《注册咨询与服务协议》之中，投资人对平台的债权充其量包括：咨询服务、交易撮合、催收服务、诉讼服务和垫付风险准备金的请求权。在平台进入破产程序之时，平台已经履行了部分义务，例如信息展示、交易撮合、给付风险准备金等，但是平台没有完成代为催收、诉讼等义务。在此种情况下，根据《中华人民共和国企业破产法》第46条有关"未到期的债权，在破产申请受理时视为到期"的规定，平台对出借人在《注册咨询与服务协议》项下尚未履行完毕的义务将立即转化为出借人对平台的破产债权。至于金额多少，可以由破产管理人根据公平原则确定，如果有争议，最终由法院裁定。根据权利与义务对等的原则，此时转化的破产债权将不会超过投资人之前给付平台的服务费。而如果平台没有向投资人收取服务费，则即使平台没有履行完毕约定的义务，从破产法角度看，投资人对平台的权利也无法转化为破产债权。无论能否转化为破产债权，投资人只能取回不超过服务费的金额，这显然对投资人是没有多大实质意义的，更何况在平台资不抵债时，各投资人的债权还可能需要按比例清偿。

第二，资产局限性。资产局限性，是指网贷平台自身资产有限，并不足以清偿众多投资人的债权。破产企业的全部资产是其对外承担债务的总担保。[2] 值

---

[1] 参见李涛："如果P2P平台破产了"，载《互联网金融与法律》2015年1月（总第11期）。

[2] 参见赵旭东："从资本信用到资产信用"，载《法学研究》2003年第5期。

得注意的是，通过平台撮合的借贷债权并不属于平台的应收账款，实践中，平台自身资产远小于其撮合的借贷债权。以"绿化贷"案为例，根据瑞华会计师事务所出具的《审计报告》（瑞华深圳审字【2018】48560005号），"绿化贷"运营公司深圳前海惠德金融信息服务有限公司的实缴资本为2000万元，资产为2834万元，其中，应收账款为2140万元，货币资金仅640万元。而投资人通过该平台撮合的借款合同项下的待收金额则高达5.69亿元，约为平台全部资产的20倍。因此，即使平台愿意以其全部资产对投资人进行赔偿，其数额也是杯水车薪的。

上述两个局限性建立在平台业务合法合规的基础之上，如果平台涉嫌犯罪，而对所有投资人负有财产返还的义务，是通过刑事追赃、退赔程序完成，而不是通过破产程序完成。网贷平台之所以不能一破了之，是因为网贷具有涉众性和风险性，政府出于维稳的考虑，希望平台尽可能挽回出借人的损失，而破产则相当于让平台及其股东"解套"了。正是基于以上考虑，《网络借贷信息中介机构业务活动管理暂行办法》第24条才要求网贷平台应当在解散或破产前，妥善处理已撮合存续的借贷业务。

总之，如果采取破产法思维处理平台退出，既不能从根本上挽回投资人的损失，还可能使平台因丧失主体地位，而无法继续协助投资人催收作为主要还款来源的逾期债权，这无异于"捡了芝麻，丢了西瓜"，基于此，破产说不可取。

2. 综合说的不足

综合说主张综合施策，其方向性是正确的，美中不足的是，综合说没有考虑到平台的不同业务模式，所提出的政策建议仅适用于合法合规经营的平台，实际上忽视了刑事程序在网贷平台退出中的重要作用，此外，综合说中有关重视发挥出借人委员会功能的观点亦值得商榷，分述如下：

在我国的问题平台中，逃避型平台占比高达56.2%，这些平台往往涉及不负责任的庞氏骗局和卷款潜逃，因此，通过刑事程序强制上述平台退出，在我国现阶段具有重要意义。应该看到，刑事程序在P2P平台退出中具有如下功能：第一，止损功能。非法集资平台经营得越久，吸收的资金越多，受害的群众越广，造成系统性风险的可能性越高。通过公安机关主动出击，封停网站，查封、扣押和冻结资产，有利于及时制止犯罪行为，减少其给社会造成的损失。第二，震慑功能。刑罚可以剥夺犯罪分子因违法所获得的经济利益，并使其人身自由受到限制,其结果是使那些以网贷之名行非法集资之实的人无利可图。正如贝卡里亚所言:"只要刑罚的恶果大于犯罪所带来的好处,刑罚就可以收到它的效果。"[1]因此,刑事程序有助于通过事后的惩罚,获得事前的激励,扭转网贷野蛮生长的乱象。第三,督促功能。由于退赃退赔有助于减轻行为人的刑罚,故平台负责人有动力积极筹集资金,赔偿投资人损失,使社会矛盾得以缓和。第四,维稳功能。如上文所述,政府在网贷监管方面负有一定责任,网贷投资人又通常缺乏风险承受能力,导致一旦平台出险,其生活就随之陷入困境。在无法弥补投资人损失的情况下,通过刑事追责可以起到弥补监管过失,安抚投资人,满足其朴素复仇心理的维稳功能。总之,我们应考虑到犯罪类平台的退出事宜,对刑事程序的功能予以充分的理解与重视。

另外,综合说中有关重视发挥出借人委员会功能的观点值得商榷。在"绿化贷"案例中,平台既组建了出借人代表大会,还组建了监委会。[2] 但从平台后续的公告来看,出借人代表大会及监委会都没有发挥重要作用。出借人代表大会在成立之后没有发出任何声音,监委会也仅有两项工作:一是督促平台于2018年9月29日发布《绿化贷良性退出方案补充说明(四)》,二是2名监委会成员参加了在通辽召开的协调会议。上述情况并非个案,具有一定普遍性。[3] 笔者认为出借人会议难以发挥作用的原因如下:第一,决策成本高。根据"公共选择"理论,利益集团的规模越小,集体行动的成本越低,而利益集团的人数越分散,则集体行动的成本越高。[4] 由于投资人分散各地,各自所追求的利益并不完全一致,由此导致相比于单一的平台而言,出借人委员会在决策方面成本巨

---

[1] [意]贝卡里亚:《论犯罪与刑罚》,黄风译,中国大百科全书出版社1997年版,第42页。
[2] 2018年8月29日,"绿化贷"发布《关于选举出借人代表筹建"绿化贷投监委"的公告》,决定通过收集线上报名出借人名单,按照待收、注册时间两个维度的综合排名顺序选取30至50名候选人进行公示并开通投票,以投票数由高到低,最终选票数最高的15名作为出借人代表。截至2018年9月9日,平台通过线上报名的方式收集到71名出借人的报名信息。平台按照待收排名高低顺序选出37名候选人进行公示并开通投票。根据投票数从高到低的顺序,平台于2018年9月18日公示了最终确定的15位出借人代表名单。经过15名出借人代表大会成员内部推举,5名投监委委员于2018年9月21日最终确定。
[3] 据中国互联网金融协会法务部负责人介绍,在警方介入之前,退出的主导者往往是平台,只有个别平台的投资人齐心协力,可以制衡平台的清盘行为;在警方介入之后,则由警方主导。
[4] 参见[美]詹姆斯·M. 布坎南:《自由、市场与国家——80年代的政治经济学》,平新乔、莫扶民译,上海三联书店1988年版,第29~42页及第331~348页; John C. Coffee, Jr. "Political Economy of Dodd-Frank: Why Financial Reform Tends to be Frustrated and Systemic Risk Perpetuated", *Cornell Law Review*, Vol. 97, No. 5, 2012, pp. 1020~1023.

大，难以达成共识。[1]第二，决议无法约束所有投资人。各地出台的退出指引在性质上主要属于自律规定，不具有破产法的效力，即使出借人委员会按照"少数服从多数"的原则通过了某项决议，该决议对未参与投票且未同意组建出借人委员会的投资人并不具有约束力。第三，不能应对决策僵局。目前各地有关平台的退出规则都没有考虑到如果出借人委员会不同意平台提出的退出方案，退出程序该如何推进的问题。换言之，对于决策僵局没有默示规则，这势必会影响出借人委员会功能的有效发挥。第四，委托代理问题。实践中，已经出现出借人委员会会长利用职务便利，优先使自己投资得到兑付的情形。[2]由于都是遭受经济损失的自然人，出借人委员会代表及其主要负责人很难从最大化全体债权人利益的角度行事。

综上，综合说虽然给我们带来应对措施视野上的拓展，但仍然存在忽视刑事程序以及夸大出借人委员会之功能的不足，以下分析将表明，区分说所倡导的"具体情况具体分析"以及"生前遗嘱"的安排，对于平台有序退出是非常重要的。

3. 区分说的必要性

区分说强调对网贷平台退出不能一概而论，而应该根据不同的业务模式做不同的处理。由于信息中介和信用中介在实践中边界越来越模糊，而债权转让模式和自融模式在本质上都属于严重违反法律法规、具有很强负外部性的行为，故可以将P2P业务模式简单区分为合法模式和非法模式进行分类处理。笔者认为，对于合法模式，应督促平台建立"生前遗嘱"；对于非法模式，应以刑事程序加以处理。

"生前遗嘱"是次贷危机后国际社会为解决金融机构"大而不倒"问题而推出的一项法律措施，是指金融机构以自身面临倒闭为前提事先提交一揽子措施，监管机关以此为基础制定并在必要时实施处置计划，以促使机构恢复日常经营能

---

[1] 当前，深圳市互联网金融协会正在尝试搭建投资人网上投票系统，出借人收到网贷机构通知的投票事项后，可在微信公众号"深圳市互联网金融协会服务号"内点击菜单，输入实名信息，认证通过后进入小程序投票。这虽然有助于降低部分投资人的时间成本，但也意味着技术成本的巨大投入以及不熟悉互联网操作的投资人将被排斥在投票体系之外。有关信息详见《【协会公告】网络投票系统试运行及相关投票问题说明》，http：//www.szifa.org.cn/xhgginfo.aspx? Newscateid = 206&Newsid = 294&News_ Id = 294，深圳市互联网金融协会官网，2019年11月14日最新访问。

[2] 参见《泣血控诉！麦子金服无良平台逼死出借人！》，https：//bbs.wdzj.com/thread-1273271-1-1.html，网贷之家官网，2019年11月6日最新访问。

力,或者实现部分业务功能分拆或机构整体有序关闭的制度安排。[1] 对于网贷业务,生前遗嘱是指平台在上线运营时即向出借人、借款人及其他利益相关方公示平台在经营困难或被监管机关取缔后的业务处置方案,其目的是确保在平台停止运营的情况下,经平台撮合而成的 P2P 协议仍然能够根据合同条款继续得到管理和执行。让平台提前制定并公布"生前遗嘱"有如下益处:

第一,避免事后缔约成本和集体行动困境。如果平台事先制定清盘方案,明确在平台上注册和交易的出借人和借款人都必须接受该清盘方案,并以醒目字样提示出借人和借款人相关风险,则在平台、出借人和借款人三方之间相当于达成了多方协议,非经法定或约定事由,该清盘方案作为各方之"法锁",不可解除或变更。这样一来,当平台因经营困难或被监管机关取缔而无法继续经营时,平台或其继任者即可按照之前制定的清盘方案行事,而无需再组成出借人委员会、监委会或其他类似组织,无需再通过集体表决确定清盘方案,也就避免了原来的决策成本高、决策不能约束全部投资人、决策僵局和委托代理问题。

第二,使平台有机会设计个性化的退出方案并确保方案的效力。正如自然人可以通过遗嘱对遗产进行广泛处理一样,网贷平台的"生前遗嘱"在本质上是开放性的,平台可以在法律原则和监管框架内,根据自身定位、同业做法和客户需求做出个性化的安排。比如,平台可以坚持清盘时出借人与借款人之间的法律关系仍然保持不变,特定借款人的回款应当给付给特定出借人,投资人之间风险和收益各自独立;也可以设置诸如"绿化贷"平台退出时选择的那种"大锅饭"模式,即将所有借款人的回款归集在一起,根据出借人不同的待收金额,按照一定比例和规则逐月兑付;还可以设置更为复杂的模式,例如设置 A、B、C 三种不同方案供投资人选择,以此满足不同风险偏好的投资人需求。[2] 生前遗嘱之

---

[1] 参见李仁真、周忆:"论金融机构的'生前遗嘱'制度",载《证券市场导报》2012 年第 7 期。

[2] 麦子金服在退出时就设定了三种方案供投资人选择,三种方案的还款来源均是平台全资控股子公司通过收购投资人债权后进行法院诉讼等形式催回的款项:A 方案(充值本金保障方案):转让对价为剩余充值本金(剩余充值本金=累计充值本金−累计提现−账户余额),支付时间为债权转让后的三年内按季(每季末的 30 日前)支付到投资人账户。B 方案(在投本金保障方案):转让对价选择为剩余在投本金(剩余在投本金=债权本金价值),支付时间为债权转让后的三年后一次性支付到投资人账户。C 方案(高收益高风险方案):当全部分配完方案 A 和 B 的投资人后,对应本次投资人持有债权的剩余回款收益,按照选择方案 C 的投资人各自所占 C 方案份额的比例,分配给各位投资人作为债权转让对价,支付时间为支付完 A 方案和 B 方案出借人的转让对价后的七个工作日内。但是,麦子金服是在宣布退出后提出上述方案的,因此,不能算作"生前遗嘱",难以保障上述方案的法律效力,由此也导致很多投资人不理解、不接受以及投诉。2019 年 11 月 23 日,麦子金服被上海警方立案侦查。

间也会彼此竞争，接受市场检验，当所有平台都制定生前遗嘱时，生前遗嘱将不会成为平台运营的不稳健信号。

第三，为借贷合同的持续管理和催收创造条件。生前遗嘱的核心是确保平台在无法继续履行义务甚至无法继续存续的情况下，由平台撮合的借贷合同能够持续得到管理和执行。债权归一是解决P2P诉讼困境的有效途径，但债权归一如果没有事先约定，则会导致当需要通过平台回购投资人债权向借款人追索时，部分投资人同意，而部分投资人反对。"生前遗嘱"使平台有机会在出借人注册之前，即明确清盘时的债权回购安排，这相当于在平台与出借人之间达成了附生效条件的协议，一旦触发清盘条件，则债权回购安排自动生效，从而达到既有利于平台持续催收存量债权，又能够为所有投资人接受的效果。[1]

与合法模式下的"生前遗嘱"不同，对非法模式应以刑事程序加以处理。为论述刑事程序的正当性，在此进一步分析"先刑后民"问题。对于"先刑后民"，部分学者持质疑态度。有的学者认为，"法院在进行民事案件审理时要区别对待，不能因为平台被公安立案侦查就对案件一律搁置，应该对于合法的借贷、担保关系继续审理"。[2] 有的学者认为立法上规定"先刑后民"原则，剥夺了当事人的选择权，表现出公权张扬、私权压抑，不符合现代司法理念。[3] 有的学者认为应重构我国的刑事附带民事制度，赋予被害人以选择权，保障刑事诉讼与民事诉讼的相对独立。[4] 还有的指出刑事诉讼对出借人的救济不如民事诉讼全面，比如，根据《刑法》第64条，追缴或者责令退赔的来源皆为犯罪违法所得的财物，出借人无法就被告人合法财产以及未来所得受偿，而且刑事诉讼对于出借人的救济在操作中存在障碍，实践效果参差不齐。[5]

笔者认为，"先刑后民"更有利于兼顾效率与公平，理由在于：当平台及其股东的责任财产足以弥补出借人损失时，刑事途径和民事途径都足以维护受害方

---

[1] 为保障顺畅的诉讼渠道，"追索型回购"的安排是非常重要的，详见张翀、刘进一："P2P平台投资者诉讼困境之化解——兼论P2P平台债权回购的法律定性"，载卞建林主编：《诉讼法学研究》，中国检察出版社2019年3月版，第69~82页。

[2] 陈冲："P2P网络借贷法律纠纷的司法裁判进路"，载《上海政法学院学报（法治论丛）》2016年第6期。

[3] 参见陈兴良等："关于'先刑后民'司法原则的反思"，载《北京市政法管理干部学院学报》2004年第2期。

[4] 参见江伟、范跃如："刑民交叉案件处理机制研究"，载《法商研究》2005年第4期。

[5] 参见秦立鑫："个体网络借贷纠纷诉讼解决机制论"，山东大学2017年硕士学位论文。

的权益；当责任财产不足以弥补出借人损失时，如果允许个别出借人通过民事诉讼先行受偿，会导致不公平，并易引起社会群体性事件。因此，公平的处理程序应当是所有出借人集体提起民事诉讼或者法院将其余出借人列为共同原告处理，此种情形与刑事判决后按比例分配财产实则无异。在刑事程序中，国家公权力的介入能够有效控制责任财产并震慑集资者，集资者为减轻刑罚，更有可能退出赃款，赔偿集资参与人损失。而且经过追缴或者退赔仍不能弥补损失的，集资参与人还可以向人民法院提起民事诉讼。[1] 2019年11月8日最高人民法院颁布《全国法院民商事审判工作会议纪要》，明确对于涉众型经济犯罪与民商事案件的程序处理仍然坚持"先刑后民"原则，这也说明"先刑后民"原则具有合理性和生命力。[2]

当然，承认刑事程序的价值，并不是要以刑代民、滥用刑罚，而是强调区别对待的基本态度。应该看到，准入制度的引入将有助于贯彻刑法谦抑原则。通过严格的事前审批，可以提高网贷平台的质量和信用，减少非法集资发生的概率，使平台退出按照民商事的逻辑处理，从源头上抑制客观归罪现象。[3] 鉴于为网贷设立行政许可的形势，以刑事手段迫使平台退出的情形将逐渐减少，下文将重点论述在合法模式下，网贷平台退出制度的设计。我们将看到："生前遗嘱"正是英美国家共同采纳的方式，我国亦应延着"生前遗嘱"的道路，构建网贷平台退出制度。

---

[1] 参见吴正倩："非法集资与民间借贷的刑民交叉问题研究"，载《互联网金融法律评论》2016年第3期。

[2] 《全国法院民商事审判工作会议纪要》第129条规定："2014年颁布实施的《最高人民法院最高人民检察院公安部关于办理非法集资刑事案件适用法律若干问题的意见》和2019年1月颁布实施的《最高人民法院最高人民检察院公安部关于办理非法集资刑事案件若干问题的意见》规定的涉嫌集资诈骗、非法吸收公众存款等涉众型经济犯罪，所涉人数众多、当事人分布地域广、标的额特别巨大、影响范围广、严重影响社会稳定，对于受害人就同一事实提起的以犯罪嫌疑人或者刑事被告人为被告的民事诉讼，人民法院应当裁定不予受理，并将有关材料移送侦查机关、检察机关或者正在审理该刑事案件的人民法院。受害人的民事权利保护应当通过刑事追赃、退赔的方式解决。正在审理民商事案件的人民法院发现有上述涉众型经济犯罪线索的，应当及时将犯罪线索和有关材料移送侦查机关。侦查机关作出立案决定前，人民法院应当中止审理；作出立案决定后，应当裁定驳回起诉；侦查机关未及时立案的，人民法院必要时可以将案件报请党委政法委协调处理。除上述情形人民法院不予受理外，要防止通过刑事手段干预民商事审判，搞地方保护，影响营商环境。"

[3] 其他学者也意识到严格准入与有序退出之间的联系，参见张珵、王艳丽："互联网金融经营者退出机制研究"，载《黑龙江省政法管理干部学院学报》2016年第6期。

三、平台退出的域外经验

（一）英国退出制度

在2014年的立法中，FCA考虑到监管的成本和收益，没有选择在当时制定详细的退出指引，而是希望行业自发地产生良好的商业实践以保护消费者权益。[1] 在2019年的立法中，FCA认为时机已经成熟，遂公布有关平台清盘的规则，包括修改《高级管理安排、系统和控制规则》（Senior Management Arrangements, Systems and Controls Sourcebook，以下简称"SYSC"）第4.1.8条和在《商业行为规则》（Conduct of Business Sourcebook，以下简称"COBS"）中新增第18.12.28R条。

根据修改后的SYSC第4.1.8条，平台制定清盘方案的目的是确保在平台停止运营的情况下，经平台撮合而成的P2P协议有根据合同条款继续得到管理和执行的合理可能性，从而保护出借人的利益。根据SYSC第4.1.8AR条，为达到上述目的，平台可以采取下列任何一项或多项措施：第一，与另一家拥有适当权限的公司达成协议，接管对P2P协议的管理和执行，为此，平台应就通过增加佣金等方式为持续管理和执行工作提供资金的事宜，事先取得出借人的知情同意，或者就将管理和执行工作从本公司转移到另一家公司的事宜，事先取得出借人和借款人的知情同意；第二，在清盘期间，持有足够的担保物以支付管理和执行成本，并确保该担保物在公司资不抵债时能够被有效隔离；第三，通过管理信贷资产，确保收入足以覆盖在清盘过程中管理这些协议的成本。为有效执行清盘方案，FCA还要求平台制作并随时更新《P2P解决方案手册》，手册必须包括公司如何继续管理和实施其所撮合的P2P协议等事项的书面说明。平台必须作出安排以确保手册能够被FCA、管理人、接管人、受托人、清算人或其他类似负责人及时获得。

根据新增的COBS第18.12.28R条，网贷平台必须完成如下事项：第一，通知每个出借人公司根据SYSC第4.1.8AR条所作出的安排，以确保由其撮合的P2P协议将继续按照公司与出借人之间的合同条款进行管理和执行。第二，如果公司根据SYSC第4.1.8AR条作出的安排包括与出借人签订特定条款，或包括从

---

[1] See The FCA's regulatory approach to crowdfunding over the internet, and the promotion of non-readily realisable securities by other media Feedback to CP13/13 and final rules, p.28, FCA website, https://www.fca.org.uk/publication/policy/ps14-04.pdf, 2019-8-25.

出借人处获得特别的事先同意，公司必须清楚地识别这些安排，并解释它们的运作方式。第三，如果公司根据 SYSC 第 4.1.8AR 条作出的安排涉及在公司停止运营借贷电子系统的情况下，由另一个实体接管 P2P 协议的管理和执行，则公司必须通知出借人如下事项：负责接管的实体之身份；该实体如何持有出借人的款项；该实体是否获得 FCA 授权，如果已经取得授权，其持有何种类型的许可。第四，公司必须向每个出借人解释在平台经营失败时管理和执行 P2P 协议的特殊风险，包括：在借款期限届至之前，停止管理和执行 P2P 协议的可能性；在公司经营失败后参与 P2P 协议持续管理和执行的任何实体可能不会受到与原公司一样的监管约束，从而可能导致保护程度减弱；应向出借人支付的大部分余额来源于借款人而非公司本身的可能性，故如果公司经营失败，在公司未收到借款人款项时，出借人也无权要求公司支付任何款项。

FCA 还公布了在对 COBS 第 18.12.28R 条征求意见时，被调查者的意见以及 FCA 的反馈。有四分之一的受访者表示他们不认为向投资者披露清盘安排是恰当的，理由包括：其他金融机构不需要分享他们的清盘计划；投资者可能会误以为这是平台面临困难的信号；这将对知识产权保护构成威胁；它可能给投资者一种虚假的安全感；投资者并不会阅读它。而 FAC 则反馈称：修改前的 SYSC 第 4.1.8 条已经要求 P2P 平台制定退出计划并通知投资者退出安排或何时更改安排，这意味着平台已经提供了大量此类信息。FCA 的修改只是强化了现行规则。当然，这并不一定意味着平台需要披露完整的计划，信息摘要也是可以的，只要确保投资者了解，如果平台触发其退出安排将会对他们的投资产生什么影响即可。如果因为出现不可预见的情况导致平台偏离原定计划是可以理解的。[1]

总之，无论是 SYSC 第 4.1.8 条，还是 COBS 第 18.12.28R 条，它们都是政府作出的一种具有强制效力的指导性安排，即指导平台必须提前制定考虑周全、具有可操作性的清盘方案，并得到出借人和借款人的事先知情同意。之后如发生平台清盘事件，则出借人和借款人必须接受相应安排并承担相应后果。

（二）美国退出制度

与英国不同，美国没有针对 P2P 制定专门的退出规则，但《多德弗兰克法

---

[1] See *Loan-based ('peer-to-peer') and investment-based crowdfunding platforms: Feedback to CP18/20 and final rules*, pp. 24~25, FCA website, https：//www.fca.org.uk/publication/policy/ps19-14.pdf, 2019-8-25.

案》要求金融机构提前制定破产预案。基于该原则，网贷平台也应当提前对其倒闭后的借贷管理进行计划，保护投资者利益。[1] 美国的 Lending Club 和 Prosper 均通过在 SEC 官网上公布的发行说明书，向出借人披露了退出方案。

Lending Club 在发行说明书中称：如果 Lending Club 失败或破产，平台会尝试将贷款服务义务转移给第三方备用服务机构。Lending Club 已经与 Portfolio Financial Servicing Company（以下简称"PFSC"）签订备用和后续服务协议，根据该协议，在平台或契约受托人提前五个工作日发出书面通知后，PFSC 将开始为会员贷款提供服务。Lending Club 在发行说明书中提示了有关备用服务的如下风险：其一，备用服务机构将收取额外的服务费，从而减少可用于支付证券的金额；其二，可能会导致延迟处理有关贷款信息；其三，如果备用服务机构无法有效就贷款提供服务，投资者收取证券项下本金和利息的可能性会大幅减小。

同时，Lending Club 也提示了如果平台进入破产或类似程序后的风险，主要包括：第一，如果平台进入破产或类似程序，则证券持有人的权利可能不确定，并且证券项下的付款可能会受到限制、暂停或终止。证券项下款项的回收（如有）可能会大幅延迟并远低于应付本金及利息，并且证券会立即到期。第二，基于机会主义倾向，平台破产或进入类似程序可能会导致借款人付款延迟。第三，基于法律的规定，破产或类似程序开始后，即使平台收到资金，平台也不能定期支付证券项下的款项。由于破产或类似程序可能需要数月或数年才能完成，因此暂停付款会降低证券持有人可能收到的款项的价值。第四，在破产或类似程序中，证券持有人是否具有相应贷款的任何优先权，可能存在不确定性。证券为无担保证券，证券持有人对于相应贷款或相应贷款的所得款项并无担保权益。因此，证券持有人可能被要求与拥有该等收益权利的任何其他债权人分享相应贷款的收益。如果其他债权人有任何担保或优先权，可能导致证券持有人所得款项的减少。第五，在破产或类似程序中，尚不确定证券持有人是否只能从相应贷款的收益而非平台的任何其他资产中获得支付。如果证券持有人只能获得相应贷款的收益，则证券持有人不能与平台其他债权人分享平台其他资产的收益，而其他债权人却有权分享与该证券相对应的贷款收益。即使证券持有人可以获得平台其他资产产生的收益，其他债权人的任何担保或优先权也可能导致证券持有人所得款

---

[1] 参见白牧蓉、朱一璞："互联网金融平台退出问题的根源探究与制度路径"，载《证券法律评论》2019 年卷。

项的减少。第六，在破产或类似程序中，在确认身份欺诈的情况下，证券持有人要求平台回购的权利可能延迟或受阻。第七，在破产或类似程序中，平台将服务义务转移给备用服务机构的能力可能是有限的，并且需要得到破产法院或其他主管当局的批准。破产程序可能会延迟或阻止实施备用服务，这可能损害贷款债权的催收。[1]

Prosper 同样在发行说明书中提示了投资人如果平台进入破产或类似程序投资人可能面临的风险，这些风险的种类与 Lending Club 提示的内容大同小异。但是在具体的破产隔离和安排上，Prosper 较 Lending Club 更加精细。平台的运营公司 PMI 单独设立了一个子公司 PFL，母子公司之间签订管理协议，约定 PMI 将平台所有权转移给 PFL，由 PFL 承接银行向借款人发放的贷款债权并向出借人发行证券，但 PMI 继续为 PFL 提供贷款服务并管理平台。设立 PFL 的目的是即使 PMI 申请破产，PMI 的债权人也没有权利追讨 PFL 的资产，从而影响出借人的权利。

为进一步缓释 PFL 破产对出借人的影响，PFL 授予契约受托人——一家注册在特拉华州的 CSC 信托公司（CSC Trust Company）以担保权益，该契约受托人为出借人的利益而享有该担保权益，担保权益对应于 PFL 所发行的证券项下所有借款人债权以及 PFL 收到的所有借款人款项。PFL 通过在契约受托人处维持银行账户，并通过向特拉华州的州务卿提交统一商法典融资声明，以确保契约受托人对账户的控制和担保的有效性。只有发生契约项下违约事件时，例如与 PFL 破产、清算或重组有关的特定事项，契约受托人才可行使担保权利。如果 PMI 将任何借款人的债权出售或以其他方式转让以实现其价值，则该借款人债权将自动从担保权益中移除。[2]

综上所述，英美国家均通过"生前遗嘱"的方式处理网贷平台的退出问题。两国的共同特点是均未限定生前遗嘱的具体内容，而将自主权留给平台。为使平台制定的清盘方案更加科学，英国还通过详细的监管规定规制平台清盘行为。尽管走在世界前列，英国监管者谦虚地承认，由于没有经历一个完整的经济周期，其构筑的退出规则实际效果如何还有待检验。[3] 有鉴于此，在构建我国的生前

---

[1] See Lending Club Prospectus (August 22, 2014), pp. 11, 15~17.
[2] See Prosper Prospectus (January 2, 2018), p. 76.
[3] See Rainer Lenz, "Peer-to-Peer Lending: Opportunities and Risks", *Special issue on The Risks and Opportunities of the Sharing Economy*, 2016, p. 696.

遗嘱制度时，应注意结合本国国情批判地继承。

四、完善我国平台退出的制度设计

（一）指导思想

生前遗嘱，是平台、出借人和借款人提前就平台在不能履行合同管理义务时所约定的业务处置方案，其在本质上属于附生效条件的合同。因为约定事项的复杂性，这样一种合同安排无法做到尽善尽美、毫无疏漏。有鉴于此，不完全契约理论下的法律干预，为我们提供了解决的思路。

科斯在《企业的性质》一文中较早地论述了不完全契约问题，他认为由于外在环境的不确定性，长期契约只能约定原则性或一般性的条款，而具体细节则留待以后解决。[1] 格罗斯曼·桑福德（Grossman Sanford），奥利弗·哈特（Oliver Hart）和约翰·摩尔（John Moore）进一步奠定了不完全契约理论的基础。[2] 根据不完全契约理论，在复杂、不可预知的世界中，人们不可能就未来所有可能发生的情况都提前作出计划。即使能够作出安排，人们也难以找到共同语言来描述以达成协议，更难以在出现纠纷时向法院等外部权威证实，因此契约是不完全的。对契约进行修改和重新协商是矫正不完全契约的重要方法，然而事后的讨价还价本身是有成本的，信息不对称将导致"敲竹杠"或攫取"可占用性准租金"的风险，使当事人达不成有效率的协议。不完全契约理论衍生出多个理论视角，其中一个是法律干预视角，即国家通过立法来弥补由于契约不完全所造成的无效率。[3] 根据艾伦·施瓦茨（Alan Schwartz）和史蒂文·沙维尔（Steven Shavell）的研究，如果高昂的缔约成本造成契约不完全，那么在一定条件下，国家可以提供某种形式的默示规则，按照该规则来调整当事人之间的权利与义务。由于国家立法具有规模经济优势，因此当国家创设默示规则的一次性成本小于私人解决问

---

[1] See R. H. Coase, "The Nature of the Firm", *Economica*, New Series, Vol. 4, No. 16, 1937, pp. 391~392.

[2] See Grossman Sanford, and Oliver Hart, "The Costs and Benefits of Ownership: A Theory of Vertical and Lateral Integration", *Journal of Political Economy*, Vol. 94, No. 4, 1986, pp. 691~719; Hart Oliver and John Moore, "Property Rights and Nature of the Firm", *Journal of Political Economy*, Vol. 98, No. 6, 1990, pp. 1119~1158.

[3] 参见杨瑞龙、聂辉华："不完全契约理论：一个综述"，载《经济研究》2006年第2期。

题的总成本之和时,由国家提供默示规则是值得的。[1]

与一般基于未来而订立附生效条件的合同相比,网贷平台的退出更具复杂性,这是因为平台退出涉及多方主体以及社会公众,平台可能利用自身优势地位制定不公平的清盘方案,损害消费者权益,而且平台退出关乎借贷合同、个人信息、存管资金等管理工作的移交以及催收工作的持续开展,很容易出现没有考虑成熟或完全没有考虑的合同漏洞。尽管如此,国家不宜制定大一统的清盘方案,毕竟在主观方面,立法者并非全知全能的"利维坦",在客观方面,社会生活丰富多彩并不断变化,不同市场参与者之间存在差异,唯一的清盘方案无疑会扼杀创新,达不到有效结果。在此种情况下,应然的选择是在承认清盘方案注定是不完全契约的情况下,由国家对其中的重要事项进行干预,以促进合同稳定,矫正合同不公,弥补合同漏洞。基于此,我们应以不完全契约理论下的法律干预为指导思想,在赋予平台清盘规则制定权的同时,通过立法,规制退出标准、后备机构、管理费用等重大问题。

(二) 退出标准

退出,意味着平台终止网贷业务,多方利益将受到影响,而投资人权益则首当其冲。即使平台与后备机构之间衔接良好,也可能导致诸多不确定性因素,例如,后备机构因需要一定时间清理债权导致对逾期债权催收不及时。同时,一家平台的退出也可能会引发连锁反应,影响其他平台的正常经营。在投资人不理性的情况下,还能引发群体事件。上述潜在风险均说明我们应限制平台的退出,以防范系统性风险和保护投资人权益。当然,退出是市场经济保持生机活力所不可或缺的环节,具有存在的必要性。为此,我们需要制定明确的退出标准,避免无序退出,引导有序退出。

我们可以将退出分为依申请的退出和依职权的退出两类:前者是平台基于经营现状、自身定位和发展规划,希望终止网贷业务,向监管机关提出退出申请并经监管机关同意后退出网贷市场;后者是平台因不能满足持续性监管要求和其他审慎监管要求,而被监管机关吊销网贷牌照,退出网贷市场。无论如何,因网贷

---

[1] See Alan Schwartz, "Relational Contracts in the Courts: An Analysis of Incomplete Agreements and Judicial Strategies", *The Journal of Legal Studies*, Vol. 21, No. 2, 1992, pp. 271~318; Alan Schwartz, "The Default Rule Paradigm and the Limits of Contract Law", *Southern California Interdisciplinary Law Journal*, Vol. 3, No. 1, 1993, pp. 389~420; Steven Shavell, "Contracts, Holdup, and Legal Intervention", *NBER Working Paper*, 2005, pp. 1~32.

具有涉众性和风险性，不宜将网贷退出的决定权完全交由平台，而应当由银保监会进行控制，使其能够通过微观审慎监管，防范系统性风险并保护投资者权益。[1]

网贷退出，应以可能严重损害消费者合法权益为前提，即只有当网贷平台发生严重的、持续的品格型失范（主观型失范）或能力型失范（客观型失范）时，才应退出网贷市场，分述如下：

品格型失范，是指平台因故意或重大过失违反监管规定要求，可能严重损害消费者利益的情形。主要包括如下情形：其一，营销手段持续违规。营销是连接平台与借款人、出借人之间的桥梁，不当营销将使平台规模不适当增长，累积风险。因此，如果平台持续性地虚构、夸大融资项目的真实性、收益前景，以歧义性语言或欺骗性手段进行虚假片面宣传或促销，隐瞒融资项目的瑕疵及风险，违反投资者适当性规则，未尽风险提示义务，误导出借人或借款人，则应当退出网贷市场。其二，信息披露持续违规。前文的实证分析表明平台的稳健运行与信息披露的质量具有较强的相关性，信息披露是否真实、准确、完整和及时不但与出借人、借款人的利益息息相关，也会直接影响数据驱动型监管措施的有效性。为此，如果平台持续发生虚假记载、误导性陈述、重大遗漏、不正当披露等情形，应退出网贷市场。其三，催收手段持续违规。投资人的债权固然重要，但是当投资人的债权与借款人的生命权或健康权发生冲突时，债权应让位于生命权和健康权。基于此，网贷机构的催收行为应限定在法定的必要范围之内，不得自身或委托第三方机构通过暴力、恐吓、侮辱、诽谤、骚扰等方式催收贷款，平台持续违

---

[1] 由于涉及公众利益，网贷退出需要在促进优胜劣汰的同时，保持秩序稳定，这就如同监管机关对商业银行、证券公司和保险公司的破产实施控制一样。《中华人民共和国商业银行法》第71条第1款规定："商业银行不能支付到期债务，经国务院银行业监督管理机构同意，由人民法院依法宣告其破产。商业银行被宣告破产的，由人民法院组织国务院银行业监督管理机构等有关部门和有关人员成立清算组，进行清算。"《中华人民共和国证券法》第122条规定："证券公司变更证券业务范围，变更主要股东或者公司的实际控制人，合并、分立、停业、解散、破产，应当经国务院证券监督管理机构核准。"《中华人民共和国保险法》第九十条规定："保险公司有《中华人民共和国企业破产法》第二条规定情形的，经国务院保险监督管理机构同意，保险公司或者其债权人可以依法向人民法院申请重整、和解或者破产清算；国务院保险监督管理机构也可以依法向人民法院申请对该保险公司进行重整或者破产清算。"

反催收规则，造成重大影响的，应退出网贷市场。[1]

能力型失范，是指平台虽然在主观上有合规的愿望，但在客观上由于风控能力、资金实力或协调能力欠佳，导致无法满足监管要求，可能严重损害消费者利益的情形。主要包括如下情形：其一，项目违约率过高。交易撮合是平台的主营业务之一，如果其撮合的借贷合同逾期率过高，将会严重影响投资人利益。由于网贷平台的授信主体是传统金融机构无法覆盖的长尾人群，故不能以金融机构的逾期率作为评价标准，可资参考的标准是网贷行业的平均水平。例如，项目90天以上逾期率连续两个年度高于行业平均水平的平台应退出网贷市场。[2] 之所以以90天作为逾期标准，是因为较短的逾期不必然代表资产状况的下降，但逾期超过90天，则资产可能转化为次级。[3] 此外，英国亦将逾期超过90天作为网贷违约的标准化定义。[4] 其二，无法履行催收义务或存在无法履行催收义务的风险。催收是网贷平台的重要职责之一，如果网贷平台不能正常履行催收职责，债务逾期率也将随之提高。导致平台催收能力下降的原因可能是没有独立的催收部门、没有足够的催收人员、流动资产不足等。由于贷后管理关乎出借人的核心利益，故应将网贷平台存在无法履行催收义务或存在无法履行催收义务的风险，作为平台退出网贷市场的情形之一。其三，未与任何银行签订存管协议。经笔者的实证研究，建立银行存管后，平台出险的发生比降低为原来的0.165倍，平台成为逃避型平台的发生比降低为原来的0.212倍，可见银行存管防风险的效果十分显著。如果平台未与银行建立资金存管合作，则无法保障平台自有资金与客户资金的有效隔离以及客户资金的安全划转。故在制度设计方面，可以将平台

---

〔1〕 当前，我国有关债务催收的法律规定效力层级偏低，仅见于中国互联网金融协会于2018年3月29日制定的《互联网金融逾期债务催收自律公约》，工业和信息化部、最高人民法院、最高人民检察院于2018年7月18日发布的《综合整治骚扰电话专项行动方案》，不利于系统规制债务催收行为。为此，我国可借鉴美国、英国、日本等国家和我国港台地区的有益经验，从制度建设、监督管理和市场自律三个层面进一步推动债务催收规范的科学制定。参见张旭东、伍坚："债务催收中债务人权益的保护"，载《重庆社会科学》2017年第10期。

〔2〕 90天以上项目逾期率，系指截至统计时点，当前所有逾期90天以上（不含）的项目数与尚未偿还交易总笔数之比。

〔3〕 2023年7月1日实施的《商业银行金融资产风险分类办法》第十一条规定："商业银行应将符合下列情况之一的金融资产至少归为次级类：（一）本金、利息或收益逾期超过90天；……"

〔4〕 See Annex A Amendments to the Glossary of definitions, Loan-based ('peer-to-peer') and investment-based crowdfunding platforms; Feedback to CP18/20 and final rules, FCA website, https://www.fca.org.uk/publication/policy/ps19-14.pdf, 2019-8-25.

无法与任何银行签订存管协议作为平台退出的情形之一。

总之，我们应为平台设定明确的退出指标，包括品格型失范指标和能力型失范型指标，强化银保监会在平台退出事项上的绝对控制权，实现防范系统性风险和保护投资人权益的监管目标。

(三) 后备机构

既然平台制定清盘方案的目的是确保在平台停止运营的情况下，经平台撮合而成的协议能够继续得到管理和执行，那么提前确定后备服务机构对于达到上述目标是有帮助的。尽管在平台尚有能力之时，不一定要将清盘工作交给后备机构，但从风险防范的角度看，事先确定后备机构，可以起到未雨绸缪、有备无患的作用。

仔细分析可以发现，英国在后备机构的选任方面存在漏洞。根据 SYSC 第 4.1.8AR 条，平台可以与另一家拥有适当权限的公司达成协议接管对 P2P 协议的管理和执行，但是监管机关并没有明确该公司的性质。基于行业关联性的原因，后备机构也可能发生经营失败或者经营困难。此外，后备机构基于出借人群情激奋等压力，也可能采取"有效违约"策略，拒绝承担管理义务。对于上述风险，英国监管者并没有采取必要措施予以应对。在我国，为防范后备机构出现上述风险，应将后备机构限定为与平台签订存管协议的商业银行，理由如下：

第一，稳健性。稳健性，是指相对于其他机构，存管银行更加稳健。因属于系统重要性金融机构，监管机关对银行施加了资本充足率、流动比率、贷款集中度、拨备覆盖率等多种指标的限制，使其相对于普通企业，更加稳健。此外，由于银行与网贷平台分属传统和新兴金融领域，行业相关度低，不易发生风险传染。故由银行作为网贷平台退出的后备机构，有利于避免移交过程中因继任机构不稳定发生二次风险。

第二，协调性。协调性，是指基于同样的监管机关，由存管银行作为后备机构有利于合同顺利履行。面对受托责任，对于后备机构个体而言，可能存在有效违约的情形，但是，对于整个社会而言，需要后备机构依约履行托管义务。由于银保监会既是网贷机构的监管机关，也是银行的监管机关，能够方便地进行监管协调，促进托管协议的顺利履行，降低后备机构的机会主义倾向。

第三，便利性。便利性，是指基于存管银行已经与平台开展合作，资金和资料的移交将更加便捷。在网贷平台退出之前，存管银行、平台与注册用户（出借人或借款人）三方已经签订《资金存管服务协议》。基于该协议，银行应为平台、注册用户、担保方（如有）分别单独开立并管理账户，对注册客户的交易结算资金进行明细核对。因此，存管银行已经掌握了平台撮合的合同信息、用户信息和资金信息，相比于其他继任机构，资金和资料的移交可以做到成本最小化。

第四，保密性。保密性，是指由存管银行作为后备机构，有利于保护客户信息。近年来，有关客户信息泄露的现象非常严重，网贷行业则是个人信息泄露的重灾区。银行作为正规金融机构对客户信息的保护一直非常重视，监管规定亦要求银行采取有效措施加强对个人金融信息的保护，确保信息安全，防止信息泄露和滥用。[1] 因此，银行作为后备机构有利于在平台清盘时，顺利移交客户信息并防止信息泄露。

第五，专业性。专业性，是指由存管银行作为后备机构，有利于发挥银行在催收方面的优势。后备机构的主要职责是贷款清收，而吸收存款和发放贷款是银行的主营业务，银行对于信贷资产的清收可谓轻车熟路，既有强大的内部法务，也有丰富的外部律师资源，还有催收制度管理方面的优势。此外，银行还可以利用内部大数据，准确把握逾期借款人的财产线索，降低催收成本，提高催收回款率。

第六，合规性。合规性，是指由存管银行作为后备机构，可以利用存管银行的监督，促进平台合规经营。在实践中，部分中小银行纯粹为收取存管费而与网贷平台合作，没有真正起到"看门人"的作用。由存管银行担任后备机构，可以倒逼存管银行慎重选择网贷平台并加强监督。因为如果平台经营失败或被监管机关取缔，存管银行就可能成为"背锅侠"，所以银行将有动力监控平台资金流向，避免资金挪用、自融、洗钱等情形的发生。

---

[1]《中国人民银行关于银行业金融机构做好个人金融信息保护工作的通知》第2条规定："银行业金融机构在收集、保存、使用、对外提供个人金融信息时，应当严格遵守法律规定，采取有效措施加强对个人金融信息保护，确保信息安全，防止信息泄露和滥用。特别是在收集个人金融信息时，应当遵循合法、合理原则，不得收集与业务无关的信息或采取不正当方式收集信息。"《中国人民银行金融消费者权益保护实施办法》第34条第2款规定："银行、支付机构及其工作人员应当对消费者金融信息严格保密，不得泄露或者非法向他人提供。在确认信息发生泄露、毁损、丢失时，银行、支付机构应当立即采取补救措施；信息泄露、毁损、丢失可能危及金融消费者人身、财产安全的，应当立即向银行、支付机构住所地的中国人民银行分支机构报告并告知金融消费者；信息泄露、毁损、丢失可能对金融消费者产生其他不利影响的，应当及时告知金融消费者，并在72小时以内报告银行、支付机构住所地的中国人民银行分支机构。中国人民银行分支机构接到报告后，视情况按照本办法第五十五条规定处理。"

总之，由存管银行担任平台退出的后备机构，有利于避免因后备机构不稳定而导致的二次风险，有利于合同的顺利履行，资金和资料的移交，客户信息的保密，发挥银行在催收方面的优势并促进平台合规经营。[1]

(四) 管理费用

合同的管理和催收是有成本的，需要支付案件受理费、仲裁费、保全费、公证费、律师费、送达费等。为避免退出平台的风险向存管银行转移，不应让银行承担后续合同管理的成本，而应当将其定位为银行在特殊情形下的一项中间业务。为此，应明确平台在退出阶段持续管理合同的资金来源。笔者认为，平台清盘的资金可以来源于投资人、平台自身、平台股东和专项基金，分述如下：

第一种来源是投资人，但这必须建立在事先知情同意的基础之上，正如英国SYSC第4.1.8AR条所规定的，平台应就通过增加佣金等方式为持续管理和执行工作提供资金的事宜，事先取得出借人知情同意。需要注意的是，出借人出于诉讼不确定性的考虑，不一定都愿意依约支付管理费。由于多个出借人可能共同向一个借款人出借，如果因为个别出借人不支付管理费就放弃对借款人起诉，会损害其他出借人的利益。因此，在清盘阶段不应完全依赖于投资人所支付的管理费。

第二种来源是平台自有资金。以平台自有资金支付管理费可以是基于清盘方案的约定，由平台作为最终的费用承担者。此外，当部分投资人不支付管理费时，平台应当以自有资金垫付管理费，使针对逾期借款人的诉讼能够启动。如果追偿有回款，平台可以将部分回款冲抵之前应由投资人支付的资金。

第三种来源是平台股东的出资。基于网贷平台所具有的风险性和涉众性特征，当平台自有资金不足以支付管理费用时，可以考虑比照商业银行的股东加重责任，要求平台发起人股东和持股达到一定比例的股东，通过放弃股息红利、增加资产、提供担保等方式，给付后续合同管理和执行的费用。平台股东承担加重责任，并非是对股东有限责任的背离，而是对网贷经营风险的特殊性和道德约束的脆弱性带来的有限责任公司制度欠缺的特别修正。[2]

第四种来源是国家的专项基金。鉴于网贷业务关乎公众利益，可以比照商业

---

[1] 国内亦有其他学者认为由第三方资金托管机构作为平台职能继任者最具信息与成本优势，参见白牧蓉、朱一璞："互联网金融平台退出问题的根源探究与制度路径"，载《证券法律评论》2019年卷。

[2] 有关股东加重责任及其与股东有限责任的关系，参见杨松、宋怡林："商业银行股东加重责任及其制度建构"，载《中国社会科学》2017年11期。

银行的存款保险制度，探索由平台向专项基金管理机构交纳保费，形成保险基金，当发生平台退出事件且通过其他渠道仍然无法补充足够的管理费用时，由保险基金管理机构依照规定，向网贷平台或备用机构支付管理费用。保险基金管理机构支付管理费用后，即在偿付金额范围内取得对费用支付义务人的债权。

有论者建议地方政府出资设立平稳基金并建立"先期赔付机制"，直接兑付困难出借人的本金损失。[1] 然而，直接兑付部分投资人损失的做法弊大于利：首先，直接兑付投资人损失可能引发投资人的不谨慎投资和平台的道德风险；其次，直接兑付难免出现时间和空间上分配不均的现象，容易遭致投资人埋怨；再次，直接兑付投资人部分损失后，基金若要受让投资人全部债权，还需要得到投资人的知情同意，徒增操作成本；最后，直接兑付仍然没有解决逾期债权的催收问题，还在一定程度上纵容了失信借款人。

相形之下，由事先设立的保险基金出资支持诉讼具有诸多益处：第一，在政治上，通过保险基金的支持，表明国家对弱势群体的同情与支持，有利于树立"立党为公、执政为民"的良好形象；第二，在社会治理上，通过对诉讼或仲裁程序的支持，将投资人的注意力转移到对违约借款人的追偿和执行上，让其意识到导致其损失的根源在于借款人的违约行为，从而消解投资人怨气，减轻维稳压力；第三，在经济上，将宝贵的公共资源用于债务催收，而不是直接兑付投资人损失，表明国家打击"恶意逃废债"的决心，有利于给逾期借款人施加压力，促使其清偿债务，逐渐降低整个行业的逾期率；第四，在文化上，让投资人承担投资风险和诉讼结果的不确定性，有利于培养出借人风险防范的意识，在整个社会形成"借贷自愿、诚实守信、责任自负、风险自担"的理性文化。

应当看到，单纯模仿英美的清盘规则是徒劳无功的。英美的网贷制度均建立在严格的市场准入、充分的信息披露、理性的投资文化基础之上，且在商业实践中都解决了诉讼追偿的程序性问题，而中国的上述问题都有待处理和解决。是故，有效处理网贷平台的退出问题是一项系统工程，需要配套推进。政府必须意识到：只要允许 P2P 存在和发展，就必然会导致部分投资人无法收回本金和收益的结果。政府不能既允许 P2P 发展，又不允许平台出现任何风险，这就好比"既要马儿跑，又不要马儿吃草"。我们应当改变一旦出险就要求平台刚性兑付的做法，将精力集中于逾期债权的催收。只有这样，法律的运行才能回归理性，

---

[1] 参见何杰："P2P 网贷机构退出经营风险的防控和应对"，载《团结》2018 年第 6 期。

防范系统性风险和保护投资者权益的监管目标才能最终实现。

五、本章小结

本章探讨如何建立适合我国国情的平台退出制度。首先，从现状层面出发，通过对网贷退出规则、政策和类型的梳理，以及对"绿化贷"平台的个案研究，揭示平台退出过程中面临的客观归罪等普遍性问题。其次，从理论层面出发，依次概括破产说、综合说和区分说的理论观点，论证破产说既不能从根本上挽回投资人损失，还可能使平台丧失主体地位；综合说虽然主张综合施策的方向正确，但存在忽视刑事诉讼功能和夸大出借人委员会功能的不足；区分说强调根据不同的业务模式做不同处理，最为可取。再次，从借鉴层面出发，分别介绍英国和美国的平台退出制度或实践做法，进一步证明对于合法业务模式，应围绕生前遗嘱展开。最后，从制度层面出发，提出应以不完全契约理论下的法律干预为指导思想，构建我国网贷平台的生前遗嘱制度，在赋予平台清盘规则制定权的同时，通过立法，规制退出标准、后备机构、管理费用等重大问题。

第七章 司法实践问题的研究

从法律运行论的角度看,司法是不容忽视的重要一环。司法既具有独立的程序性价值,也对监管具有反作用力。对裁判文书进行实证研究有助于我们了解司法实践中存在的问题,探究法官审案的思路及其背后的规律,[1] 在司法实践与理论相结合的基础上,[2] 实现顺畅的诉讼渠道与可预期的裁判结果,使司法与立法、执法、守法等其他环节形成良性互动。为此,下文将以网络借贷裁判文书的统计分析作为切入点,分析和解决司法实践中面临的问题。[3]

一、研究现状的不足及应对

(一) 研究现状

相对于网络借贷监管等理论问题,研究网络借贷司法实践的文献相对较少。目前,该领域约一半的研究成果出自法官和律师之手,《人民司法》和《互联网金融法律评论》成为研究重镇。相关文献大致可分为两类:第一类以一个或若干个诉讼案例作为切入点,通过介绍案件的来龙去脉,引申出需要关注的普适性问题;第二类基于实践经验或商业模式,直接揭示司法审判中法院面临的新问题并提出应对建议。

作为第一类文献的代表,余涛、高振翔和邵志龙均以"点融网"催收案作为由头,揭示该案在确认多对一借贷模式、债权转让合同效力等方面的重要影

---

[1] 参见白建军:"法律、法学与法治",载《法学研究》2013年第1期。
[2] 参见潘曌东:"互联网金融背景下的金融服务法学理论与实践创新——北京市金融服务法学研究会2015年年会综述",载《金融服务法评论》2016年卷。
[3] 卢洋律师为相关判例的统计工作付出大量心血,在此致以谢意。

响。〔1〕商建刚等通过介绍三起 P2P 平台催收诉讼案件，探讨当前网贷诉讼催收困境及突破路径。〔2〕平台诉讼主体资格、居间费性质认定、电子合同效力等问题也是此类文献关注的焦点。〔3〕

作为第二类文献的代表，法官汤峥鸣、王连国调查发现我国 P2P 诉讼具有送达率低、缺席判决多、执行成本高等特点，指出电子证据认定、刑民交叉处理等是审判实践中普遍遇到的难题。〔4〕法官吴景丽指出在网络借贷纠纷审理中，法院面临债权转让、风险备用金、平台担保、反担保登记、本金认定等九大诉讼问题。〔5〕其他研究者还对追索型回购、诉讼管辖、合同效力、隐名担保等问题进行分析并提出应对建议。〔6〕

上述研究拓展了学界有关网络借贷司法实践的视野，使人们看到"行动中的法"。然而，当前研究有一种"只见树木、不见森林"的缺憾。很多文献缺乏大数据支撑，个别文献看起来建立在大量裁判文书的基础上，但作者既未对数据进行必要的清洗，也没有在数据与研究对象之间建立统计学上的联系，无法定量说明问题现状，由此提出的建议缺乏说服力。

---

〔1〕参见余涛："点融网催收第一案之评析"，载《互联网金融法律评论》2015 年第 1 期；高振翔："P2P 网贷纠纷的司法困境及其改进路径——以点融网案为例"，载《互联网金融法律评论》2015 年第 1 期；邵志龙："'P2P 网络借贷行业诉讼催收第一案'为何案——有关三个 P2P 网络借贷行业相关判决的研究"，载《互联网金融法律评论》2015 年第 2 期。

〔2〕参见商建刚、王涛、张倩文："P2P 平台诉讼催收困境探讨"，载《互联网金融法律评论》2015 年第 2 期。

〔3〕参见王鑫、孔燕萍："当前互联网金融商事案件司法实务相关问题——以上海市浦东新区人民法院互联网金融商事案件为视角"，载《互联网金融法律评论》2016 年第 4 期；施浩、黄頔："P2P 借贷纠纷案件中的法律问题"，载《人民司法（案例）》2016 年第 5 期；余韬、刘明："P2P 网络借贷平台服务费的标准"，载《人民司法（案例）》2017 年第 14 期；石贤平："全面落实司法责任彰显司法公平正义——基于 P2P 网络平台借贷纠纷司法案例举证责任问题研究"，载《商业研究》2018 年第 4 期；宋毅、熊静："P2P 网络借贷纠纷的审理难点与裁判思路"，载《人民司法》2019 年第 1 期。

〔4〕参见汤峥鸣、王连国："P2P 网络借贷：'跑马圈地'后的诉讼样本"，载《人民法院报》2015 年 1 月 12 日，第 06 版。

〔5〕参见吴景丽："P2P 网络贷款的九大司法诉讼问题"，载《人民法院报》2015 年 1 月 28 日，第 07 版。

〔6〕参见刘东："P2P 网络借贷诉讼的程序选择与适用"，载《时代法学》2014 年第 4 期；陈冲："P2P 网络借贷法律纠纷的司法裁判进路"，载《上海政法学院学报（法治论丛）》2016 年第 6 期；秦立鑫："个体网络借贷纠纷诉讼解决机制论"，山东大学 2017 年硕士学位论文；张翀、刘进一："P2P 平台投资者诉讼困境之化解——兼论 P2P 平台债权回购的法律定性"，载卞建林主编：《诉讼法学研究》，中国检察出版社 2019 年版，第 69~82 页；侯国跃、汤敏、陈圣利："P2P 借贷民事纠纷中的疑难法律问题"，载《人民司法》2019 年第 19 期。

定量化是当代社会科学研究的重要趋势之一，也是我们客观认识事物的前提。[1] 当前，我国正面临网贷平台频频爆雷，市场失灵与监管失灵并存的困境。[2] 网贷立案难、多方利益平衡难、"类案不类判"等现象在一定程度上加剧了监管失灵的程度。定量化地研究网络借贷裁判文书对于把握审判现状、认识网贷性质、发现司法问题、创新法律统一适用机制不无裨益。为此，本书力求从裁判文书的信息统计入手，研究网络借贷民事审判现状，通过大数据分析发现问题，为学界进一步研究奠定基础。

(二) 实证研究路径

由于中国裁判文书网无法稳定地批量下载法律文书，笔者选择"聚法案例"作为样本来源。[3] 为明确统计时点，笔者将 2019 年 6 月 21 日确定为统计基准日。为全面收集与 P2P 网络借贷相关的法律文书，笔者设置"P2P"和"网络借贷"两个关键词。在统计基准日，"聚法案例"含"P2P"关键词的裁判文书为 7083 个，含"网络借贷"关键词的裁判文书为 9668 个，将两类案件相加得裁判文书 16 751 个。

经去除重复的裁判文书 1597 件，剩余 15 154 件法律文书。再根据审判类型，去除刑事、行政、国家赔偿和执行类案件，仅选择民事类案件 11 931 件。然后在民事类案件中去除案由为劳动合同、离婚、继承、买卖合同、租赁合同、侵权责任以及基于"点对点"传输技术所引发的著作权侵权或网络侵权纠纷等与借贷纠纷无关的案件，剩余 11 275 件与债权或担保权追偿相关的法律文书。经进一步分析，上述案件中有 372 个与网络借贷没有实质联系，原因在于这些案件是原告将通过平台借得的资金出借给被告而发生的普通民间借贷纠纷，或者原告委托被告通过平台进行投资而发生的委托理财纠纷，上述纠纷并非平台撮合背景下的借贷、担保或服务纠纷，故也被排除在样本之外。最后剩余 10 903 个与网络借贷主债权或担保权追偿相关的法律文书，包括一审 10 058 个、二审 811 个、再审 32 个和实现担保物权案件的特别程序 2 个。鉴于一审上诉率和二审再审率分别约为 8.1% 和 3.9%，且二审驳回率和再审驳回率分别约为 79.9% 和 87.5%，

---

[1] 参见白建军："少一点'我认为'，多一点'我发现'"，载《北京大学学报（哲学社会科学版）》2008 年第 1 期。

[2] 参见彭冰："反思互联网金融监管的三种模式"，载《探索与争鸣》2018 年第 10 期。

[3] "聚法案例"以中国裁判文书网作为数据来源，曾被中国互联网协会评为优秀"互联网+法律"创新项目。

故一审裁判绝大部分是生效裁判。为统一变量、方便研究，笔者仅以10 058个一审裁判文书作为研究样本。

本书构建了69个变量用于对裁判文书样本进行研读与记录。这些变量涵盖了裁判文书上记载和反映出的相关信息。变量大致可分为四类："案件审理""诉讼参加人""交易概况"和"裁判结果"。

"案件审理"统计与审判程序相关的信息，包括"管辖法院""法院是否位于东部"[1]"法院是否位于中部""法院是否位于西部""法院是否位于东北部"[2]"审判人员总数""人民陪审员人数""原告是否提交借款合同""借款合同是否属于电子证据""原告是否办理公证""原告公证内容""法官依申请取证内容""法官依职权取证内容"等13项变量。

"诉讼参加人"统计与诉讼主体相关的信息，包括"原告人数""原告性质"[3]"原告住所""原告性别""原告年龄"[4]"原告身份""如原告是债权受让人是否支付转让对价""债权转让环节""被告人数""被告性质""被告住所""被告性别""被告年龄""被告身份""被告缺席判决人数""第三人人数""第三人性质""第三人身份""原告代理人人数""原告代理人身份""被告代理人人数""被告代理人身份""第三人代理人人数""第三人代理人身份"等24项变量。

"交易概况"统计与网贷交易相关的信息，包括"原告诉请的本金""利

---

〔1〕 本书关乎是否判断的变量均为哑变量（Dummy Variables），又称虚拟变量，取值规则为：如是，则取值为1；如不是，则取值为0。下同。

〔2〕 东部包括北京、天津、河北、上海、江苏、浙江、福建、山东、广东和海南10个省（市）；西部包括内蒙古、广西、重庆、四川、贵州、云南、西藏、陕西、甘肃、青海、宁夏、新疆12个省（市、自治区）；中部包括山西、安徽、江西、河南、湖北和湖南6个省；东北部包括辽宁、吉林和黑龙江3个省。有关地域的分类标准，详见国家统计局：《统计制度及分类标准》，http://www.stats.gov.cn/zs/tjws/cjwtjd/202302/t20230217_1912798.html，2019年5月24日最新访问。

〔3〕 "原告性质"是从自然人、法人或非法人组织等主体性质角度对原告进行分类，而后文的"原告身份"是从出借人、借款人、债权受让人、担保人等法律关系角度对原告进行分类。被告和第三人的相关变量亦具有同样含义。

〔4〕 原告年龄＝该案自然人原告的年龄之和/自然人原告人数。同理，后文的被告年龄＝该案自然人被告的年龄之和/自然人被告人数。

率"[1]"居间费率"[2]"利息之外的费率"[3]"综合借贷成本"[4]"是否等额本息""是否先息后本""是否到期一次性还本付息""是否有担保""保证人人数""抵押人人数""出质人人数""抵押物""质押物""借款期限"[5] 等15项变量。

"裁判结果"统计与审理结果相关的信息,包括"裁判文书种类""法院是否判决驳回原告诉讼请求""法院是否以借贷为常业否定借款协议效力""裁判日期""受理日期""案件受理费""保全费""公告费""邮寄费""原告承担的诉讼费""被告承担的诉讼费""法院是否在本金中扣除居间费""法院扣除或不扣除的理由""法院是否认可隐名担保""法院认可或否定的理由""出借人诉平台法院是否支持""法院支持或不支持的理由"等17项变量。

笔者将裁判文书按照上述变量进行研读,先通过WPS表格进行记录,最后借助于SPSS软件生成数据库并进行统计分析。

二、调查数据及其分析

(一) 案件审理

对程序信息的统计与梳理,是了解民事审判现状的有效途径。以下将根据裁判文书披露的程序性信息,介绍管辖法院、裁判日期、审判组织、原告举证和法院取证情况。

1. 管辖法院

第一,从级别管辖来看,10 058 份裁判文书由837家法院作出,其中,99.8%的案件由832家基层人民法院裁判,仅0.2%的案件由5家中级人民法院裁判(含17份判决和3份裁定),可见基层法院承担了网贷案件审理的主要工作。从中级人民法院作出的17份判决来看,这些案件的诉讼标的额均未达到中级人民法院的受案门槛,法院可能是基于原告系美国国籍属于重大涉外案件,[6]

---

[1] 利率,指借款合同约定的年化利率或通过内部收益率推算得出的年化利率。
[2] 居间费率,是网贷平台收取的费用占合同约定的借款本金的比例,根据借款期限折算为年化形式。
[3] 利息之外的费率,是居间费、担保费等利息之外的全部费用占合同约定的借款本金的比例,根据借款期限折算为年化形式,其数值大于等于居间费率。
[4] 综合借贷成本,用于衡量借款人的全部融资成本,在数值上等于利率与利息之外的费率之和。
[5] 借款期限,是借款合同约定的借款时间,统计时以月为单位。
[6] 例如武汉市中级人民法院(2016)鄂01民初1702号民事判决书。

或者涉及主体较多、在本辖区有重大影响而受理。[1]

第二，从地域管辖来看，审理法院在空间上呈现出东部最多（5555 份）、西部其次（2378 份）、中部较少（1864 份）、东北部最少（261 份）的特点。除港澳台以外的 31 个省市自治区中，北京市最多，达 2565 件；青海省最少，仅 7 件。上述分布可能与经济发达程度和人口密集程度相关（见图 7.1）。

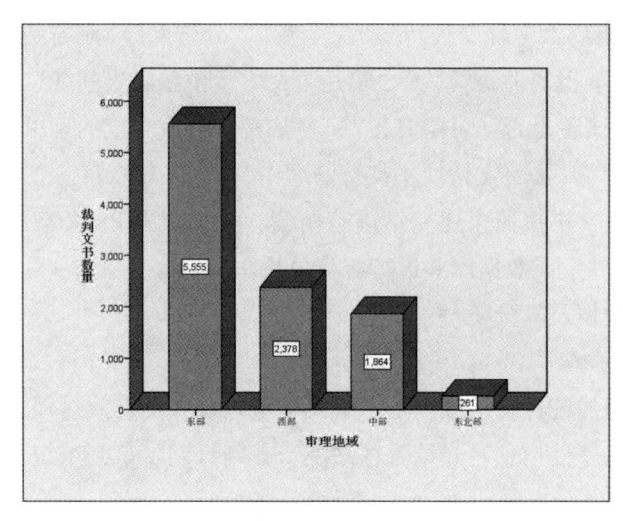

图 7.1 网贷裁判文书数量地域分布图

2. 裁判日期

自 2013 年至 2018 年，法院作出的裁判数量呈逐年递增趋势，分别为 2013 年 1 件，2014 年 11 件，2015 年 250 件，2016 年 760 件，2017 年 2414 件，2018 年 6342 件（见图 7.2）。但是，2019 年仅 280 件，尚未及 2018 年的 5%，这可能基于如下几个原因：第一，本研究的统计基准日为 2019 年 6 月 21 日，尚未届满 2019 年完整年度；第二，"聚法案例"尚未在统计基准日对 2019 年中国裁判文书网的全部数据进行更新；第三，近年法院对网贷案件受理的排斥效应开始发酵，进而影响到 2019 年裁判文书的数量。

---

[1] 例如重庆市第一中级人民法院（2017）渝 01 民初 92 号民事判决书。

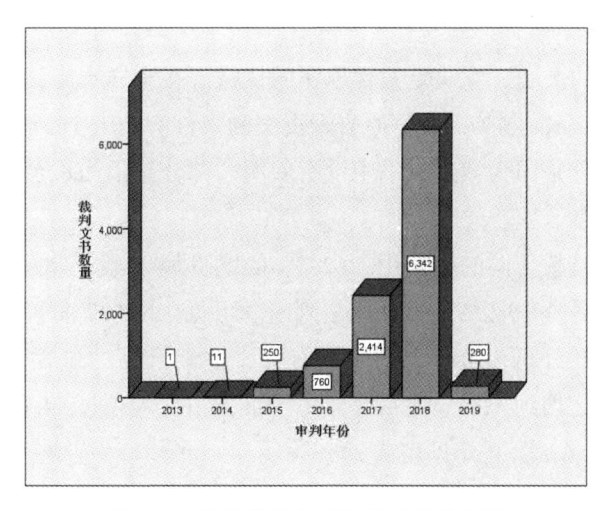

图 7.2 网贷裁判文书数量时间分布图

3. 审判组织

一审案件的审判程序包括简易程序和普通程序。41.7%的案件由审判员独任审理（4194 件），适用简易程序，另外 58.3%的案件由合议庭审理（5864 件），适用普通程序。合议庭的组成人员皆为 3 人。在合议制审理的 5864 个案件中，4411 个案件由一个审判员和两个陪审员组成，1194 个的案件由两个审判员和一个陪审员组成，仅 259 个案件由三个审判员组成（见表 7.1）。自 2013 年至 2019 年，审判人员人数均值呈递减趋势，分别为 3 人、2.8 人、2.5 人、2.3 人、2.1 人、2.2 人和 1.9 人，这从一个侧面反映出司法资源在不断增加的网贷案件面前显得愈发紧张。

表 7.1 网贷诉讼案件的审判组织情况表

审判程序			案件数	百分比
	普通程序	一个审判员与两个陪审员	4411	43.9%
		两个审判员与一个陪审员	1194	11.9%
		三个审判员	259	2.6%
	简易程序（一个审判员）		4194	41.7%
总计			10058	100.0%

4. 原告举证

证据是诉讼的灵魂,它决定案件事实的认定。在全样本中,原告提交借款合同的案件有9797个,占97.4%;原告未提交的案件有261个,占2.6%。原告未提交借款合同部分是因为裁判文书中没有叙明,部分是因为平台停止服务,原告在客观上无法提供。[1]

在原告提交借款合同的案例中,62.3%的案件属于电子合同,18.5%的案件属于纸质合同,另外19.2%的案件无法判断。可见,网络借贷确实呈现出线上缔约的特点。经交互分析,电子合同占比有一个逐渐升高的过程。2016年电子证据和纸质证据占比均约41%,之后3年电子证据占比均超过54.6%,而纸质证据占比则下降至17.6%以下(见表7.2)。

表7.2 关于网贷借款合同形式的统计表

借款合同形式			审判年份							总计
			2013	2014	2015	2016	2017	2018	2019	
	电子证据	计数	1	2	46	290	1550	4068	149	6106
		百分比	100.00%	22.20%	20.90%	41.00%	66.00%	65.20%	54.60%	62.30%
	无法判断	计数	0	5	54	128	487	1132	76	1882
		百分比	0.00%	55.60%	24.50%	18.10%	20.70%	18.10%	27.80%	19.20%
	纸质证据	计数	0	2	120	289	310	1040	48	1809
		百分比	0.00%	22.20%	54.50%	40.90%	13.20%	16.70%	17.60%	18.50%
总计		计数	1	9	220	707	2347	6240	273	9797
		百分比	100.00%	100.00%	100.00%	100.00%	100.00%	100.00%	100.00%	100.00%

原告进行公证的案件有392个,占全样本的3.9%。其中,188个案件无法确定具体公证内容;146个案件公证的内容包含借款协议;58个案件原告仅对支付凭证等其他内容进行公证。在6106个借款合同电子化的案件中,仅有322个案件进行了公证,占比仅5.3%。换言之,网络借贷线上缔约的特点并没有带来

---

[1] 例如合肥市蜀山区人民法院(2016)皖0104民初8505号民事判决书。

更多的公证。经双变量相关性检验，原告的上述做法是对法官裁判的理性回应："借款合同是否属于电子证据"和"原告是否办理公证"两个变量均与"法院是否判决驳回原告诉讼请求"负相关，这说明二者均可以减少被法院判决驳回诉讼请求的风险，而且前者的相关系数更大、显著性更强（见表7.3）。这说明对于原告而言，与其花费成本进行公证，还不如直接通过线上缔约。

表7.3 关于法院是否判决驳回原告诉讼请求的双变量相关性分析

		法院是否判决驳回原告全部诉讼请求（是为1，否为0）	借款协议是否为电子证据（是为1，否为0）	原告是否办理公证（是为1，否为0）
法院是否判决驳回原告全部诉讼请求（是为1，否为0）	皮尔森（Pearson）相关	1	-0.154**	-0.024*
	显著性（双尾）		0	0.014
	计数	10058	7996	10058
借款协议是否为电子证据（是为1，否为0）	皮尔森（Pearson）相关	-0.154**	1	0.063**
	显著性（双尾）	0		0
	计数	7996	7996	7996
原告是否办理公证（是为1，否为0）	皮尔森（Pearson）相关	-0.024*	0.063**	1
	显著性（双尾）	0.014	0	
	计数	10058	7996	10058

注：* 相关性在5%水平下显著，** 相关性在1%水平下显著。

5. 法官取证

法官取证包括依申请取证和依职权取证两类。在全样本中，法官仅在5个案件中根据原告申请向平台调取借款协议等信息，在1个案件中根据被告申请查询转出款项账户名称。法官依职权主动调取证据的有363个案件，占全样本的3.6%，排名前三的取证内容分别为：出借人与平台等主体是否存在关联关系（213件）、业务流程和账户往来（107件）、当事人是否存在违法犯罪事实（46

件)。总体来看,法官调取证据极少发生。

(二) 诉讼参加人

诉讼参加人是直接推动民事诉讼进行的主体。鉴于诉讼参加人包括当事人(原告、被告和第三人)及其代理人,以下将依次分析原告、被告、无独立请求权第三人和委托诉讼代理人。

1. 原告与被告

原告与被告是网络借贷民事诉讼中最重要的主体,二者共性少、差异多。

共性体现为性别构成。就原告而言,男性有 3041 人次,女性有 1119 人次,另有 209 人次无法识别性别;就被告而言,男性有 9858 人次,女性有 4681 人次,另有 741 人次无法识别性别。可见,无论是原告还是被告,男性都是主体,约为女性的 2 倍多,这意味着男性比女性可能更多地参与网络借贷活动。除上述共性外,原被告在组合、性质、出庭、住所、年龄结构和身份集中度六个方面均存在差异:

第一,组合差异。原告具有单一化的特点,99.5%的案件只有一个原告,仅 0.2%的案件有两个以上原告。被告的组成则更加丰富,64.0%的案件为单一被告,15.5%的案件有两个被告,10.1%的案件有三个被告,6.7%的案件有四个被告,3.7%的案件有五个以上被告,最多的一个案件有 21 个被告。[1]

第二,性质差异。原告大多是法人,原告是法人的案例占 53.1%,原告是自然人的案例占 42.6%,原告是法人分支机构的案例占 4.1%,剩余 0.2%是个体工商户等其他主体。相反,被告通常是自然人,83.7%的案件是自然人作被告,12%的案件是自然人和法人作共同被告,3.2%是法人作被告,剩余 1.1%的案件是法人分支机构等其他主体作被告。

第三,出庭差异。原告作为诉讼发起方,几乎都积极参加诉讼,原告主动撤诉的案件只有 1 例。被告作为诉讼被动方,则普遍逃避责任。在全部 9394 个以判决结案的案件中,被告存在缺席情形的有 8588 个,占比 91.4%,被告全部缺席的有 7824 个,占比 83.3%。

第四,住所差异。原告住所地与审理法院位于同一地区的程度在区、市、省三个维度均显著高于被告。经配对样本 T 检验,原被告本地区级系数分别为 0.62 和 0.22,原被告本地市级系数分别为 0.72 和 0.39,原被告本地省级系数分

---

[1] 详见深圳市福田区人民法院 (2016) 粤 0304 民初 24812-24819、25026 号民事判决书。

别为 0.76 和 0.49（见表 7.4）。[1] 上述每个维度下原被告本地系数的平均值均在 0.1% 水平下显著。可见，在同一案件中，原告的住所地普遍比被告更靠近审理法院，这可能是因为协议管辖条款约定了有利于原告的管辖法院，也可能是因为诉讼成本的存在使靠近法院的原告更容易提起诉讼，还可能是因为法院辖区内的平台合作机构受让了出借人债权进而起诉。

表 7.4 关于原被告本地系数的配对样本 T 检验

	本地区级系数比较		本地市级系数比较		本地省级系数比较	
	原告	被告	原告	被告	原告	被告
有效样本	8760	8117	9517	8606	9517	8606
遗漏样本	1298	1941	541	1452	541	1452
平均数	0.62	0.22	0.72	0.39	0.76	0.49
中位数	1	0	1	0	1	0.33
众数	1	0	1	0	1	0

第五，年龄结构差异。自然人原告与被告在裁判作出时的年龄平均值分别为 38.7 岁和 38.5 岁，二者在统计上不具有显著差异，但二者在年龄结构上存在明显差异。被告的年龄结构呈正态分布，而原告年龄分布不规整，在 30 岁至 40 岁有异常凸起（见图 7.3）。之所以出现上述现象，主要是因为核心出借人的存在。部分平台基于债权转让模式，一旦借款人逾期，即由核心出借人起诉。这些核心出借人频繁提起诉讼，进而导致部分年龄段频次偏高的现象。[2]

---

[1] 某个案件的原告本地区级系数=与法院位于同一区县的原告/原告总数，原告本地市级系数=与法院位于同一市的原告/原告总数，原告本地省级系数=与法院位于同一省的原告/原告总数，被告以此类推。

[2] 如果参照《关于办理非法放贷刑事案件若干问题的意见》的有关规定，将 2 年内向不特定多人出借资金 10 次以上视为核心出借人，则有 36 个核心出借人，其中 30 个都是自然人。核心出借人共发起 2568 个案件，其中，创金天地投资有限公司发起 413 件，夏某发起 243 件，蒋某发起 166 件，位列前三。

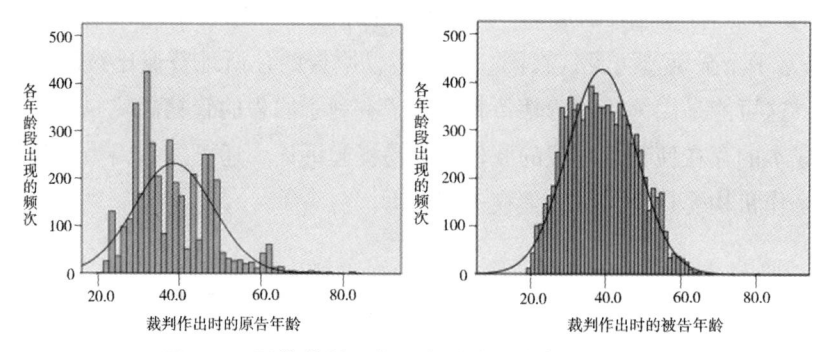

图7.3 网贷裁判文书作出时的原被告年龄分布图

第六，身份集中度差异。大部分原告的身份是债权受让人，占51.4%；其次是出借人，占39.1%；再次是担保人，占7.4%；最后是平台法定代表人或员工等其他身份，占2.1%。大部分被告的身份是借款人，占70.2%；其次是借款人和担保人，占21.3%；剩下的是平台、平台实际控制人或支付公司等其他身份，占8.5%。可见，被告身份集中于借款人，原告身份集中于债权受让人，前者占比较后者占比高出18.8个百分点。

值得注意的是，网贷纠纷中原告的主要身份并非出借人，而是债权受让人。[1] 在债权受让人起诉的5170个案件中，有36.5%的案件原告并未向转让人支付转让对价，29.2%的案件支付了对价，另外34.3%无法判断。换言之，原告未支付转让对价是较为普遍的方式，且并未影响诉讼的推进。从转让次数来看，转让一次的案件占29.0%，转让两次的案件占70.9%，转让三次的案件占0.1%。两次转让成为主流，两次转让的主要情形是出借人转让给平台，平台再转让给合作公司。

2. 无独立请求权第三人

无独立请求权第三人参加的案件有535件，占比5.3%，这些第三人均以支持被告的身份参加诉讼。在这535个案件中，从个数来看，76.3%的案件仅1个第三人，其他案件有两个以上的第三人；从性质来看，在70.0%的案件中，第三人属于法人，其他案件则表现为公民、法人分支机构等其他性质；从身份来看，

---

[1] 由于核心出借人往往在投资到期时从出借人处回购债权，如果将核心出借人也视为一种特殊的债权受让人，则债权受让人这一身份在原告中的占比高达76.9%。

60.0%的案件缘起于出借人（或债权受让人）起诉借款人（或担保人）而将平台作为第三人，此外，平台合作公司及其法定代表人、支付机构等也可能成为第三人。可见，网贷纠纷中出现第三人通常是因出借人在起诉借款人的同时，将平台追加为第三人。

3. 委托诉讼代理人

根据《民事诉讼法》的规定，可以担任诉讼代理人的主体包括以下七类：律师、基层法律服务工作者、近亲属、工作人员、社区推荐的公民、单位推荐的公民和社会团体推荐的公民。[1] 在全样本中，除社会团体推荐的公民缺位以外，其他六类代理人均有涉及。在全样本中，有88.8%的案件原告委托了代理人，9.8%的案件被告委托了代理人，对于原被告而言，律师都是代理人中的首选。在涉及第三人的535个案件中，有51.6%的案件第三人委托了代理人，对于第三人而言，工作人员是代理人中的首选。不难看出，被告的委托代理率显著低于原告与第三人，这是被告大量缺席审判的结果。

值得注意的是，民事诉讼法规定同一个当事人最多只能委托两个诉讼代理人。然而，在2个案件中，一个原告委托了三个诉讼代理人，[2] 另有1个案件，一个被告委托了三个诉讼代理人，[3] 它们都在程序上违反了法律规定，应予以更正。

（三）交易概况

裁判文书中的认定事实部分介绍了网贷交易的背景，这些安排构成法院裁判的事实基础，主要包括借款本金、利率等融资成本、还本付息方式、担保情况和借款期限五个方面。

1. 借款本金

通过原告在诉讼请求中主张的本金，可以大致衡量借款本金。统计表明，原告向法院起诉主张的本金金额差异很大，最小为57.17元，最大为6275.5万元，平均数为14.6万元，众数为6万元（占比7.1%）。自2014年至2018年，诉讼

---

[1]《中华人民共和国民事诉讼法》第61条规定："当事人、法定代理人可以委托一至二人作为诉讼代理人。下列人员可以被委托为诉讼代理人：（一）律师、基层法律服务工作者；（二）当事人的近亲属或者工作人员；（三）当事人所在社区、单位以及有关社会团体推荐的公民。"

[2] 详见巴林左旗人民法院（2017）内0422民初4610号民事判决书；慈溪市人民法院（2017）浙0282民初10880号民事判决书。

[3] 详见宜昌市伍家岗区人民法院（2016）鄂0503民初770号民事判决书。

本金的平均值呈逐年递减趋势，分别为 57.1 万元、31.6 万元、22.4 万元、16.8 万元和 11.1 万元，这可能是监管规定倡导出借人小额分散投资以缓释投资风险所带来的结果。[1]

2. 利率等融资成本

经全样本分析，合同约定的年化利率最低为无息（以借贷宝平台的熟人借贷为代表），最高为 207%，平均数为 18.7%，众数为 18%（占总数 14%）。居间费率最低为 0.1%，最高为 144%，平均数为 11.4%，众数为 13.4%（占总数 12.4%）。利息之外的费率最低为 0.2%，最高为 144%，平均数为 12.2%，众数为 13.4%（占总数 12.5%）。综合借贷成本最低为 9%，最高为 162%，平均数为 30%，众数为 29%（占总数 12.4%）（见表 7.5）。[2]

表 7.5　网贷融资成本一览表

	利率	居间费率	利息之外的费率	综合借贷成本
有效样本	9189	4877	4853	4772
遗漏样本	869	5181	5205	5286
平均数	18.7%	11.4%	12.2%	30.0%
中位数	17.0%	11.5%	11.5%	28.5%
众数	18.0%	13.4%	13.4%	29.0%
最小值	0.0%	0.1%	0.2%	9.0%
最大值	207.0%	144.0%	144.0%	162.0%
标准差	0.1	0.07	0.08	0.11

---

[1] 2016 年颁布的《网络借贷信息中介机构业务活动管理暂行办法》第 17 条第 2 款规定："同一自然人在同一网络借贷信息中介机构平台的借款余额上限不超过人民币 20 万元；同一法人或其他组织在同一网络借贷信息中介机构平台的借款余额上限不超过人民币 100 万元；同一自然人在不同网络借贷信息中介机构平台借款总余额不超过人民币 100 万元；同一法人或其他组织在不同网络借贷信息中介机构平台借款总余额不超过人民币 500 万元。"

[2] 表格中之所以出现利率最大值为 207.0%，而综合借贷成本最大值为 162.0%，前者反而比后者大，是因为遗漏样本的原因。具体而言，利率最大值为 207.0% 的案例因为缺失利息之外的费率数值，因而无法通过加总计算出该案例项下的综合借贷成本。

需要说明的是，有至少11%的借款合同存在隐蔽利率的现象，即仅在借款合同中载明借款本金、借款人每月应当偿还的金额和还款期数，并未明确借款利率。鉴于此类合同全部约定为等额本息还款法，故笔者通过内部收益率（IRR）公式，推算得出隐藏在合同背后的真实利率，共1105例。[1] 经独立样本T检验，显明利率与隐蔽利率在1%水平下存在显著差异，前者的平均值为17.4%，而后者则高达27.5%，相差了10.1个百分点，这可能是因为部分平台想通过隐蔽利率，让借款人在不知情的情况下承担较高息费，并通过关联人放贷等方式从中渔利。

3. 还本付息方式

还款方式包括等额本息、先息后本、到期一次性还本付息和其他方式四类。四者占比依次减少，分别为59.2%、23.9%、16.5%和0.4%。对于出借人而言，等额本息是每期收回部分本金和利息，风险较小；先息后本是每期收息，借款期限届至时收回本金，风险次之；到期一次性还本付息，则意味着出借人只有当借款期限届至时才能收回本金和利息，风险最大。可见，风险较小的等额本息还款法是网络借贷合同的首选。

4. 担保情况

借款人提供担保的案例有3087件，占比为30.7%，其他6971件皆为信用贷款，这在一个侧面反映出网贷产品普遍无担保、方便快捷的特点。

担保包括保证、抵押和质押三类：只有保证的，2678件；只有抵押的，284件；只有质押的，8件；保证加抵押无质押的，72件；保证加质押无抵押的，43件；抵押加质押无保证的，1件；三类皆有的，1件。可见，保证是网络借贷担保的主要形式。

在人数方面，保证人只有1人的居多，占保证类案件的48.6%，最多的一个案例竟有20个保证人。[2] 抵押人1人的居多，占抵押类案件的84.4%，最多的一个案例有4个抵押人。出质人1人的居多，占质押类案件的84.9%，最多也不过是2人（见表7.6）。

---

[1] 内部收益率（Internal Rate of Return，IRR）是投资收益现值与其初始投资额相等时的收益率，即净现值为零时的贴现率。有关内部收益率的计算公式，详见刘力编著：《公司财务》，北京大学出版社2007年版，第162页。

[2] 详见深圳市福田区人民法院（2016）粤0304民初24812-24819、25026号民事判决书。

表 7.6 网贷诉讼案件担保人数统计表

保证人人数	1	2	3	4	5	6	7	8	9	10	13	20	总计
案例数	1358	968	221	98	41	31	13	24	36	1	2	1	2794
占比	48.60%	34.65%	7.91%	3.51%	1.47%	1.11%	0.47%	0.86%	1.29%	0.04%	0.07%	0.04%	100%
抵押人人数	1	2	3	4	总计								
案例数	302	52	3	1	358								
占比	84.36%	14.53%	0.84%	0.28%	100%								
出质人人数	1	2	总计										
案例数	45	8	53										
占比	84.91%	15.09%	100%										

在担保品方面，358 个有抵押的案例中，60.9% 的案件用房产抵押，34.1% 的案件用车辆抵押，其余 5% 的案件用土地使用权或机器设备等其他物品抵押。可见，房产是最受欢迎的抵押品。在 53 个有质押的案例中，41.5% 的案件用应收账款质押，24.5% 的案件用股权质押，15.1% 的案件用珍珠质押，11.3% 的案件用车辆质押，7.5% 的案件无法判断。由此可见，应收账款是主要的质押品。

5. 借款期限

借款期限最短为 3 天，最长为 60 个月，平均借款期限为 15.7 个月，12 个月为借款期限的中位数和众数（占比 33.2%），可见 1 年期借款是最常见的形式。

笔者假设借款期限会受到其他交易要素的影响，故将"借款期限"作为因变量，将"原告诉请的本金""利率""是否等额本息""是否先息后本""是否到期一次性还本付息""是否有担保"作为自变量，进行多元线性回归分析。最终有 5766 个案例进入回归模型（见表 7.7）。回归结果表明："是否等额本息""是否到期一次性还本付息""利率""是否有担保"四个变量与"借款期限"均在 0.1% 水平下显著相关。由于它们的标准化回归系数（Beta）的绝对值依次减少，故对借款期限的影响力逐渐减小。模型的 R^2 为 0.49，说明解释力达到 49%。其中，"是否等额本息"的回归系数大于 0，说明等额本息的还款方式有利于促进较长的借款期限；而其他变量的回归系数小于 0，说明采取到期一次性还本付息方式、高利率或有担保人，都可能导致更短的借款期限。

表 7.7 关于借款期限影响因素的多元线性回归分析

	非标准化系数		标准化系数	T	显著性
	B	标准错误	Beta		
是否等额本息	13.102	0.309	0.54	42.36	0.000

续表

	非标准化系数		标准化系数	T	显著性
	B	标准错误	Beta		
是否到期一次性还本付息	-7.892	0.393	-0.215	-20.081	0.000
利率	-10.732	1.412	-0.075	-7.598	0.000
是否有担保人	-1.719	0.294	-0.067	-5.85	0.000
（常数）	13.653	0.34		40.197	0.000

（四）裁判结果

裁判结果是裁判文书的结论，直接影响当事人的权利义务分配。以下从文书种类、审理期限、诉讼费用分担、居间费性质认定、隐名担保有效性及平台责任六个方面一览法院的裁判结果。

1. 文书种类

在全样本中，有9394份判决书、663份裁定书和1份调解书。[1] 调解书仅有1例可能是因为根据规定，调解书原则上无须公开。[2]

在判决书中，有276个案件，法院判决驳回原告全部诉讼请求，占比2.7%。被驳回的原因分别为：第一，作为原告的出借人不能证明存在借贷关系（175件）；第二，作为被告的平台未自担或自融（33件）；第三，原告不能证明已受让债权（29件）；第四，作为原告的担保人不能证明已经承担担保责任（15件）；第五，作为原告的借款人不能撤销借款合同（8件）；第六，作为原告的出借人未提供担保合同或超过保证期间（8件）；第七，其他（8件）。可见，出借人不能证明基础借贷关系是原告被驳回诉讼请求的主要原因。

裁定一共有五类，分别是驳回起诉（543件）、移送管辖（91件）、不予受理（26件）、驳回实现担保物权的申请（2件）和准予撤诉（1件）。占比81.9%的驳回起诉是裁定的主要种类，其原因又可分为以下七类：第一，被告涉嫌经济犯罪（160件）；第二，被告不明确（110件）；第三，原告不适格（101

---

[1] 详见柳林县人民法院（2018）晋1125民初862号民事调解书。
[2]《最高人民法院关于人民法院在互联网公布裁判文书的规定》第4条规定："人民法院作出的裁判文书有下列情形之一的，不在互联网公布：……（三）以调解方式结案或者确认人民调解协议效力的，但为保护国家利益、社会公共利益、他人合法权益确有必要公开的除外；……。"

件）；第四，原告涉嫌经济犯罪（81件）；第五，平台涉嫌经济犯罪（71件）；第六，法院无管辖权（11件）；第七，其他（9件）。可见，被告涉嫌经济犯罪是法院裁定驳回起诉的主要原因。

另外，在20个案例中，法院认为出借人以借贷为常业，进而否定借款协议的效力，这些案件分别发生于2014年（1件）、2016年（1件）、2017年（2件）、2018年（12件）和2019年（4件），有逐年增多的趋势。法院援引的依据主要是《中华人民共和国银行业监督管理法》《非法金融机构和非法金融业务活动取缔办法》等法律法规，随着国家管控的加强和对"专业放贷人"标准的明晰，可以预见未来此类裁判的数量还将增多。[1]

2. 审理期限

笔者将"裁判日期"减去"受理日期"得到"审理期限"，由于某些案件并没有在裁判文书中载明"受理日期"，故实际算得"审理期限"的判决有6223个、裁定有535个、调解有1个。法院作出判决的平均天数是125天，裁定的平均天数是96天，唯一的调解书用时22天（见表7.8）。对于判决书，80%的案件都在正常审限内作出，20%的案件超过正常审限，最长为940天。[2] 这些看起来超出审限的判决中有52%发生了公告费，由于公告期间不计入审限，故这些案件并不一定超期。裁定平均用时较长是因为部分案件在审理过程中发现涉及刑事责任而裁定驳回起诉，此类裁定的平均期限达106日。相比之下，裁定不予受理则较快，平均期限仅3日。可见，虽然案件不断增多，但法院普遍不会突破审限的约束。

---

[1]《关于规范整顿"现金贷"业务的通知》第1条第1款规定："设立金融机构、从事金融活动，必须依法接受准入管理。未依法取得经营放贷业务资质，任何组织和个人不得经营放贷业务。"根据《关于办理非法放贷刑事案件若干问题的意见》第1条第2款，"经常性地向社会不特定对象发放贷款"，是指2年内向不特定多人（包括单位和个人）以借款或其他名义出借资金10次以上。2020年8月19日和2020年12月29日，最高人民法院颁布的《最高人民法院关于审理民间借贷案件适用法律若干问题的规定（2020修正）》和《最高人民法院关于审理民间借贷案件适用法律若干问题的规定（2020第二次修正）》均将"未依法取得放贷资格的出借人，以营利为目的向社会不特定对象提供借款"作为民间借贷合同无效的情形之一。

[2] 根据《中华人民共和国民事诉讼法》第152条，一审审限原则为6个月。为方便计算和对比，笔者将一审正常审限设定为180日。

表7.8 网贷诉讼案件审理期限统计表

	文书类型	计数	平均数	中位数	最小值	最大值	标准差	百分比
审理期限	判决	6223	125	105	1	940	99.3	92.1%
	裁定	535	96	70	0	644	86.3	7.9%
	调解	1	22	22	22	22		0.0%
	总计	6759	122	98	0	940	98.6	100.0%

3. 诉讼费用及分担

网贷民事纠纷的诉讼费用包括案件受理费、保全费、公告费和邮寄费四类（见表7.9）。[1] 笔者发现，只有552个案件涉及保全费，保全率仅5.5%，这可能是因为被告的财产线索难以掌握，以至于诉前或诉中保全很少发生。同时，只有1790个判决案件涉及公告费，但缺席判决的案件却有8858个，这意味着缺席判决案件中至少有79.2%的被告有明确的送达地址，他们收到了应诉通知书而故意不出庭。

表7.9 网贷诉讼案件相关费用统计表

	案件受理费	保全费金额	公告费金额	邮寄费金额
有效样本	10055	10055	10001	10055
遗漏样本	3	3	57	3
平均数	1877.1175	127.9775	91.369	3.0071
中位数	653	0	0	0
众数	25	0	0	0
标准差	5931.8112	690.26072	214.48928	16.7456
最小值	0	0	0	0

---

〔1〕需要说明的是，四类费用的最小值皆为0元，原因是裁定不予受理、驳回起诉等案件依法不收取案件受理费，同时，保全、公告和邮寄事项并非每个案件皆涉及。另外，保全费的最大值为10 000元，超过法定最高限5000元，原因在于法院在一起诉讼中合并审理了三个案件，其中两个案件的保全费各5000元，故加总为10 000元。详见深圳前海合作区人民法院（2015）深前法商初字第144、145、146号民事判决书。

续表

	案件受理费	保全费金额	公告费金额	邮寄费金额
最大值	292000	10000	5000	300

由于诉讼费用原则上由败诉方承担,故通过诉讼费用的分担情况,可以大致判断原告诉讼请求被法院支持的程度。[1] 为此,可以用"原告诉讼费用承担比"来衡量原告胜诉的程度。原告诉讼费用承担比是指原告承担的诉讼费用占该案全部诉讼费用的比例:比值越小,代表原告被支持得越多;反之,则被支持得越少。经统计,原告诉讼费用承担比为0的(原告未承担任何诉讼费用)有6330个,占比高达67.4%;为1的(原告全额承担诉讼费用)有277个,占比仅2.9%。原告诉讼费用承担比的平均值很低,为0.0674。这说明原告的诉讼请求在绝大多数案件中被法院支持,而且支持比例很高。

令人颇感意外的是,在网贷纠纷中,律师并不一定对当事人有帮助。经双变量相关性分析,原告聘请律师与更高的原告诉讼费用承担比相关,相关系数为0.216,在1%水平下显著,也就是说,原告聘请律师反而不利于获得有利的裁判结果。但是被告聘请律师却在微小程度上对自己有利。被告聘请律师也与更高的原告诉讼费用承担比相关,相关系数为0.048,在1%水平下显著。之所以出现上述现象,可能是因为网贷纠纷一般事实清楚,被告又普遍缺席,原告聘请律师会让力量对比更加悬殊,反而促使法官更多地考虑被告的融资负担以及判决的执行可能性问题,从而在支持原告诉讼请求上留有余地。[2] 而本身处于被动地位的被告聘请律师,则有利于形成诉讼"均势",使律师的维权功能在一定程度上发挥出来。

4. 隐名担保有效性

隐名担保系指担保物权由债权人以外的第三人代为持有的担保方式,由于债权人并未出现在登记簿上,故称为"隐名"。在网络借贷法律关系中,当借款人或者第三人以其财产为出借人设定担保物权时,由于出借人数量多且分散,有时

---

[1] 《诉讼费用交纳办法》第29条规定:"诉讼费用由败诉方负担,胜诉方自愿承担的除外。部分胜诉、部分败诉的,人民法院根据案件的具体情况决定当事人各自负担的诉讼费用数额。共同诉讼当事人败诉的,人民法院根据其对诉讼标的的利害关系,决定当事人各自负担的诉讼费用数额。"

[2] 参见江必新:"论司法自由裁量权",载《法律适用》2006年第11期。

担保物权会登记在平台或平台员工等其他主体名下，而非债权人名下，从而造成担保权人与债权人分离的现象。对于隐名担保的效力，有的法院秉持"支持论"；有的法院秉持"否定论"。在全样本中，涉及隐名担保的案例共46件：有30件，法院认可其效力；有14件，法院否定其效力；另有2件，因原告未主张担保权，故法院未述及。

经归纳，"支持论"的裁判理由包括如下两类：第一，原告主张担保物权符合约定，占比66.7%；第二，未说理，占比33.3%。虽然第一类理由的具体表述各异，有的称"（安排）符合双方约定，亦不违反法律规定，且有利于债权人更便捷地实现债权"，[1] 有的称"借款协议与抵押合同的时间一致、数额一致，债权人、抵押权人、抵押人三方已形成一致意见，并已办理抵押登记"，[2] 它们都围绕合同约定展开说理，故归为一类。

另外，"否定论"的裁判理由包括如下三类：第一，原告不是抵押权人，无权就抵押物优先受偿，占比42.9%；第二，抵押权已经消灭或未办理登记而未生效，占比42.9%；第三，因原告违反不得从事经营性放贷的强制性规定，主从合同均无效，占比14.3%。由于第二类和第三类理由也可适用于普通担保无效的认定，故针对隐名担保特征的否定理由实际上只有第一类。

由上可知，法院对于隐名担保的效力也存在分歧，"支持论"占据优势，其主要理由是隐名担保安排符合各方真实意思表示；而"否定论"的主要理由是当时的《物权法》和《担保法》规定债权人与担保权人应当统一，由于二者发生分离，故不能支持原告行权的诉讼请求。

5. 平台责任

理论上，基于网贷平台信息中介的定位，当出借人债权不能实现时，平台不应承担法律责任。样本数据反映，出借人（或债权受让人）起诉平台（或连带起诉借款人等其他主体）的案件共532件，占全样本的3.5%。对于出借人的诉讼请求，法院呈现出全部不支持、全部支持和部分支持三种裁判结果，三者占比分别为56.6%、26.1%和17.3%。

全部不支持原告，主要是因为法院基于"先刑后民"，裁定驳回原告起诉，另外是因平台未自融、自担或违约而在实体上驳回原告诉讼请求。全部支持原

---

[1] 详见深圳市福田区人民法院（2015）深福法民二初字第5452号民事判决书。
[2] 详见南京市秦淮区人民法院（2016）苏0104民初3579号民事判决书。

告，主要是因为平台存在自担、自融或未履行信息披露等合同约定义务。仅在 2 个案件中，法院支持原告的理由是平台涉嫌犯罪，借贷合同无效，平台应向借款人返还本息。部分支持原告，主要是因为法院在确认平台自担、自融或未履行合同约定义务的同时，调减了原告主张的部分本金、利息或费用。调减的原因主要是原告计算错误、平台在诉讼中返还了部分款项等。

总之，只要平台没有对出借人保本保息或者自融，且依约履行了信息披露等合同义务，法院通常判决平台不承担法律责任。[1]

（五）现象归纳及启示

丰富的实证数据为我们全面了解网贷民事审判现状，把握其内在规律并发现问题提供了可能。综合各类数据，我们可以得到如下启示：

1. 法院受案压力大，回购安排比较常见

网贷纠纷案件在过去 7 年快速增长，2013 年至 2018 年的年均增长率高达 476%。与之相呼应，每个案件的审判人员数从平均 3 人逐年降低至 2.2 人。多个出借人与多个借款人缔约的网状法律关系让基层法院不堪重负，部分法院开始通过"窗口指导"控制网贷受案量。[2] 2019 年上半年案件数量的下降，在一定程度上反映了这一情况。网状法律关系也让分散的出借人面临起诉成本大于收益的问题。[3] 为解决诉讼困境，实现有效追偿，平台自发地创造了回购机制，即通过收购分散出借人债权，以单一债权人身份起诉借款人，由此形成原告主要是债权受让人（占 51.4%）而非出借人（占 39.1%）的格局。与此同时，为避免自担嫌疑，[4] 不少平台一方面不向出借人支付对价，另一方面从出借人回购债权后再转让给合作公司，以合作公司名义起诉。应当看到，为追索债务而回购出借人债权与刚性兑付无关，监管规定宜确认"追索型回购"的正当性，从而减少不必要的债权转让环节，并保护当事人诉权。[5] 为缓解法院的审判压力，还

---

〔1〕 即使平台作为无独立请求权第三人，也仅在一个案件中因未向借款人返还保证金而被法院判令承担责任。详见扬州经济技术开发区人民法院（2016）苏 1091 民初 66 号民事判决书。

〔2〕 根据笔者于 2019 年 6 月 24 日对杭州市某法院法官的访谈，该院要求一家平台一个月只能立 10 个网贷案件。

〔3〕 参见［美］罗伯特·D. 考特、托马斯·S. 尤伦：《法和经济学》，施少华等译，上海财经大学出版社 2003 年版，第 327 页。

〔4〕 《网络借贷信息中介机构业务活动管理暂行办法》第 10 条规定："网络借贷信息中介机构不得从事或者接受委托从事下列活动：……（三）直接或变相向出借人提供担保或者承诺保本保息；……"

〔5〕 有关追索型回购，详见张翀、刘进一："P2P 平台投资者诉讼困境之化解——兼论 P2P 平台债权回购的法律定性"，载卞建林主编：《诉讼法学研究》，中国检察出版社 2019 年版，第 69~82 页。

可以考虑将互联网法院的受案范围扩展至网络借贷纠纷，使其回归"网上案件网上审理"的定位。[1]

2. 网贷并非高利贷，隐蔽利率值得关注

在经历校园贷、现金贷、套路贷的专项整治以及"714高炮"的媒体报道之后，[2] 不少人形成"网贷就是高利贷"的刻板印象。[3] 数据显示，网贷借款人的综合借贷成本均值为30%，低于中国传统意义上"月利三分"的高利贷红线。[4] 从历史的纵向比较来看，综合借贷成本均值30%与年化利率均值29%的中国近代利率均值相当。[5] 从国别的横向比较来看，综合借贷成本均值30%也远低于年利率通常高达391%的美国发薪日贷。[6] 因此，尚无证据证明网贷行业属于高利贷。尽管如此，隐蔽利率的现象仍值得关注。至少11%的借款合同未明确告知借款人利率，这类合同的实际利率均值和综合借贷成本均值分别为27.5%和41.5%，超出显明利率合同10.1个百分点和14.4个百分点。隐蔽利率在性质上属于隐瞒真相的欺诈行为，损害了金融消费者权益。目前，监管规定已要求平台将借款人综合资金成本统一折算为年化形式并事前公开披露，接下来应加强执法与监督。[7]

3. 原告胜诉概率高，法官信赖电子证据

从裁判结果来看，原告的诉讼请求大部分得到了法院支持。法院判决驳回原告全部诉讼请求的案件仅占全部文书的2.7%，而原告完全没有承担诉讼费用的

---

[1] 参见杨秀清："互联网法院定位之回归"，载《政法论丛》2019年第5期。

[2] 2019年3月15日，中央电视台3.15晚会报道了贷款周期7天或14天，含高额砍头息和逾期费用的网络借贷产品侵害借款人合法权益的事件，将声讨"714高炮"的舆论推向高潮。

[3] 参见［美］沃尔特·李普曼：《公众舆论》，阎克文、江红译，上海世纪出版集团2006年版，第61~71页。

[4]《大明律·户律·钱债》违禁取利规定："凡私放钱债及典当财物，每月取利，并不得过三分。……"参见怀效锋点校：《大明律》，法律出版社1999年版，第82页。《大清律例·户律·钱债》违禁取利规定："凡私放钱债及典当财物，每月取利并不得过三分。……"参见张荣铮、刘勇强、金懋初点校：《大清律例》，天津古籍出版社1993年版，第269页。

[5] 参见陈志武、彭凯翔、袁为鹏："清初至二十世纪前期中国利率史初探——基于中国利率史数据库（1660—2000）的考察"，载《清史研究》2016年第4期。

[6] See Michael S. et al, *Financial Regulation: Law and Policy*, NewYork: USA Foundation Press, 2016, pp. 621~623.

[7]《关于规范整顿"现金贷"业务的通知》第1条第2款规定："各类机构以利率和各种费用形式对借款人收取的综合资金成本应符合最高人民法院关于民间借贷利率的规定，禁止发放或撮合违反法律有关利率规定的贷款。各类机构向借款人收取的综合资金成本应统一折算为年化形式，各项贷款条件以及逾期处理等信息应在事前全面、公开披露，向借款人提示相关风险。"

案件则占全部文书的 67.4%,因此,可以大致认为:原告完败的概率仅 2.7%,而全胜的概率则为 67.4%。原告高胜诉率的背后有以下两个重要原因:一则被告缺席率高;二则法官普遍信赖电子证据。就前者而言,在判决结案的案件中,被告全部缺席率为 83.3%,如果加上部分缺席的情形,则该比率高达 91.4%。就后者而言,法官奉行辩论主义的诉讼模式,[1] 往往直接采信原告提交的电子借款合同而未说明理由,原告的公证率仅 3.9%。应当看到,对电子证据持包容态度在提高诉讼效率的同时也暗藏风险。实践中,平台出于自身利益擅自篡改电子合同部分条款的情况已经出现,故通过司法解释明确电子证据的认证标准,对于法官在网贷案件中准确认定案件事实是必要的。[2]

4. "类案不类判"普遍,司法说理有待提高

"类案类判"是公平司法原则的基本要求,[3] 但法院在隐名担保有效性、刑民交叉等领域均存在"类案不类判"的现象。如果说刑民交叉的分歧源于个别法官法律适用错误,那么隐名担保则源于法官职业群体对论证方法的不同选择:隐名担保的"支持论"强调意思自治优先,而"反对论"则坚守物权法定理念。鉴于 2021 年 1 月 1 日最高人民法院实施的《最高人民法院关于适用〈中华人民共和国民法典〉有关担保制度的解释》第 4 条已经肯定了隐名担保的有效性,故上述问题的统一裁判应是可以预见的趋势。[4] 此外,争议案件也凸显法官司法说理的不足,实践中广泛存在法律不说理或法律说理不充分的现象。面对日新月异的金融科技,强化法官释法说理的义务与责任,提高裁判结论的可接受性,实现依法裁判与个案正义的统一,应是未来前进的方向。[5]

---

〔1〕 参见张卫平:《诉讼构架与程式——民事诉讼的法理分析》,清华大学出版社 2000 年版,第 15 页。

〔2〕 2019 年 12 月 25 日,最高人民法院颁布了新修订的《最高人民法院关于民事诉讼证据的若干规定》,其中第 15 条、第 23 条、第 90 条、第 93 条和第 94 条明确了电子数据的认证规则,这将有助于规范法院对于网络借贷电子借款合同的认证程序。

〔3〕 参见张骐:"论类似案件应当类似审判",载《环球法律评论》2014 年第 3 期。

〔4〕 《最高人民法院关于适用〈中华人民共和国民法典〉有关担保制度的解释》第 4 条规定:"有下列情形之一,当事人将担保物权登记在他人名下,债务人不履行到期债务或者发生当事人约定的实现担保物权的情形,债权人或者其受托人主张就该财产优先受偿的,人民法院依法予以支持:(一)为债券持有人提供的担保物权登记在债券受托管理人名下;(二)为委托贷款人提供的担保物权登记在受托人名下;(三)担保人知道债权人与他人之间存在委托关系的其他情形。"

〔5〕 参见雷磊:"从'看得见的正义'到'说得出的正义'——基于最高人民法院《关于加强和规范裁判文书释法说理的指导意见》的解读与反思",载《法学》2019 年第 1 期。

三、网贷居间费认定的分歧及成因

（一）问题的由来

居间费源于《中华人民共和国合同法》第424条有关"居间合同是居间人向委托人报告订立合同的机会或者提供订立合同的媒介服务，委托人支付报酬的合同"，这里的报酬就是居间费。在网贷背景下，居间费是网贷平台基于为出借人和借款人提供媒介服务，使原本不相识的借贷双方达成借贷交易，而向二者收取的服务费。但在实践中，平台为扩大用户规模，往往采取差异化的定价策略，对需求弹性小的借款人收费，而对需求弹性大的出借人免费，甚至补贴。[1] 出借人在向借款人提供本金时，通常代借款人支付其应向平台给付的居间费，导致借款人实际得到的本金少于借款合同约定的本金。当权利人将逾期借款人起诉至法院时，如何确定本金，成为法官无法回避的问题。

法官在处理上述问题时，不得不面对我国网贷发展的现实背景，即很多平台通过自身或第三方为出借人的债权提供增信，演变成为信用中介，[2] 当借款逾期时，向借款人追偿本金和利息的主体往往并非终端的出借人，而是平台或其关联人。在众多网贷平台以信息中介之名，行信用中介之实的背景下，法院存在两种不同的裁判结果：一则为"扣除论"，即法院在借款合同约定的本金中扣除居间费，以借款人实际收到的金额作为本金。这样一种裁判路径导致借款合同约定的本金多，而法院支持的本金少，因此有利于借款人，而不利于出借人。二则为"不扣论"，即法院未将居间费在借款本金中扣除，以借款合同约定的金额作为本金。这样一种裁判路径承认了合同约定的法律效力，有利于保护出借人利益，但有可能使借款人承担较重的融资负担。

由于本金是出借人向违约借款人主张的主要权利，也是计算利息、罚息、复利、违约金等其他孳息的基础，法官对居间费性质的不同理解，可能造成出借人

---

[1] Jean-Charles Rochet, Jean Tirole, "Two-Sided Markets: A Progress Report", *37 The RAND Journal of Economics*, 645 (2006), pp. 645~667. Jean-Charles Rochet, "Jean Tirole, Platform Competition in Two-Sided Markets", *1 Journal of the European Economic Association*, 990 (2003), pp. 990~1029. 参见[美]戴维·S. 埃文斯、理查德·施马兰奇：《连接：多边平台经济学》，张昕、黄勇、张艳华译，中信出版社2018年版，第101页；赵晓男、黄坤、郑春梅："基于双边市场理论的网络借贷平台定价模式研究"，载《商业研究》2015年第4期。

[2] 参见彭冰：《投资型众筹的法律逻辑》，北京大学出版社2017年版，第278页；刘进一："我国网络借贷监管指标的实证分析"，载《行政管理改革》2020年第4期。

的核心利益（本金）处于一种不确定状态，影响法律的安定性和裁判的可预期性。[1] 既然如此，为什么在网贷居间费认定上，法官们没有给出统一的答案？为此，本书拟对网贷裁判文书进行实证研究，深入分析裁判分歧发生的原因。

（二）样本及变量

在上文所述的10 058个一审裁判文书研究样本中，经逐份阅读，涉及居间费认定的案件共4531例，笔者即以该4531例裁判文书作为居间费问题的研究样本。

为探究法官出现裁判分歧的原因，笔者设置如下变量：因变量是"法官在认定本金时是否扣除居间费"，该变量为哑变量，如是，则赋值为1；如否，则赋值为0。[2] 同时，设置"理由为何"的变量，用以进一步描述法官在本金中扣除或不扣除居间费的司法理由。另外，设置自变量29个，分为如下五类：

第一类为交易方式类变量。民间借贷有不同的交易安排，这些具体的商务安排可能会影响法官对如何定分止争以实现正义的判断，故设置以下10个交易方式类变量："出借人与平台是否具有关联关系"[3]"利率"[4]"居间费率"[5]

---

[1] 在法官之间发生分歧的同时，理论上也未达成共识。有的秉持"不扣论"，参见施浩、黄顿："P2P借贷纠纷案件中的法律问题"，载《人民司法》2016年第5期；侯国跃、汤敏、陈圣利："P2P借贷民事纠纷中的疑难法律问题"，载《人民司法》2019年第19期。有的秉持有限度的"扣除论"，参见竺常赟、朱颖琦："互联网融资类业务中的民商事诉讼法律问题研究———以'P2P网络贷款机构'为例的思考"，载《互联网金融法律评论》2017年第1期；余韬、刘明："P2P网络借贷平台服务费的标准"，载《人民司法（案例）》2017年第14期；李有星、侯凌霄、潘政："互联网金融纠纷案件法律适用与司法裁判规则的反思与完善———'互联网金融纠纷案件的法律适用与司法裁判规则'研讨会综述"，载《法律适用》2018年第13期；宋毅、熊静："P2P网络借贷纠纷的审理难点与裁判思路"，载《人民司法（应用）》2019年第1期。

[2] 哑变量（Dummy Variables），又称虚拟变量，是指将定性变量转换成取值仅为1或0的变量。后文所有哑变量的取值规则均为：如是，则取值为1；如不是，则取值为0。

[3] 本书语境下的关联关系，是指出借人系平台自身或者平台的股东、实际控制人或分支机构。

[4] 利率，指借款合同约定的年化利率。大部分借款合同中有明确的利率条款，但有约11%的借款合同存在隐藏利率的现象，即仅在借款合同中载明借款本金、借款人每月应当偿还的金额和还款期数，并未明确借款利率。鉴于此类合同全部为等额本息还款方式，故笔者通过内部收益率（IRR）计算公式倒推得出隐藏在合同背后的真实利率，共1105例。有关内部收益率的计算公式，详见刘力编著：《公司财务》，北京大学出版社2007年版，第162页。

[5] 居间费率，是网贷平台收取的费用占合同约定的借款本金的比例，根据借款期限折算为年化形式。

"利息之外的费率"[1]"综合借贷成本"[2]"借款期限"[3]"是否等额本息""是否先息后本""是否到期一次性还本付息""居间费是否在进入借款人账户前扣划"。[4]

第二类为履约能力类变量。法律效果与社会效果相统一的要求可能使法官在适用法律时考虑裁判作出后的执行度问题,故设置以下3个履约能力类变量:"被告总人数""是否有担保人""缺席判决指数"。[5]

第三类为主体性质类变量。当事人的身份特质可能会唤起法官怀疑、信赖、憎恶、同情等心理,进而对法官裁判产生影响,[6]故设置以下4个主体性质类变量:"原告是否仅为自然人""被告是否仅为自然人""原告男性系数""被告男性系数"。[7]

第四类为时空因素类变量。社会生活中的知识很大部分是具体的和地方性的,[8]法官对于何为正义的理解可能会随着时间和地域的变化而变化,故设置以下5个时空因素类变量:"审判年份""审理法院是否位于东部""审理法院是否位于中部""审理法院是否位于西部""审理法院是否位于东北部"。[9]

第五类为本地因素类变量。社会关系是一种"差序格局",法官作为社会成

---

[1] 利息之外的费率,是居间费、担保费等利息之外的全部费用占合同约定的借款本金的比例,根据借款期限折算为年化形式。其数值大于等于居间费率。

[2] 综合借贷成本,用于衡量借款人的全部融资成本,在数值上等于利率与利息之外的费率之和。

[3] 借款期限,是借款合同约定的借款时间,以月为单位。

[4] 如果居间费在进入借款人账户前扣划,则该变量为1;如果居间费进入借款人账户后扣划或借款人按月支付等其他方式,则该变量为0。

[5] 某个案件的缺席判决指数=该案的缺席判决被告人数/被告总人数。

[6] 正如卡多佐所言:"在意识的深层还有一些力量,喜爱和厌恶、偏好和偏见、本能、情感、习惯和信念的复合体"。参见[美]本杰明·卡多佐:《司法过程的性质》,苏力译,商务印书馆2003年版,第105页。

[7] 在原被告同为自然人时,笔者设置原告男性系数和被告男性系数,以测量法官是否存在性别偏见。男性赋值为1分,女性赋值为-1分,对于裁判文书并未标明性别的自然人,则赋值为0分,将同为原告一方的上述主体分值相加,即可得到原告男性系数,系数越大,表明原告越接近男性。被告男性系数计算方法同上。

[8] 参见苏力:《法治及其本土资源》,中国政法大学出版社1996年版,第18页。

[9] 东部包括北京、天津、河北、上海、江苏、浙江、福建、山东、广东和海南10个省(市);西部包括内蒙古、广西、重庆、四川、贵州、云南、西藏、陕西、甘肃、青海、宁夏、新疆12个省(市、自治区);中部包括山西、安徽、江西、河南、湖北和湖南6个省;东北部包括辽宁、吉林和黑龙江3个省。上述分类标准,详见国家统计局官网:"统计制度及分类标准",资料来源:http://www.stats.gov.cn/zs/tjws/cjwtjd/202302/t20230217_1912798.html,2019年5月24日最新访问。

员亦有可能受到本地因素的影响，[1] 故设置以下 7 个本地因素类变量："平台与法院管辖地是否位于同一区""原告本地区级系数""原告本地市级系数""原告本地省级系数""被告本地区级系数""被告本地市级系数""被告本地省级系数"。[2]

（三）从法官说理看裁判分歧

经统计，在 4531 个案件的全样本中，有 2674 个案件，法院在认定本金时扣除居间费；另外 1806 个案件，法院未扣除居间费；还有 51 个案件，法院部分扣除居间费。[3] 如果将部分扣除也纳入扣除的阵营，则"扣除论"与"不扣论"的数量对比约为 3∶2。既然司法公平原则要求"类案类判"，为什么在居间费认定上会产生如此巨大的分歧？鉴于司法说理是司法裁判与其他纠纷解决方式的本质区别，故笔者通过"理由为何"变量所记录的法官释法说理的内容，一览分歧之外观。

1."扣除论"：法定生效主义

虽然每份裁判文书的说理内容和说理程度不尽相同，但可以通过合并相似理由进行类型化分析。经归纳，"扣除论"的裁判理由包括如下四类（如图）：

本金应以借款人实际收到的款项为准　　2355（86.4%）
居间费属于变相收取的高额利息　　211（7.7%）
其他理由　　85（3.1%）
未说理　　74（2.7%）

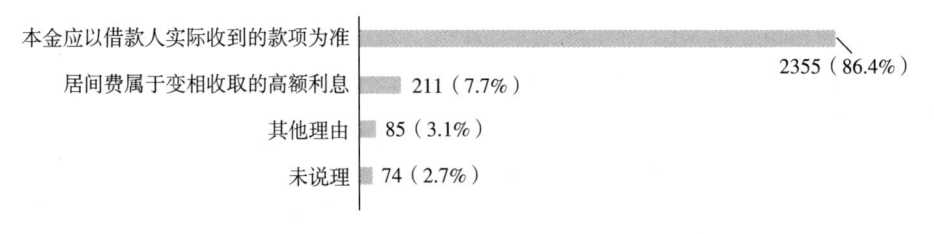

图 7.4　"扣除论"司法理由分类柱状图

第一，本金应以借款人实际收到的款项为准。此类理由有 2355 件案例，占比最高，达 86.4%。典型案例如下：借款人郭某经玖富网撮合，于 2015 年 7 月

---

[1] 参见费孝通：《乡土中国 生育制度》，北京大学出版社 2003 年版，第 24~30 页。

[2] 某个案件的原告本地区级系数＝与法院位于同一区县的原告/原告总数，原告本地市级系数＝与法院位于同一市的原告/原告总数，原告本地省级系数＝与法院位于同一省的原告/原告总数。被告以此类推。

[3] 部分扣除往往发生在居间费与利息一起按月支付的情况下，法院认为居间费和利息合并计算后不得超过利率上限，这实际上是将居间费视为变相利息，故可归入"扣除论"。详见后文"扣除论"的第二类和第三类理由。

24 日与多名出借人签订《借款协议》，约定借款金额为 69 952.56 元，采用等额本息方式分 24 期偿还。2015 年 7 月 28 日，上海富友支付服务股份有限公司根据平台指令，将多名出借人账户内的款项划入郭某账户。因资金划转时直接扣除了郭某应向平台关联公司支付的费用共计 19 952.56 元，故实际划入郭某账户的资金为 50 000 元。由于郭某从 2016 年 10 月 28 日起不再依约还款，按照《借款协议》约定，出借人将全部债权无偿转让给平台，平台又将债权转让给恒元信业公司。恒元信业公司向法院起诉，要求被告还本付息。法院认为："对借款行为的生效时间及息费的收取标准按《中华人民共和国合同法》及《最高人民法院关于审理民间借贷案件适用法律若干问题的规定》的相关规定处理，即借款关系应自资金到达借款人资金账户时生效，借款本金亦应按照借款人实际收到的款项为准。在本案中，到达被告资金账户内的款项为 50 000 元，故本案应以 50 000 元作为借款本金。"[1]

第二，居间费属于变相收取的高额利息。此类理由有 211 件案例，排名第二，占比为 7.7%。代表性案例如下：2016 年 2 月 21 日，借款人裴某为购买手机，委托普惠快信公司向有利网平台上的出借人借款，签署《借款协议》，约定借款 4428 元，其中商品价款 3690 元（由商家收取），借款管理费 738 元（由普惠快信公司及第三方服务方收取），并由诚信祥担保公司承担连带担保责任。由于裴某未依约还款，诚信祥担保公司履行担保责任后向法院起诉，要求裴某偿还代偿款 6724.66 元及资金占用利息。法院认为：任何互联网金融新模式均不得规避法律的禁止性规定。本案中，借款合同约定借款本金为借款金额及一次性收取的借款管理费之和，其中借款管理费高达 738 元，占借款金额（3690 元）的 20%，属于通过增加中介环节收费的形式，变相收取高额借款利息，违反了《最高人民法院关于审理民间借贷案件适用法律若干问题的规定》和《关于规范整顿"现金贷"业务的通知》有关利率上限的规定，故借款管理费不应计入借款本金。借款本金应为实际借款金额 3690 元为准。[2]

第三，其他理由。此类理由有 85 件案例，比较零散，占比为 3.1%。例如，

---

[1] 详见北京恒元信业信息技术有限公司诉郭立案，北京市朝阳区人民法院（2018）京 0105 民初 49387 号民事判决书。
[2] 详见深圳市诚信祥融资担保有限公司诉裴浩棋追偿权纠纷案，河南省登封市人民法院（2018）豫 0185 民初 5149 号民事判决书。

认为收取的金融服务费缺乏法律依据、[1] 未提交证据证明（服务费）已经实际发生、[2] 居间费和利息合并计算后超过年化36%的部分不计入本金等。[3]

第四，未说理。此类裁判文书没有说理内容，有74件，占比为2.7%。

可以看到，"扣除论"理由谱系呈现"一理独大"的局面，"本金应以借款人实际收到的金额为准"占据统治地位，从裁判文书中的说理内容不难看出，法官遵循了合同法有关民间借贷合同是一种实践合同（要物合同）的诫命，也依从了最高院司法解释有关民间借贷合同生效要件的指引。基于此，主张"扣除论"的法官，实际上秉持的是法定生效主义，即根据资金到达借款人账户时借款协议方才生效的规定，判定本金亦应以借款人实际收到的款项为准。

2. "不扣论"：合同自由原则

"不扣论"涉及1806份裁判文书，裁判理由包括如下三类（如图）：

借款合同系当事人真实意思表示　　　　　　　　　　　　1728（95.7%）
借贷与居间系不同法律关系　55（3.0%）
未说理　23（1.3%）

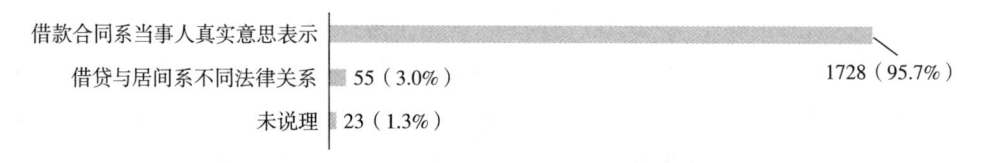

图7.5　"不扣论"司法理由分类柱状图

第一，借款合同系当事人真实意思表示。此类理由涉及1728件案例，位列首位，占比达95.7%。典型案例如下：2014年9月10日，刘某和蒋某授权嘉达信公司以委托人名义向有利网平台上的出借人借款，刘某与出借人、嘉达信公司、弘合柏基公司等在平台上签署了《借款协议》，约定借款金额为300 000元，年利率为12%，月偿还本息数额为26 654.64元，借款期限为一年。次日，弘合柏基公司在扣除咨询费6000元后，向刘某转账294 000元。由于刘某自2015年3月起未再支付借款本息，嘉达信公司作为保证人在履行担保责任后，将刘某和蒋某起诉至法院要求给付代偿款。法院认为，嘉达信公司基于刘某的委托授权，

---

[1] 详见科尔沁左翼后旗甘旗卡翼龙贷理财咨询服务中心诉贺希格宝音、吴凤兰民间借贷纠纷案，内蒙古自治区通辽市科尔沁左翼后旗人民法院（2018）内0522民初49号民事判决书。

[2] 详见创金天地投资有限公司诉鲁修力、河北乾政科贸有限公司民间借贷纠纷案，河北省邯郸市大名县人民法院（2017）冀0425民初939号民事判决书。

[3] 详见成都好分期网络科技有限公司诉白皓柯民间借贷纠纷案，成都市青羊区人民法院（2018）川0105民初10708号民事判决书。

以刘某名义签订的《借款合同》系当事人各方真实意思表示，合法有效。虽然刘某实际收到的借款本金为294 000元，但其已委托弘合柏基公司在发放借款时扣除并向嘉达信公司代为支付6000元服务费，故借款本金仍为300 000元。刘某关于借款本金为294 000元的辩称，与事实不符，故不予采信。[1]

第二，借贷与居间系不同法律关系。此类理由有55件案例，占比为3.0%，位列次席。在说理上通常强调借款协议已经生效，借贷与居间是两种不同的法律关系，典型案例如下：夫妻二人齐某与李某作为借款人与出借人及管理方北京同城翼龙网络科技有限公司签订《网络借款电子借条》，约定由李某向出借人借款75 000元，年利率18%，借款期限1年。同日，北京同城翼龙网络科技有限公司在扣除各类居间费共计3910元后，通过第三方支付机构向李某账户转账71 090元。后因借款人未依约还款，平台收购该笔债权并转让给原告贾某。贾某作为债权受让人向法院提起诉讼，要求夫妻二人还本付息。法院认为各方签订的《网络借款电子借条》系真实意思表示，不违反法律强制性规定，合同有效。对于借款本金，虽然平台在扣除手续费后将剩余本金支付给被告，但出借人与借款人的借贷法律关系和平台与借款人的居间服务合同关系是不同的法律关系，平台扣除居间费涉及的是平台与借款人的法律关系，并不能影响出借人的权益，故借款本金仍以75 000元为准。[2]

第三，未说理。此类裁判文书没有说理内容，有23件，占比为1.3%。

"不扣论"理由谱系的集中度更高，位列首位的理由占95.7%。虽然此类判决书的具体表述各异，但均围绕合同自由的基本原则展开。[3] 法院将出借人与借款人之间达成的网络借贷协议看作各方通过自由协商，设定彼此权利义务的活动。由于当事人的合意具有推定的法律效力，故只要不违反效力性强制性规定，则当事人应恪尽职守、善意履行。因此，在借款人同意委托代扣居间费的情况下，借款人不能以实际收到的款项对抗借款合同的初始约定。质言之，"不扣论"将合同自由原则作为裁判的基石。

---

[1] 详见重庆嘉达信商务信息咨询有限公司诉刘正培、蒋同建民间借贷纠纷案，重庆市江北区人民法院（2017）渝0105民初3735号民事判决书。

[2] 详见贾某某诉齐某某、李某借款合同纠纷案，辽宁省凌海市人民法院（2018）辽0781民初99号民事判决书。

[3] 有关合同法的基本原则，参见王利明、崔建远主编：《合同法》，北京大学出版社2006年版，第20~30页。

综上，通过裁判文书的实证研究发现：两种裁判的"主战场"是法定生效主义和合同自由主义的对抗，前者以民间借贷合同是一种合同法规定的实践合同为依据，判定本金应以借款人实际收到的金额为准；后者认为在各方意思表示真实的前提下，本金应以合同约定为准。

3. 对两种观点的评价

裁判分歧带来的直接疑问是，"扣除论"与"不扣论"到底谁对谁错，如果无所谓对错，孰优孰劣？

笔者认为，两种观点反映了法官在规范命题的外部证成环节所做出的不同方法论选择，难谓对错。法官裁判的过程是一种法律推理或法律论证过程，法官在运用三段论裁判案件时需要完成外部证成和内部证成两个工作。其中，外部证成又包括事实命题的外部证成和规范命题的外部证成：前者系根据证据规则认定案件事实；后者为适用法律。[1] 在居间费性质认定的案件中，事实问题（合同约定、资金划拨、违约行为等）并无争议，分歧发生在裁判依据或理由的选择上。

在"扣除论"者看来，有关本金认定的问题已有裁判依据，即《合同法》有关"自然人之间的借款合同，自贷款人提供借款时生效"的规定[2]，以及司法解释有关"通过网络贷款平台等形式支付的，自资金到达借款人账户时，自然人之间借款合同生效"之规定。[3] 既然资金到账时借款合同才生效，那么本金自然也应当以到账的款项来确定。这相当于是通过文义解释，将原本规定合同生效时点的条款适用于借款本金的认定。

但对于"不扣论"者而言，他们认为：《合同法》及最高院司法解释均未规定居间费与利息并存时如何认定本金，因而出现了法律漏洞，[4] 需要通过类比

---

[1] 参见雷磊："从'看得见的正义'到'说得出的正义'——基于最高人民法院《关于加强和规范裁判文书释法说理的指导意见》的解读与反思"，载《法学》2019年第1期；Stephen E. Toulmin, *The Uses of Argument*, Cambridge University Press, 87（2003）, pp. 87~134.

[2] 《中华人民共和国合同法》第210条规定："自然人之间的借款合同，自贷款人提供借款时生效。"现行的《中华人民共和国民法典》仍然坚持自然人之间的借款合同属于实践合同，只不过将"生效"改为"成立"而已。《中华人民共和国民法典》第679条规定："自然人之间的借款合同，自贷款人提供借款时成立。"

[3] 《最高人民法院关于审理民间借贷案件适用法律若干问题的规定》（2015年）第9条规定："具有下列情形之一，可以视为具备合同法第二百一十条关于自然人之间借款合同的生效要件：……（二）以银行转账、网上电子汇款或者通过网络贷款平台等形式支付的，自资金到达借款人账户时……"。

[4] 参见黄茂荣：《法学方法与现代民法》，法律出版社2007年版，第430页。

推理、借助于习惯法、采取法律原则的具体化等方法进行法律续造。[1] 由于不存在可类推适用的规则，也不存在习惯，故"不扣论"者最终选择法律原则的具体化，将合同自由原则与具体案件相连。

笔者认为，"扣除论"与"不扣论"各有利弊、难分优劣。"扣除论"的优势在于以一种优位的解释方法实现了法律规范的证立，[2] 以合乎逻辑的"论证模式"得出裁判结论。[3] 其缺点在于，对法条文义的倚重导致排斥委托扣款的有益安排，徒增交易成本。而且，在本金中扣减居间费的裁判结果，使出借人得不到全额本金，鼓励了借款人的"机会主义"行为。

"扣除论"的上述弊端恰被"不扣论"所弥补。借助于合同自由原则所包含的"诚实信用"，"不扣论"使借款人不能以较少的实收金额对抗合同的初始约定，保护了出借人的期得利益。然而，物极必反。在居间费认定问题上若仅将合同自由奉为圭臬，可能会不适当地增大借款人的融资成本，导致合法但不合理的后果。[4] 校园贷、现金贷、超利贷就是因为过高的息费而广受诟病。

综上，通过裁判文书的实证分析发现，"扣除论"与"不扣论"在外观上是法定生效主义与合同自由主义的对立。在法律论证结构方面，两派的角力场在于规范命题的外部证成环节：前者采取法律解释，而后者则进行法律续造。两种路径均有合理因素，又均存瑕疵。下文将根据实证数据，进一步分析影响法官裁判的深层原因。

（四）实证数据下隐藏的深层原因

1. 双变量相关性分析

相关分析是通过定量的指标，描述事物之间相互关系的统计学方法。[5] 在展现法官对居间费问题的不同"判决理由"之后，下文将通过相关分析，探究

---

[1]《最高人民法院关于加强和规范裁判文书释法说理的指导意见》第7条规定："……民事案件没有明确的法律规定作为裁判直接依据的，法官应当首先寻找最相类似的法律规定作出裁判；如果没有最相类似的法律规定，法官可以依据习惯、法律原则、立法目的等作出裁判，并合理运用法律方法对裁判依据进行充分论证和说明。……"

[2] 参见陈金钊："文义解释：法律方法的优位选择"，载《文史哲》2005年第6期。

[3] 依据对法律解释活动之性质不同，可以将法律解释分为认知模式、决断模式和论证模式，详见雷磊："法律方法、法的安定性与法治"，载《法学家》2015年第4期。

[4] 强制缔约义务、格式条款解释、任意撤销权均是对合同自由原则的修正，参见刘凯湘、张云平："意思自治原则的变迁及其经济分析"，载《中外法学》1997年第4期。

[5] 有关相关性分析，参见薛薇编著：《统计分析与SPSS的应用》，中国人民大学出版社2017年版，第209~225页。

影响法官的"判决原因"。[1] 经 SPSS 软件双变量相关性分析,在全部 29 个自变量中,有以下 26 个自变量与因变量显著相关,按照相关系数绝对值的大小排序,如下表所示:[2]

表 7.10　与因变量显著相关的自变量列表

序号	影响因素	相关系数	样本数量
1	借款期限	0.513**	4505
2	审判年份	0.442**	4531
3	是否等额本息	0.412**	4061
4	被告总人数	-0.406**	4531
5	出借人与平台是否具有关联关系	0.405**	953
6	综合借贷成本	0.400**	4351
7	原告是否仅为自然人	-0.378**	4531
8	是否先息后本	-0.362**	4061
9	平台与法院管辖地是否位于同一区	0.358**	4525
10	居间费率	0.345**	4470
11	是否有担保人	-0.343**	4531
12	利息之外的费率	0.310**	4420
13	原告本地区级系数	0.292**	4364
14	被告本地省级系数	-0.292**	4072
15	被告本地市级系数	-0.225**	4072

---

[1] 有关判决理由与判决原因的区分,参见杨贝:"论判决理由与判决原因的分离——对司法虚饰论的批判",载《清华法学》2016 年第 2 期。

[2] 由于 Pearson 相关系数作为一种参数分析方法,要求因变量和自变量均服从正态分布,而前述变量很多偏离正态分布,故本书选取 Spearman 等级相关系数。相关系数介于-1 到 1 之间。相关系数大于 0,表示自变量与因变量正相关;相关系数小于 0,表示自变量与因变量负相关。相关系数的绝对值越大代表相关性越强。参见张文彤编著:《SPSS 统计分析基础教程》,高等教育出版社 2017 年版,第 298~299 页。有关相关系数的计算公式参见薛薇编著:《统计分析与 SPSS 的应用》,中国人民大学出版社 2017 年版,第 218 页。

续表

序号	影响因素	相关系数	样本数量
16	原告男性系数	0.209**	1061
17	被告是否仅为自然人	0.192**	4531
18	原告本地市级系数	0.189**	4495
19	审理法院是否位于中部地区	-0.179**	4531
20	缺席判决指数	0.171**	4531
21	居间费是否在进入借款人账户前扣划	0.166**	4451
22	原告本地省级系数	0.157**	4495
23	是否到期一次性还本付息	-0.153**	4061
24	利率	0.151**	4436
25	审理法院是否位于东部地区	0.149**	4531
26	被告本地区级系数	-0.136**	3905

注：** 表示在1%水平下显著。

由于上述自变量的相关系数均在1%水平下显著，因此均可能对法官居间费裁判产生影响，且影响力依次递减。上述自变量可分为以下两组：一组是系数大于0的正向影响因素，这些自变量的值越大，因变量的值也越大，法官越有可能持"扣除论"；另一组是系数小于0的反向影响因素，这些自变量的值越大，因变量的值越小，法官越有可能持"不扣论"。

属于正向影响因素的自变量有17个，这意味着法官容易在下述17种情形下将居间费在本金中扣除：借款期限较长，采取等额本息还款法，利率较高，居间费率较高，利息之外的费率较高，综合借贷成本较高，出借人与平台存在关联关系，居间费在进入借款人账户前扣划，缺席判决指数较高，被告仅由自然人构成，原告男性系数较高，审判年份较近，审理法院位于我国东部地区，平台与法院管辖地位于同一区，原告与法院管辖地位于同一区、市或者省。

属于负向影响因素的自变量有9个，这意味着法官容易在以下9种情形下根据合同约定认定本金：采取先息后本或到期一次性还本付息方式，合同有担保人，被告总人数较多，原告仅为自然人，审理法院位于我国中部地区，被告与法院管辖地位于同一区、市或者省。

总之,在法律方法论激烈交锋的同时,实证数据并没有使问题简单化,相反,它让我们看到"判决原因"是如此多元。以下笔者拟从纷繁芜杂的自变量中梳理出法官作为一个职业共同体在居间费裁判问题上的五大倾向。

2. 法官裁判的五大倾向

第一,个案正义倾向。如果说依法裁判是司法裁判的基础条件,那么个案正义就是司法裁判的更高要求,正如拉伦茨所说:"(法学)所关心的不仅是明确性及法的安定性,同时也致意于:在具体的细节上,以逐步的工作来实现'更多的正义'。"[1]

"交易方式类变量"反映出法官普遍考虑了居间费利益的实际归属和借款人融资负担两个重要问题。前者体现在出借人与平台是否具有关联关系这一变量中。一旦出借人与平台具有关联关系,则法官普遍认为居间费已经异化为利息,故倾向于"扣除论"。具体而言,如出借人与平台没有关联关系,则在74.4%的案例中法官秉持"不扣论";如有关联关系,则该比例下降为29.1%。

后者则集中体现在融资成本、借款期限、还本付息方式和居间费支付方式方面。在法官选择"不扣论"的案例中,利率、居间费率、利息之外的费率、综合借贷成本四者的均值分别为15.3%、9.4%、10.3%和25.7%;而在法官选择"扣除论"的案例中,四者均值升至17.2%、12.2%、12.8%和30.0%(差异均在0.1%的水平下显著)。这说明法官在裁判时普遍考虑了借款人的融资负担问题。同样,根据货币的时间价值理论,[2]在借款期限长、还本付息的前期资金占用大、居间费一次性扣收的情况下,借款人的财务负担更重。与之相对应的,正是更多的秉持"扣除论"的裁判文书。上述相关性恰恰反映了法官对金融公平的考量。

至此,我们看到两种裁判"看似矛盾、实则统一"的一面,即法官普遍考虑了居间费利益的实际归属和借款人的融资负担,以期实现实质正义和金融公平。

第二,实用主义倾向。实用主义一度盛行于美国。霍姆斯的实用主义法哲学

---

〔1〕 [德]拉伦茨:《法学方法论》,陈爱娥译,商务印书馆2003年版,第77页。
〔2〕 有关货币的时间价值,参见 [美]兹维·博迪·罗伯特·C. 默顿·戴维·L. 克利顿:《金融学(第二版)》,曹辉、曹音译,中国人民大学出版社2018年版,第113页。

强调以经验代替逻辑，其认为法院如果僵硬地遵循先例，法律适应社会生活变化的可能性将被排除。[1] 在中国，也有学者认为我国法官表现出一种情绪化的实用主义导向，即以纠纷解决为中心，而不是严格执行规则。[2] 在居间费裁判问题上，"履约能力类变量"在一定程度上反映了这一倾向，具体包括被告总人数、是否有担保人、缺席判决指数三个变量。

首先，被告人数的多寡反映了还款资金来源的多少，故被告人数越多，资金来源越广。其次，如果借贷存在担保人，意味着债权存在第二还款来源，原告的债权更易实现。最后，缺席判决指数反映了被告人的综合还款意愿。数据显示：如果被告人数多或存在担保，则法官倾向于"不扣论"；如果缺席判决指数高，则法官倾向于"扣除论"。这意味着，如果被告的还款能力或还款意愿强，则法院倾向于让被告全额承担本金，反之，则在本金中扣除居间费。

诚然，实用主义与据法裁判的基本要求相抵牾，但我国市场经济起步晚，社会诚信尚未普遍建立，执行难问题突出。为化解社会矛盾，促进法律效果与社会效果的统一，法官不得不考虑判决书实现的可能性问题，即遵循所谓的"避免专横或可能性规则"。[3] 由此，也在客观上形成了法官的实用主义倾向。

第三，同情弱者倾向。"同情是为我们想象着我们同类中的别的人受灾难的观念所伴随着的痛苦。"[4] 对弱势群体产生同情是人类的自然情感，居间费裁判中的"主体性质类变量"正是这种同情之心的真实写照。

随着社会经济的发展，作为拟制人的公司应运而生。[5] 与自然人相比，其拥有雄厚的资本和先进的技术。数据显示，当诉讼一方仅为自然人时，法官倾向于作出有利于自然人一方的判决。具体而言，如果原告仅是公民，则法官秉持"不扣论"的概率为72.8%；如果原告是法人、法人分支机构、民办非企业单位、有限合伙企业等相对强势的主体，则法官秉持"不扣论"的概率降低为29.5%。类似地，如果被告一方仅是自然人，则法官秉持"扣除论"的概率为62.7%；而如果被告是法人、其他组织或者法人与自然人的组合，则法官秉持

---

[1] 参见贾敬华："司法自由裁量权的现实分析"，载《河北法学》2006年第4期。
[2] 参见李声炜："判决的合理化说明与法官自由裁量权的行使"，载《浙江工商大学学报》2006年第1期。
[3] 参见江必新："论司法自由裁量权"，载《法律适用》2006年第11期。
[4] [荷] 斯宾诺莎：《伦理学》，贺麟译，商务印书馆2017年版，第155页。
[5] 参见 [美] 阿道夫·A. 伯利、加德纳·C. 米恩斯：《现代公司与私有财产》，甘华鸣、罗锐韧、蔡如海译，商务印书馆2005年版，第12页。

"扣除论"的概率下降为25.2%。如果原告和被告都是自然人,则性别因素开始发挥作用,法官表现出对女性的同情。数据表明,原告男性系数越高,则法官越倾向于作出对原告不利的"扣除论"判决。[1]

当事人身份差异对法官裁判的影响也得到了其他实证数据的支持。有学者研究发现:刑事被告如具有女性、学生、年轻等因素,就有可能得到更为宽宥的处罚,[2] 这不能不说是同情心扮演了重要的角色。应该看到,运用得当的同情心将使裁判文书法、理、情相协调,实现据法裁判和个案正义的统一;但若同情心泛滥,则将使司法步入道德思维轨道,使法律丧失安定性和可预期性。

第四,环境依附倾向。司法独立是法治社会的需要,但司法独立具有相对性和复杂性,在任何社会中,司法与政治、经济、文化以及其他社会现象之间都存在着一种互动关系,从而使司法无法超然于社会力量的影响。[3] 居间费裁判中的"时空因素类变量"即反映出上述现象。

一方面,随着时间的推移,法院越发倾向于"扣除论"。在2018年之前,78.0%的案件采纳"不扣论";但在2018年(含)以后,仅24.9%的案件采纳"不扣论"。从历史法学的角度看,这与我国自2016年4月开展的互联网金融专项整治运动相关。2017年12月1日颁布的《关于规范整顿"现金贷"业务的通知》第1条第2款规定:"各类机构以利率和各种费用形式对借款人收取的综合资金成本应符合最高人民法院关于民间借贷利率的规定。"此后,有的法院直接将该规定作为"扣除论"的说理依据。[4] 这就解释了为什么2018年成为"不扣论"与"扣除论"的分水岭。

另一方面,法院裁判结果也与部分区域相关。有学者研究发现:作为正式制度的法律和作为非正式制度的信任,对P2P平台的区域集聚均具有促进作用,

---

〔1〕 需要说明的是,被告男性系数是0.005,且不具有显著性,故被告性别与法官在认定本金时是否扣除居间费之间没有相关性。

〔2〕 参见胡昌明:"被告人身份差异对量刑的影响:基于1060份刑事判决的实证分析",载《清华法学》2018年第12期。

〔3〕 参见贺卫方:《司法的理念与制度》,中国政法大学出版社1998年版,第6页。

〔4〕 比如,2018年9月10日,沙洋县人民法院在案号为(2018)鄂0822民初460号的《创金天地投资有限公司与沙洋县通源物流有限公司、墙师学借款合同纠纷一审民事判决书》的判决理由中称:"《关于规范整顿'现金贷'业务的通知》规定,禁止从借贷本金中先行扣除利息、手续费、管理费、保证金,故这3笔的本金应认定为405 000元。"

且在东部地区的促进效应更为显著。[1] 地域差异也影响了裁判结果。数据显示：东部法院更倾向于"扣除论"，而中部法院更倾向于"不扣论"，西部和东北部法院则没有明显倾向。这可能是因为东部融资活动更加频繁，高利贷现象更加严重，法官认为应加强对借款人的保护。

总之，"时空因素类变量"反映出法院实际受到了监管政策、社会舆论、经济发展等外在因素的影响。从"世界是普遍联系"的唯物史观来看，这些影响在客观上是无法消除的。

第五，本地排斥倾向。实证数据显示出一个令人颇为意外的现象，即法院在居间费裁判问题上普遍具有本地排斥倾向。"本地因素类变量"的相关系数表明，法院对本地主体并不友好。

首先，如果平台与法院管辖地位于同一区，则法院秉持"扣除论"的概率为76.1%；相反，如果平台与法院不在同一个区，则法院秉持"不扣论"的概率提升为59.1%。可见，相对于外地平台，法院对本地平台并不友好。[2] 其次，原告本地区级、市级和省级系数的相关系数均为正，这意味着原告越靠近法院，法院越倾向于对原告不利的"扣除论"。最后，被告本地区级、市级和省级系数的相关系数均为负，这意味着如果被告越靠近法院，法院越倾向于对被告不利的"不扣论"。何以至此呢？

长期以来，我国法院具有行政化和官僚化倾向，无法真正独立于行政机关。[3] 网贷平台的频频爆雷在给投资人造成损失的同时，也给当地政府带来维稳压力，湖南、山东、重庆等地甚至直接宣布取缔辖内全部网贷平台。在这样的背景下，司法机关可能在各种会议精神的倡导下，充当了政策的执行者，进而在法律适用上有意抑或无意地表现出本地排斥倾向，以抑制当地网络借贷业务的发展。

鉴于各变量相关系数的绝对值越大，对法官裁判的影响力也越大，我们可根据各变量在表7.10中的排序，判断法官的不同倾向性程度。衡量方法是：计算同一倾向项下的各变量相关系数绝对值的算术平均值，将其作为该种倾向的影响

---

[1] 参见李永兵、骆品亮、袁博：《我国P2P平台区域集聚与'跑路'现象：一个来自制度环境的解释》，载《上海经济研究》2016年第8期。

[2] 相对于融资刚需的借款人，出借人是平台更为宝贵的资源。故法院秉持更多的"扣除论"，在不利于出借人的同时，也不利于平台的生存和发展。

[3] 参见贺卫方：《司法的理念与制度》，中国政法大学出版社1998年版，第103~128页。

因子，影响因子越大，则法官的该种倾向性越强。经统计，法官的个案正义倾向最强（影响因子 0.322），其后依次是实用主义倾向（影响因子 0.307）、同情弱者倾向（影响因子 0.260）、环境依附倾向（影响因子 0.257）和本地排斥倾向（影响因子 0.236）。[1] 应该看到，个案正义倾向是司法的应然目标，值得弘扬；实用主义倾向和同情弱者倾向是一把双刃剑，需要有效制约；环境依附倾向属于客观现象，具有不可避免性；而本地排斥倾向则与司法独立和司法公平原则相悖，应当防微杜渐。[2]

四、本章小结

从法律运行论的角度看，司法是不容忽视的重要一环。通过对 10 058 份裁判文书的实证分析，我们可以看到以下四个普遍现象：第一，法院受案压力大，回购安排比较常见；第二，网贷并非高利贷，隐蔽利率值得关注；第三，原告胜诉概率高，法官信赖电子证据；第四，"类案不类判"普遍，司法说理有待提高。

对于居间费，法院呈现出两种迥异的观点：约六成法官秉持"扣除论"，约四成法官秉持"不扣论"。通过裁判文书的类型化分析，"扣除论"遵循法定生效主义，而"不扣论"奉行合同自由原则。在法律论证结构上，前者采取法律解释，而后者则进行法律续造，二者各有利弊、难分伯仲。分歧的背后隐藏着法官的五大倾向，分别是个案正义倾向、实用主义倾向、同情弱者倾向、环境依附倾向和本地排斥倾向。两种裁判路径看似相互对立，实则存在内在的一致性。从实质正义与金融公平的角度，是否需要在本金中扣除居间费，没有恒定不变的答案，而需要依情形而定。具体而言，法官应着重考虑居间费利益的实际归属和借款人的融资负担，同时，适当考虑裁判文书的可执行性问题并保护弱者利益。法官应自觉抵制非理性因素的影响，勿将平台与本院是否位于同一地区作为居间费裁判的考量因素。监管政策对法官裁判会产生客观影响，确保监管政策的科学性对维护司法公正具有重要意义。

---

[1] 需要说明的是，由于 Hosmer 和 Lemeshow 检验结果的 P 值始终无法大于 0.05，方程的拟合度欠佳，本书未能成功构建二元 logistics 回归模型，故只能退而求其次，采取双变量相关性分析，即仅考虑每个自变量与因变量之间的两两关系，未能在控制其他自变量的基础上分析某一自变量对因变量的影响。有关 logistic 模型效度和信度的评价，可参见郭志刚主编：《社会统计分析方法：SPSS 软件应用》，中国人民大学出版社 2016 年版，第 177~185 页。

[2] 有关司法的基本原则，参见刘金国、舒国滢主编：《法理学教科书》，中国政法大学出版社 1999 年版，第 175~182 页。

后　记

　　网络借贷在中国的发展可谓一波三折：从最初的众星捧月、万众瞩目，到"互联网+"背景下的不断创新、跑马圈地，再到频繁爆雷之后的声名狼藉，被纷纷取缔。以上历史正好对应我国监管的三个阶段：包容性监管阶段（2007年至2012年）、原则性监管阶段（2013年至2015年）和运动式监管阶段（2016年至今）。在此过程中，学界对网贷平台的定性问题莫衷一是，信息中介说和信用中介说各执一词。市场上则充斥着出借人的痛苦、借款人的无望、经营者的委屈和监管者的迷茫。尽管如此，现状不等同于结论，即使是教训也有事后总结的价值，更何况问题出在当初监管定位的失误，而本书的目的就是要将该失误从理论上阐释出来，从而为未来的市场发展和监管应对提供帮助和指引。

　　转眼，时间来到2023年。原以为随着国家对网贷平台的大力清退，市场上已无运营的网贷平台，学界也对网贷平台不再关注。但是，基于笔者对业内的观察，一方面，市场上仍然存在少量网贷平台，还有一些"类P2P平台"或"准P2P平台"；另一方面，学界也仍然有人在探讨平台规制、风险化解、追赃挽损等问题，并且普遍认为P2P网贷平台有其存在的价值。

　　2022年5月，笔者通过业内人士了解到"麻袋财富"平台兑付困难的消息。麻袋财富的运营公司是上海凯岸信息科技有限公司，该公司于2014年10月21日在上海市嘉定区市场监管局登记成立，法定代表人为魏崑，注册资本和实缴资本均为1亿1000万人民币。截至2019年5月，平台累计借贷金额393亿元，累计出借人达44万人，累计借款人达126万人。从笔者掌握的内部数据来看，该平台在诸多方面都符合本书第五章所提出的准入指标和持续性监管指标。

　　第一，该平台的实际控制人是中信产业投资基金管理有限公司，资信良好、实力雄厚。第二，该平台的法定代表人兼CEO魏崑是英国雷丁大学国际证券市场研究中心硕士和英国奈比尔大学会计学硕士，2001年起任职于中银国际证券投资银行部，在金融产品设计、风险控制、投资组合管理方面具有丰富经验。第三，该平台实缴资本1亿1000万元，已经超过不低于5000万元实缴资本的建议标准。第四，该平台不存在关联平台，运营公司2014年即成立，已经持续经营超过2年，公司从未有异常经营、失信或被行政处罚记录，且拥有著作权15个（远超正常平台平均值2.41）和商标权61个（远超正常平台平均值19.58）。第五，该平台还拥有银行存管，平台展示给出借人的平均收益率仅9%，低于正常平台平均利率10.6%，平台也是中国互联网金融协会会员，由第三方提供担保。上述特质决定了"麻袋财富"在理论模型上是一家超级安全的平台。那么，为什么这样一家让人放心的平台在2022年仍然出险了呢？

答案很简单。当政府不希望网贷平台继续存续的时候，再好的平台也无法生存。个体在大环境下都是渺小的。同时，我们也看到戏剧性的一面：尽管2021年4月16日，银保监会普惠金融部副主任丁晓芳已宣布P2P在营机构清零，但2022年5月，网贷平台"麻袋财富"仍然在发售新的网贷产品。[1] 通过麻袋理财的案例，我们也可以看到监管之手对于市场的巨大影响以及生发于市场内在需求的网贷平台具有多么顽强的生命力。

除了在夹缝中生存的P2P平台外，"类P2P平台"或"准P2P平台"也不在少数。这些平台存在的事实反过来也证明P2P业务模式有其存在的价值。

2022年6月，笔者通过一位投资受损的长者了解到"洛安互金"这一平台，该平台的运营公司上海洛安资产管理有限公司成立于2012年9月，注册资本1亿元人民币。与网贷平台撮合大众向个体和小微企业提供借贷资金不同，洛安沪金是撮合大众向地方国有企业提供借贷资金。2017年1月起，洛安沪金与江苏、湖南、河北、浙江、河南、山东、贵州等多地电视台合作，通过电视和网络向群众宣传"地方政府债"的理财产品。在线下，该平台也在摆摊设点，群众可在银行营业厅、广播电视台办公室等地进行认购。群众认购产品后，换来的是一张《电子交易数据保全证书》和一张《洛安沪金债权转让凭证》，认购资金则全部汇入洛安沪金账户，再由洛安沪金出借给地方国有企业。民众基于对地方政府、国有企业、大众传媒和银行的信任，购买了洛安沪金的产品。直至2021年7月

---

〔1〕 详见《麻袋财富兑付出现逾期，目前仍无解决方案》，https://baijiahao.baidu.com/s?id=1734986321246433285&wfr=spider&for=pc，详见财经九号院，2022年10月5日最新访问。

20日洛安沪金平台爆雷，很多人都无法相信"地方政府债"竟然发生了兑付不能的结果！

根据公安机关查明的情况，该案造成全国2684名投资人本金亏损，损失金额达10.18亿元，但是目前尚无证据证明洛安沪金平台存在挥霍投资人资金的行为，证据表明该平台将所募资金确实主要用于向云南、贵州、河南等地方国有企业出借。借贷债权是真实的！这样一来，洛安沪金不能定集资诈骗罪，而且在某种意义上，洛安沪金为缓解地方政府债务，支持地方经济发展，还作出了一定贡献。当然，笔者并不是要忽视该平台已经引发的涉众性风险，而是主张应客观看待平台存在的原因以及平台积极的一面。

除上述向地方国企提供借贷的"类P2P平台"外，有的创业者还尝试将民间标会互联化。民间标会是一种依托亲情、乡情、友情等人缘、地缘关系，实现资金在熟人间融通的民间融资形式，它盛行于福建、浙江、广东、台湾等沿海省份。标会发起人叫做会头，他负责召集身边的亲朋好友（会脚）参加，每人入会时需要向会头交纳一定数量的会款，例如500元、1000元、2000元或3000元等。会头可以无息使用这笔钱直至全场会结束，一般持续2至4年。每隔一段时间（15天、20天、30天不等），举行一次投标。在该轮中获得借款的会员被称为中标人。之所以中标，是因为该会员愿意支付的利率最高（如果都是最高，则抽签决定）。每个会员仅可中标一次，每个会员都中标后完成一个周期。

以50人参加的千元会为例。会员一第一期中标，金额400元，其他50个人各自给他1000元，共收到5万元。以后各期，会员一需要还1400元，相当于分期还款：借入5万元，每期还1400元，共付出约2万元利息。会员二第二期中标，金额390元，会员一需要给他1400元（本金1000元加利息400元），其他人各自给他1000元，共收到50 400元。以后各期，会员二需要还1390元。以此类推，越往后中标的人，拿到的钱越多，付出的钱越少。会员五十最后一期中标，每人需要连本带息还给他，最终拿到65 600元。相当于零存整取：每期存1000元，共存入50期，赚了15 600元的利息。如下表所示：

表8.1 会头与各个会脚的现金流量表

	会头	会员一	会员二	会员三	会员四	...	二十五	...	四十八	四十九	五十
0	50000	-1000	-1000	-1000	-1000	...	-1000	...	-1000	-1000	-1000
1月	-1000	50000	-1000	-1000	-1000	...	-1000	...	-1000	-1000	-1000
2月	-1000	-1400	50400	-1000	-1000	...	-1000	...	-1000	-1000	-1000
3月	-1000	-1400	-1390	50790	-1000	...	-1000	...	-1000	-1000	-1000
4月	-1000	-1400	-1390	-1350	51140	...	-1000	...	-1000	-1000	-1000
...	...	...	...	...	...	...	...	...	...	...	...
25	-1000	-1400	-1390	-1350	-1350	...	58900	...	-1000	-1000	-1000
...	...	...	...	...	...	...	...	...	...	...	...
48	-1000	-1400	-1390	-1350	-1350	...	-1300	...	65200	-1000	-1000
49	-1000	-1400	-1390	-1350	-1350	...	-1300	...	-1200	65400	-1000
50	-1000	-1400	-1390	-1350	-1350	...	-1300	...	-1200	-1200	65600
汇总	0	-19600	-18320	-15660	-14960	...	+1400	...	+14800	+15200	+15600

相比于线下的民间标会，线上化的民间标会力求实现如下功能：①手机投标，开标前标金保密，开标过程面向本会会员在线直播；②账本公开透明，谁参会，谁中标，谁已交费，谁拖欠，账目清晰，所有人一目了然；③自动生成会单，省时省心；④每期交费自动生成电子借条，保护会员合法权益；⑤大数据风控，会头挑熟人加入，没有陌生人，平台协助识别征信风险。尽管如此，潜在的风险仍然存在，例如，已经融得资金的会脚违约，不支付会款给其他会脚，应由谁去起诉？如果利息超过法定的最高限度，平台是否应承担相应的责任？会头邀请不特定群众参会后，通过高息取得大众借款再卷款跑路，又应如何应对？实践中，借民间标会之名，行诈骗之实的案例时有耳闻。[1] 如何在承继标会传统功能的同时又能控制其风险，无疑是一个新的课题。

对于互联网金融缺乏监管的教训，在最近的河南村镇银行事件中亦有体现。

---

[1] 详见《警惕"民间标会"重拳打击养老诈骗》，https://baijiahao.baidu.com/s?id=1737389377520830152&wfr=spider&for=pc，中国新闻网，2022年10月5日最新访问。

后 记

2022年4月21日，大量网友举报开封新东方村镇银行以及许昌农商行旗下的禹州新民生村镇银行、上蔡惠民村镇银行、柘城黄淮村镇银行存在线上储户无法取现、转账的问题。2022年5月18日，银保监会有关负责人表示，河南四家村镇银行的股东河南新财富集团吕某通过内外勾结、利用第三方平台以及资金掮客等吸收公众资金，涉嫌违法犯罪，公安机关已立案调查。当时政府没有公布兑付方案，大量群众认为自己不是集资参与人，而是银行储户，理应得到兑付，故集结到河南有关政府部门上访。[1] 上访事件在2022年7月10日达到高潮，群众与警察发生肢体冲突。2022年7月11日，河南银保监局、河南省地方金融监管局发布公告称，将根据客户本金数额，分类分批开展先行垫付工作。此后上访问题明显缓和。[2]

此番事件不仅损害了广大储户的利益，还引发不良舆情、挤兑风险和局部社会混乱。该案虽因互联网存款而起，但这足以说明监管机关应加强包括网络借贷在内的互联网金融的监管，加强对移动金融客户端的监管，[3] 严厉打击金融犯罪，而不能像对待实体经济那样秉持"放管服"的理念。

在现实生活中，网络借贷并未远离人们的视线；在学术界，人们也没有丧失对网络借贷研究的兴趣。在国家号令网贷平台"能退尽退，应关尽关"之后，仍有大量关于网络借贷的研究成果发表，有人认为P2P可以通过转型而发展；[4] 有人认为P2P具有普惠金融的特质，国家将来会营造有利于P2P发展的

---

[1] 河南村镇银行事件发生后，作者联系到一些投资人。根据投资人提供的手机截图，作者看到投资人通过互联网购买的金融产品确实是银行存款。手机上的"产品详情"界面显示："禹州新民生'日薪月溢'系列3期是什么？本产品是一款由禹州新民生村镇银行提供的定期存款。存入后若持有至到期，按储蓄存款年利率兑付本息；产品持有期间也可随时提前支取。每期付息年利率：4.30%，付息周期1个月，起存金额50元。"再如，"上蔡惠民村镇银行重阳宝2月是什么？该产品是一款由上蔡惠民村镇银行提供的定期存款产品。存入后，本产品每个计息期的付息日自动兑付当期利息。5年期满后，本金自动兑付。产品持有期间可随时提前支取。每期付息年利率：4.45%，付息周期2个月，起存金额50元。"证据表明，投资人确实是银行储户。根据《存款保险条例》第5条的规定，即使银行破产，储户在该银行50万元以内的存款都应当得到偿付。

[2] 参见《河南村镇银行事件》，百度百科，2022年10月5日最新访问。

[3] 关于我国移动金融APP的监管及问题，详见刘进一："移动金融客户端软件的备案与反思"，载"进一律师"微信公众号，2022年1月11日发表。

[4] 参见姜子倩："后监管时代P2P网络借贷平台的刑法规制与反思"，载《江西警察学院学报》2022年第2期。

环境;[1] 有人认为 P2P 是一种金融创新，应在鼓励创新与维护金融秩序之间找到平衡;[2] 有人认为政府应正视风险，推进网贷平台的良性、长久发展;[3] 还有人建议完善中国 P2P 网贷消费者保护制度，促进中国 P2P 网贷行业的良性发展。[4] 尤其值得一提的是，冯辉教授深刻反思了 P2P 专项整治的利弊，指出 P2P 网贷行业之所以出现问题和危机并引发专项整治，直接原因是行业的超常规发展缺乏行业自律和监管机构监管，而非整个 P2P 网贷产业存在内生缺陷，我们应从代价巨大的运动式专项整治中汲取教训，促进金融监管从粗放布局转向精准治理。[5]

上述研究成果与本书肯定网贷平台价值、提倡科学治理的观点具有内在的一致性。结合理论与实践、域外与本土、历史与现实、民事与刑事、实体与诉讼，我们可以得出如下结论：

首先，网贷平台有其功能和价值。网贷平台有利于弥补现有金融谱系下中小企业的融资缺口，使出借人获得不同风险收益特征的投资机会，并以其"鲶鱼效应"促进传统金融服务转型升级。英美日三国的发展经验表明，如果监管得当，网络借贷作为一种商业模式，完全可以有序发展。基于此，我们不能在犯右倾错误（放任不管）之后，再犯左倾错误（盲目取缔），而应当对制度进行理性改良，促进网贷行业健康发展。

其次，网贷平台是信用中介，而非信息中介。在监管策略上，我国应改备案制为许可制，以约束消费者的非理性行为、扭转市场过度竞争态势、减少市场负外部性、增强公共物品供给、缓释信息不对称风险。建立在 6488 家平台全样本数据和 47 个自变量的基础之上，通过均值分析及二元 logistic 回归分析，我们可以为网贷平台精准设置科学的准入指标和持续性监管指标。我们应构建适合中国

---

[1] 参见杨梦莹："P2P 网络借贷平台非法集资行为的法律规制——以行刑衔接为视角"，载《湖北经济学院学报（人文社会科学版）》2020 年第 5 期。

[2] 参见马党库："P2P 网贷涉罪案件判罚的异化与归正——基于 117 份判决样本的分析"，载《山东社会科学》2020 年第 4 期。

[3] 参见郭蕾："我国 P2P 网络借贷平台中的法律问题及解决对策"，载《法制博览》2022 年第 20 期。

[4] 参见张郁："中国 P2P 网贷消费者保护法律制度体系的完善——基于中美 P2P 网贷消费者保护的比较"，载《现代经济探讨》2020 年第 2 期。

[5] 冯辉："金融整治的法律治理——以'P2P 网贷风险专项整治'为例"，载《法学》2020 年第 12 期。

国情的"生前遗嘱"制度，克服平台退出过程中的客观归罪现象，走出"退出即刚兑"的怪圈。此外，我们应注重网络借贷诉讼问题的研究，正确处理居间费与本金的关系，解决投资人的诉讼困境。

最后，但并非最不重要的，应当在观念上意识到互联网与金融的结合是未来发展的方向，技术是不断进步的，应当以发展的眼光看问题，不能因为网络借贷发生了风险，就基于维稳的考虑对其全盘否定。在我国，伴随经济发展所积累的民众财富和金融机构对融资市场的垄断，使得网络借贷具有强大的生命力，时至今日，各种与贷款相关的 APP 仍充斥着手机市场。[1] 治理网络借贷，应当学习大禹治水——宜疏不宜堵。行政许可下的强监管便是一条"疏通之路"。在建立行政许可制度之后，平台将更加珍视来之不易的牌照而规范经营，借款人和出借人也可以有效识别合法平台，达到"良币驱逐劣币"的效果。

作为时代的弄潮儿，网络借贷给中国民众带来了惊喜，也带来了深深的痛苦。正如狄更斯在《双城记》中所描述的那样："那是最好的年月，那是最坏的年月，那是智慧的时代，那是愚蠢的时代，那是信仰的新纪元，那是怀疑的新纪元，那是光明的季节，那是黑暗的季节……"[2] 但愿本书能够在黑暗中点燃亮光，为网络借贷在中国的发展照亮前程！

---

[1] 贷款 APP 中不乏"套路贷"软件。2022 年 9 月 5 日，公安部会同中宣部、中央网信办、最高人民法院、最高人民检察院、工信部、司法部、人民银行、银保监会联合印发通知，部署在全国开展为期一年半的打击惩治涉网黑恶犯罪专项行动，依法严厉打击利用信息网络实施"套路贷"等犯罪活动。

[2] ［英］狄更斯：《双城记》，石永礼、赵文娟译，人民文学出版社 2004 年版，第 1 页。

鸣　谢

本书的出版得到以下朋友和网上一些未留名的朋友们的支持。他们有的是互金行业翘楚，有的是互金专业律师，有的是互金领域的研究者和思考者。我们知道朋友们的慷慨解囊不仅是出于友谊，也是出于对网贷发展的关注和科学监管的求索与反思。在此我们致以诚挚的感谢！

高荣振	曹飞雄	官久兴
谭聪伟	郭姝婧	夏秋元
朱红	张鸿波	陈玲玲
杨冬梅	迟新志	刘忠倩
伍纯刚	索金焕	严永国